高等学校应用型本科教材

U0743053

大学体育与健康教育教程

（第2版）

主　编　刘生彦　徐桂兰

副主编　王彬彬

西安交通大学出版社
XI'AN JIAOTONG UNIVERSITY PRESS

图书在版编目(CIP)数据

大学体育与健康教育教程/刘生彦,徐桂兰主编.—2 版.—西安:
西安交通大学出版社,2022.8(2024.7 重印)
ISBN 978 - 7 - 5693 - 2679 - 6

Ⅰ.①大… Ⅱ.①刘… ②徐… Ⅲ.①体育—高等学校—教材
②健康教育—高等学校—教材 Ⅳ.①G807.4 ②G647.9

中国版本图书馆 CIP 数据核字(2022)第 113909 号

大学体育与健康教育教程
DAXUE TIYU YU JIANKANG JIAOYU JIAOCHENG
（第 2 版）

主　　编　刘生彦　徐桂兰
责任编辑　郭鹏飞
责任校对　王　娜

出版发行　西安交通大学出版社
　　　　　（西安市兴庆南路 1 号 邮政编码 710048）
网　　址　http://www.xjtupress.com
电　　话　(029)82668357 82667874(市场营销中心)
　　　　　(029)82668315(总编办)
传　　真　(029)82668280
印　　刷　陕西奇彩印务有限责任公司

开　　本　787 mm×1092 mm　1/16　印张 25　字数 609 千字
版次印次　2022 年 8 月第 2 版　2024 年 7 月第 3 次印刷
书　　号　ISBN 978 - 7 - 5693 - 2679 - 6
定　　价　59.80 元

《大学体育与健康教育教程》（第2版）编写委员会

主　　编：刘生彦　　徐桂兰

副主编：王彬彬

编　　委：贾乃佳　　穆禹辰　　杨妮

前　言

党的二十大报告指出："教育是国之大计、党之大计。培养什么人、怎样培养人、为谁培养人是教育的根本问题。育人的根本在于立德。全面贯彻党的教育方针，落实立德树人根本任务，培养德智体美劳全面发展的社会主义建设者和接班人。"学校体育是高等教育的重要组成部分，是实现立德树人根本任务、提升学生综合素质的基础性工程，是加快推进教育现代化、建设教育强国和体育强国的重要工作，对于弘扬社会主义核心价值观，培养学生爱国主义、集体主义、社会主义精神和奋发向上、顽强拼搏的意志品质，实现以体育智、以体育心具有独特功能，在学生道德教育、智力发展、身心健康、审美素养和健康生活方式形成中具有多元育人功能。高校应该把学校体育工作摆在更加突出位置，构建德智体美劳全面培养的教育体系。学校体育必须认真贯彻"健康第一"的指导思想，以立德树人为根本，以社会主义核心价值观为引领，以服务学生全面发展、增强综合素质为目标，推动大学生文化学习和体育锻炼协调发展，帮助学生在体育锻炼中享受乐趣、增强体质、健全人格、锤炼意志。

大学体育课程是高校课程体系的重要组成部分，高等学校体育工作的中心环节，是落实学校体育功能的重要途径。2020 年 10 月 15 日，中共中央办公厅国务院办公厅印发了《关于全面加强和改进新时代学校体育工作的意见》，要求不断深化教学改革，加强体育课程和教材体系建设，推广中华传统体育项目。

基于新时代高等教育对学校体育和大学体育课程的新要求，我们根据大学生特点制定教学内容、选择教学方法，培养大学生终身锻炼的习惯，提升大学生健康素养，提高大学生健康水平，推动大学体育课程深化改革，对《大学体育和健康教育教程》进行了修订。

本教材紧扣《全国普通高等学校体育课程教学指导纲要》《高等学校课程思政建设指导纲要》的精神和要求，以《高等学校体育工作基本标准》和《关于全面加强和改进新时代学校体育工作的意见》为依据，对原教材进行了大幅度修订，力图通过学校体育教学内容和方法的选择和整合，结合大学生体质健康标准的要求，选择适合大学生喜爱的锻炼内容，改进教学方法和手段，突出基础理论知识，传授基本技术，提高运动技能，注重运动项目健身实践应用，推广中华传统体育项目。同时，为推动大学体育和大学健康教育协同发展，根据《普通高等学校健康教育指导纲要》的有关要求，完善了大学生健康教育的主要内容。本教材既可以作为高等学校体育课程参考教材，也可以作为大学生健康教育参考教材。

本书由刘生彦、徐桂兰担任主编，参与编写的教师及编写章节如下：

刘生彦编写第一章第四、第五节，第二、第三、第四章；徐桂兰编写第一章第一至第三节，第五、第六、第七、第八、第九、第十章，第十三章第一至第五节；王彬彬编写第十一章，第十二章第一至第四节；贾乃佳编写第十二章第五节，第十四章第三至第六节，第十六章；穆禹辰编写第十四章第一、第二节，第十五章；杨妮编写第十三章第六节。全书由刘生彦统稿定稿，并进行图像处理。

本书的编写与出版，得到了西安财经大学行知学院领导的关心和支持，教务处的大力协助，全体参编人员的通力合作，在此表示诚挚的感谢。在编写过程中，参阅了大量的书籍，采用了部分专家、学者的研究成果，在此谨向有关作者致以衷心的感谢！

由于编写人员水平有限，难免出现不妥之处，恳请批评指正。

编者

2022 年 7 月

目　录

上篇　体育理论与健康教育篇

第一章　体育概述 ··· 3

第一节　体育的概念 ··· 3

第二节　学校体育 ··· 4

第三节　群众体育 ··· 6

第四节　竞技体育 ··· 8

第五节　体育欣赏 ·· 13

第二章　大学体育 ·· 16

第一节　大学体育的目的、目标与任务 ··· 16

第二节　大学校园体育文化 ·· 19

第三章　大学生健康生活方式 ··· 23

第一节　健康概述 ·· 23

第二节　大学生身体健康 ·· 24

第三节　大学生面临的主要健康问题和影响因素 ······································ 37

第四节　健康管理 ·· 38

第五节　饮食与健康 ·· 39

第六节　睡眠与健康 ·· 51

第七节　体育锻炼与健康 ·· 54

第八节　烟草和毒品危害及物质滥用 ·· 61

第九节　环境卫生与健康 ·· 67

第四章　疾病预防 ·· 73

第一节　传染病概述 ·· 73

第二节　常见传染病的预防 ·· 79

第三节　非典与新冠肺炎 ·· 97

第四节　慢性非传染性疾病的预防 ··· 103

第五节　定期进行健康体检 ·· 106

第五章　　大学生心理健康 …………………………………………………………… 108

    第一节　心理健康概述 ……………………………………………………………… 108

    第二节　心理健康与身体健康的关系 ……………………………………………… 109

    第三节　大学生心理发展特点和影响因素 ………………………………………… 109

    第四节　常见心理问题或危机 ……………………………………………………… 112

    第五节　大学生抑郁症 ……………………………………………………………… 113

    第六节　大学生焦虑症 ……………………………………………………………… 117

    第七节　体育锻炼对心理健康的作用 ……………………………………………… 119

第六章　　性与生殖健康 …………………………………………………………… 122

    第一节　性与生殖健康的基本知识 ………………………………………………… 122

    第二节　友谊、爱情、婚恋、家庭与伦理道德 …………………………………… 124

    第三节　优生优育与适宜有效的避孕方法 ………………………………………… 125

    第四节　非意愿妊娠和应对措施 …………………………………………………… 126

    第五节　常见生殖健康问题与自我保健方法 ……………………………………… 128

    第六节　无保护性行为对身心健康的影响 ………………………………………… 129

    第七节　常见性传播疾病和预防 …………………………………………………… 130

    第八节　艾滋病的传播、流行与控制 ……………………………………………… 133

    第九节　预防性侵害的方法和技能 ………………………………………………… 135

第七章　　安全应急与避险 ………………………………………………………… 136

    第一节　突发事件与个人安全防范 ………………………………………………… 136

    第二节　无偿献血基本知识 ………………………………………………………… 139

    第三节　急症的现场救护 …………………………………………………………… 143

    第四节　体育教学场所安全与防护 ………………………………………………… 148

    第五节　旅行卫生保健 ……………………………………………………………… 149

第八章　　运动竞赛常识 …………………………………………………………… 151

    第一节　运动竞赛的种类与方法 …………………………………………………… 151

    第二节　运动竞赛的组织与编排 …………………………………………………… 156

    第三节　运动竞赛成绩与名次评定的方法 ………………………………………… 162

第九章　　学生体质健康评价 ……………………………………………………… 164

    第一节　体质概述 …………………………………………………………………… 164

第二节　学生体质健康评价的意义 ……………………………………………… 165

第三节　国家学生体质健康标准（2014 年修订） ……………………………… 165

第四节　国家学生体质健康标准测试方法 ……………………………………… 169

第十章　运动处方 ……………………………………………………………… 172

第一节　运动处方的概念与分类 ………………………………………………… 172

第二节　运动处方的内容 ………………………………………………………… 173

第三节　运动处方的制定 ………………………………………………………… 176

第四节　运动处方的案例分析 …………………………………………………… 178

下篇　运动实践与体育健身篇

第十一章　田径运动 …………………………………………………………… 183

第一节　田径运动概述 …………………………………………………………… 183

第二节　跑 ………………………………………………………………………… 183

第三节　跳跃 ……………………………………………………………………… 191

第四节　投掷 ……………………………………………………………………… 196

第五节　田径运动与健身实践 …………………………………………………… 197

第十二章　球类运动 …………………………………………………………… 200

第一节　篮球 ……………………………………………………………………… 200

第二节　排球 ……………………………………………………………………… 211

第三节　足球 ……………………………………………………………………… 219

第四节　乒乓球 …………………………………………………………………… 228

第五节　羽毛球 …………………………………………………………………… 239

第十三章　操舞类运动 ………………………………………………………… 248

第一节　第九套广播体操 ………………………………………………………… 248

第二节　健美操 …………………………………………………………………… 253

第三节　健身操舞 ………………………………………………………………… 257

第四节　体育舞蹈 ………………………………………………………………… 267

第五节　瑜伽 ……………………………………………………………………… 277

第六节　排舞 ……………………………………………………………………… 284

第十四章　民族传统体育 ……………………………………………………… 291

第一节　武术套路 ………………………………………………………………… 291

第二节　太极 …… 308

第三节　五禽戏 …… 323

第四节　八段锦 …… 331

第五节　棋类 …… 338

第六节　毽球 …… 348

第七节　跳绳 …… 357

第十五章　搏击运动与防身术 …… 367

第一节　散打 …… 367

第二节　跆拳道 …… 376

参考文献 …… 389

上 篇

体育理论与健康教育篇

第一章　体育概述

第一节　体育的概念

一、体育概念概述

"体育"（physical education）一词是 19 世纪 60 年代由西方传入我国的，其原意为"身体教育"，是指维持和发展与身体各种活动有关联的一种教育过程。随着社会进步与体育实践的发展，派生出体育教育、竞技体育和身体锻炼三个既有区别又有联系的内容，并逐渐形成了与教育、文化相关联的新体系，原有"体育"一词已不能涵盖具有相对独立体系的"竞技体育"和"身体锻炼"。

体育的概念随着社会的不断发展和人们对体育认识的深化而不断变化，根据中国体育发展的特点和规律，"体育"的概念是以身体练习为基本手段，以发展身体、增强体质为基本特征的教育过程和社会文化活动，包括体育教育、竞技体育和社会体育（群众体育）三方面的内容，受社会政治、经济的影响和制约，并为其服务。三者既有区别，又相互关联地构成一个整体。

关于体育的概念有多种表述：体育是一种寓教育于运动之中的社会现象，是通过运动促进人的全面发展并丰富人们文化生活的一种社会现象；体育是身体教育或体质教育的简称，指的是教育者向受教育者传授增强体质的知识技能和运用这些知识技能实际锻炼身体的过程。体育运动是人类特有的一种有目的，有意识的健身活动。因此，体育是以身体运动为基本手段，促进人的全面发展，丰富人们文化生活的社会实践活动。从广义上看，体育已经发展成体育运动、体育科学、体育产业和体育文化四位一体的社会存在。

综上所述，我们比较认同赵立根据确定体育概念的一般原则，从体育现象出发给出的体育的概念：体育（广义的，亦称体育运动）是指以身体练习为基本手段，以增强体质、促进人的全面发展、丰富社会文化生活为目的的一种人类社会文化活动。它是社会总文化的一部分，其发展受到一定社会政治和经济的制约，也为一定社会政治、经济服务。

但是，对"体育"概念的争论一直没有停止。张洪潭在《体育的概念、术语、定义之解说立论》一文中指出，体育就是旨在强化体能的非生产性肢体活动，包括《关于体育的概念和本质的讨论》中提到的"体育的本质归为：人的用以强化身体素质的非生产性的身体练习"。总之，体育的概念将随着人们认识的不断深入而发展和变化。

二、与体育概念相关的名词和定义

身体练习,是指人们为增进健康、增强体质、娱乐身心、提高运动技术水平而采取的各种具体动作的总称。其主要特点是有大肌肉参与的运动技术动作。

体质,是指人体的质量,它是在先天遗传性和后天获得性的基础上所表现出来的人体形态结构、生理机能和心理素质的综合的相对稳定的特征。体质的好坏受遗传变异、营养条件、身体锻炼、生活环境和生命规律的影响。在影响体质的诸因素中,经常地、科学地从事体育运动是最为积极有效的。体质的外延包含身体形态、体能、机能、适应能力和精神状态等。

身体形态包括体格、体型及身体姿态,是人体生长、发育水平的重要指标。

机能是指器官系统的功能。例如脉搏、血压等是反映心血管系统机能水平的指标。这些功能与人的运动能力直接相关。

体能,是指有机体在身体活动中所表现出来的能力,包括走、跑、跳、投掷、攀爬、搬运等能力,其基础是人的身体素质。人的身体素质是指人的力量、灵敏、耐力、速度和柔韧等素质。在现代,国际上比较流行健康体能的概念,其基本含义是使人保持正常生活和工作能力的身体素质,主要指力量、耐力和柔韧三大身体素质。

适应能力,是指人体在适应外界环境时所表现出来的机体能力。它包括对外界环境的适应能力和对疾病的抵抗能力。

根据我国体育工作的实际情况,我国的体育事业一般划分为三个领域,即学校体育、社会体育(群众体育)、竞技体育。

学校体育(狭义的体育),是在以学校教育为主的环境中,运用身体运动、卫生保健等手段,对受教育者施加影响,促进其身心健康发展的有目的、有计划、有组织的教育活动,包括各类学校的体育教学和课外体育活动等。

社会体育,是指公民自愿参加的以增进身心健康为主要目的的群众性体育活动。社会体育也称群众体育或大众体育。

竞技体育,是指在全面发展身体、最大限度地挖掘和发挥人(个体或群体)在体力、心理、智力等方面的潜力的基础上,以攀登运动技术高峰和创造优异运动成绩为主要目的的一种运动活动过程。

2022 年 6 月 24 日修订的《中华人民共和国体育法》把上述三个领域分为全民健身、青少年和学校体育、竞技体育。党的二十大报告指出:"广泛开展全民健身活动,加强青少年体育工作,促进群众体育和竞技体育全面发展,加快建设体育强国。这是未来我国体育工作发展的方向。"

第二节　学校体育

一、学校体育概念

学校体育是指以在校学生为参与主体的体育活动,通过培养学生的体育兴趣、态度、习惯、知识和能力来增强学生的身体素质,培养学生的道德和意志品质,促进学生的身心健康。学校体育是教育的重要组成部分,是计划性、目的性、组织性较强的体育教育活动过程。

学校体育与学校德育、智育共同组成完整的学校教育体系,是培养符合社会需要的合格人才的一项基本内容和基本途径。按照时间序列,学校体育系统的结构大致上可以划分为学前阶段体育、初等教育阶段体育、中等教育阶段体育和高等教育阶段体育四个部分。

二、学校体育构成要素

学校体育由五个主要部分或要素构成:体育教学(以体育课为主要形式);课外体育活动(由学校或学生自行组织,以学生体育锻炼为主要内容);运动代表队训练和各种形式的体育比赛(如班级赛、校际赛、各类选拔赛,以及地区和全国性比赛等);早操和课间操(前者多由学生个人自由锻炼或学生自由组合锻炼,后者多为有组织的徒手体操活动);科学的作息和保健措施(旨在保证学生足够的睡眠、休息和锻炼时间,同时要讲究卫生,注意营养,预防疾病发生等)。

三、学校体育的基本特征

(一)基础性

首先,体育教育在整个教育中具有基础性地位,是德、智、体、美、劳教育的重要组成部分;其次,学校体育的对象是在校学生,身心发育处于关键时期,体育有助于他们的健康成长;再次,学生阶段是生活习惯和行为养成的重要阶段,体育知识的掌握与体育习惯的养成,将为竞技体育和大众体育打下坚实的基础。

(二)普及性

学校体育以全体学生为对象,以全面传授体育知识、普及体育活动为宗旨。

(三)系统性

学校体育遵循儿童、青少年发育成长的基本规律,并根据教学规律设计教学活动;教师按照循序渐进的原则有计划地指导学生;课余体育同课堂教学一起构成体育活动体系,在潜移默化中实现教学目标。

四、学校体育的任务

第一,促进学生身体健康地生长发育,促进学生力量、速度、灵敏性、耐力等身体素质的发展,增强学生走、跑、跳跃、投掷等身体基本活动能力,以及适应自然环境、抵抗疾病、克服困难的能力。第二,传授体育的基本知识、技能和方法,使学生爱好体育活动,懂得怎样锻炼身体,养成坚持锻炼身体的习惯;对有发展条件的学生进行系统的业余运动训练,为国家发现和培养优秀的体育人才。第三,结合体育向学生进行道德品质等精神文明的教育,要教育学生认识体育对个人、民族和国家的重要意义,启发其锻炼身体的自觉性。

第三节　群众体育

一、群众体育概念

群众体育,又称社会体育、大众体育或国民体育,指职工、农民和街道居民自愿参加的,以强身、健体、娱乐、休闲、社交等为目的,一般不追求达到高水平的运动成绩,内容广泛,形式多样、灵活的体育活动。

人们通常所说的群众体育,是属于体育社会学范畴的概念,它与竞技体育属同一层次,为体育的主要组成部分,是体育的基本环节之一。在我国,群众体育通常是与竞技体育相对而言的。具体来说,群众体育是指以社会全体成员为对象,以增强体质、丰富余暇生活、调节社会情感为目的,形式多样的体育运动。

这个概念的表述具有四层含义:

(1)以健身娱乐为主要目的;

(2)业余时间进行;

(3)以社会全体成员为对象;

(4)活动形式是多样化的。

二、群众体育的分类

群众体育按区域特征分有城市体育、乡镇体育、农村体育;按年龄分有婴幼儿体育、少儿体育、青年体育、中年体育和老年体育;按性别分有女子体育、男子体育;按职业分有:职工体育、农民体育、军人体育;按组织形式分有家庭体育、社区体育、企业体育、俱乐部体育;按场所分有室内体育、室外体育、野外体育等。

三、群众体育的特征

(一)参与对象的广泛性

以全体社会成员为对象,无论年龄、性别、爱好、职业,都可以在其中找到自己的位置。近年来弱势群体和特殊群体的体育活动不断开展,在实践上更为明确了社会体育这一内涵。

(二)活动时间的业余性

作为业余文化活动的内容之一,伴随着民众生活水平提高和闲暇时间增多,社会体育发展迅猛。

(三)活动内容的娱乐性

活动内容以群众喜闻乐见为前提,在自在、自愿的基础上进行选择,是非功利的体育活动,娱乐性质的活动占主要地位。

(四)参与目的的多样性

由于主体或需要的不同,群众体育活动可以满足健身、健美、康复、休闲娱乐、社会交往、陶冶情操等多种需要。

(五)组织形式的灵活性

由于群众体育是自愿参加,具有自发性和松散性特征;参与者人数多、范围广、素质水平差异较大,组织管理难度较大。

四、群众体育的目的和任务

通过发展群众体育,扩大体育人口,促进全民健身,可以增强劳动者的身体素质,提高劳动生产率;预防和治疗职业病或因职业养成的生理缺陷和机能障碍,提高健康水平,预防和减少疾病;改善生活环境,提高生活质量;融洽人际关系,提高适应社会的能力;丰富社会文化生活,促进精神文明建设。

五、组织方式

国家体育总局、地方体育局中的相应部门对群众体育进行宏观管理,人民团体中的群众体育组织管理本部门的群众体育,体育群体与社团在前两种组织的支持下承担和落实一些具体活动。一般地,社会体育多以个人和家庭、锻炼小组、单位、街区或健身俱乐部为载体实施。

中国群众体育的未来发展走向是在政府部门主导下,广泛动员社会力量,调动各方面的积极性,逐步形成全社会参与的格局,使群众体育日趋生活化、普遍化、组织化、科学化、规范化、制度化。

六、群众体育的要素

(一)人的要素

在社会体育领域,人的要素有两个含义:一是社会体育参与者;二是社会体育的组织管理者。社会体育参与者的体育需要和体育价值观念是至关重要的因素。因为他们的需要和价值观决定了他们参与社会体育的积极性和自觉性,以及在活动中的具体表现。社会体育的组织管理者的素质决定着社会体育的整体水平,他们对社会体育的认知程度以及业务能力都会对其产生重要的影响。

(二)时间要素

空闲时间是人们参加社会体育活动的前提条件。社会成员消耗在工作、学习、家务劳动的时间越多,参加社会体育活动的时间和机会就越少。随着社会的发展,人们的空闲时间越来越长、越来越集中,人们参加体育活动,积极地支配余暇时间的机会也就越来越多了。

(三)空间要素

开展社会体育的空间条件,是社会体育生存和发展的重要条件。在拥挤的现代城市里,人们参与社会体育活动的空间越来越狭小,在城市建设和发展过程中必须要给社会体育留出必要的空间,修建适合不同人群的体育场馆,增加各种体育设施。

(四)财的要素

社会体育的开展是一个消耗社会财富的过程,因此必须要有资金的投入。社会体育的投入资金有两种来源:一是将社会体育作为一种公共产品,由政府从税收和体育彩票公益金中拨付;二是社会体育参与者的消费投入,如接受体育健身指导的指导费、社会体育指导员开具"运动处方"的诊治费、健身健美的培训费、参加单项体育俱乐部的会员费、场地器材的租赁费,等等。

(五)物的要素

社会体育的开展必须具备一定的物质条件。如身体锻炼消耗体力,需要补充营养,运动时需要服装鞋帽以及运动场地设施、运动器材等。

(六)信息要素

社会体育信息要素的内容十分广泛,体育锻炼的科普知识、社会体育的管理经验、社会体育的新闻报道、政府关于社会体育的方针政策和法规制度,以及社会体育科研成果等,都是信息的表现形式。

(七)管理要素

社会体育不是一种个人行为,它具有显著的社会性,因此管理是社会体育的必要因素。其管理表现在对具体活动的组织、协调、监督、指导等方面,即有效地发挥上述六种要素的综合效用,如对信息的筛选、对社群组织及活动的监督和协调、加强对财与物使用的预算和审查等,利用有限的物质条件和时间条件追求最大效益。在我国,社会体育是由各级政府直接管理的,群众组织、社会团体、基层单位也可参与管理。我国《体育法》规定:"国家鼓励企业事业组织、社会团体和公民兴办和支持体育事业""地方各级人民政府应当为公民参加社会体育活动创造必要的条件,支持、扶助群众性体育活动的开展"。

第四节　竞技体育

一、竞技体育的概念

竞技体育是体育的重要组成部分,它与学校体育(体育教育)、社会体育(群众体育)共同构成了体育的主体框架,是以体育竞赛为主要特征,以创造优异运动成绩、夺取比赛优胜为主要目标的社会体育活动。也可以说,竞技体育是在全面发展身体,最大限度地挖掘和发挥人在体力、心理、智力等方面潜力的基础上,以提高运动技术水平和创造优异运动成绩为主要目的的一种活动过程。

二、竞技体育的起源

体育运动是在人类发展过程中逐步开展起来的,竞技体育同样如此。狩猎所得是原始人类重要的食物来源,原始人在其长期生活的实践中逐渐认识到,能否获取赖以生存的猎物,取决于他们同被追击猎物之间在速度、耐力、力量等各种身体素质和搏斗技巧的实力比较。因而人们开始有意识地提高自己的身体素质,采用跑、跳、投以及舞蹈等多种形式的身体活动,这些活动就是人们通常所说的身体练习活动。随着社会的发展,各种身体活动形式被人类不断地加以分类、提炼和总结,并相互比较,渐渐演化出了区分胜负的竞技活动。史学资料表明,人类在旧石器时代晚期已经有了初步的区分胜负的比赛意识和一定的体育竞赛形式。在原始公社末期,由于部落间的武装冲突十分频繁,为增强社会成员的作战能力,加强内部团结,常常进行不同目的的宗教活动,在世界的一些地区出现了以竞技运动为主要内容的祭祀竞赛中心。

随着人类社会文明的发展,人们的价值取向逐渐由单纯的生存需要转向包括娱乐、愉悦在内的多元需要,人们出于强身健体的目的而参加竞技活动的现象越来越普遍。竞技运动的审美观念也逐渐形成,竞技运动逐渐与宗教、军事和生产活动的联系减弱,成为一种具有相对独立性的社会现象。

竞技体育形成的基本动因,可以归结为以下三个方面:一是生物学因素,人们为了更好地提高自身活动能力而逐步形成竞技体育;二是个性心理因素,人的"取胜和对抗的本能"及"追求胜过对手"的动机推进了竞技运动的形成;三是社会学因素,人们逐渐认识到竞技体育在培养、教育及审美等方面的功能,因此推进了竞技体育的发展。

三、竞技体育的任务

首先,挖掘人的潜能,提高运动水平。竞技体育通过长期、系统的科学训练,挖掘人的潜能,提高运动技术,以"更高、更快、更强"为追求,不断地超越人类自身。其次,满足社会文化需求。竞技体育由以娱乐为主的竞争性游戏发展而来,它可以为人们提供娱乐性和观赏性的比赛内容,满足社会大众的文化需要。再次,推动体育产业的发展。竞技体育是体育产业的重要构成,其任务之一是促进人类消费结构的改变,为推动体育事业发展和社会经济的繁荣作贡献。

四、竞技体育的特点

(一)竞争性

竞技体育中的"竞"是指比赛和竞争,"技"是指运动技艺。运动员参加比赛的能力称为竞技能力。竞技体育是运动员较量竞技能力的体育活动,激烈的竞争性就成为竞技体育区别于其他体育活动的最本质的特点之一。竞技体育的参加者总是力求最大限度地发挥自己的潜能去战胜对手,争取比赛的优胜。竞争性是竞技体育不断发展的推动力,它增加了比赛胜负的不确定性,使得竞技体育更具魅力。

(二)公平性

竞技体育的竞争应在公平的条件下进行。也就是说,竞技体育比赛应该合情合理,不偏袒任何一方的参赛者。没有公平竞争,竞技体育就失去了存在的价值。为保证运动员公平公正地进行竞争,首先要制定出体现公平并为公众所认可的竞赛规则。同时,竞赛的组织者要对比赛项目、时间、地点、场地器材、运动员的参赛资格、运动员的参赛行为以及比赛组织裁判工作作出公平而明确的规定。

(三)规范性

现代竞技体育的发展,要求运动员必须具有高度完美的技艺,否则就难以取得比赛的胜利。高度的技艺性是竞技体育赖以存在的基础,但高度的技艺又是以对技术、战术和各种训练的规范性要求为前提建立起来的。竞技体育的规范性还表现在各个竞技体育项目的竞赛规则、竞赛规程等制约机制的规范性和竞技体育全方位管理的规范性等方面。竞技体育的规范性是其不断壮大并更加国际化的基本条件。

(四)协同性

竞技体育是一种高度组织化、协同化的群体行为。竞技体育每一个目标的实现,都是以运动员、教练员为主体的有关人员通力协作的结果,是科研人员、管理者、队医等全力配合的结果。在集体运动项目中,这种协同性表现得更加突出。竞赛活动的进行,不仅需要运动员、教练员与裁判员彼此之间的默契配合,还需要参赛单位、竞赛主办方、观众等各方面的相互理解与合作。

(五)公开性

现代信息技术与传媒的发展,使重大比赛活动能同时吸引全球数以亿计观众的关注。竞技体育具有比一般社会活动更为公开的特点。新的运动技术和训练方法都无一例外地必须在比赛中公开展示,这些技术与方法将成为人类共享的财富。正是由于竞技体育的这种公开性,才促进着竞技体育的不断创新和发展。正因为如此,竞技体育才受到社会舆论的监督而保持良性运行的机制。

(六)娱乐性

竞技体育项目大多是从以娱乐为主要目的的游戏发展而来的。现代竞技体育日益增强的竞争性,加上对竞技体育的商业化操作,大大增强了竞技体育的观赏娱乐性。不仅参加者可以通过表现自我并战胜对手而获得胜利的喜悦,观众也可以通过观看体育比赛,从日常紧张的工作和生活中解脱出来,获得一种轻松的感觉和美的享受。竞技比赛呈现的人体的美感、力量和拼搏精神都给人极大的振奋和鼓舞,观看体育比赛已经成为广大群众业余时间最好的休闲方式之一。

(七)功利性

由于锦标的存在以及锦标背后承载的其他内涵,对于参与竞技运动的运动员来说,竞技体育不再像游戏和娱乐那样,仅仅是为了个人消遣和娱乐。竞技体育的功利性引导他们获得相应的社会地位和经济地位,也成为他们生活中艰苦和压力的源头,给身心带来高度的紧张。正是由于这一特征,带来了世界范围内职业体育的空前繁荣。

五、竞技体育的构成

从不同实践过程来看,竞技体育包含运动员选材、运动训练、运动竞赛和竞技体育管理四个有机组成部分。

(一)运动员选材

运动员选材是竞技体育的开始,是挑选具有良好运动天赋及竞技潜力的儿童少年或后备力量参加运动训练的起始性工作。选材时,应注意考虑各个运动项目的特点,力求使用科学的测试和预测方法,努力提高选材的成功率。

(二)运动训练

运动训练是为提高运动员的竞技能力和运动成绩,在教练员的指导下,专门组织的有计划的体育活动。运动训练既是竞技体育的组成部分,也是实现竞技运动目标的最重要途径。

(三)运动竞赛

运动竞赛是在裁判员主持下,按统一的规则要求,组织与实施的运动员个体或运动队之间的竞技较量,是竞技体育与社会发生关联,并作用于社会的媒介。运动员通过训练不断提高的竞技能力,只有通过运动竞赛的形式表现出来,才能得到社会的承认,满足社会成员的需要。

(四)竞技体育管理

无论是运动员选材、运动训练,还是运动竞赛,都必须在专门的管理体制组织管理下才能得以实施并达到理想的效果。因而,竞技体育管理也是竞技体育的一个重要组成部分。

六、奥林匹克运动

奥林匹克运动兴起于欧洲资本主义工业化时代,但其渊源可以追溯到古希腊的奥林匹克运动会。它分为古代奥林匹克运动和现代奥林匹克运动。

(一)古代奥林匹克运动

古代奥运会产生于古希腊。公元前 776 年首届古代奥运会在奥林匹亚召开。古代奥运会自公元前 776 年的第 1 届至公元 394 年,历时 1170 年,共举行了 293 届。第 1 届古代奥运会仅有一个比赛项目,距离约为 192.27 m 的场地跑。自此,规定每 4 年举行 1 次。

每届奥运会均在能容纳 5 万观众的奥林匹亚运动场上举行。比赛场均为(200×30) m。也有专门供运动员居住和训练的地方。最初只有短跑一项比赛,后来逐渐增加了长跑、跳远、标枪、铁饼、角力、五项全能(跑、跳远、铁饼、标枪、摔跤)、拳击、赛马和赛车等 24 个项目。

(二)现代奥林匹克运动会

1889 年,在后来被尊称为"奥林匹克之父"的法国教育家皮埃尔·德·顾拜旦(Pierre de Coubertin)的倡导和努力下,恢复了中断一千多年的奥运会,并于 1896 年 4 月 6 日—15 日,在希腊雅典举办了第 1 届现代奥运会。

正式的冬季奥林匹克运动会始于 1924 年。1994 年起,冬奥会与夏奥会以 2 年为相隔交叉举行。冬季奥运会与夏季奥运会的举办地点在不同的国家。

至今,现代奥运会(夏季奥运会)共举办了 31 届,其中,1940 年第 12 届、1944 年第 13 届夏季奥运会因第二次世界大战爆发未举办,第 32 届东京奥运会因 2020 年暴发新型冠状病毒肺炎全球性疫情被推迟到 2021 年 7 月举办。冬季奥运会举办了 23 届。

(三)奥林匹克思想体系

(1)《奥林匹克宪章》(*Olympic Charter*),是国际奥委会制定的关于奥林匹克运动的最高法律文件。宪章对奥林匹克运动的组织、宗旨、原则、成员资格、机构及其各自的职权范围和奥林匹克各种活动的基本程序等作了明确规定。这个法律文件是约束所有奥林匹克活动参与者行为的最基本标准和各方进行合作的基础。

(2)奥林匹克格言 (Olympic motto),亦称奥林匹克口号。"更快、更高、更强"是奥林匹克格言,它充分表达了奥林匹克运动所倡导的不断进取、永不满足的奋斗精神。它不仅表示在竞技运动中要不畏强手、敢于斗争、敢于胜利,而且鼓励人们在自己的生活和工作中不甘于平庸,要朝气蓬勃、永远进取、超越自我,将自己的潜能发挥到极限。

(3)奥林匹克宗旨,是"通过没有任何形式的歧视并按照奥林匹克精神——以互相理解、友爱、团结和公平比赛精神的体育活动来教育青年,从而为建立一个和平的更美好的世界做出贡献"。

(4)奥林匹克精神(Olympic spirit),就是相互了解、友爱、团结和公平竞争的精神。奥林匹克精神对奥林匹克运动具有十分重要的指导作用。

(5)奥林匹克标志(Olympic logo),是由《奥林匹克宪章》确定的,也被称为奥运五环标志。它由五个奥林匹克环套接组成,可以是单色,也可以是蓝、黄、黑、绿、红五种颜色。环从左到右互相套接,上面是蓝、黑、红环,下面是黄、绿环。整个造型为一个底部小的规则梯形。奥林匹克标志不仅象征五大洲的团结,而且强调所有参赛运动员应以公正、坦诚的运动员精神在比赛场上相见。

(四)中国与奥林匹克运动

1984 年 7 月在美国洛杉矶举行第 23 届奥运会,中国著名运动员许海峰获得男子 60 发自选手枪的金牌,打破了中国在奥运会上金牌"零"的记录。在第 23 届奥运会上,我国选手共获得 15 枚金牌、8 枚银牌、9 枚铜牌,取得了历史性的突破。

之后从第 24 届奥运会到第 32 届共 9 届奥运会,我国都派出强大的阵容参加,共获得

250 枚金牌、186 枚银牌、164 枚铜牌。

　　2008 年 8 月 8 日—8 月 24 日,北京成功举办了第 29 届奥运会。在本届奥运会的金牌榜上,作为东道主的中国体育代表团历史性地超越美国,升至金牌榜首位,并且金牌总数达到 51 枚,远远超过了上届奥运会的 32 枚,奖牌总数也首度达到 100 枚。虽然奖牌总数比美国队少了 10 枚,但中国健儿在本届盛会所取得的无数个历史性的突破,已经全面改写了奥运历史。

　　北京奥运会的举办,掀起了群众健身的热潮,有力地推动了我国全民健身运动的开展。为了满足广大人民群众日益增长的体育需求,为了纪念北京奥运会成功举办,2009 年 1 月 7 日,国务院批准,从 2009 年起,每年 8 月 8 日为"全民健身日"。同年 8 月 30 日,国务院颁布了《全民健身条例》。

　　2022 年北京携手张家口举办了第 24 届冬奥会。

第五节　体育欣赏

一、体育欣赏概述

　　体育欣赏是指人们在工作学习之余,欣赏体育表演、比赛,以陶冶情操,得到身心两方面积极性休息的一种活动。体育欣赏可分为直接欣赏和间接欣赏。直接欣赏指去体育比赛现场观看比赛,而间接欣赏则指通过大众传播媒介观看体育比赛。

　　随着现代社会物质文明和精神文明的高度发展,人们的业余生活越来越丰富,对业余生活质量的要求也越来越高。特别是在快节奏、高效率的工作压力下,需要不断调节生活节奏,自我放松,愉悦身心。

　　运动竞赛是体育运动的显著特征,它不仅有着强烈的竞争性,还具有很强的技艺性、教育性和观赏性。随着社会的进步和商业性体育的兴起,以及新闻传播媒介的迅速发展,同亲身参与体育活动一样,一种被称为信息消费的体育——观赏体育应运而生。而欣赏体育比赛、体育表演,则成为人们业余生活中不可缺少的内容,它给人们带来越来越多的视觉享受。

　　体育欣赏给人们提供了一个学习运动员拼搏进取、无私奉献、为国争光等精神的大课堂。在体育比赛中,运动员你追我赶,每分必争,每球必夺。不经过奋力拼搏,要战胜对手、夺取胜利是不可能的。正因为如此,"更快、更高、更强"就成了现代奥林匹克运动的口号,它充分表现了体育的竞争意识,这种竞争意识反映了人类勇于接受挑战、敢于拼搏、勇于胜利的气概和人们征服自然、改造社会、超越自我的理想。

二、如何欣赏体育竞赛

(一)从技战术角度欣赏体育竞赛

　　从运动技战术的角度欣赏体育竞赛,会使人联想到现代社会的许多事业都需要人们像赛场上的运动员那样刻苦努力、明确分工、真诚合作才能成功。

1. 竞技技术欣赏

　　在球类比赛中,篮球、排球、乒乓球、足球、网球、羽毛球等球类运动发展的速度非常快,新技术不断出现。如篮球比赛中的跳起空中换手投篮、勾手投篮、补篮,以及单手、双手正(反)扣篮,投三分篮等,我们还可以欣赏运动员传接球、运球、突破、抢篮板球等技术和防守技术。欣赏足球比赛时,我们特别偏爱精彩的射门,足球射门是进攻的归宿,但能不能达到进球的目的,还要看运动员的传接球、控制球、运球过人等基本技术掌握得怎样,其技术越高,射门的次数就越多,获胜的可能性就越大。排球比赛中除了常见的基本技术(移动、传球、发球、扣球、拦网等)之外,快球技术发展也很快,比较常见的有近体快球、短平快球、远网快球等。优秀的网球选手在比赛中击球速度快,底线抽球落点准、角度大,来回球数量多,同时具有好的发球及网前技术。

各项体育运动均是由一系列的技术动作组成的。每个项目都有其自身的技术特点,我们在欣赏体育比赛时不仅要注意运动员完成技术动作的情况,更应当欣赏运动员是如何利用自身的有利条件形成独特技术特点的。

2. 竞技战术欣赏

体育比赛中的战术是指比赛双方根据赛场情况变化,正确分配体力,采取合理行动,充分发挥自己优势,限制对方特长,以期达到取得比赛胜利的目的。不同的体育比赛具有不同的战术特点。

在田径比赛中,战术要根据自己的特点和对手的情况而定,如中长跑的体力分配、速度安排、跟跑、最后冲刺等;在跳高比赛中,为节省体力和给对手以心理压力所使用的免跳和选择起跳高度等。在对抗性强的球类运动中,战术更是灵活多变、复杂多样。足球比赛中战术的运用,首先是选择适合本队特点及运动员体力和技术水平发挥的比赛阵型,也要考虑双方力量对比及其他客观条件(场地、气候等)。

(二)从人体能力和运动精神的角度观赏体育竞赛

竞技体育运动最大限度地发挥了人体运动潜能。通过平时训练的积累,运动员在体育比赛中所表现出来的大大超过常人的运动能力和水平是非常吸引人的。例如,把 7.26 kg 的铅球推出 20 m 开外;9 s 多就能跑完 100 m;2 小时 8 分钟多就能跑完 42.195 公里的"马拉松"全程;能够举起相当于自己体重 3 倍的绝对重量;高高跃起超过自己身高几十厘米的横杆等。运动员在比赛中顽强拼搏、勇于进取的意志品质以及团结协作、密切配合的集体主义精神会使人们受到启迪和教益。人们在观赏运动员的技艺和能力的同时,也会对运动员的外貌、风度、动作、习惯、爱好等产生兴趣,甚至着迷。有些人把某个运动员当作自己心中的偶像,许多优秀运动员的成长过程会使人们受到有益的启迪和鼓舞。

(三)从体育文化的角度观赏体育竞赛

现代竞技体育比赛已经成为一种影响最大的全球性活动,体育比赛的内涵和外延更加深刻丰富,它的意义已超出比赛本身,充满了时代精神和人生哲理。所以从体育文化的角度来观赏体育比赛,会使人们在观念、思维、情趣等方面得到净化和升华。

人们在观赏比赛时总是会感受到时代的脉搏,领会到时代的精神。优胜劣汰是体育竞赛的本质属性,参赛各方在强与弱、优与劣、先进与落后、正确与错误、创新与守旧等方面进行竞争,从广义上讲,竞争更是人类进步和社会发展的强大动力。人们应从体育竞争中认识竞争,学习和适应竞争,竞技体育比赛在培养人们的竞争能力,激发人们的竞争意识方面有着独特的作用。正是竞技运动所具有的独特作用和魅力,使竞技体育比赛更具观赏性。

(四)从体育美的角度欣赏体育竞赛

1. 对身体美的欣赏

大部分运动项目对于体育竞赛的观众来说,首先映入眼帘的是运动员的身体形态,所以说对身体美的欣赏是最基本、最直观的欣赏。身体美是人类健康的身体所呈现的美,它是一种由机体良好的生理和心理状态综合显示出的健康之美,是生命灌注之美。身体美不仅通过人体表面形态展现,还包括骨骼、肌肉、皮肤、毛发等影响人体表面形态的构件,并涉及音容笑貌、服装饰物等,还包括一些潜在的美的因素,如速度美、素质美等。

2. 对运动美的欣赏

运动美是身体的运动之美,是人们在体育活动中表现出的美,是社会文化生活的反映,它是一种特殊的审美对象。感受运动美,需要懂得一定的运动知识,特别是竞赛运动知识,并以理解人体运动的潜力和限度为前提;表现运动美,则不但要掌握知识,还必须亲自参加体育活动的具体实践。运动美的特点在于准确、干净、敏捷、协调、连贯、舒展而富有节奏,给人以"增之一分则多,减之一分则少"的感受。

运动中各种动作表现在姿势与结构上的美,是在空间相对稳定时显现的,像连续放映的影片突然定格,具有类似雕塑艺术的立体的直观性特征。

3. 对风格美的欣赏

风格美一般包括两个方面的内容,即技术风格和思想风格。

技术风格美,包括运动员(队)在技术、战术上所表现出的特长与特点之美,即技术、战术风貌和格调上的特性之美。各个运动员(队)根据各自的特点创造出与众不同的风格,构成了自己独特的技术风格之美。

思想风格美,是指运动员在运动竞赛中所体现的思想品质、道德修养、行为作风等综合的社会意识美。人们在观赏运动竞赛中,看到运动员(队)的良好的思想风格时,也往往深受感动,产生共鸣而享受到一种意识形态美。

第二章 大学体育

第一节 大学体育的目的、目标与任务

一、大学体育的目的

高校体育是高校教育的重要组成部分。大学体育以体育课、运动竞赛和课余锻炼为基本手段,通过身体练习这个载体,增强学生体质,促进身心和谐健康发展;培养学生从事体育锻炼的意识、兴趣、习惯和能力,使学生享受体育的乐趣,学会健身方法,为终身体育奠定良好的基础。同时,大学体育还注重人格、道德素养、意志品质和社会适应能力的培养和提高,使大学生成为具有时代精神的德智体美劳全面发展的社会合格人才。

二、大学体育的目标

2018 年 9 月,习近平在全国教育大会上指出"要树立健康第一的教育理念,开齐开足体育课,帮助学生在体育锻炼中享受乐趣、增强体质、健全人格、锤炼意志。"2002 年教育部颁布的《全国普通高等学校体育课程教学指导纲要》(下称《纲要》)中规定:"高校体育课程的性质是大学生以身体练习为主要手段,通过合理的体育教育和科学的体育锻炼过程,达到增强体质、增进健康和提高体育素养为主要目标的公共必修课程;是学校课程体系的重要组成部分;是高校体育工作的中心环节。体育课程是寓身心和谐发展、思想品德教育、文化科学教育、生活与体育技能教育于身体活动中并有机结合的教育过程;是实施素质教育和培养全面发展的人才的重要途径。大学体育课程目标分为基本目标和发展目标两个层次,每个层次均包含运动参与、运动技能、身体健康、心理健康和社会适应五个领域的目标。"

(一)基本目标

基本目标是根据大多数学生的基本要求而确定的,分为五个领域目标。

(1)运动参与目标:积极参与各种体育活动并基本形成自觉锻炼的习惯,基本形成终身体育的意识,能够编制可行的个人锻炼计划,具有一定的体育文化欣赏能力。

(2)运动技能目标:熟练掌握两项以上健身运动的基本方法和技能;能科学地进行体育锻炼,提高自己的运动能力;掌握常见运动创伤的处置方法。

（3）身体健康目标：掌握有效提高身体素质、全面发展体能的知识与方法；能合理选择人体需要的健康营养食品；养成良好的行为习惯，形成健康的生活方式；具有健康的体魄。

（4）心理健康目标：根据自己的能力设置体育学习目标；自觉通过体育活动改善心理状态、克服心理障碍，养成积极乐观的生活态度；运用适宜的方法调节自己的情绪；在运动中体验运动的乐趣和成功的感觉。

（5）社会适应目标：表现出良好的体育道德和合作精神；正确处理竞争与合作的关系。

（二）发展目标

发展目标是针对部分学有所长和有余力的学生确定的，也可作为大多数学生的努力目标，分为五个领域目标。

（1）运动参与目标：形成良好的体育锻炼习惯；能独立制订适用于自身需要的健身运动处方；具有较高的体育文化素养和观赏水平。

（2）运动技能目标：积极提高运动技术水平，发展自己的运动才能，在某个运动项目上达到或相当于国家等级运动员水平；能参加有挑战性的野外活动和运动竞赛。

（3）身体健康目标：能选择良好的运动环境，全面发展体能，提高自身科学锻炼的能力，练就强健的体魄。

（4）心理健康目标：在具有挑战性的运动环境中表现出勇敢顽强的意志品质。

（5）社会适应目标：形成良好的行为习惯，主动关心、积极参加社区体育事务。

为了完成上述目标，《纲要》规定，普通高等学校的一、二年级必须开设体育课程。修满规定学分、达到基本要求是学生毕业、获得学位的必要条件之一。普通高等学校对三年级以上学生（包括研究生）开设体育选修课。

同时，为实现体育课程目标，应使课堂教学与课外、校外的体育活动有机结合，学校与社会紧密联系。要把有目的、有计划、有组织的课外体育锻炼、校外（社会、野外）活动、运动训练等纳入体育课程，形成课内外、校内外有机联系的课程结构。

（三）高校体育的组织实施

《学校体育工作条例》规定，学校体育工作指体育课程教学、课外体育活动、课余体育训练和竞赛，并规定了体育课是学生毕业、升学考试科目。上述规定中的学校体育工作是我国高校体育的基本组织形式。不同的形式都有各自的特点和需要完成的首要任务，既有各自独特的作用，又有相互补充、促进共同任务完成的作用。

2014年6月11日，教育部印发了《高等学校体育工作基本标准》（下称《基本标准》），这是对全日制普通高等学校体育工作的基本要求，也是评估、检查高等学校体育工作的重要依据。

1. 体育课程

体育课程是完成高校体育工作任务的主要组织形式。我国高校体育课程是以《纲要》和《基本标准》为依据组织实施的。《纲要》和《基本标准》规定普通高等学校一、二年级必须开设体育课程（四学期共计144学时），三年级以上开设体育选修课，并提出《纲要》是编写大学生体育教学大纲，进行体育课程教学、评估和管理的依据。根据学校教育的总目标和体育学科的规律，可有针对性地开设大学体育基础课、大学体育选修课、大学体育保健课、大学体育理论课等类型的体育课。

2. 课外体育活动

高等学校的课外体育活动是体育课程的延续和补充,是高校体育教育过程中不可分割的环节,是实现高校体育的目的和任务的又一重要途径。课外体育活动包括早操、课间操、班级体育锻炼、体育课课外辅导、运动会及有组织的郊游等。课外体育活动的内容应以《国家学生体质健康标准》和体育课学习的内容为主,再结合自己感兴趣和喜好的一些其他项目。时间可长可短,因人、因地、因时而宜,以振奋精神、活跃情绪、不过于疲劳且能坚持锻炼为原则。可独立按个人计划完成,也可在教师指导下进行,或加入体育社团(俱乐部、体育协会)等组织进行锻炼。

3. 课余运动训练

大学课余运动训练是利用课余时间,对部分身体素质较好并有某项运动专长的学生进行系统训练的一种专门教育过程。它是高校体育的主要组织形式之一,也是认真贯彻执行普及和提高相结合的重要措施。它一方面肩负着提高运动技术水平、创造优异成绩、参与校外交往、为校争光的光荣使命,另一方面又承担着指导普及、促进高校体育运动蓬勃开展的艰巨任务。

4. 课余体育竞赛

高校体育竞赛包括校内竞赛和校外竞赛。体育竞赛具有竞争性特点,可以起到活跃课余文化生活、振奋人心、激发情感、发展人际交往等作用,并且是检验体育教学、体育锻炼及运动训练效果的一种重要手段,也是吸引广大学生参加体育活动的一种好形式。高校体育竞赛应以育人为宗旨,以校内竞赛为主,特别是以经常开展小型多样的基层竞赛为主,坚持勤俭节约的原则。通过体育运动竞赛,检验学校的体育工作,培养学生勇敢顽强、拼搏进取、开拓创新、团结协作、遵纪守法等优良品质和集体荣誉感,增强体育意识,提高运动技术水平,培养和选拔体育运动的优秀人才。通过开展各种形式的校际竞赛活动,还可以扩大学生的视野,提高社会交际能力。

三、大学体育的任务

培养健康合格的社会建设者是体育教学的宗旨。随着社会的不断进步,大学体育的任务也随之转变,落实立德树人和"三全育人",促进学生的健康成为学校体育的首要任务。

(一)增强学生体质,促进学生身心健康

增强体质是高校体育的重要任务。强健的体质是人们进行各种活动的前提,体质的增强包括人体各个系统机能的提高,它是一个长期锻炼的过程。

全面增强学生体质是一个长期的、有目的的系统工程,要在保证学生生长发育的前提下,实现体格健美;增强免疫力,促使学生精力充沛,生命力旺盛,为学习和生活提供保证。

(二)促使学生努力掌握体育的基本知识、基本技能,培养终身体育意识

教会学生科学的身体锻炼方法,培养学生终身参加体育锻炼的兴趣、能力和习惯。引导学生正确地从事体育锻炼,通过身体练习,激发学生的运动兴趣,培养学生自觉进行体育锻

炼,为终身体育奠定基础。

(三)落实立德树人根本任务,培养学生道德意志品质

在体育中对学生进行思政教育,通过运动的组织形式及身体练习来对学生进行道德意志品质的教育。体育锻炼的本身就包含两种运动形态:一是娱乐性的运动;二是磨炼人意志品质的运动,如有氧健身跑,在极点出现时需要有顽强的意志才能坚持下去。

(四)培养学生审美和创造美的能力

体育运动的魅力在于参加者高超的技艺和完美的形体。大学体育要培养学生欣赏体育运动的审美能力,进而能在欣赏中受到启发和感染,能自觉地创造美。

(五)培养学生竞争意识,提高学生的社会适应能力

现代社会竞争日趋激烈,努力培养学生的竞争意识和能力有助于学生走出校门,更好地适应社会。体育锻炼能增加人与人接触和交往的机会,促进人与人的相互了解,培养学生的群体适应能力,为踏上社会作准备。在体育活动过程中,既需要交往与合作,又存在着相互竞争的现象。这种在体育活动过程中形成的交往、合作和竞争的意识及行为,会直接或间接地影响学生的日常生活、学习,及以后的工作。

第二节 大学校园体育文化

一、校园体育文化概述

(一)文化释义

一般地说,文化有狭义和广义两种含义:狭义的文化,主要指人类社会意识形态及与之相适应的制度和设施;广义的文化,指人类所创造的物质财富和精神财富的总和及其创造过程。严格地说,"文化"一词是一个发展变化的历史概念。

(二)体育文化

体育文化是关于人类体育运动的物质、制度、精神文化的总和,大体包括体育认识、体育情感、体育价值、体育理想、体育道德、体育制度和体育的物质条件等。

体育文化是伴随着体育的历史而源起的。体育的历史与人类的历史一样源远流长。在人类文明的历史长河中,体育文化是一个逐渐发展的过程。人类如何将动物运动和本能创造为一般认同的人类运动和竞争形式的体育活动,这是一个十分复杂的过程。

校园是学生学习和生活的主要空间,校园文化建设的好坏,直接影响到育人的成败;校园体育文化是校园文化的重要组成部分,校园体育文化的建设情况,直接影响到学校体育活动的开展,与学生的身心健康有很大的关系;良好的校园体育文化环境可以陶冶学生的情操,纠正学生的不良行为,是学生身心发展的必要条件。由此可见,校园体育文化建设的重

要性。

(三)校园体育文化

校园体育文化是一种特别的文化现象,它既是校园文化的一部分,又是体育文化的一部分。

校园体育文化是以学生为主体,以课外体育文化活动为主要内容,以校园为主要空间,以校园精神为特征的一种群体文化,它作为一种社会文化,是在一定社会政治、经济、文化、教育、体育等条件下,由学校广大师生在实践过程中共同创造的体育物质财富和精神财富的总和。

学校体育文化由三个层面组成:第一个层面是精神层面,居于主导地位,其中体育健康价值观是学校体育文化的本质和核心,决定了学校体育的目标;第二层是制度、方法层面,这个层面既是学校体育的组织形式,也是学校体育意识的体现,包括体育教学、课余体育活动、体育科学研究、体育竞赛、体育协会、体育交流等全方位制度、方法的确立;第三层是物质方面,这是学校体育文化的基础,也是客观物质保障,包括校园的体育建筑、环境、场地器材、用品和师资队伍等。以上三个层面在学校体育文化建设过程中,应当在"以人为本"的基础上获得协调发展。

二、校园体育文化的功能和作用

(一)校园体育文化的功能

1. 健身功能

校园体育文化作为学校特有的文化现象,在高校已蓬勃发展。体育运动不仅能改善和提高中枢神经系统的工作能力,而且能保持清晰的思维和良好的记忆能力。人们在体育锻炼的过程中,能使自身的血液循环加快,心脏功能提高。呼吸系统的功能改善促进骨骼、肌肉的生长发育。大学生都处在生长发育阶段,参加适合自己的体育运动项目,可以为以后的健康打下良好的基础,使自身正常地生长发育,防病治病,推迟衰老,做到延年益寿。

2. 教育功能

(1)导向功能。所谓导向功能就是把高校成员的业余体育文化生活引导到正确的方向上来。良好的校园体育文化环境使他们正确选择自己喜爱的体育项目,接受先进思想,逐步健康地成长起来。青少年学生精力旺盛、爱好体育、喜欢表现,而校园体育文化为他们提供了一个培养创造力,释放能量的广阔天地。积极参加校园体育文化活动,充分发挥创造力是学生业余时间消耗能量的重要途径,如果同时加以正确引导,不仅使他们在体育方面得到锻炼,同时其他方面的各种能力也会得到同样的提高。

(2)凝聚功能。校园体育文化的客观存在,牵系着一个学校体育工作的生存发展。这是因为,校园体育文化特别是作为校园体育文化内核的校园体育精神与校园价值体系是学校的凝聚力和向心力的所在。

校园体育文化的凝聚力、向心力问题,目前愈来愈受到人们的重视。一所学校要在激烈的社会竞争中立于不败之地,并一往无前地向前迈进,除了高质量的体育教学,高水平运动队在各种竞赛中所取得的成绩、高水平的管理等"内功"外,其中之一就是靠这种由校园体育精神所凝聚结成的极大的集体合力、奋发向上的群体意识和学校成员的主观能动性。因此良好的校园体育文化还可以使人感到全身充满着青春活力,有一种令人振奋、催人向上的精神。

(3)陶冶功能。学校教育的本质就是使学生通过文化价值的摄取,获得人生意蕴的全面体验,进而陶冶自己的人格和灵魂。在这方面校园体育文化比起正规的教育、教学具有独特的功能,原因在于:①校园体育文化创造了一个陶冶人们心灵的场所,对学校各方面教育中起着指导性作用;②体育比赛各种规则的适用与对个人的限制,对生活在其中的每一个人起着陶冶情操与规范行为的作用。由于当代青少年生活的环境比较复杂,是在相互交往的社会生活中成长起来的,所以必须利用各种场所对其进行思政教育,在校园体育文化实践中许多学校把环境作为有效手段或教具加以利用,取得了明显的成效。因此重视校园体育设施的投入,使广大学生能有较好的活动场所,对陶冶学生的情操具有良好的推动作用。

3. 社会功能

(1)社会同化功能。所谓"同化"是指一个人自愿地接受他人的观点、信念、态度和行为,使自己的态度与之相接近。校园体育文化社会同化功能,其实就是校园成员个体社会化的过程。现行的学校教育,其实现的目标之一就是促进校园成员的个体社会化,而这种个体社会化的内容与要求是和校园体育文化的"教化"目标一脉相承的,因为校园体育文化的深入发展可以使校园个体与社会环境之间达到平衡和协调,从而实现对人的身体、精神、心灵、性格的塑造,达到社会化的目的。

(2)社会辐射功能。这里所指的辐射,是指校园体育文化的文化态势高于社区的总体文化态势时就要对其产生影响。学校是传播精神文明的场所,其文化层次和"品位"较周围地区相对要高。从个体而言,一个人求学深造的结果,除获取各种社会知识和专业知识之外,接受了精神文明的熏陶,具有良好的思想文化素质和文明行为,一旦步入社会势必对他人产生影响;从群体而言,一所学校就是一个整体,它综合了每个个体的素质,在文化上达到了社会文化的制高点。就校园体育文化而言,广大学生在大学四年以后走上社会,就利用在大学里所学的体育知识技能技术向社会辐射,补充了社会上与社区内不具备的东西。再一个就是学校坐落于一定区域之内,因此,它对周围社会文化的辐射影响既有广度又有深度,而且具有其他文化无法比拟的功能优势。

4. 情感功能

(1)娱乐功能。娱乐功能也称消遣功能或称调适功能。这是体育项目特有的功能。对学校成员的生活和精神来说,校园体育文化是一种很好的调节剂,校园处处是体育。这是体育项目特有的功能。作为校园文化部分的体育文化生活不仅可以成为紧张学习工作之余恢复体力、脑力的调节剂,还可以进一步作为人们娱乐、享受、愉悦身心的调节剂。如象棋、体育舞蹈、健美操、太极拳、各种体育竞赛等,在校园生活中始终是人们喜闻乐见的具体调节形式。

(2)审美功能。审美功能又称美化功能,它可以说是推动人类自身发展的一种内驱力。校园体育文化的审美功能是看不见摸不着的,它融于校园成员的情感体验之中。校园是到处充满情感的校园,校园体育文化的丰富,充实了人们的精神境界,同时提高和美化了人们的精神境界。如果没有情感的熏陶、审美的内化,学生的精神世界将会贫乏、平淡、单调,在校园中的生活就会缺少光彩和美感。因此,要使每一个学生的心灵美丽、充实、多姿,就必须重视校园体育文化的审美功能,通过情感和美感的力量使他们茁壮成长。对当代大学生来说,丰富而健康的精神文化活动,为学生充分地表现爱美的天性提供了机会和条件,让他们以各自的审美情趣美化生活,从中得到多样化的体验,并极力按照美的规律塑造自己。在引导和鼓励学生追求仪表的同时,我们应注重教育学生对自然美、体型美、艺术美等的向往与追求,帮助学生抵御那些低级淫秽、腐朽、毒害青少年健康成长、与社会主义精神文明格格不入的审美情趣,从而培养高尚的道德情感和审美情趣,以推动社会主义精神文明建设不断向前发展。

(二)校园体育文化的作用

1. 强身怡情,增进学生身心健康

增进健康,促进学生身心发展是学校体育的本质功能,也是学校体育最根本的目的。同时,在学生心情不好时,可以通过体育活动来发泄自己的不良情绪,从而也达到了调节心情的目的,这对学生身心健康发展是有利的。

2. 教育熏陶,改变学生的不良行为

文化具有育人功能,当人处在一个文化环境中,他就会受到文化的熏陶,潜意识当中就会约束自己的行为。校园体育文化作为一种文化,自然也具有这样的功能。规则是体育的重要组成部分,学生在从事体育活动过程当中,就要遵守体育规则,违反规则就要受到惩罚或谴责,从而督促他们改变自己的不良行为。

3. 激励学生,提高学生从事体育活动的热情和积极性

良好的校园体育文化环境可以提供一个良好的体育氛围,从而鼓舞学生参加体育活动。譬如学校宣传栏当中的体育新闻、体育明星,尤其是学校体育明星,都可以从精神上鼓励学生参与体育活动。

4. 培养学生的竞争意识,增强与人合作的观念,加强学生的集体观念

竞争是体育文化的典型特征,学生在参加体育竞赛和体育锻炼的过程中,从本质来说就是一种与他人竞争的过程,从而培养自己的竞争意识。在团体项目中,只有加强与队友的合作才能最终取得比赛的胜利。在这些项目当中,团队的荣誉是第一位的,这就加强了学生与他人合作的意识,加强了学生的集体观念。

5. 培养学生良好的品质

体育活动不是一个简简单单的过程,学生在从事体育活动过程中,会遇到困难、伤痛和伤病,只有克服它们才能真正享受体育的快乐。因此,通过体育活动可以培养学生吃苦耐劳、克服困难、挑战自我、超越自我等良好的意志品质。

第三章　大学生健康生活方式

第一节　健康概述

2016年10月中共中央、国务院印发的《"健康中国2030"规划纲要》指出:"健康是促进人的全面发展的必然要求,是经济社会发展的基础条件。实现国民健康长寿,是国家富强、民族振兴的重要标志,也是全国各族人民的共同愿望。"党的二十大报告中的"推进健康中国建设"专节指出:"人民健康是民族昌盛和国家强盛的重要标志。把保障人民健康放在优先发展的战略位置,完善人民健康促进政策。"作为新时代的大学生,应该积极践行健康中国行动,参加爱国卫生运动,学习健康知识,提高健康素养,形成健康生活方式,提升个人健康水平。

一、现代健康的概念

随着社会的发展和生产力水平的不断提高,物质生活逐渐丰富,人类正在逐渐从体力劳动和与大自然的直接接触中"脱离"出来,原有的生活方式正在逐渐被现代的交通工具、先进的通信手段和丰富的食物结构所"置换",以至于出现相当数量运动不足和营养过剩的人群。现代"文明病"的出现,使得人类对健康的认识和追求显得比以往任何一个时期都迫切和强烈。

1948年,世界卫生组织(WHO)在其宪章中给健康的定义是:"健康不仅仅是没有疾病和衰弱的状态,而是一种在身体上、精神上和社会上的完满状态"。1979年,世界卫生组织又在《阿拉木图宣言》中重申:"健康不仅是疾病和体弱的匿迹,而且是身心健康、社会幸福的完美状态"。之后,世界卫生组织又指出"道德健康"也应该包括在健康的含义中,一个人只有在躯体健康、心理健康、社会适应良好和道德健康四个方面都健全,才能算是完全健康的人。据此,世界卫生组织提出了十项健康标准,以此作为衡量个体健康的基本标志。

①精力充沛,能从容不迫地应付日常生活和工作。②处世乐观,态度积极,乐于承担责任,事无巨细不挑剔。③善于休息,睡眠良好。④应变能力强,能适应环境的各种变化。⑤能抵抗一般的感冒和传染病。⑥体重适中,身体匀称,站立时头、肩、臂位置协调。⑦眼睛明亮,反应敏捷,眼和眼睑不发炎。⑧牙齿清洁,无龋齿,不疼痛,牙龈颜色正常,无出血现象。⑨头发有光泽,无头屑。⑩肌肉丰满,皮肤有弹性,走路、活动感到轻松。

按照以上健康标准,只有15%的人能达到,而15%的人有病,大部分人都处于中间状态,即处于没有疾病又不完全健康状态,也就是说处于机体无明确疾病,但活力降低,适应能力出现不同程度衰退的一种生理状态,如乏力、头晕、耳鸣、心悸、烦躁等,即所谓的"亚健康"状态。

二、亚健康

现代医学将健康称作"第一状态",疾病称作"第二状态",将介于健康与疾病之间的生理功能低下的状态称作"第三状态",也称"亚健康状态"或"中间状态"。亚健康状态一般指机体虽无明显疾病,却呈现出活力下降,适应能力不同程度减退的一种生理状态。专家认为,亚健康状态包括不良的心理行为、低迷的精神状态、对社会的不适应以及身体各部位的某种不适等。具体表现有情绪低落、心情烦躁、忧郁、焦虑、失眠、头晕、头痛、疲劳、慢性咽痛、淋巴结肿大、肌肉关节疼痛以及反复感冒等一系列难以用某种疾病予以解释的症候群,而身体检查又无重大异常。

三、影响健康的主要因素

影响健康的因素是多方面的、综合的,主要包括环境因素(自然环境、社会因素,其中社会因素中享有文化和接受教育的权利是人全面发展的重要前提,也是享有健康的前提。人群的文化水平与人群的健康水平之间存在着正相关关系。受教育程度和文化素养决定着人的健康观和健康价值观,决定着人是否做出有益于健康的决策)、生活方式因素(生活方式是指人的生活式样,是生活活动的总和,包括生活态度、生活水平和生活惯常行为)、生物学因素和卫生保健服务。

四、体育与健康

世界卫生组织宣布,每个人的健康60%取决于自己,15%取决于遗传,10%取决于社会因素,8%取决于医疗条件,7%取决于生活环境和地理气候条件的影响。然而,就每个人本身来说,遗传、社会因素和医疗条件、生活环境、地理和气候条件都是客观存在,除特殊情况外,很难加以改变。也就是说,这些都属于相对固定的因素,它们对人的健康和寿命造成的影响是不以人们的意愿为转移的。至于职业与经济状况,也是相对固定的;个人的文化修养、涵养、兴趣、嗜好,以及家庭成员间的相互关系,在一般情况下可长期保持原状,不会发生大的变化;而饮食、运动、情绪和心理变化则直接关系到每个人每天的物质和精神生活。故在正常情况下,足以影响健康的关键因素是每日饮食是否适宜,体育锻炼是否适当,以及情绪(包括精神和心理状态)是否良好或稳定。

那么,为了拥有健康,我们需要懂得正确的促进健康的方法,即规律的生活作息制度、积极的休息与睡眠、合理营养和平衡膳食、科学的身体锻炼,以及避免吸烟和被动吸烟、避免酗酒和滥用药物、及时调控情绪和及时寻求心理咨询。

第二节　大学生身体健康

一、大学生的主要生理特点

处于青年时期的大学生,主要生理发育特点有身体形态、生理机能、力量增长和性发育。

(一)身体形态的变化

1. 身高

身高是身体发育的基本标志。一般男学生 19 岁，女学生 17 岁以后，身高的增长就会比较缓慢，此时下肢骨骨化已基本完成，身高的增长仅靠脊柱的缓慢发育而微量增长。身高的发育主要受遗传基因的影响，此外，还受环境因素、生活条件、营养状况和体育活动水平等因素的影响。

2. 体重

体重指数标准算法：体重指数(kg/m^2)＝体重(kg)/$[身高(m)]^2$，通过体重与身高之间的比值可粗略判断是否存在超重、肥胖问题。但该数值并不能准确描述体内脂肪、肌肉等的分布情况，因此日常生活中还需结合其他检测方法共同判断。

体重指数适用于 18 岁以上成人，大学生也可用该指数了解自身体重情况。通常情况下体重指数在 18.5～23.9 kg/m^2 属于正常，24.0～27.9 kg/m^2 属于超重，大于等于 28.0 kg/m^2 为肥胖。

3. 其他形态指标

大学生其他有关的第二性征、胸围、头围、肩宽、骨盆宽等生长指标也基本发育成熟。

大学生年龄阶段已经处在青春后期，但仍保留青春期一些特征的平衡性和不稳定性，生理可塑性还很强。

(二)生理机能变化

1. 神经系统逐步完善

大学生的神经系统在生理发育上基本达到成人水平。脑神经纤维变粗、增长、分支和腱鞘化，神经冲动的传递速度也大大增加；大脑皮质的兴奋性和抑制过程较为平衡；第二信号系统迅速发展，第一和第二信号系统的活动相互关系更为完善，第二信号系统逐渐占据主导地位。可见，大学生神经系统的结构与功能均已达到最佳状态。具体表现在观察能力强，动作反应灵敏、协调、准确，记忆力好，注意力集中，想象力丰富，分析、理解和判断问题能力迅速提高。这些生理机能的增强，为发展思维及适应复杂的外界环境变化提供了物质基础。

但是，此年龄段神经系统的功能还不够稳定，内分泌活动活跃，性腺活动增强使其兴奋性高、容易疲劳和激动，但恢复较快。

2. 心血管系统功能趋于稳定

大学生心脏发育日趋完善，形态与功能接近成年人水平，心脏收缩能力提高，心血管功能不断增强，具有较强的代偿能力和适应能力，可以承受较大的运动负荷。并且适当的体育活动会使心血管功能有所增强。

3. 肺活量和通气量增加

随着胸围、胸腔的扩大，肺活量增大，呼吸频率相对减少，呼吸系统发育日益完善，一般女性 19 岁、男性 21 岁，肺活量增长趋于稳定。我国男大学生的肺活量一般为 3800～4400 mL，女生为 2700～3100 mL，具备了发展耐力的生理基础，可进行有氧耐力的练习，以增强心肺功能。

(三)力量增长

到了大学阶段,骨骼、关节和肌肉已全面成熟,此时,身高已不再有明显增长,但因为性腺活动旺盛,性激素分泌增加,肌肉纤维的增长由纵向转向横向体积发展,肌肉体积增加,弹性加强,力量增强。女生与男生在力量上存在显著的性别差异,男生显著高于女生。大学生表现出来的运动能力,包括力量、速度、耐力、灵敏和柔韧素质均已达到或接近人生的顶峰状态。在这个时期要全面加强身体锻炼,以促进身体各部位功能的提高和完善,使身体各器官的各项功能在顶峰状态保持较长时间,减缓随年龄增长而引起的自然下降,使自己拥有强健的体魄和旺盛的精力。

(四)性成熟

性的成熟是青年时期最重要的生理变化之一,如性发育和第二性征发育等。

1. 男性性发育

性成熟主要表现在性器官——睾丸功能的发育与成熟上。睾丸的功能是产生精子和分泌雄性激素。

男性进入青春期后,在雄性激素的作用下迅速发育。睾丸的发育从10岁左右开始,12~16岁期间迅速增大,阴茎开始变粗变大。随着前列腺的发育,男子在15~16岁出现遗精,到17岁左右睾丸发育成熟。男性第二性征发育中,13~14岁在睾丸迅速增长的同时长出阴毛,阴毛长出后1~2年腋毛开始发育,并长出胡须,前额变宽,额部发际上移,逐渐形成男性成人面貌。同时喉结突出,声音变粗而低沉。上述变化到十七八岁基本结束。

2. 女性性发育

女性的性成熟主要表现在性器官——卵巢功能的发育和成熟上。卵巢的功能是产生卵子和分泌雌性激素。

女性进入青春期后,在雌性激素的作用下,内外生殖器官迅速发育,并与其他器官共同进入成熟阶段。随着性发育成熟,出现月经周期,第一次月经是女性青春期的重要标志,月经初潮一般在9~16岁。在第二性征发育中,乳房发育开始比较早,10~14岁乳房隆起明显,到十七八岁达到丰满、成熟状态。阴毛一般比乳房发育晚半年左右,腋毛与初潮年龄相近。

二、体育锻炼与身体健康

(一)身体成分

身体成分是构成身体健康素质的组成部分,在《国家学生体质健康标准》中,采用身高标准体重的评价指标来间接地反映学生的身体成分。身体成分主要是指人体脂肪的重量与其他组织重量的比例关系。了解自己的身体成分,有利于通过体育锻炼或调节伙食来增加体重,或将体重控制在一定的范围之内,保持身体内适宜的脂肪含量。

人体内脂肪含量过多,机体做功能力就相对减少,血液中的胆固醇含量就高,容易导致人体内某些物质代谢的紊乱。脂肪过多、体重过大不仅会影响人体的健美,还会给健康带来一系列不良的影响。大量的流行病学调查显示:身体肥胖与冠心病、动脉粥样硬化、高血压、糖尿病、胆结石、关节炎及某些肿瘤的发生有关。肥胖还会增加心脏负担,显著缩短寿命。

体重过轻既是一种症状,又是一种疾病,它对人体健康有着多方面的危害。体重过轻的人,不仅容易疲倦、体力差、兴奋性低、学习和工作的效率不高,常有"力不从心"的感觉;而且抵抗力低、免疫力差、耐寒抗病能力弱,易患肺结核、肝炎、肺炎等疾病,也经不起疾病的折磨,对环境变化的适应能力不强。

显然,体重过轻与肥胖一样,既不是健康的标准,也不是人体健美的象征,而是身心健康的大敌。

1. 控制体重的锻炼方法

最佳降低体重的方法就是体育锻炼与节制饮食相结合,因为它比只运用一种方法更能有效地降低体重。从长远的眼光看,要想成功持久地控制体重,避免降体重后的"反弹",必须养成体育锻炼和节制伙食的习惯,形成一个崭新的、充满着生命力的生活方式。通过体育锻炼来降低体重,应做到以下几点。

(1)要选择适宜的运动方式。

(2)锻炼的次数越多,则消耗的热量也就越多,反之则达不到降低体重的目的。对于体重过重的人来说,每天早晨和下午各锻炼一次,比每天只进行一次较长时间锻炼所消耗的热量更多。下午4—5点钟,大多数人身体的基础代谢都处于较低的水平,这时是最佳的锻炼时机。这时锻炼不但能够多消耗身体热量,还可以提高身体20分钟至数小时的基础代谢率,使热量进一步地消耗,所以降低体重的效果会更好。

(3)锻炼的强度是决定降体重计划能否实现的关键。在刚开始锻炼时,应以小强度、长时间的锻炼方式为宜。在体重有所下降,体重健康水平得到一定程度提高后,再逐步增加运动强度,如慢走—快走—走跑交替—持续慢跑—持续中速跑等。

(4)持续运动的时间对降低体重最为重要。持续运动是指在运动时身体不要停下来休息,始终保持在运动的状态。如果走累了,慢走、跑走交替都属于持续运动。

(5)大肌肉群参与运动能够消耗更多的热量。在锻炼时要尽量使四肢和躯干的肌肉参与运动,避免只有局部小肌肉群参与运动。

(6)锻炼和控制饮食相结合。要降低体重,不仅要运动自己的腿,还要管住自己的嘴。要做到这一点并不是轻而易举的,除了应具有坚强的控制力和毅力之外,家长的参与、监督和配合也起着非常重要的作用。

2. 增加体重的锻炼方法

增加体重最有效的途径就是摄取的热量要大于所消耗的热量。增加体重当然是要增加肌肉而非脂肪,可以从下面几个方面入手。

(1)医疗检查。应到医院检查是否患有蛔虫病、慢性消耗性疾病,如结核病、慢性腹泻、内分泌疾病等,这些疾病都会使身体出现体重增加缓慢或下降的现象。

(2)打破旧的代谢平衡。"吃多少都不长肉"是体重偏轻的人的共同体会。这是因为人体一旦习惯于某种生活模式,每天的入(进食)与出(消耗)基本保持平衡。在这种情况下,单靠多吃不起作用,要打破旧的平衡,首先要增加活动量,给身体一个需要增加能量摄入的信号,这样多吃的食物才会被消化和吸收。

(3)增加营养。蛋白质在摄入的总热量中只占 20%;糖类(米饭、馒头等主食)是补充肌糖原的主要来源,粮食制品和蔬菜水果应占 55%~60%;脂肪是高热量的食物组成部分,应占 25%~30%。

(4)尽量少食用含咖啡因的饮料和食物以及其他导致基础代谢增加的药物。因为咖啡、茶、可口可乐等这些物质都可以使人体的基础代谢增加,消耗体内的热量,使体重降低。

(5)保证休息,精神放松。人在睡眠时会分泌"生长激素",新陈代谢也处于最低水平,消耗最小,充足的睡眠是生长的重要保证。

(二)体育锻炼对神经系统的作用

神经系统是人体各器官系统生理调控的指挥中心。体育锻炼对身体的良好作用,是通过神经系统的影响而实现的。因此,体育锻炼首先能使神经系统的调节机能得到锻炼和提高。体育锻炼对神经系统的影响有以下几个方面。

1. 体育锻炼能促进大脑的发育

首先,体育锻炼能使血液循环加快,血流量增多,使脑细胞得到充足的氧气和养料,从而促进脑细胞体积增大、神经细胞树状突起的分支增多;其次,体育锻炼的时候,由于肌肉的活动,能促进反射弧神经纤维上的髓鞘加快形成,完善大脑的传导功能,提高反应速度;第三,体育锻炼能改善大脑皮层的兴奋和抑制过程,建立运动条件反射,掌握运动技能,使思维敏捷,动作准确协调。

2. 体育锻炼能改善神经系统的机能

儿童、少年时期,第一信号系统较发达,进入青春期中期,第二信号系统也有了相当程度的发展,此时如能经常参加体育锻炼,则使第一和第二信号系统之间的联系更为完善,分析与综合能力进一步提高,神经细胞内部的结构和机能得到迅速发展,为进一步培养思维能力创造了良好的物质基础。此外,通过体育锻炼,能使大脑和神经系统得到锻炼,提高神经系统的均衡性、灵活性和神经细胞工作的耐久力;能使神经细胞获得更充足的能量物质和氧气的供应,从而使大脑和神经系统在紧张的工作过程中获得充分的能量物质保证。

总之,体育锻炼给人体带来的最大好处是提高和改善了神经系统的机能,并因此影响到整个身体的健康。

(三)体育对运动系统的作用

运动系统由骨骼(见图 3-2-1)、肌肉和关节三部分组成。人体的形态、结构、生长发育和体型是由骨骼、肌肉和关节来体现的。人体的一切活动也是由骨骼、肌肉和关节连接起来在神经系统的支配下进行的。人体健壮与否决定着人体活动的质量,体育锻炼是促进运动系统发展的最佳手段。

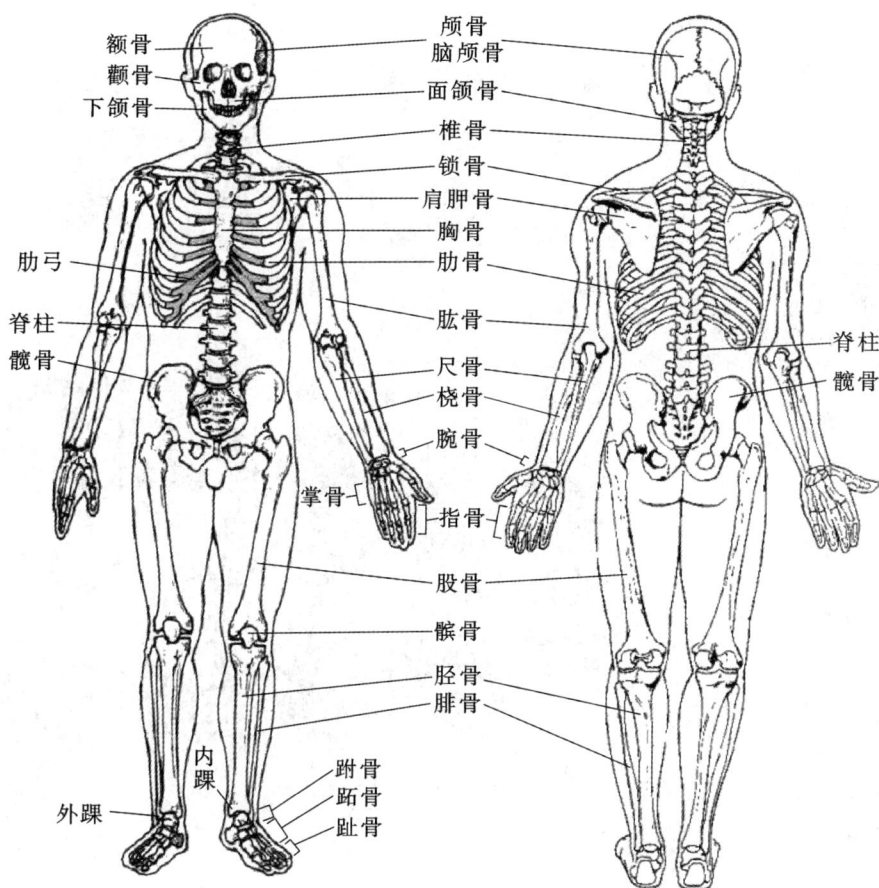

图 3 - 2 - 1 人体全身骨骼图

1. 体育锻炼对骨骼结构与机能的影响

骨骼是人体内最坚实而又具有一定弹性的部分。骨膜是骨表面上一层很薄的结缔组织膜(图 3 - 2 - 2)。骨的里面有造血细胞和丰富的血管及神经,它具有修补骨骼的能力。骨质内的血管是经骨膜进入的,骨膜下面是一层结构很坚实的骨密质,骨密质越厚,抗压能力就越强。在骨的内层和长骨两端是结构疏松的骨松质,骨松质的形态像海绵状,其中的骨小梁纵横交错,按照受力方向排列,以保持骨的坚固而不过重。

经常的体育运动促进了血液循环,可以加强骨的坚固性。经常性的运动有利于肌肉、韧带更牢固地附着在骨骼上面。这些变化都有利于骨骼承受更大的外力作用,也就是说提高了骨的抗弯、抗断和耐压的性能。经常参加体育锻炼不仅使骨变粗,还可以使骨骼增长。身材的高矮是由骨骼发育成长决定的。经常运动的青少年比同龄的青少年身高平均高出 4～7 cm。骨骼之所以增长,是因为骨骼的两端有软质的骨骺,这层骺软骨在新陈代谢作用下,不断地骨化而变为硬骨,同时又不断增长新的软骨,因此,骨骼就不断地加长(图 3 - 2 - 3)。这个变化过程在儿童和青少年时期十分明显,一般要到 25 岁左右骨骼才完全骨化,就不再增长了。

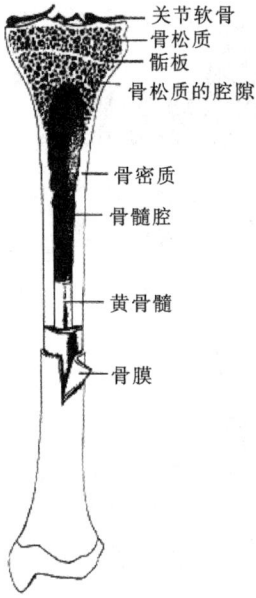

图 3-2-2　长骨的结构

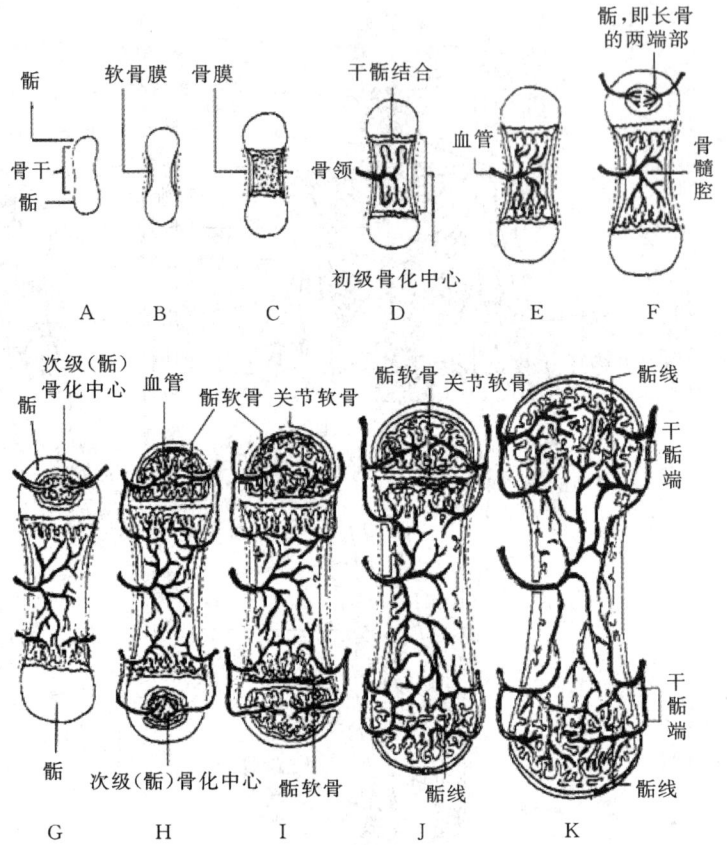

图 3-2-3　软骨内成内过程模式图

2. 体育锻炼对骨骼肌的影响

在体育运动中,不仅要通过肌肉来完成各种动作,而且在完成动作的过程中,又能增强肌肉的功能。经常进行体育锻炼,人体的肌肉可发生非常明显的变化:一方面是肌肉组织在量上的发展,即肌纤维(见图 3-2-4)变粗,数量有所增多,因而变得更加粗壮、结实;另一方面是肌肉本身的改变,比如说,储存氧气的"肌红蛋白"增加了,储存的营养物质"肌糖原"也增加了,而且肌肉内毛细血管的数量也大大增多了(这就使运动员的肌肉比一般人有更多的物质储备,可保证运动的需要),经过锻炼,肌纤维和肌腱的联结以及肌腱和骨骼的联结也变得比一般人结实。此外,通过体育锻炼,还可使整个神经系统对肌肉的控制能力大大提高,肌肉对神经刺激产生反应的速度和准确性,以及各块肌肉之间互相协同配合的能力,都有很大的改进。

总之,经常参加体育锻炼,可使肌纤维变粗而且坚韧有力,使其中蛋白质的储量增加,血管变丰富,血液循环及新陈代谢改善,动作的耐力、速度、灵活性、准确性都增强。

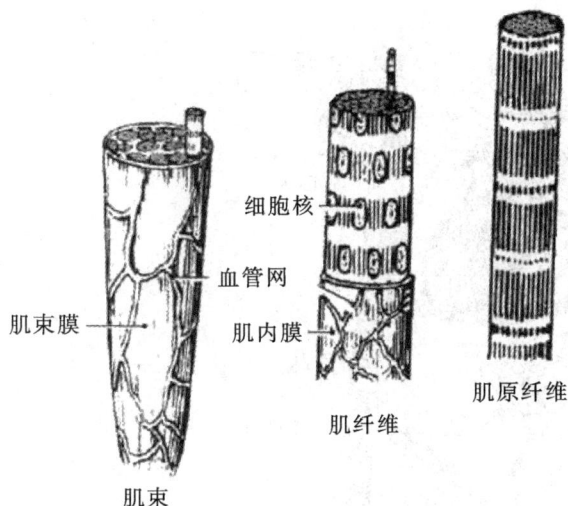

图 3-2-4　肌纤维结构模式图　　　　图 3-2-5　关节主要结构模式图

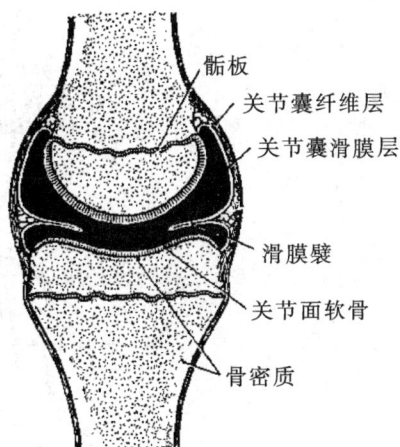

3. 体育锻炼对关节的影响

关节的周围都有韧带和肌腱包围着(见图 3-2-5)。韧带能加固关节,肌腱能引起关节运动。体育锻炼能使关节软骨增厚,增强关节的弹性、灵活性和牢固性,还能增强肌腱和韧带以及它们在骨上附着的强度,使人体能承受更大的运动负荷,减少各种外伤和关节方面的疾病。

(四)体育对循环系统的作用

人体内各器官与组织细胞进行活动,需不断供给氧与营养物质。氧来自通过呼吸道进入肺泡的空气,在肺泡内由于分压差而发生气体交换,营养物质来自小肠黏膜的吸收。人体内有完善的血液转运系统(见图 3-2-6),包括大循环(体循环)与小循环(肺循环)。血液自右心室到肺动脉、肺毛细血管、肺静脉入左心房,此为肺循环。经过此循环血液获得氧。血液自左心室到主动脉、大动脉、小动脉经毛细血管与静脉系统回到右心房,此为体循环。摄入的营养物质在消化道内消化后被小肠吸收,经肠系膜静脉到门静脉入肝脏,再经肝静脉到下腔静脉而进入右心房与右心室。肺循环与体循环是相互衔接的,从左心室进入动脉的血液既含有丰富的氧也含有丰富的营养物质。经分布在全身各器官与组织的毛细血管,将动脉血输送给它们,以满足其需要,使其正常的机能活动得以维持。

体循环和肺循环的起、终点均在心脏(见图 3-2-7)。人的心脏位于胸腔之内,夹在两肺之间,稍稍偏左方。它的大小相当于一个拳头,心跳的快慢是不以人的意志为转移的,它有自己的节律性,有"生命之泵"的称号。构成人体的 18 万亿个细胞,它们吃喝的养料和水分,是通过血液的流动运送而来的,它们排出的废物也是通过血液的流动运走的。血液流动来去往复的动力来自心脏。心脏通过自身节律性的收缩和舒张,即心脏的跳动,来挤压、推送血液。

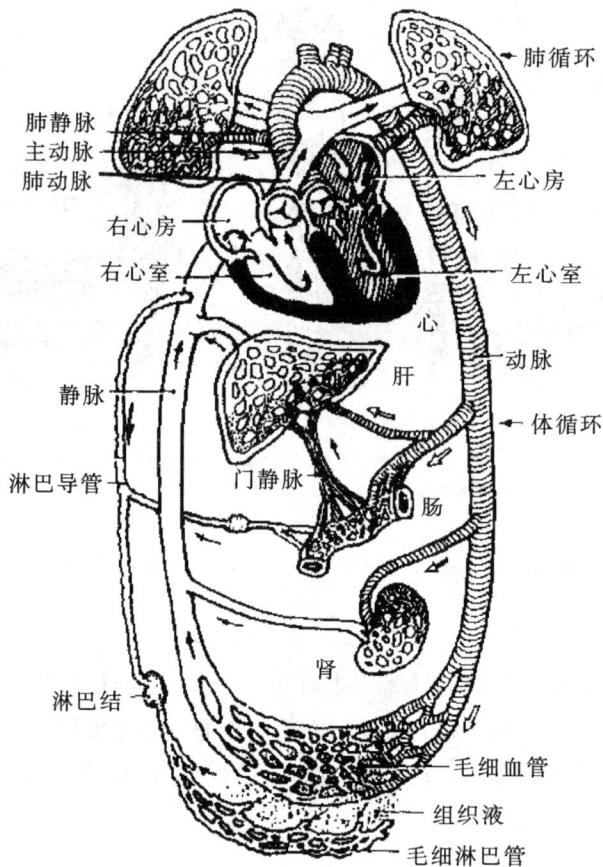

肺静脉
主动脉
肺动脉
右心房
右心室
静脉
淋巴导管
淋巴结

肺循环
左心房
左心室
心
肝
动脉
体循环
门静脉
肠
肾
毛细血管
组织液
毛细淋巴管

图 3-2-6 血液循环模式图

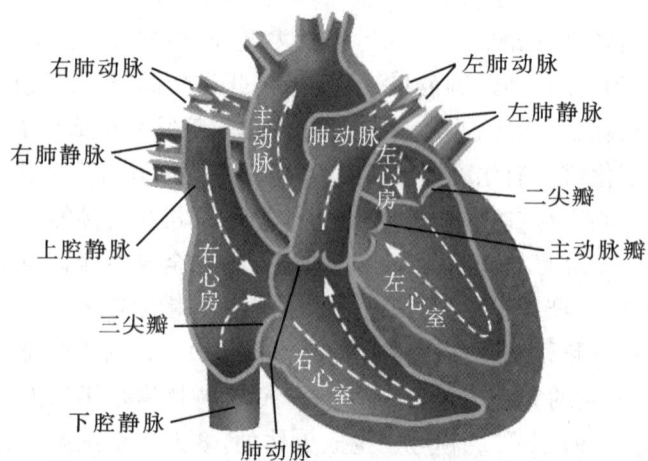

右肺动脉
右肺静脉
上腔静脉
三尖瓣
下腔静脉
肺动脉

左肺动脉
左肺静脉
主动脉
肺动脉
左心房
二尖瓣
主动脉瓣
右心房
左心室
右心室

图 3-2-7 心脏各腔及血流方向

体育锻炼后心率适当地增加,血流量增大,促使全身血流量改善,这样心脏每搏输出量逐渐增加,而在安静时心率变慢(男生平均 76 次/分,女生 79 次/分)。心脏输出量增大,血脂类代谢物质在血管壁沉积减少,故血管弹性良好。由于心肌供血改善(冠状动脉血流量改善),心肌发达、增厚,这样心肌收缩力加强。心脏功能改善,能量物质增多,能量利用也发生变化。锻炼可引起心脏肌球蛋白的 ATP 酶作用的活性增强;肌球蛋白与肌红蛋白之间相互作用的速度增快,使心肌收缩力增强。体育锻炼还可引起肌球蛋白分子结构或其活动控制上的根本变化,从而使心脏功能发生重要的改变。有研究指出:长期体育锻炼可使心肌糖原含量增加 30%,肌红蛋白增加 35%,己糖激酶增加 80%,心脏摄取血糖能力增加 165%,氧化血乳酸的能力增加 260%,组织呼吸增加 37%。平时心排血量不是最大,在需要时成倍地增加。经常锻炼者心肌发达,神经调节功能更为灵活,心储备力量也大。例如,在剧烈运动时,每搏最大输出量:一般男子为 140～160mL,而运动员为 190～200 mL;一般女子为 100～120 mL,而运动员为 150～160 mL。每分钟最大输出量:一般男子为 27～30 L,运动员为 35～40 L;一般女子为 18～20 L,运动员为 24～28 L,以适应肌体供血、氧的需要。由于冠状动脉血流量改善,血脂类代谢物质在血管壁沉积减少,这对预防和改善高血压、冠心病有良好作用。心脏工作储备能量增多,能促进和提高体育锻炼水平。

(五)体育对呼吸系统的影响

1. 体育锻炼能有效地提高呼吸系统的功能

(1)增强呼吸肌的力量。人体在安静吸气时膈肌收缩而下降,肋间外肌收缩上提肋骨,使胸廓扩大,胸腔内的负压增加,空气经呼吸道进入肺内。呼气时,膈肌松弛而上升,肋间外肌舒张肋骨下降,使胸廓缩小,负压减少,将肺内气体经呼吸道排出体外。经常参加体育锻炼的人,随着呼吸运动的加强,其他辅助肌(腹肌、肩带肌、背肌等)也都要参加工作,这样吸气时就能将胸腔扩大得更大,因而呼吸有力,胸围、呼吸差(深吸气时与深呼气时胸围大小之差)增大。一般人在深吸气时胸围只比深呼气多 5～7 cm,而经常锻炼的人则多 7～11 cm,胸腔扩大,肺内容纳的空气就多,譬如,横膈肌上下活动 1 cm 就有 250～350 mL 的气体进出。所以,经常参加体育锻炼,可以增强呼吸肌的力量和耐久力,进而提高呼吸系统的功能。

(2)肺活量的增大。由于呼吸能力增强,胸围、呼吸差和肺活量(以最大努力吸气之后,再以最大努力呼气,所能呼出的气体总量)也就增大。人体进行气体交换的场所是肺泡,两肺内的肺泡总数约 7.5 亿个。在安静时人体每分钟需氧量约 0.25～0.3 升,这样只需要 1/20 的肺泡扩张就足以满足人体的需要。经常锻炼的人在运动时,摄氧量可达 4.5～5.5 升,比安静时大 20 倍。这是因为经常锻炼,细胞的新陈代谢相应加强,气体交换的需要量也将随之提高。这样呼吸肌就必须更加有力地收缩,使更多的肺泡张开,扩大气体交换的接触,保证人体运动的需要。经常进行体育锻炼增强了呼吸肌的力量,扩大了脑廓的活动范围,使充满气体的肺泡增多,因而肺活量的增大反映了肺部贮备能力和适应能力的增强。

(3)呼吸频率的改变。肺活量的增大,意味着在每次呼吸时,都能吸取更多的氧气和排出更多的二氧化碳。肺活量大的人,在安静时的呼吸是深而慢,每分钟约 8～12 次。而一般人的呼吸是浅而快,每分钟大约 12～18 次。深而慢的呼吸具有很多优越性,这就是在每次呼吸后有较长的休息时间,因而不易疲劳,在轻度劳动和运动时也不致出现呼吸急促、胸闷现象。一般缺乏锻炼的人,因为肺活量小,换气率(通气率)低,最大吸气量小,因此,在运动或劳动时,容易缺乏氧气而产生过多的酸性代谢物(乳酸),即使呼吸频率加快,也不能满足需要。其结果是呼吸肌过度紧张,产生胸闷气喘等现象。呼吸频率和潮气量(呼吸时,每次吸入或呼出的气量)都是直接影响肺泡通气量的因素。如果潮气量小,肺泡通气量也减少,加上停留在无效腔(鼻、咽喉、支气管均无交换气体功能,这些不进行气体交换的管腔称为无效腔)的气体,实际进入肺泡的气量就更少,即使呼吸频率加快,每次进入肺泡的气量也并不增加。如果潮气量大,则进入肺泡的气量就大,即使呼吸频率稍低,而肺泡通气量也相对有所增加。

人们在进行体育锻炼或劳动时,肌肉需要大量的能量。由于能量是各种营养物质通过氧化而产生的,所以人体在进行劳动或锻炼时,需要大量的氧气。绝大多数脑力劳动者成天伏案学习或工作,为什么也需要大量的氧呢?因为在用脑的时候,大脑单位组织的耗氧量并不比肌肉活动少,而且耗氧量很多。肺的耗氧量占全身耗氧量的 1/4,约为肌肉耗氧量的 10～20 倍。同时由于长时间伏案学习或工作,胸部得不到充分的扩展,会使胸腔狭窄而肺活量小,一旦参加体力活动就会气喘吁吁,劳动效率也很低,并容易患肺部疾病。因此,脑力劳动者更应注意锻炼。经常参加体育锻炼不断提高呼吸系统的功能,使呼吸变慢、变深,增大肺活量,这样就可以得到较多的氧。呼吸潜力增大就可以满足身体各器官的需要,当然大脑也就得到足够的氧气,工作时不易出现疲劳现象。

2. 体育锻炼对呼吸系统疾病的预防和治疗作用

鼻、咽喉、气管、支气管是呼吸的通道。感冒是最多见的一种呼吸道传染病,主要表现为鼻炎、喉炎、咽炎等上呼吸道感染症状,并有发烧、头痛、乏力等全身症状。一般人的鼻腔和咽喉都潜伏有一些病菌,只是由于健康人有足够的抵抗力,所以不易发病。当人体抵抗力减弱时,病菌就会乘虚而入,首先使上呼吸道黏膜发生炎症。上呼吸道是呼吸系统的门户,受到感染后,就会继续向支气管蔓延,常会引起支气管炎或肺炎等并发症。体育锻炼可以使新陈代谢更加旺盛,心肺功能增强,提高身体抵抗能力,还可以促使呼吸道毛细血管更加密实,以及上皮细胞的纤毛活动和肺内的吞噬能力得到加强。这样就能及时消除呼吸道的病毒,减少感染的机会。

呼吸系统的常见病是气管和支气管哮喘。气管和支气管哮喘的病因是肺组织弹性衰弱导致肺泡经常处于紧张状态,肺内积存有大量残余空气,使人不能充分吸气,呼气也很困难。因此,呼气时肺泡不能充分收缩,氧供应量就严重不足,出现呼吸功能变坏的种种症状。患有呼吸系统疾病的人,通过适合的体育锻炼,增进身体健康,改善呼吸系统的功能,是可以减轻自觉症状和预防病变继续发展的。

(六)体育锻炼对消化系统的影响

1. 消化系统的组成和作用

人体在整个生命活动中,除了需要和环境进行气体交换外,还必须不断地从外界吸取营养,以供新陈代谢的需要。消化系统的功能是消化食物、吸收养料、排出糟粕。消化系统的作用是人体新陈代谢正常进行的保证。

消化系统包括消化管和消化腺。消化管由口腔、咽、食管、胃、小肠、大肠、肛门等组成(见图3-2-8)。消化管的运动起着接受食物,将食物磨碎、搅拌,使食物与消化液充分调和,并不断向肛门推送的作用,称为物理性消化。消化腺有唾液腺、胃腺、胰腺、肝腺、肠腺等,分泌各种消化液。消化液含有的各种消化酶,将食物中糖类、脂肪、蛋白质水解成可以吸收的简单物质,称为化学性消化。食物在消化管内进行分解的过程为消化。食物经过消化后透过消化管壁进入血液循环的过程,称为吸收。消化过程通过神经和体液调节,而消化的各环节无不受大脑皮层的管理,大脑皮层在消化过程中同其他系统的活动一样,占有主要的地位。

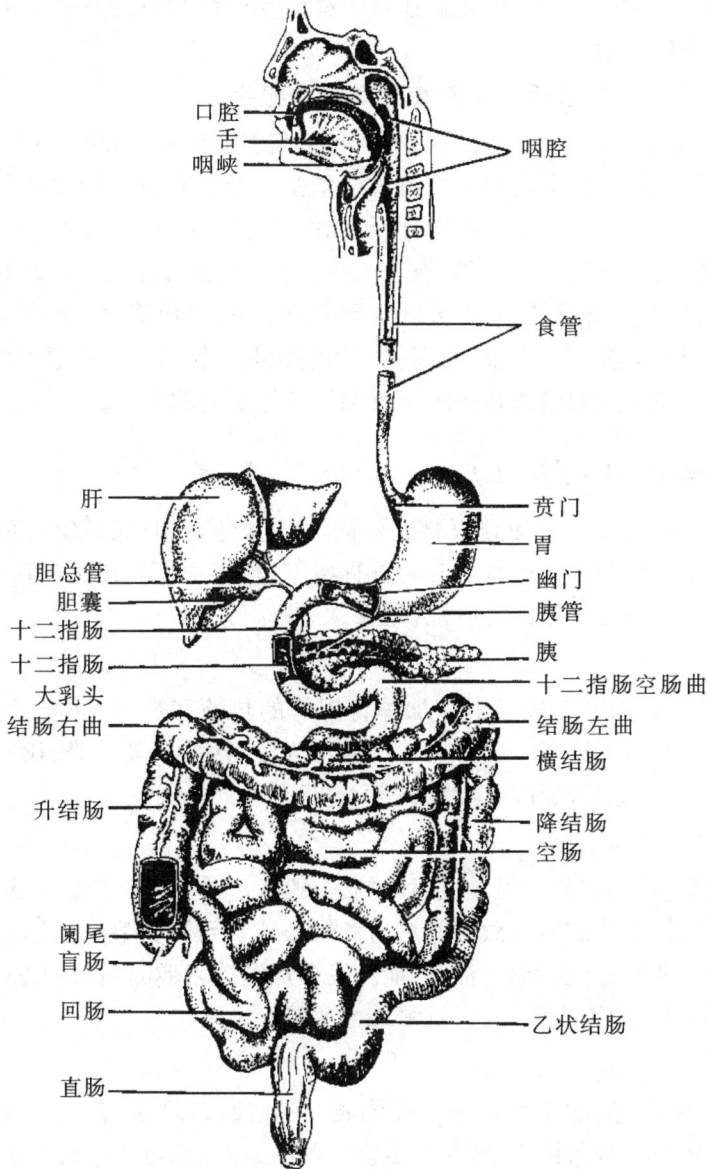

图3-2-8　消化器官模式图

2. 体育锻炼对消化系统的良好作用

体育锻炼对消化系统具有良好的作用。由于体育锻炼,体内的代谢活动加强,能量物质大量消耗,这就需要消化器官加强功能,更好地吸取食物的养料,以满足机体的需要。体育锻炼也可使大脑皮层等神经系统得到改善,锻炼时情绪愉快,以及锻炼后对植物性神经工作能力的加强,消化系统在神经和体液的调节下,使消化器官的物理性消化和化学性消化加强,如消化腺分泌的消化液增多、消化管道蠕动加强,因此促进了对食物更好地消化和吸收。另外,由于运动时呼吸活动的加强,而需要横膈肌和腹肌的活动范围增大,这种活动的增大对肝脏和胃肠起着按摩作用,有利于消化。只有消化、吸收和排泄等功能的加强,才有可能保证体内物质代谢的正常进行。但是如违背生理活动规律而进行不适当的体育锻炼,对消化系统也会产生不良的影响。

3. 体育锻炼是预防和治疗消化系统疾病的积极手段

消化和吸收,是由中枢神经通过交感神经和副交感神经来管理的。但是,大脑皮层对它有很大影响。譬如,精神抑郁、忧虑或情绪过分紧张、激动的时候,消化液分泌就会减少,肠胃蠕动也不正常。我国医学非常重视精神因素对脏腑活动的影响,如"思伤脾"的意思是指,抑郁、忧虑等情绪,可使脾胃功能下降,引起消化、吸收功能的紊乱。体育锻炼时,愉快兴奋的情绪抑制那种忧虑、抑郁情绪,并在大脑皮层的调节下,可使脾胃功能得到增强。另外,体育锻炼能增强腹肌和盆腔肌的力量,使腹腔内的消化器官保持正常位置,并能强化消化道的平滑肌作用。这些就能有效地防止内脏下垂和便秘等疾病的发生。

(七)如何选择合适的锻炼方法

由于年龄、性别、身体条件和健康状况不同,在进行体育锻炼时应合理选择锻炼方法。按体质健康状况等大致把体育锻炼划分为五种类型,可以根据自己的实际情况选择适合自身的锻炼内容和方法,以达到理想的健身效果。

1. 健康型

健康型是指身体健壮,有较强的参加体育锻炼的热情和欲望,并能承受较大运动负荷者。这类人根据实际情况选择一两个运动项目作为健身手段,如球类、田径、举重、游泳等,常用综合练习法、重复练习法和间歇练习法等进行有计划的锻炼。

2. 一般型

一般型是指身体不太健壮,但无疾病,体质一般者。此类型在学生中占大多数。他们往往认为自身无病而缺乏参加体育锻炼的热情和恒心,进行体育锻炼往往流于形式。这类人应该选择对增强体质有实效的形式活泼、能激发参加锻炼兴趣的项目和方法,如球类、武术、健美、健美操等项目。用综合练习法、重复练习法较好。

3. 体弱型

体弱型是指体弱多病的学生。为增强体质,战胜疾病,增进健康,可采用慢跑、定量步行、太极拳、气功等方法进行锻炼,宜采用重复练习法、循环练习法进行力所能及的锻炼。

4. 肥胖型

肥胖型是指体重超过正常标准的学生。他们的锻炼多为减肥,因此可选择长跑、长距离游泳和健美运动进行锻炼,一般多采用重复和循环练习法。

5. 消瘦型

消瘦型是指体重低于正常指标的学生。他们希望通过锻炼使自己更壮实,可选择举重、体操、健美运动等项目,多采用重复练习法和循环练习法。只要长期坚持,并有一定负荷刺激肌肉,使之横截面增大,就能使肌肉健壮,进而拥有匀称的健康体型。

第三节　大学生面临的主要健康问题和影响因素

一、我国大学生健康现状

随着我国社会经济迅速发展,人民生活水平日益提高,伴随着信息化时代应运而生的电子产品的大量普及和使用,导致人们的生活方式发生了巨大改变。通常认为,大学生是最健康的人群,事实上并非如此。由于当代大学生中某些不良行为与生活习惯如吸烟、酗酒、作息无常的现象时有发生,许多大学生身高、体重、肺活量、血色素等生理指标达不到正常标准。肥胖、偏瘦等体型不匀称现象越来越多,牙病、胃病、外伤性疾病的发生率很高,眼屈光不正、视力不良者非常普遍,尤其是近视眼愈来愈多。每年都有一定数量的同学患肺结核、病毒性肝炎、痢疾等传染病。每年都有大量的学生因为健康问题而休学。大学生中,因学习环境适应不良、人际关系不融洽、恋爱失意等引起的心理障碍也十分常见。改善大学生的身心健康,已是高校教育中刻不容缓的大事。

二、大学生亚健康的主要表现

社会的激烈竞争对大学生承受能力的要求越来越高,出现心理障碍的人也越来越多。大学生在意识、智力、情绪、意志、人格等方面的心理障碍表现比较突出。

如果自己常有这样的情况,必须引起重视:早晨不能按时醒来,醒后懒得起床;走路抬脚无力,步伐沉重;不想参加集体活动,尤其不愿见陌生人;懒得讲话,说话声音细而短,自觉有气无力;上课不愿回答老师的提问,经常觉得老师的提问是"多此一举",也没心思听清老师的问题;坐下后不愿起来,时常托腮呆想发愣;说话、写文章经常出错;记忆力下降,想不起同学的叮嘱或会忘掉几小时前的事情;口苦、无味、食欲差,觉得饭菜没有滋味,厌油腻;耳鸣、头昏、目眩,眼前冒金星,烦躁、易怒;眼睛疲劳,哈欠不断;下肢沉重,学习时总想把脚架在桌上;入睡困难,想这想那,易醒多梦。

三、导致大学生亚健康的影响因素

(一)生活方式

生活方式是一种特定的行为模式,这种行为模式受个体特征和社会关系所制约,是在一定的社会经济条件和环境等多种因素之间相互作用所形成的。建立在文化继承、社会关系、个性特征和遗传等综合因素基础上的稳定的生活方式,包括饮食习惯、社会生活习惯等。大学生受学习和就业压力大、脱离家长监管、"成人心理"等综合因素的影响,可能导致生活作息无规律,缺乏适当的运动,饮食不节制,有吸烟、嗜酒等不良嗜好,生活方式不健康,从而引起亚健康甚至疾病的发生。据美国一项调查研究发现,只要有效地控制行为危险因素,即不合理饮食、缺乏体育锻炼、吸烟、酗酒和滥用药物等,就能减少 40%～70%的早死,30%的急性疾病,60%的慢性疾病。全球人类死因中,不良生活方式所引起的疾病占 60%。

(二)学习和就业压力

精神压力过大,学习压力大、不顺利,再加上学校、家长的双重压力和不正确的疏导,使部分大学生精神长期处于高度紧张的状态下,极可能导致出现强迫、焦虑,甚至是精神分裂等心理疾病。这是造成大学生亚健康状态的主要原因。

自主择业,双向选择是社会经济发展的必然,也是大学生面临的新挑战。随着择业竞争的加剧,当代大学生的择业心理发生很大变化。一方面他们渴望竞争,希望通过自己的努力,寻找到理想的职业,以证明自身的价值。另一方面激烈的竞争又不免使他们害怕失败,担心选择带来的风险,自卑恐惧、焦虑急躁的心态不时出现。不少毕业生为之忧心忡忡。目前就业问题是直接影响大学生身心健康的主要因素之一。

(三)生活事件

同学、师生关系不协调,不成熟的恋爱等,均是影响健康的主要事件。相比中学时期,大学生有了更多的社会交往要求,师生之间、同学之间、同乡之间都很容易产生各种感情,但因大学生年龄和阅历所限及个人情感的差别,往往会为一点小事而发生矛盾,心理素质差的同学就会感到压抑。当前,大学生能否正确认识与处理情感方面的问题,已直接影响到大学生的心理健康。影响的因素主要有以下几点:首先是性困惑问题,一些同学在性意识与自我道德规范的冲突中产生心理矛盾。其次是大学生因恋爱所造成的情感危机,这是诱发大学生心理问题的重要因素。恋爱失败有时会导致大学生心理变异,有的人因此而走向极端,甚至造成悲剧。大学生脱离家长监管后"财政大权"掌握在自己手中,花钱随心所欲,而且随着现代购物方式的巨大变迁,便利的"网购""外卖"使一些大学生每月的花销大大超过了家庭能够负担的水平。一旦出现"财政困难",就会产生不同程度的心理压力,有的学生往往会想方设法"补窟窿"。大学生不当的消费观是"校园贷"产生的根本原因。

第四节　健康管理

(一)健康管理的概念

健康管理是指一种对个人或人群的健康危险因素进行全面管理的过程,其宗旨是调动个人及群体的积极性,有效地利用有限的资源来达到最大的健康效果。实施健康管理是变被动的疾病治疗为主动的管理健康,达到节约医疗费用支出、维护健康的目的。目前,健康管理在我国还处于起步阶段。健康教育与健康管理在目标和理念上是互通的。目前我国社区健康教育已经形成了制度化建设,机构、人员、职责等相对固定,并得到了人们的广泛认可。

(二)健康管理的基本步骤

一般来说,健康管理有以下三个基本步骤,即了解健康,评估健康风险,计划、干预并管理健康。

第一步是了解健康。通过问卷和健康体检收集健康信息,从中找出影响健康的危险因素。具体说就是收集服务对象的个人健康信息,包括个人一般情况(性别、年龄等),目前健康状况和疾病家族史,生活方式(膳食、体力活动、吸烟、饮酒等),体格检查(身高、体重、血压等)和血、尿实验室检查(血常规、尿常规、血脂、血糖等),超声波检查,心电图、胸部 X 光片等。

第二步是进行健康及疾病风险性评估,即根据所收集的个人健康信息,对个人目前的健康状况开展评估(健康状况的好坏,存在哪些健康危险因素或不健康的生活习惯),同时对未来患病或死亡的危险性用数学模型进行预测。主要目的是帮助个体综合认识健康风险,鼓励和帮助人们纠正不健康的行为和习惯,制定个性化的健康干预措施并对其效果进行评估。

第三步是开展健康咨询与指导,并且有计划地干预、管理健康。在前两部分的基础上,以多种形式帮助个体采取行动,纠正不良的生活方式和习惯,控制健康危险因素,实现个人健康管理计划的目标。与一般健康教育和健康促进不同的是,健康管理过程中的健康干预是个性化的,即根据个体的健康危险因素,由健康管理师进行个体指导,设定个体目标,并动态追踪效果。

健康管理的这三个步骤可以通过互联网服务平台及相应计算机来帮助实施,也可通过手机等现代通信手段来互动。健康管理是一个长期的、连续不断的、周而复始的过程,即在实施一定时间健康干预措施后,需要评价效果、调整计划。只有周而复始长期坚持,才能达到健康管理的预期效果。

第五节 饮食与健康

一、饮食与健康的关系

(一)饮食与生长发育

每个人一生都需要多种多样的食物,而且一生都需要进食。食物通过消化、吸收、转运和代谢满足机体需要的各种营养素和能量,以促进机体生长发育,维持机体健康。处于生长发育阶段的个体如果长期能量摄入不足(处于饥饿状态),机体会动用自身的能量储备甚至消耗自身的组织以满足生命活动对能量的需要,从而导致生长发育迟缓、消瘦,严重时可导致死亡。

(二)饮食与衰老

衰老是每个人必须经历的一个生理过程。人体在达到一定年龄后,就会出现各种衰老的迹象,并最终走向死亡。引起人体衰老的因素很多,概括起来主要有自身和环境两个方面。自身的因素包括细胞凋亡失常、自由基大量产生、代谢废物堆积、基因损伤;环境因素则以饮食和营养最为重要。研究证实,在满足机体对各种营养素需要量的前提下,适当限制能量摄入,能明显延缓衰老的速度,延长实验动物的寿命。碳水化合物摄入过多,不仅会增加热量的摄入,使机体衰老的速度加快,而且多余的糖还会转化成脂肪,造成肥胖,进而导致高血压、糖尿病等各种疾病。适当地补充维生素可延缓衰老。如维生素 E 通过增加脑组织抗氧化酶活力,减轻脂质过氧化,对氧化应激所引起的衰老和脑神经退行性疾病具有保护作用。

(三)饮食与慢性病

随着生活水平的提高,全球疾病负担的流行模式已从传染性疾病向非传染性疾病转变,慢性非传染性疾病(慢性病)已成为主要的公共卫生问题。全国居民营养与健康状况调查结果表明,膳食高能量、高脂肪和少体力活动与超重、肥胖、糖尿病和血脂异常的发生密切相关;高盐饮食与高血压的患病风险密切相关;饮酒与高血压和血脂异常的患病风险密切相关。特别应该指出的是,脂肪摄入多、体力活动少的人,患上述慢性病的机会最多。在饮食与癌症方面,大量流行病学证据表明,食物中有些因素会增加癌症的风险。如腌制食品很可能会促进胃癌的发生。世界癌症研究基金会的权威报告提出,含大量各式各样蔬菜和水果的膳食可以减少 20% 或更多的癌症发生率。

(四)饮食与心理、行为

心理学家及营养学家经过近几十年研究发现,人的心理和情绪状态颇受食物因素的影响,且两者之间存在相互影响的作用。即食物中的营养素会影响人的情绪和行为;人的情绪反过来也会影响人的饮食行为。

一位美国科学家发现,含糖量高的食物对忧郁、紧张和易怒行为有缓解作用,这可能是因为食物中碳水化合物与蛋白质的含量会影响脑神经递质 5—羟色胺的合成和活性,而 5-羟色胺对多种行为具有调节作用,包括情绪、睡眠及具有冲动性及侵略性的行为。反过来,在不同的心理状态下,人的饮食行为也会发生某些改变。如有研究报告,在愤怒期间人们可能增加冲动性进食,在高兴期间则增加享乐性的进食;在压力状态下,有的人食欲会降低,但也有的人则会吃更多的食物,以"吃"来缓冲或转移自己的压力。通过饮食可以调节人的情绪,从而对心理健康产生影响。

二、国家对健康饮食的要求

2016 年 10 月,中共中央、国务院印发了《"健康中国 2030"规划纲要》,其开篇指出:健康是促进人的全面发展的必然要求,是经济社会发展的基础条件。实现国民健康长寿,是国家富强、民族振兴的重要标志,也是全国各族人民的共同愿望。推进健康中国建设,以提高人民健康水平为核心,遵循健康优先的原则,把健康摆在优先发展的战略地位。

为贯彻落实《"健康中国 2030"规划纲要》,提高国民营养健康水平,国务院办公厅于 2017 年 6 月 30 日印发了《国民营养计划(2017—2030 年)》,其指出营养是人类维持生命、生长发育和健康的重要物质基础,国民营养事关国民素质提高和经济社会发展。近年来,我国人民生活水平不断提高,营养供给能力显著增强,国民营养健康状况明显改善。但仍面临居民营养不足与过剩并存、营养相关疾病多发、营养健康生活方式尚未普及等问题,成为影响国民健康的重要因素。

2019 年 7 月 9 日,国家多部门联合制定了《健康中国行动(2019—2030 年)》,内各包括健康知识普及行动、合理膳食行动、全民健身行动、控烟行动、心理健康促进行动、健康环境促进行动等十五项重大行动计划。其中,第二项行动是"合理膳食行动"。"合理膳食行动"指出:近年来,我国居民营养健康状况明显改善,但仍面临营养不足与过剩并存、营养相关疾病多发等问题。"合理膳食行动"目标是:到 2022 年和 2030 年,成人肥胖增长率持续减缓;居民营养健康知识知晓率分别在 2019 年基础上提高 10% 和在 2022 年基础上提高 10%;5 岁以下儿童生长迟缓率分别低于 7% 和 5%,贫血率分别低于 12% 和 10%,孕妇贫血率分别低于 14% 和 10%;合格碘盐覆盖率均达到 90% 及以上;成人脂肪供能比下降到 32% 和 30%;每 1 万人配备 1 名营养指导员;实施农村义务教育学生营养改善计划和贫困地区儿童营养改善项目;实施以食品安全为基础的营养健康标准,推进营养标准体系建设。

提倡人均每日食盐摄入量不高于 5 g,成人人均每日食用油摄入量不高于 25~30 g,人均每日添加糖摄入量不高于 25 g,蔬菜和水果每日摄入量不低于 500 g,每日摄入食物种类不少于 12 种,每周不少于 25 种;成年人维持健康体重,将体重指数(BMI)控制在 18.5~24 kg/m²;成人男性腰围小于 85 cm,女性小于 80 cm。

要实现这个目标,对于一般人群来说,应该做到学习中国居民膳食科学知识,使用中国居民平衡膳食宝塔(见图 3-5-1)、平衡膳食餐盘等支持性工具,根据个人特点合理搭配食物。不能生吃的食材要做熟后食用;生吃蔬菜、水果等食品要洗净;生、熟食品要分开存放和加工。日常用餐时宜细嚼慢咽,保持心情平和,食不过量,但也要注意避免因过度节食影响必要营养素摄入。少吃肥肉、烟熏和腌制肉制品,少吃高盐和油炸食品,控制添加糖的摄入量。足量饮水,成年人一般每天 7~8 杯(1500~1700 mL),提倡饮用白开水或茶水,少喝含糖饮料;儿童、少年、孕妇、乳母不应饮酒。

对于超重(24 kg/m²≤BMI<28 kg/m²)、肥胖(BMI≥28 kg/m²)的成年人群,应该做到减少能量摄入,增加新鲜蔬菜和水果在膳食中的比重,适当选择一些富含优质蛋白质(如瘦肉、鱼、蛋白和豆类)的食物。避免吃油腻食物和油炸食品,少吃零食和甜食,不喝或少喝含糖饮料。进食有规律,不要漏餐,不暴饮暴食,七八分饱即可。

盐	<6 g
油	25~30 g
奶及奶制品	300 g
大豆及坚果类	25~35 g
畜禽肉	40~75 g
水产品	40~75 g
蛋类	40~50 g
蔬菜类	300~500 g
水果类	200~350 g
谷薯类	250~400 g
全谷物和杂豆	50~150 g
薯类	50~100 g
水	1500~1700 mL

每天活动 6000 步

图 3-5-1 中国居民平衡膳食宝塔(2016)

三、科学饮食

科学饮食是保证健康的关键。如何饮食才是科学的?《中国居民膳食指南(2016)》有如下推荐。

(一)食物多样,谷物为主

1. 平衡膳食

平衡膳食模式是最大程度上保障人体营养需要和健康的基础,食物多样是平衡膳食模式的基本原则。每天的膳食应包括谷薯类、蔬菜水果类、畜禽鱼蛋奶类、大豆坚果类等食物。建议每天摄入 12 种以上食物,每周 25 种以上。谷类为主是平衡膳食模式的重要特征,每天摄入谷薯类食物 250~400 g,其中全谷物和杂豆类 50~150 g,薯类 50~100 g;膳食中碳水化合物提供的能量应占总能量的 50% 以上。

全谷物是指未经精细化加工或虽经碾磨、粉碎、压片等处理仍保留完整谷粒所具备的胚乳、胚芽、麸皮及其天然营养成分的谷物。我国传统饮食习惯中作为主食的稻米、小麦、大麦、燕麦、黑麦、黑米、玉米、裸麦、高粱、青稞、黄米、小米、粟米、荞麦、薏米等如果加工得当,均可作为全谷物的良好来源。杂豆是指除大豆外的红豆、绿豆、芸豆、花豆等。

谷类食物含有丰富的碳水化合物,是提供人体所需能量的最经济和最重要的食物来源,也是提供 B 族维生素、矿物质、膳食纤维和蛋白质的重要食物来源,在保障儿童、青少年生长发育,维持人体健康方面发挥着重要作用。在轻身体活动水平下,针对儿童、青少年和成人年龄段人群所建议的每天或每周谷薯类摄入量见表 3-5-1。

表 3 - 5 - 1　两类人群谷薯类食物建议摄入量

食物类别	单位	儿童、青少年			成人	
		7～10 岁	11～13 岁	14～17 岁	18～64 岁	65 岁以上
谷类	g/天	150～200	225～250	250～300	200～300	200～250
	份/天	3～4	4.5～5	5～6	4～6	≥4
全谷物和杂豆类	g/天	30～70		50～100	50～150	50～150
薯类	g/天	25～50		50～100	50～100	50～75
	份/周	2～4		4～8	4～8	4～6

　　膳食模式是指膳食中各类食物品种、数量、比例和消费的频率。平衡膳食模式是指一段时间内膳食组成中的食物种类和比例可以最大限度地满足不同年龄、不同能量水平的健康人群的营养和健康需求。食物多样是平衡膳食的基本原则,只有一日三餐食物多样,才有可能达到平衡膳食。建议谷类、薯类、杂豆类食物品种数 3 种/天以上,5 种/周以上;蔬菜、菌类和水果类食物品种数 4 种/天以上,10 种/周以上;奶、大豆、坚果类食物品种数平均 2 种/天,5 种/周以上(见表 3 - 5 - 2)。

表 3 - 5 - 2　建议摄入的主要食物品类数　　　　　　　　　　单位:种

食物类别	平均每天种类数	每周至少品种数
谷类、薯类、杂豆类	3	5
蔬菜、水果类	4	10
畜、禽、鱼、蛋类	3	5
奶、大豆、坚果类	2	5
合计	12	25

2. 膳食模式与健康

　　膳食模式又称膳食结构,是对膳食中各类食物的数量及其所占比例的概括性表述。一般根据其中各类食物所能提供的能量及营养素数量满足人体需要的程度来衡量该膳食模式是否合理。根据食物的主要来源不同,一般认为膳食结构可分为三种类型。

　　(1)动物性食物为主型:膳食组成以动物食品为主,年人均消耗畜肉类多达 100 kg,奶类 100～150 kg,此外,还消费大量的家禽、蛋等,而谷类消费仅为 50～70 kg。其膳食营养组成特点为高能量、高蛋白、高脂肪、低膳食纤维。长期以动物性食物为主的饮食,优点是蛋白质、矿物质、维生素等丰富,但缺陷是容易诱发肥胖症、高脂血症、冠心病、糖尿病、脂肪肝等慢性病。

　　(2)植物性食物为主型:膳食组成以植物性食物为主,动物性食物较少,年人均消耗粮食多达 140～200 kg,而肉、蛋、奶及鱼虾年人均共计消费仅为 20～30 kg。长期以植物性食物为主,膳食蛋白质和脂肪的摄入量均较低,蛋白质来源以植物为主,某些矿物质和维生素不足,易患营养缺乏病。

(3)动植物性食物平衡型:其膳食构成是植物性和动物性食品构成适宜,植物性食物占较大比重,动物性食品仍有适当数量,膳食提供的蛋白质中动物性蛋白质占 50％以上。这种膳食模式既可满足人体对营养素的需要,又可预防慢性病,一些国家和地区的饮食结构趋于此型膳食模式。

我国居民的膳食结构以植物性食物和谷类为主,高膳食纤维、低脂肪的饮食是中国传统膳食模式的特点。随着我国经济社会发展和卫生服务水平的不断提高,居民人均预期寿命的逐年增长,健康状况和营养水平不断改善,膳食结构和状况有了较大的改变,但全国城乡平均膳食脂肪功能比已经超过合理范围 30.0％的高限。

(二)吃动平衡,健康体重

体重是评价人体营养和健康状况的重要指标,吃和动是保持健康体重的关键。各个年龄段人群都应该坚持天天运动,维持能量平衡,保持健康体重。体重过低和过高均易增加疾病的发生风险。推荐每周应至少进行 5 天中等强度身体活动,累计 150 分钟以上;坚持日常身体活动,平均每天主动身体活动 6000 步;尽量减少久坐时间,每小时起来动一动,动则有益。

食物摄入量和身体活动量是保持能量平衡、维持健康体重的两个主要因素。如果吃得过多或活动不足,多余的能量就会在体内以脂肪的形式积存下来,体重增加,造成超重或肥胖;相反,若吃得过少或活动过多,可由于能量摄入不足或能量消耗过多引起体重过低或消瘦。体重过高和过低都是不健康的表现,易患多种疾病,缩短寿命。

(三)多吃蔬果、奶类、大豆

蔬菜、水果、奶类和大豆及制品是平衡膳食的重要组成部分,坚果是膳食的有益补充。蔬菜和水果是维生素、矿物质、膳食纤维和植物化学物的重要来源,奶类和大豆类富含钙、优质蛋白质和 B 族维生素,对降低慢性病的发病风险具有重要作用。

1. 健康推荐

提倡餐餐有蔬菜,推荐每天摄入 300～500 g,深色蔬菜应占 1/2。天天吃水果,推荐每天摄入 200～350 g 的新鲜水果,果汁不能代替鲜果。吃各种奶制品,摄入量相当于每天液态奶 300 g。经常吃豆制品,每天相当于大豆 25 g 以上,适量吃坚果。

2. 对健康的重要性

蔬菜和水果富含维生素、矿物质、膳食纤维,且能量低,对于满足人体微量营养素的需要,保持人体肠道正常功能以及降低慢性病的发生风险等具有重要作用。蔬果中还含有各种植物化合物、有机酸、芳香物质和色素等成分,能够增进食欲,帮助消化,促进人体健康。

奶类富含钙,是优质蛋白质和 B 族维生素的良好来源;奶类品种繁多,液态奶、酸奶、奶酪和奶粉等都可选用。我国居民长期钙摄入不足,每天摄入 300 g 奶或相当量乳制品可以较好地补充不足。增加奶类摄入有利于儿童、少年的生长发育,促进成人骨健康。

大豆富含优质蛋白质、必需脂肪酸、维生素 E,并含有大豆异黄酮、植物固醇等多种植物化合物。

另外坚果富含脂类和多不饱和脂肪酸、蛋白质等营养素,是膳食的有益补充。

(四)适量吃鱼、禽、蛋、瘦肉

鱼、禽、蛋和瘦肉可提供人体所需要的优质蛋白质和 A 族、B 族维生素等,有些也含有较高的脂肪和胆固醇。动物性食物优选鱼和禽类,鱼和禽类脂肪含量相对较低,鱼类含有较多的不饱和脂肪酸;蛋类各种营养成分齐全;吃畜肉应选择瘦肉,瘦肉脂肪含量较低。过多食用烟熏和腌制肉类可增加肿瘤的发生风险,应当少吃。

1. 健康推荐

每周吃鱼 280～525 g,畜禽肉 280～525 g,蛋类 280～350 g,平均每天摄入鱼、禽、蛋和瘦肉总量 120～200 g。

2. 对健康的重要性

鱼、禽、蛋和瘦肉含有丰富的蛋白质、脂类及 A 族、B 族维生素和铁、锌等营养素,是平衡膳食的重要组成部分,是人体营养需要的重要来源。根据 2012 年全国营养调查结果计算,此类食物对人体营养需要的贡献率,满足人体营养需要 20％以上的营养素有蛋白质、维生素 A、维生素 B_2、烟酸、磷、铁、锌、硒、铜等,其中蛋白质、铁、硒、铜等达到 30％以上。

但是此类食物的脂肪含量普遍较高,有些含有较多的饱和脂肪酸和胆固醇,摄入过多可增加肥胖、心血管疾病的发生风险,因此摄入量不宜过多,应当适量摄入。

3. 合理选择

鱼类脂肪含量相对较低,且含有较多的不饱和脂肪酸,有些鱼类富含二十碳五烯酸(EPA)和二十二碳六烯酸(DHA),对预防血脂异常和心血管疾病等有一定作用,可首选;禽类脂肪含量也相对较低,其脂肪酸组成优于畜类脂肪,应先于畜肉选择。

蛋黄是蛋类中维生素和矿物质的主要来源,尤其富含磷脂和胆碱,对健康十分有益。尽管胆固醇含量较高,但若不过量摄入,其对人体健康不会产生影响,因此吃鸡蛋不要丢弃蛋黄。

肥的畜肉,脂肪含量较多,能量密度高,摄入过多往往是肥胖、心血管疾病和某些肿瘤引发的危险因素,而瘦肉脂肪含量较低,矿物质含量丰富,利用率高,因此应当选吃瘦肉,少吃肥肉。

动物内脏如肝、肾等,含有丰富的脂溶性维生素、B 族维生素、铁、硒和锌等,适量摄入可弥补日常膳食的不足。可定期摄入,建议每月可食用动物内脏食物 2～3 次,每次 25 g 左右。

烟熏和腌制肉风味独特,是人们喜爱的食品,但由于在熏制和腌制过程中易遭受多环芳烃类和甲醛等多种有害物质的污染,过多摄入可增加某些肿瘤的发生风险,应当少吃。

(五)少盐少油,控糖限酒

1. 风险和控制

我国多数居民目前食盐、烹调油和脂肪摄入过多,这是高血压、肥胖和心脑血管疾病等慢性病发病率居高不下的重要因素,因此应当培养清淡饮食习惯,成人每天食盐不超过 6 g,每天烹调油 25～30 g。过多摄入添加糖可增加龋齿和超重发生的风险,推荐每天摄入糖不超过 50 g,最好控制在 25 g 以下。水在生命活动中发挥重要作用,应当足量饮水。建议成年人每天 7～8 杯(1500～1700 mL),提倡饮用白开水和茶水,不喝或少喝含糖饮料。儿童、少年、孕妇、乳母不应饮酒,成人如饮酒,一天饮酒的酒精量男性不超过 25 g,女性不超过 15 g。

2. 对健康的影响

我国居民油盐摄入量居高不下,儿童、青少年糖的摄入量持续升高,成为我国肥胖和慢性病发生发展的关键影响因素。

高盐(钠)摄入可增加高血压、脑卒中和胃癌的发生风险。

油脂摄入量过多可增加肥胖的发生风险;摄入过多反式脂肪酸会增加冠心病的发生风险。

当糖摄入量小于10%能量(约50 g)时,龋齿的发生率下降;当添加糖摄入量小于5%能量(约25 g)时,龋齿发病率显著下降。过多摄入含糖饮料可增加龋齿和肥胖的发病风险。

过量饮酒可增加肝损伤、直肠癌、乳腺癌、心血管疾病及胎儿酒精综合征等的发生风险。

(六)杜绝浪费,兴新食尚

勤俭节约,珍惜食物,杜绝浪费是中华民族的美德。按需选购食物、按需备餐,提倡分餐不浪费。选择新鲜卫生的食物和适宜的烹调方式,保障饮食卫生。学会阅读食品标签,合理选择食品。应该从每个人做起,回家吃饭,享受食物和亲情,创造和支持文明饮食新风的社会环境和条件,传承优良饮食文化,树立健康饮食新风。

四、健身运动与膳食平衡

(一)健身运动者的膳食营养需求

1. 运动与蛋白质

蛋白质与人体的运动能力有密切的关系,运动时体内蛋白质代谢加强。即便是较长时间的有氧运动排汗量大时,含氮化合物也会排出体外,蛋白质的需要量也会增大。特别是进行系统力量训练时,人体肌肉蛋白质的代谢率会加速,分解得多了,需要从食物中摄入蛋白质来合成自己的肌肉,因此你会发现肌肉很发达的举重运动员、健美运动员对蛋白质的需求量比普通人几乎多一倍。

2. 运动与脂肪

很多人谈"脂"变色。脂肪的坏处,相信大家已知道很多,例如肥胖、心脑血管疾病等。其实,脂肪还有很多好处:脂肪可以保护内脏,减少内脏被外界突然的冲力所伤害,防止内脏下垂等。肾脏周围的脂肪是不能少的,卵巢里的脂肪也是不能少的。

3. 运动与维生素

虽然维生素在体内的含量很少,但对人体的作用却是不可忽视的,它们可以促进代谢,调节正常的生理机能。一般人体内的维生素必须从食物中摄取。

4. 运动与碳水化合物

人体活动能量的来源应该是碳水化合物，就是我们所说的糖。糖是构成机体的重要物质，也是人体最主要的热量来源。

5. 运动与矿物质

矿物质也是人体必需的营养素。不同的运动，对各种矿物质的要求也是不同的。

6. 运动与水

当我们做剧烈运动时，身体温度升高，而排汗是人体调节体热平衡的重要方式。但如果没有合理、及时地补充水分，就会造成代谢紊乱，使人体温升高，脉搏加快，心排血量减少，电解质紊乱，机能下降同时伴有疲劳感，严重时甚至晕厥或死亡。

(二)健身运动者的合理营养要求

合理的营养指的就是一日三餐给身体提供的热量和营养元素，与日常运动训练中所需的能量和营养保持平衡。从营养素来讲，要有充足的热能，而且蛋白质、脂肪、碳水化合物的含量和比例要适当，有充足的无机盐、维生素、微量元素和水分，也就是说每日各种食物的种类和数量的选择要得当、充足。

无论运动员还是健身者，要注意以下几个问题。

第一，从思想上高度重视一日三餐的合理营养。

第二，运动者要加强自我营养知识的学习，根据自己每天的训练量，合理选择三餐食物种类和数量，而不是根据自己的喜好选择食物。

第三，主食最好选择米、面和馒头，主食需要含有碳水化合物，从而给予身体能量的补充，使得锻炼时更有活力。

第四，要避免选食过多的肉类，目前在国内的运动者中蛋白质缺乏已很少见，吃过多的肉食不仅不会给你能量，相反会对人体带来许多危害，如过多的蛋白质摄入可同时带入过多的脂肪，长期下去会引起高血脂、冠心病等。

第五，动物蛋白和植物蛋白的比例要适宜，应多食牛奶和豆制品以代替部分肉类。吃各种各样蔬菜和水果，特别应强调增加生食的蔬菜，以减少营养素的损失。少吃或不吃油炸食物、肥猪肉、烤鸭、腊肉、奶油等，它们可能带入过多的脂肪，引起肥胖。

例如：一名体重 70 kg 的篮球运动者，每天需要热能为 17600 kJ，每天应吃主食 500～600 g、牛奶 500 g、豆制品 50～100 g、蔬菜 500～750 g、水果 300～500 g，鸡、鸭、鱼、肉等合计 100～200 g，植物油 25～30 g。

(三)常见健身项目锻炼者的膳食营养特点

1. 跑步

短跑时间短、强度大，要求有较好的爆发力。在膳食中要有丰富的动物性蛋白质，以增大肌肉体积，提高肌肉质量。另外，在膳食中增加磷和糖的含量，为脑组织提供营养。还应在膳食中增加矿物质如钙、镁、铁及维生素 B_1 的含量，以改善肌肉收缩质量。

长跑要求有较高的心肺功能及全身的抗疲劳能力。虽强度较小但时间较长，体力消耗较大。膳食中要突出碳水化合物、铁、钙、磷、钠，维生素 C、B_1 和 E 的含量，有利于提高有氧耐力。

2. 体操

健美操以及竞技体操、艺术体操动作复杂而多样,要求有较强的力量与速度素质,以及良好的灵巧与协调性,对神经系统有较高的要求。因此,应着重补充高蛋白质、高热量、低脂肪和维生素、矿物质,突出铁、钙、磷的含量及维生素 B_1、C的含量。

3. 球类

球类项目对力量、速度、耐力、灵敏、柔韧等素质有较高的要求。球类运动者的食物中要含丰富的蛋白质、糖以及维生素 B_1、C、E、A。球的体积越小,对运动者的视力要求较高,所以,在食物中维生素 A 的含量应更高些。足球运动时间较长且在室外,矿物质、水分丢失较多,应及时补充。

4. 游泳

游泳作为水中项目,使机体散热较多、较快,冬泳更是如此。游泳锻炼要求一定的力量与耐力素质,要求在膳食中含有丰富的蛋白质、糖和适量脂肪。老年人及在水温较低时出于抗寒冷需要,可再增多脂肪摄入。维生素以 B_1、C、E 为主。增加碘的含量,以适应低温环境甲状腺素分泌增多的需要。

5. 棋牌类

棋牌类是以脑力活动为主的项目。当血糖降低时,脑耗氧量下降,工作能力下降,随之产生一系列不适症状,所以爱好棋牌类项目者对糖类有着特殊的需求。此外,膳食中应增加蛋白质和维生素 B_1、C、E、A 的供给,提高卵磷脂、钙、磷、铁的含量。膳食中应减少脂肪摄入,以降低机体耗氧,保证脑组织的氧供应。

(四)不同运动阶段营养需求有别

1. 运动前

空腹或刚进食完就开始运动对人体健康都是非常不利的。在运动之前最好食用少量食物,但至少要在开始运动之前半小时食用,这样不但可以避免因为体力活动而导致的消化功能紊乱,同时可以增强运动效果。晨练者早餐一定要避免食用难以消化的食物,比如多汁的菜、油炸食品等,最好食用奶制品、谷类、水果、饮料。

2. 运动中

肌肉运动会导致身体大量流汗,因此及时补充水分是非常必要的。一般人日常每天需要喝 1.5 L 水,而运动时就必须依照运动量的大小给身体"补水"。如果是少于一个小时的体力活动,需要每 15 分钟喝 150~300 mL 水;如果运动持续一到三个小时的话,最好及时给身体补充糖分以免出现低血糖,因此需选择甜的饮料,为身体补充糖分。运动中一定要避免喝冰水,因为在剧烈运动时喝冰水很有可能引起消化系统方面的问题。

3. 运动后

运动后的进食要科学搭配,以满足人体各方面的需求,这样才能够令身体的支出与摄入达到平衡,从而达到运动的真正目的。在运动结束后马上补充含碳的汽水、果汁或蔬菜汁、牛奶(依照运动时间长短适量补充)。平时的食谱一定要搭配均衡,包括新鲜的蔬菜、水果、面包、奶制品、含淀粉的食物(米饭、土豆),要保证每天至少有一餐有肉或鱼。

五、科学减肥

(一)科学减肥的概念

科学减肥指的是用科学的方法来减肥。科学饮食计划:早上吃得营养点,中午吃得丰富点,晚上少吃或只吃水果和蔬菜。每周坚持运动 5～6 次,每次最少 40 分钟,例如慢跑、健身操、跳绳、快走、瑜伽。一个月能减 5 kg 左右。

一定要注意制订科学减肥计划,包括药物调理计划、饮食计划、锻炼计划和时间计划等。

(二)成年人标准体重计算方法

可用体重、标准体重和肥胖度三个指标判断是否肥胖。体重是人体骨骼、关节、肌肉、韧带和脂肪组织等各部分以重量为单位的总和。标准体重以身高为基准,常用来评价肥胖。我国成年人标准体重参考计算公式如表 8-3-1 所示。

表 8-3-1　我国成年人标准体重参考计算公式

身高/cm	年龄	性别	标准体重/kg
<165	成年人	男	身高(cm)－105
		女	身高(cm)－110
≥165	<30 岁 >50 岁	男	身高(cm)－100
		女	身高(cm)－100－2.5
	30～50 岁	男	身高(cm)－105
		女	身高(cm)－105－2.5

资料来源:邓树勋,陈佩杰,乔德才.运动生理学导论[M].北京:北京体育大学出版社,2007.

以标准体重作参照,可以计算肥胖度,即体重超过标准体重的百分比,肥胖度＝(实际体重/身高标准体重－1)×100%。肥胖度在 10%～20% 为超重;超过 20%(男性)和 25%(女性)为肥胖。

(三)科学减肥的内容

人体的能量主要来源于碳水化合物,而食用过量的脂肪就等于增加过量的体重。科学减肥是一个综合的过程,包括药物调理计划、饮食计划、锻炼计划和时间计划等,主要分为以下几个方面。

1. 科学安排一日三餐

由于胃经过一夜消化早已排空,如果不吃早饭,那么整个上午的活动所消耗的能量完全要靠前一天晚餐提供,这就远远不能满足营养需要。在睡前 3 小时以内不要吃任何东西,特别注意不要喝酒、吃肉类食物。

2. 调整饮食结构

肥胖的主要原因是能量摄入超过身体所需,多余的能量以脂肪的形式储存在体内,导致体重增加。调整饮食结构就是一种科学有效的减肥方法,包括调整食物摄入的总量、营养素构成和改善饮食习惯。根据每个人实际情况不同,用一些简便的方法可以很快地算出每日的进食总量和各种营养元素的需要量,在此基础上有选择地挑选食物,既能满足身体的需要,又不会过多地摄入能量。

3. 控制主食和限制甜食

若原来食量较大,主食可采用递减法,一日三餐减去 50 g。对含淀粉过多和极甜的食物尽量少吃或不吃。

4. 膳食纤维

纤维能阻碍食物的吸收,纤维在胃内吸水膨胀,可形成较大的体积,使人产生饱腹感,有助于减少食量,对控制体重有一定作用。人吃含纤维多的食物就能在一定时间内很好地进行消化吸收而后将废物排泄。

5. 适量饮水或喝汤

饮水是人们日常生活中必不可少的需要。适量饮水可以补充水分,调节脂类代谢。

6. 保证充足的睡眠

保证充足的睡眠是科学有效的减肥方法中最简单的减肥方法之一。充足的睡眠会给人带来饱足感,也能使你更自觉地减肥。相反,睡眠不足会破坏内分泌平衡,减少体内有助于瘦身的生物碱,增加体内加速饥饿感的生物碱。

7. 在最佳减肥运动时段减肥

运动健身就像减肥的一个加速器,不仅能够快速减肥,提高新陈代谢和加速脂肪燃烧,还能很好地塑造体形。最佳的运动减肥时段,上午为早餐后 3 小时至午餐前;下午为午餐后 3 小时至晚餐前;晚间为晚餐后 3 小时至睡前。

8. 选择正确的减肥运动

运动大体上分为有氧和无氧两大类。无氧运动具有很好地增强骨骼肌的效果,但是对于减肥人士来说,想要分解体内的脂肪更需要有氧运动,因为有氧运动能够帮助提高人体新陈代谢效率,要求每次锻炼的时间不少于 30 分钟,每周坚持 3～5 次。

9. 适当的药物调理

这个可以根据个人的体质与要求的不同,去专业医院找医生咨询后再按方案进行。

(四)运动与减肥

运动尤其是有氧运动是最有效、最健康的减肥方法。它是一项以有氧代谢为主的耐力性运动,可以促进能量的消耗,避免机体能量过剩而转化为脂肪积聚,也可以使机体已积聚的脂肪得以分解。

有氧运动包括慢跑、步行(散步和快走)、游泳、骑自行车、原地跑、打球、爬山、健身操、练瑜伽和打太极拳等。每次运动最好一次持续做完,保证每天累计 40 分钟以上,且每次运动总消耗热量须达 1200 kJ。以下列举数种能消耗 1200 kJ 的运动以便参考。慢跑 40～50 分钟;骑自行车 60～75 分钟;散步 60～90 分钟;快走(6 km/h)40～50 分钟;游泳 30～40 分钟……

运动减肥的时间宜在早晨和下午,并且坚持每天锻炼,至少也要每周 4～5 天才能达到一定的瘦身效果。

(五)科学减肥的注意事项

1. 饮食

运动前:空腹运动可能会出现低血糖的问题。

运动后:运动后 30 分钟内应尽快补充蛋白质,帮助修复受损肌肉,无论是有氧还是无氧运动,同时为了保证蛋白质吸收,应该同时吃些碳水化合物。推荐食物:鸡胸肉、水煮蛋、蛋白粉冲剂、坚果。

2. 运动

跑步减肥需要保证持续 30 分钟以上、心率 130 次/分钟以上。而为了保护在跑步过程中一定会受到不同程度冲击的膝关节、踝关节,建议跑步的频率为每周 3~4 次,体重较大的同学则建议改为游泳或用椭圆机等器械完成有氧训练。

3. 补水

在运动前两三小时就饮水,让身体储存水分,运动中则应每 10~15 分钟补充 200 mL的水分。如果大量流汗,还可以补充淡盐水或低糖饮料,运动后还应补充 500 mL。大量出汗的话,则应饮用淡盐水或运动饮料,防止水中毒。

注意:剧烈运动后不要饮用冷水、冰水,应喝温水。

4. 放松

当我们跑步后,身体内会有一定的乳酸堆积,拉伸可以减少肌肉的粘连。

5. 睡眠

每天必须保证 8 小时的睡眠,这样会让我们的基础代谢保持在一个较高的水平。如果睡眠不足 8 小时,人体会有应急机制,使人的基础代谢降低,那样减肥效果就事倍功半了。

第六节　睡眠与健康

一、睡眠

睡眠是一种在哺乳动物、鸟类和鱼类等生物中普遍存在的自然休息状态,甚至在无脊椎动物如果蝇中也有这种现象。睡眠的特征包括减少主动的身体运动,对外界刺激反应减弱,增强同化作用(生产细胞结构),以及降低异化作用水平(分解细胞结构)。在人类、哺乳动物及其他很多已经被研究的动物,如鱼、鸟、老鼠、苍蝇中,规律的睡眠是生存的前提。从睡眠中醒过来是一种保护机制,也是健康和生存的必需。

对于人,睡眠占了人生的三分之一,可以说睡眠的好坏是生活质量一半的基础。充足良好的睡眠能够使大学生在白天的学习和工作中保持头脑清醒,精力旺盛。研究表明,在外表似乎平静的睡眠中,人们的大脑皮层仍然处于活动状态,就像计算机定期进行磁盘整理来提高运算速度一样,通过这些活动,可以对白天所获得的各种信息进行分析、加工和整理。所以,睡眠其实是大脑的另外一种工作方式,通过这个过程,可以使能量得到储存,有利于精神和体力的恢复。

二、睡眠的生理意义

(一)消除疲劳

人体内各组织器官都处于不断的生理活动过程中,活动中都会消耗大量的能量。睡眠中机体呈现正氮平衡,合成代谢占优势以充分弥补觉醒时的损耗。尤其慢波睡眠时,机体以副交感神经活动占优势,合成代谢加强,以储存能量为主,各种生命活动降到最低程度,耗能最少,人的心率减慢,血压降低,呼吸慢而规则。脑垂体的生长激素分泌达到高峰,使糖和蛋白质合成加强,脂肪分解加速,会促进儿童生长发育和成人精力、体力恢复。

(二)促进发育

少年儿童的生长发育是由生长激素控制的。生长激素分泌充足,孩子发育得就好一些。如果生长激素分泌减少,孩子的生长发育就会相对迟缓。而生长激素在觉醒状态下分泌较少,在慢波睡眠时会大量分泌,当转入快波睡眠时又会减少。所以,保证足够的睡眠时间,对于儿童的生长意义重大。其原因是生长激素和促肾上腺皮质激素在机体的内分泌调节中相互拮抗,保持动态平衡有关。

(三)改善精神状态

睡眠充足的觉醒状态下人的注意力会集中,学习和工作效率高,不会轻易烦躁、焦虑、易怒等,并且具有较好的耐受力。同时,具有较强的沟通意向、较少的抵抗心理,拥有较好的适应能力。

(四)提高抵抗侵袭能力

提高抵抗侵袭能力主要由两因素组成:一是促进免疫系统。睡眠时,机体免疫球蛋白的分泌高于觉醒时,机体的免疫系统及神经内分泌与大脑生物节律相互协调,保持一致,如果睡眠节律被打破,可导致机体的免疫功能发生改变,引发病变。二是增强物理防御体系。睡眠对大脑有直接保护作用,人们觉醒时,血脑屏障的通透性明显增加,有害物质容易通过屏障进入中枢神经系统造成损害,在睡眠时这种屏障的通透性减弱,从而保护了中枢神经系统。

(五)增强记忆力

现在,研究表明 REM(rapid eye movement sleep,快速眼动睡眠期)和 NREM(non-rapid eye movement sleep,非快速眼动睡眠期,即入睡期、浅睡期、熟睡期和深睡期,不出现眼球快速跳动现象,相较于快速眼动睡眠期)对于增加记忆都是不可或缺的,睡眠后记忆力加强主要与睡眠前 NREM 的前四分之一和 REM 的后四分之一关系密切,相对而言睡眠的其他组成成分与记忆力的关系就没那么紧密了。睡眠是一种几乎涉及整个大脑皮层和某些皮层下中枢的保护性抑制,经过睡眠后,神经系统的机能可能得到最大限度的恢复。所以,睡眠是机体一种极其重要的、缺一不可的生理活动。

三、保证健康睡眠的措施

睡眠可分为普通睡眠、科学睡眠和健康睡眠三种。普通睡眠能满足人类基本生理需求；科学睡眠则较好地解决了有效提高人们睡眠质量及睡眠时人体不受伤害两个问题；而健康睡眠是睡眠的最高形式，除了满足科学睡眠的条件外，还可以在睡眠中促进多种慢性疾病的康复。因此，健康睡眠的准确定义为：迅速消除人体疲劳，有效提高睡眠质量，睡眠科学、合理，不会诱发疾病，在睡眠中能康复多种慢性疾病。要保证健康睡眠应做到如下几个方面。

(一)规则的生活节律

有规律的作息制度有助于大脑皮层建立起各种条件反射，即上床入睡快，起床后头脑清醒，减少睡眠到觉醒的过程，从而使各种脑力和体力活动进行得更容易、更熟练，更能适应环境。

(二)良好的睡眠环境

睡前，卧室要开窗，通风换气，尤其是冬天。夏天要尽量打开卧室的窗户睡眠。睡眠时，四周环境要安静，尽可能消除噪音。光线宜暗，最好熄灯睡眠。枕头高度要适当，以 10 cm 左右为宜，因为过高会压迫局部血管、神经，影响正常呼吸；过低会使头部血液回流少，处于充血状态，不利于睡眠。卧具要保持清洁、干燥、蓬松、舒适，以利于保温。

(三)正确的睡眠姿势

睡姿以向右侧卧、四肢微屈为好。这样可以使全身肌肉松弛，不压迫心脏，胃能正常活动，不影响消化，使肝脏的血流量增多，有利于新陈代谢的进行。同时，睡觉时不要蒙头，因为人需要氧气，蒙头会使被褥内的二氧化碳含量增加，氧气含量相应减少，使大脑及身体各组织器官的供氧不足，醒后常感到头昏脑涨、精力不佳。因此，睡眠时一定要把口鼻露在被褥外。

(四)必要的午睡

在炎热的夏季，夜短昼长，夜里睡眠时间少，所以每天应补充一定的睡眠时间。夏季人体借汗液蒸发散热，血液多聚集在皮肤上，从而导致体内各器官供血量相对减少，大脑供血也受到一定的影响，使人精神不佳。午睡能让人精力充沛，有利于投入下午和晚上的学习中。

四、改善睡眠

(一)养成良好的生活习惯

定时就寝，理想时间段为晚上 10 时至 12 时。设法营造一个舒适的睡眠空间，如睡前泡个澡，睡前 3 小时不要进餐，避免过度刺激，晚上不要看惊险、凶杀的影片，还要注意不要把工作的烦恼带回家。

(二)戒掉不良嗜好

戒烟、限酒、严格控制咖啡因的摄入,睡前不喝咖啡或茶水,可以饮一些牛奶。

(三)适量运动

以轻松的散步、舒适的瑜伽促进新陈代谢,调节情绪。

(四)注意饮食

用食疗方法改善睡眠。睡眠易惊醒者,可多食梨、葡萄、木耳等;情绪急躁、难以安眠者,可食芹菜、番茄等;难以熟睡者,可食冬瓜、海苔等。

对于长期依赖药物入睡的人来说,应及时求助于医生,改变这一习惯。另外,有的减肥药由于作用于神经,所以严重影响了睡眠的质量,建议不要服用。

第七节　体育锻炼与健康

一、体育锻炼概念

体育锻炼是运用各种体育手段,结合自然力(日光、空气、水)和卫生措施,以发展身体、增进健康、增强体质、娱乐身心为目的的身体活动过程。它是群众性体育活动的主要形式,对促进人体生长发育,培养健美体态,提高机体工作能力,消除疲劳,调节情感,防治疾病,益寿延年乃至提高和改善整个民族体质,都有重要作用。其特点是群众面广,各种年龄、性别,不同职业和健康状况的人,都可根据个人情况进行适宜的锻炼。形式与内容灵活多样,可独自锻炼,也可集体进行。锻炼的内容极其丰富,可分为健身运动、健美运动、娱乐性体育、格斗性体育、医疗与矫正体育等。锻炼方法多种多样,除教学和训练中常用的练习法(包括重复法、变换法、综合法、循环法和竞赛法)外,人们还在长期锻炼实践中,形成不拘一格的各种健身法(包括早操、工间操、生产操等)。锻炼内容和方法及整个锻炼过程,都应遵循身体锻炼的原则,即有针对性、因人制宜、循序渐进、持之以恒、负荷适宜和注意锻炼价值等。

二、体育锻炼的益处

(一)体育锻炼对身体的益处

(1)体育锻炼有利于人体骨骼、肌肉的生长,增强心肺功能,改善血液循环系统、呼吸系统、消化系统的机能状况,也有利于人体的生长发育,提高抗病能力,增强有机体的适应能力。

(2)减低患上心脏病、高血压、糖尿病等疾病的机会。

(3)体育锻炼是增强体质的最积极、有效的手段之一。

(4)可以减缓早进入衰老期的时间。

(5)体育锻炼能改善神经系统的调节功能,提高神经系统对人体活动时错综复杂变化的判断能力,并及时做出协调、准确、迅速的反应,使人体适应内外环境的变化,保持肌体生命活动的正常进行。

(二)体育锻炼对心理的益处

(1)体育锻炼具有调节人体紧张情绪的作用,能改善生理和心理状态,恢复体力和精力。

(2)体育锻炼能增进身体健康,使疲劳的身体得到积极的休息,使人精力充沛地投入学习、工作。

(3)舒展身心,有助于安眠及消除读书带来的压力。

(4)体育锻炼可以陶冶情操,保持健康的心态,充分发挥个体的积极性、创造性和主动性,从而提高自信心,使个性在融洽的氛围中获得健康、和谐地发展。

(5)体育锻炼中的集体项目与竞赛活动可以培养人的团结、协作及集体主义精神。

三、体育锻炼的安全注意事项

(一)运动前准备好

1. 检查自己的身体情况

参加体育活动,首先要了解自己的身体状况,要学会自我监督,随时注意身体功能状况变化,若有不良症状要及时向教师反映情况,采取必要的保健措施。患有心脏病、高血压等疾病的学生,禁止参加长跑等长时间剧烈运动的项目。

2. 检查场地和器材

要认真检查运动场地和运动器材,消除安全隐患。要注意场地中的不安全因素,如场地是否平整,要清除石头、土块;检查沙坑的松散度,是否有石子、杂物等;检查体育设施是否牢固、安全、可靠,以及器材的完好度等。不冒险,确保自身安全。

3. 做好运动准备

要穿运动服装、运动鞋,不要佩戴各种金属或玻璃的装饰物,不要携带尖利物品等。做好热身准备活动。做热身准备活动就是要克服内脏器官在生理上的惰性,以减低运动伤害发生的机会。如果突然进行剧烈运动,就会出现心慌、胸闷、肢体无力、呼吸困难、动作失调等现象。运动前不重视做准备活动或准备活动做得不充分、不正确、不科学,是引起运动损伤的重要原因;准备活动不充分,肌肉、内脏、神经系统机能不兴奋,肌肉供血量不足,在这样的身体状态下进行活动,动作僵硬、不协调,极易造成运动损伤,甚至导致伤害事故。

(二)运动时讲科学

1. 要掌握动作要领

在体育运动中,了解和掌握动作要领及方法,不仅能够在运动过程中发挥好技术动作,达到体育锻炼的目的,还能消除心理上的恐惧,增强自信心,避免不必要的伤害。

2. 要正确使用器材

要了解和熟悉器材的性能、功能及使用方法。要严格遵守相关操作规程,在一些体育器械(如铅球、实心球等)的使用中,要注意选择适当的场地,确保自身安全,还要注意不要伤及他人安全。

3. 运动负荷要适当

参加体育活动要根据身体素质条件,选择最有利于增强体质的运动负荷。可循序渐进,由易到难,从小到大。负荷过小,对身体作用不大;负荷过大,会损害身体。只有适宜的运动负荷,才能有效地增强体质,提高健康水平。

(三)运动后要恢复

1. 认真做恢复整理活动

做恢复整理活动是一种主动恢复,其目的就是使人体更好地从紧张运动状态过渡到安静状态,使心脏逐渐恢复平静,放松身心。如果突然停止运动,就会造成暂时性的贫血,发生心慌、晕倒等一系列不良现象,对身心健康造成损害。

2. 自我检查运动反应

如果感到十分疲劳,四肢酸沉,出现心慌、头晕,说明运动负荷过大,需要好好调整与休息。运动后经过合理的休息感到全身舒服、精神愉快、体力充沛、食欲增加、睡眠良好,说明运动负荷安排比较合理。

3. 适当补充能量

参加体育运动要消耗大量的能量,所以在运动后(运动前也应适当补充能量)要科学饮食,保证身体的需要,确保取得最佳的锻炼效果。

(1)半小时至 1 小时后进餐。

(2)避免喝含有咖啡因的饮料。

(3)运动 5～10 分钟后饮水(含盐)。

科学而安全地进行体育运动,可以增强体质,愉悦身心。相反,体育运动如果做不到科学、合理、安全,就不能达到运动目的,运动不当还会对人体造成伤害。因此,我们了解一些体育运动安全常识,掌握一定的安全防范知识,养成良好的安全运动习惯,就会达到身心健康的目的。

四、体育锻炼前要做好准备活动

体育锻炼前进行充分的准备活动对于体育锻炼者来说是非常重要的,有些体育活动爱好者就是由于不重视锻炼前的准备活动而导致各种运动损伤,这样不仅影响锻炼效果,而且影响锻炼兴趣,会对体育活动产生畏惧感。因此,每个体育活动爱好者在每次锻炼前都必须做好充分的准备活动。

(一)准备活动的主要作用

1. 提高肌肉温度,预防运动损伤

体育锻炼前进行一定强度的准备活动,可使肌肉内的代谢过程加强,肌肉温度增高。肌肉温度增高后,一方面可使肌肉的黏滞性下降,提高肌肉的收缩和舒张速度,增强肌力;另一方面还可以增加肌肉、韧带的弹性和伸展性,减少由于肌肉剧烈收缩造成的运动操作。

2. 提高内脏器官的机能水平

内脏器官的机能特点之一为生理惰性较大,即当活动开始,肌肉发挥最大功能水平时,内脏器官并不能立即进入"最佳"活动状态。在正式开始体育锻炼前进行适当的准备活动,可以在一定程度上预先动员内脏器官的机能,使内脏器官的活动一开始就达到较高水平。另外,进行适当的准备活动还可以减轻开始运动时由于内脏器官的不适应所造成的不舒服感。

3. 调节心理状态

体育锻炼不仅是身体活动,也是心理活动。体育锻炼前的准备活动可以起到心理调节作用,接通各运动中枢间的神经联系,使身体处于适度的兴奋状态。

(二)准备活动内容、时间和量

一般来说,运动时主要应考虑准备活动的内容、时间和量。

1. 内容

准备活动可分为一般准备活动和专项准备活动。一般准备活动主要是一些全身性身体练习,主要包括跑步、踢腿、弯腰等,一般性准备活动的作用是提高整体的代谢水平和大脑皮层的兴奋状态,减少运动损伤的发生;专门性准备活动是指与所从事的体育锻炼内容相适应的运动练习,如打篮球前先投篮、运球,跑步前先慢跑等。除非进行一些专门性运动和比赛,一般的体育锻炼只需进行一般性准备活动,即可开始正式的体育活动。

2. 时间和量

准备活动的量和时间随体育锻炼的内容而定。以健身为目的的体育锻炼量较小,所以准备活动的量也相对较小,时间不宜过长,否则,还未进行体育锻炼身体就疲劳了。半小时的体育锻炼,其准备活动的时间一般为 10 分钟左右。气温较低时,准备活动的时间也适当长一些,量可大一些。气温较高时,时间可短一些,量可小一些。

一般人参加体育活动是为了增强体质,不是创造成绩,所以准备活动后接着进行体育锻炼即可。

五、体育锻炼的时间

参加体育锻炼的时间主要根据个人的生活习惯、身体状况或工作性质而定,一般很难统一。但就多数体育锻炼者来说,体育锻炼的时间多安排在清晨、下午和傍晚。不同的锻炼时间有不同的特点,练习者可根据自己的实际情况选择。

(一)清晨锻炼

许多人喜欢在清晨进行体育锻炼,这首先是由于清晨的空气新鲜,早锻炼有助于体内的二氧化碳排出,吸入较多的氧气,有利于体内新陈代谢加强,提高锻炼的效果;其次,清晨起床后大脑皮层处于抑制状态,通过一定时间的体育锻炼,可适度提高大脑皮层的兴奋性,从而有利于一天的学习与工作;再者,早锻炼时,凉爽的空气刺激呼吸道黏膜,可增强机体的抵抗力,以适应外界环境的变化,不易发生感冒等病症。

但是,由于清晨锻炼多在空腹情况下进行,所以运动量不要太大,时间也不宜长。否则,长时间的运动会造成低血糖。

(二)下午锻炼

下午锻炼主要适合有一定空余时间的人,特别适合大、中、小学的师生。经过一天紧张的工作后,下午进行一定强度的体育锻炼,不仅可以增强体质,而且可使身心得到调整。下午进行体育锻炼时,运动强度可大一些,青年学生可打球、跑步等。对心血管病人来说,下午运动最安全。

(三)傍晚锻炼

晚饭后也是体育锻炼的大好时光,特别是对那些白天工作、学习十分繁忙的人来说。傍晚进行适当的体育锻炼,既可以强身健体,又可以帮助机体消化吸收。傍晚运动的主要形式为快走或慢跑,也适合大学生的活动特点。傍晚进行体育活动的时间可稍短,一般不要超过1小时,运动强度也不可过大,心率应控制在120次/分。强度过大的运动会影响胃肠道的消化吸收,同时,傍晚锻炼结束与睡觉的间隔时间要在1小时以上,否则会影响夜间的休息。

六、控制运动量

体育锻炼时,合理的运动量是影响运动效果的重要因素之一。活动量太小,达不到锻炼身体的目的;运动量过大,又会引起过度疲劳。所以,每位体育运动爱好者在开始体育锻炼前就应学会监测运动量的方法。体育锻炼中常见的监测运动量的方法有以下几种。

(一)测运动时脉搏

在体育锻炼时或体育锻炼后立即测10 s钟的心率和脉搏,就一般体育锻炼者来说,运动后即刻的心率最好不要超过25次/10 s。

(二)根据年龄控制运动量

年龄与体育锻炼中的运动量有密切的关系,随着年龄的增加,人体的运动能力逐渐下降,体育活动量也应随之减小。现在,体育活动中经常用"180-年龄"所得的值作为体育锻炼者的最高心率数,即30岁的人在进行体育锻炼时心率数不要超过150次/分,而70岁的人参加体育锻炼时的最高心率不要超过110次/分,这一公式已广泛应用到以健身为目的的体育锻炼之中。

(三)根据第二天"晨脉"调节运动量

"晨脉"是指每天早晨清醒后(不起床)的脉搏数,一般无特殊情况,每个人的晨脉是相对稳定的。如果体育锻炼后,第二天晨脉不变,说明身体状况良好或运动量合适;如果体育锻炼后,第二天的晨脉较以前增加5次/分以上,说明前一天的活动量偏大,应适当调整运动量;如果长期晨脉增加,则表示近期运动量过大,应该减少运动量,或暂时停止体育锻炼,待晨脉恢复正常时,再进行体育锻炼。

(四)主观感觉

体育锻炼与运动员的运动训练不同,其基本原则为:锻炼时要轻松自如,并有一种满足感。这也是锻炼者进行运动量监测的一项主观指标。如果锻炼后有一种适宜的疲劳感,而且对运动有浓厚的兴趣,则说明运动量适合机体的机能状况;如果运动时气喘吁吁、呼吸困难,运动后极度疲劳,甚至厌恶运动,则说明运动量过大,应及时调整运动量。

体育锻炼对身体机能是综合刺激,身体机能的反应也是多方面的,锻炼者可根据自身条件对身体机能进行综合评价,必要时则应在医务工作者的监督下进行。

七、运动环境卫生

人体在进行体育活动时,体内物质代谢增强,与环境的关系更加密切,受环境的影响就会更大。因此,要获得强身健体、防治疾病的锻炼效果,就必须注意运动环境的卫生。

(一)体育活动时应注意空气的卫生状况

由于进行体育活动时,体内代谢加强,肺通气量增加,若空气中含有有害成分,运动时吸入体内的有害物质就比平时多得多,对身体的危害更大。因此,应当选择空气清新没有空气污染的地方进行锻炼。

(1)若在有废气排出的工厂附近,应在工厂的上风侧进行运动。

(2)在城市中心,则应避开上午和下午交通最繁忙的时间,因为此时汽车排出的废气最多,交通干道两旁20 m内的空气都会受到较重的污染。

(3)不应在人数较多,换气不充分的体育馆或密闭的室内进行体育锻炼,由于空气中的二氧化碳含量过多,可使人头晕、运动能力下降,产生对人体的不良影响。

(4)不应在雾中进行体育活动,空气中的水汽形成雾,雾中多含有尘埃、细菌和有害物质,对身体健康有不良影响。

(二)气温、湿度的变化与体育锻炼

(1)在高温环境下运动产生的热量会蓄积在体内而使体温升高,一旦中枢神经的温度升高,就可能引起一系列的机能失调,甚至死亡。同时由于机体大量出汗来增加蒸发散热,体内大量水分和无机盐的丢失可引起脱水和热痉挛等病症。

(2)气温过低可使肌肉僵硬,黏滞性提高,因而容易造成运动损伤,还会造成机体的局部冻伤或全身体温降低。当大脑温度下降时,可发生意识丧失,甚至死亡。有心血管疾病的患者应注意减少在低温下活动,避免心血管疾病的发作。进行一般体育活动时的适宜气温为15℃左右,进行马拉松跑等大负荷运动时的适宜气温为10℃左右。

(3)室外运动时,要避免强烈日光过度照射,防止紫外线和红外线对人的损害。过量照射紫外线可使局部皮肤毛细血管扩张充血,破坏表皮细胞,释放出组织胺类物质,增进血管通透性,使皮肤发红和水肿,出现红斑;过量紫外线照射还可以引起光照性皮炎、光照性眼炎、头痛、头晕、体温升高、精神异常等症状。

(三)运动场地卫生

体育活动的场地不能过于狭窄,球场或跑道周围应留有一定的余地。体育场馆的通风状况要好,保持恒温和空气新鲜,室外运动场地周围应无空气污染。室内或夜间的场地采光和照明要充足,光线要柔和、均匀、不炫目,有利于提高运动成绩和避免发生运动损伤。

(四)运动服装与器材卫生

运动服装应符合运动项目要求,并具有透气性、吸湿性,既有利于身体活动,又能防止运动创伤。在炎热的夏季,运动服装应通气、质轻、宽松和色淡。在冬季,室外运动服装既要保暖,又不妨碍动作的完成。运动后潮湿的运动服装应立即换掉,以免受凉感冒。

运动器械要坚固,安装得当,并注意检查维修,防止生锈以及连接处脱落。器械使用中旋转时应保持一定距离,避免练习时发生冲撞而受伤。

八、体育锻炼与合理的进餐时间

饭后应休息 2 个半小时后,再进行运动比较适宜。饮食与运动时间也不宜间隔太长,餐后 4～5 小时,可出现饥饿感或血糖下降,从而影响人体的运动能力,并增加对蛋白质的消耗。有些学生不吃午餐而参加下午的体育课,这对身体健康是十分有害的。空腹时间过长会出现神经肌肉震颤增强、血糖降低,同时出现注意力不集中、头晕、心慌等现象。经常这样还会引起肠胃病的发生。运动结束后不宜立即进餐,这是因为消化系统此时还处于相对抵制的状态,因此,应当在运动后休息 30 分钟以上再进食。大运动量训练后应当休息 45 分钟以上。由于运动后会产生饥饿感,用餐时应注意不要狼吞虎咽,更不能暴饮暴食。

九、体育锻炼后的洗浴与健康

体育锻炼后洗澡不仅可以除去身体的污渍和污垢,保持皮肤的清洁卫生,还能使神经系统的兴奋性降低,体表血管扩张,血液循环加快,从而改善肌肤和组织的营养状况,降低肌肉紧张,加强新陈代谢,消除疲劳,提高睡眠质量。

洗浴的水温不宜过高,时间不宜过长,最好不要超过 20 分钟。

运动后体内温度较高,不要用冷水洗浴,冷水的刺激会使神经系统的兴奋性升高,体表血管收缩,心跳加快,肌肉紧张度增加,不利于疲劳的消除,并可能引起感冒等疾病。

在锻炼安排上,如果仅有感冒症状,但是不伴有明显不舒服时,可在症状消失几天后参加正常锻炼。

十、体育锻炼时的饮水卫生

在剧烈运动中或运动后,不应一次饮水过多,大量水分一下子进入体内,会对身体造成不良影响。血液中过多的水分要由肾脏排出,不仅迅速加大了肾脏负担,同时水分的排出还导致盐分的损失。其次大量饮水后由于不能马上吸收,水在胃中存留会稀释胃液,影响消化和食欲;如继续运动水在胃中晃动使人不舒服,并可引起呕吐。

最好在平时饮食中注意喝足够的水分,在锻炼时尽量不喝或少喝。有时虽然感到口渴,但并不是体内真正缺水,而是由于运动时口腔和咽喉黏膜的水分蒸发和尘埃刺激,以及唾液分泌减少造成的口渴感。这样的口渴不应多喝水,可以漱口以解除渴感。

在天热和出汗多的情况下,应补充水分,但要少量多次。每次 150～200 mL 为宜,每次应间隔 15 分钟,以免胃肠中存留过多水分。此外,锻炼中或锻炼后不宜喝凉水,更不要立即吃冷冻饮料,因为这会对胃产生强烈刺激,造成胃痉挛和消化不良。

十一、女子月经期的体育卫生

身体健康、月经正常的人,月经期参加适当的体育活动,如做徒手操、活动性游戏、打乒乓球等,可以提高和调整神经系统的活动,改善人体的功能和情绪。参加体育活动可交替收缩和放松腹肌和盆底肌,起到按摩子宫的作用,有利于经血的排出。严重的痛经、经血量过多或有严重的妇科疾病,则不能参加体育活动。

经期参加体育锻炼,应当注意以下几点。

(1)适当减轻运动负荷,运动的时间不宜过长。对月经初潮的少女,由于她们的月经周期不稳定,负荷更不宜大,要循序渐进,要逐步养成经期锻炼的习惯。

(2)运动时,要避免做剧烈的、大强度的或振动大的跑跳动作(如长跑、疾跑、跳高或跳远),也不要做腹压过大的动作和力量性练习,以免引起经期流血过多或子宫位置改变。

(3)月经期不宜游泳。

(4)月经期间应避免寒冷的刺激,特别是下腹部不要受凉。

(5)如果出现月经紊乱(月经过多、过少或经期不准)或痛经(经期下腹部疼痛),月经期间应停止体育活动。

女运动员在月经期间,如果月经正常,无特殊反应,可以参加训练。但应循序渐进地增加运动负荷,并应加强医务监督。

第八节　烟草和毒品危害及物质滥用

一、烟草

(一)烟气成分与尼古丁

1. 烟气成分

研究显示,吸烟时烟气中的化学成分多达 5068 种。其中 1172 种是烟草本身就有的,另外 3896 种成分为香烟烟雾中独有的。烟气分为气相物和粒相物两部分。气相物是在室温下能通过剑桥滤片(一种玻璃纤维制成的滤片,过滤效率可达 99%)的烟气。粒相物是指烟气在挥发过程中,温度下降过程中,烟气中产生的颗粒,形成气溶胶状态。烟气中的粒相物主要是水、烟碱和焦油。

焦油是有机质在缺氧条件下不完全燃烧的产物,是众多烃类及烃的氧化物、硫化物和氮化物的混合物。焦油是诱发癌症的主要毒物。

烟碱(尼古丁)对人的交感神经系统和中枢神经系统有显著的作用。吸入中等剂量的烟碱,就能使呼吸急促、血管扩张和呕吐明显加剧;吸入较大剂量的烟碱,则可引起震颤和痉挛。重度吸烟能减退食欲,还能使血压升高。

2. 尼古丁

尼古丁通过肺黏膜扩散到全身后,将通过血——脑屏障进入大脑,影响很多神经递质,如多巴胺、去甲肾上腺素、γ—氨基丁酸、5—羟色胺、谷氨酸、内啡肽等在脑中的含量。尼古丁能促使这些神经递质释放增加,从而使中枢神经系统及交感神经兴奋。人的主观感受则表现为清醒程度更强、注意更为集中,就连忧虑和饥饿也可以得到缓解。经常吸烟会使大脑中的尼古丁含量始终处于很高水平,神经元受体对尼古丁越来越不敏感。尼古丁对多巴胺释放的刺激作用也减弱,原来的烟量再也不能满足吸烟者的快感,吸烟者由此对尼古丁产生耐受性。但吸烟者停止吸烟几小时后,体内尼古丁含量下降,神经元受体变得异常敏感。此时中枢神经系统内的乙酰胆碱的活性超出正常水平,使吸烟者变得异常烦躁,并很想吸烟。这时候他如果能够吸一支烟,就可以过度刺激神经元受体,并促使多巴胺大量释放,产生兴奋感。这就是吸烟者陷入烟瘾难以自拔的根本原因。

(二)吸烟对人体健康的危害

吸烟是一种能导致多种慢性、致死性疾病的不良行为。烟草燃烧产生的烟雾中有多种物质,主要的有害物质有尼古丁、一氧化碳和焦油等。这些有害物质在吸烟过程中可在几年甚至几十年里慢慢地破坏人体组织,引起多种疾病。

1. 对呼吸系统的危害

吸烟时有害物质刺激呼吸道,浆液腺和黏液腺分泌增加,杯状细胞的纤毛运动发生障碍,黏膜损害,加上烟雾中的放射性胶粒对呼吸道的辐射损害,可引起呼吸道炎、肺炎、支气管扩张、肺气肿、肺心病、肺癌等疾病。

2. 对心血管系统的危害

吸烟使血红蛋白升高,血液黏稠度增加,血小板在血管壁上的黏附力增强,血浆纤维蛋白原增加,纤维蛋白溶解酶的活性降低。在尼古丁等有害物质的刺激下,肾上腺素分泌增加使心率增快,血管痉挛使血压升高,加上血中游离脂肪酸和胆固醇增加,可发生冠心病、脑血管意外等。

吸烟是导致缺血性心脏病的最大风险因素之一。其后果的严重性与吸烟量有关。吸烟与高脂饮食、缺乏锻炼等危险因素对心脏的损害有协同作用。吸烟者发生心肌梗死的风险是不吸烟者的2.9倍,停止吸烟2~4年,两者在心肌梗死的发病率上无区别。有关研究资料表明,吸烟者中发生脑卒中的风险是不吸烟者的1.5倍,发生动脉破裂而死亡的风险是不吸烟者的2~3倍。吸烟还可加速动脉硬化的进程。

3. 对消化系统的危害

吸烟可抑制消化腺的分泌,降低消化道黏膜的抵抗力,易发生胃肠功能紊乱,影响消化和吸收,使胃肠道溃疡和癌症发病率增加。

4. 对神经系统的危害

吸烟可引起失眠、神经炎、记忆力减退、精神失常等。

5. 对其他器官的危害

吸烟可增加口腔癌、食管癌、膀胱癌、喉癌和胰腺癌的发生率。吸烟者的妊娠并发症和骨质疏松症、白内障的发生率均高于不吸烟者,而戒烟可降低疾病的发生率和死亡率。

6. 对他人的影响

吸烟除危及个人健康外,还造成周围空气中有害物质的增加,污染空气,使家人、同事"被动吸烟",引起孕妇的胎儿发育迟缓,导致流产、死胎和早产,还可引起他人支气管炎和肺炎的发生,削弱其心肺功能。

(四)控烟与戒烟

尽管大学生烟草成瘾率低于社会青年,但较高的尝试性吸烟率可转化为成人期高瘾者和疾病率。大学生应具有与文化水平相当的卫生保健素养,在了解吸烟对人们的诸多危害后,提高对烟草这种软性毒品的心理免疫力,在面对他人劝说吸烟时,能坚定地拒绝烟草。

《健康中国行动(2019—2030年)》计划通过"控烟行动",使我国15岁以上人群吸烟率到2025年降至24.5%以下,到2030年降至20%以下。大学生应积极参与控烟活动,应将吸烟有害健康的知识传播到家庭、社会,做到自己不吸烟并劝说他人戒烟,从而减少无辜人群被动吸烟,使我们周围的空气更洁净,人民更健康,民族更兴旺。

大学生吸烟者应认清吸烟对健康的危害,克服吸烟的心理依赖因素,逐渐消除烟瘾,进而早日戒断烟瘾。

二、毒品危害

(一)毒品的分类

毒品有多种分类方法,根据2013年我国发布的《麻醉药品品种目录》和《精神药品品种目录》分为麻醉药品和精神药品两大类,共计270种。其中,麻醉药品121种,精神药品149种。本书按传统和新型两种分类方法进行介绍。

1. 常见传统毒品

(1)罂粟。罂粟原产于地中海东部山区、小亚细亚、埃及、伊朗、土耳其等地。公元6至7世纪由波斯传入我国。罂粟为一年生植物,开花。花凋落后,在顶端结成椭圆形的果实——罂粟果。将罂粟果划破表皮,会流出乳白色的果汁。果汁暴露于空气后干燥凝结,即变成褐色或黑色,这就是生鸦片。生鸦片经过提炼生成吗啡,吗啡再经过化学药物提炼后可生成海洛因。

(2)鸦片。鸦片又叫阿片,俗称大烟,是罂粟果实中流出的乳液经干燥凝结而成的。因产地不同而呈黑色或褐色,味苦。生鸦片经过烧煮和发酵,可制成精制鸦片,吸食时有一种强烈的香甜气味。吸食鸦片后,最初可使人头晕目眩、恶心或头痛,但随后可体验到一种欣快感。如果长期吸食,可使人精神颓废、瘦弱不堪、面无血色、目光发呆、瞳孔缩小,极易感染各种疾病,寿命也会缩短。过量吸食鸦片可因急性中毒或呼吸抑制而死亡。

(3)吗啡。吗啡是从鸦片中分离出来的一种生物碱,在鸦片中含量为 10% 左右。吗啡常被压缩成块状,也有无色或白色结晶粉末状,吸食后会产生欣快感,比鸦片容易成瘾。长期吸食会引起精神失常的症状,出现谵妄和幻觉。大剂量吸食吗啡会导致呼吸停止而死亡。

(4)海洛因。海洛因化学名为"二乙酰吗啡",俗称白粉,它是由吗啡和其他化合物反应而制成的,镇痛作用是吗啡的多倍,医学上曾广泛用于麻醉镇痛。但成瘾快,极难戒断。长期使用会破坏人的免疫功能,并导致心、肝、肾等主要脏器的损害,静脉注射特别是共用注射器还会传染艾滋病等传染性疾病。海洛因被称为世界毒品之王,是我国目前监控、查禁的最主要的毒品之一。

(5)大麻。大麻是一种粗大、直立、芳香的一年生雌雄异株的灌木。大麻对人的中枢神经系统有抑制、麻醉作用,吸食后会产生欣快感,有时会出现幻觉和妄想,长期吸食会引起精神障碍、思维迟钝,并破坏人体的免疫系统。

(6)可卡因。可卡因是一种微细、白色的结晶粉状的生物碱,味苦,可对中枢神经系统产生兴奋作用。兴奋初期,滥用者产生欣快感,感到飘飘欲仙、舒适无比,表现洋洋自得、健谈。用药后的兴奋感只能维持 30 分钟左右,因此,吸毒者为了维持这种兴奋感,往往会很快再用第二剂。于是,周而复始,用药剂量越来越大,使用越来越频繁,很快就把吸毒者带到毁灭的深渊。

除了上述几种外,常见的传统毒品还有杜冷丁、古柯、可待因、那可汀、盐酸二氢埃托等。

2. 常见新型毒品

新型毒品是指由人工化学合成的致幻剂、兴奋剂类毒品。其直接作用于人的中枢神经系统,使人兴奋或抑制,连续使用能使人产生依赖性。

(1)冰毒。冰毒即甲基苯丙胺,外观为纯白结晶体,晶莹剔透,故被称为"冰"。由于其对人体的中枢神经系统具有极强的刺激作用,且毒性剧烈,又称为"冰毒"。该药少量使用时有短暂的兴奋、抗疲劳作用,故其药丸被称为"大力丸"。冰毒是我国目前流行最广、危害最严重的毒品之一,它的毒性相当大,很容易上瘾,致幻力强,毒性发作快,对人体损害大。长期吸食可产生呕吐、腹痛、腹泻等慢性中毒,并出现胃肠功能障碍等症状。严重时可导致肾功能衰竭及精神失常,甚至造成中毒死亡。

(2)摇头丸。摇头丸是安非他明类衍生物,属中枢神经兴奋剂,也称"快乐丸"等,又按药片、药丸的不同颜色或图案、字母称为"蓝精灵""白天使"等,是我国目前流行最广、危害最严重的毒品之一。服用摇头丸后表现为活动过度,感情冲动,性欲亢进,嗜舞,偏执,妄想,自我约束力下降,出现幻觉和暴力倾向等。

(3)K 粉。K 粉即氯胺酮,静脉全麻药,有时也可用作兽用麻醉药。一般人只要足量接触 2~3 次即可上瘾,是一种很危险的精神药品。K 粉外观上是白色结晶性粉末,无臭,易溶于水,可随意勾兑进饮料、红酒中服下。吸食方式为鼻吸或溶于饮料后饮用,能兴奋心血管,吸食过量可致死,具有一定的精神依赖性。K 粉成瘾后,在毒品作用下,吸食者会疯狂摇头,很容易摇断颈椎。同时,疯狂地摇摆还会造成心跳、呼吸衰竭。吸食过量或长期吸食,可对心脏、肺、神经等造成致命损伤,对中枢神经的损伤比冰毒还厉害。除导致神经中毒反应、精神分裂症状,出现幻听、幻觉、幻视等外,对记忆和思维能力也造成严重的损害。此外,容易使人产生性冲动。

（4）咖啡因。咖啡因属于中枢神经兴奋剂，俗称"咖啡精"，是从天然植物咖啡果中提取的生物碱。咖啡因不仅能直接兴奋大脑皮层，还能直接兴奋延髓，有一定的精神依赖。大剂量或长期使用会引起惊厥，导致心律失常，并可加重或诱发消化性溃疡，甚至使吸食者下一代智能低下、肢体畸形。

（5）麻古。麻古实际是缅甸产的"冰毒片"，主要成分是甲基苯丙胺和咖啡因。外观与摇头丸相似，通常为玫瑰红、橘红色、黑色或绿色的片剂，具有很强的成瘾性。服用后药效会很快发作，大量耗尽人的体力和免疫功能。同时，还表现出健谈、性欲亢进等生理上的反应，吸食者甚至会毫无知觉地将隐私和秘密随意说出，完全受人支配。长期服用会导致情绪低落及疲倦，精神失常，损害心脏、肾脏和肝脏，严重者可以导致死亡。

除上述几种外，常见新型毒品还有苯基丙胺（俗称安非他命）、黑芝麻（又称"摇脚丸"）、迷幻蘑菇、安纳咖、氟硝西泮、安眠酮、丁丙诺啡、地西泮及多种有机溶剂和鼻吸剂等。

（二）毒品的危害

毒品的危害不仅体现在对吸毒者本人身心健康的危害，还对其家庭乃至整个社会稳定和进步具有一定的危害。

1. 对个人的危害

吸食毒品直接损害吸毒者本人的身心健康，这是极其明显的。吸毒不仅破坏人的正常生理功能和免疫能力，使吸毒者染上多种疾病，而且使人精神颓废、错乱，丧失人格尊严。吸毒成瘾者从事体力和脑力劳动能力逐渐削弱，乃至最后完全丧失，成为社会废人，更为严重的则导致死亡。青年学生一旦染毒瘾，在个人行为上就会发生明显的改变。原本勤奋的人变得懒散，彬彬有礼的人变得孤僻自私，脾气暴躁，不关心他人，对学习、工作兴趣减低。吸毒对自身的危害主要是导致大脑病变，影响中枢神经系统功能。如过量吸食吗啡会出现昏迷、瞳孔极度缩小、呼吸受到抑制，甚至出现呼吸麻痹、停止而死亡。

2. 对家庭的危害

吸毒者一旦成瘾就会把整个家庭拖入黑暗的深渊。吸毒是无底洞，有多少钱也填不满，它使人家贫如洗、债台高筑、妻离子散、骨肉相残。有的父母爱子心切，看到孩子戒断的痛苦就会想方设法为孩子购买毒品，不惜倾家荡产，忍受着无穷无尽的煎熬和折磨。已婚的青年人一旦吸毒上瘾，工作事业必然受到影响。由于工作能力受损，会导致失业、败业，继而引发经济问题甚至为满足毒瘾不惜遗弃老人，出卖子女，甚至胁迫妻女卖淫以获取毒资，直至妻离子散，家破人亡。如果母亲吸毒则会对后代贻害无穷。毒品可通过胎盘进入胎儿体内，出现"胎儿吸毒"，程度较轻时婴儿出生后出现戒断症状综合征，致使婴儿染上毒瘾成为小小的"瘾君子"，严重时可引起遗传基因的突变，造成死胎、畸胎。有的小孩在成长的过程中还成为其吸毒父母毒瘾发作时的发泄对象。

3. 对社会的危害

吸毒和犯罪是一对孪生兄弟。很多吸毒者挥霍完家产后为了继续筹集毒资，就会坑蒙拐骗，甚至从事盗窃、抢劫、卖淫等违法犯罪活动，极大地危害了社会治安。据资料统计，我国男性吸毒人员80%有违法犯罪行为，女性吸毒者80%从事卖淫活动，而卖淫、嫖娼活动则容易导致艾滋病传播,一些地区抢劫案有 $60\%\sim80\%$ 是吸毒者行为。吸毒青少年为筹措吸毒费用就会铤而走险,进行以贩养吸、贪污、诈骗、盗窃、抢劫、凶杀等犯罪活动,严重危害社会。

(三)远离毒品

吸毒问题已然成为现代社会一个严重的社会问题,整个社会应加强管理和教育,建立一个健全的、行之有效的防范措施,广泛开展禁毒知识宣传和教育,增强人们反毒、防毒意识,确保青少年远离毒品,使贩毒、吸毒活动失去赖以滋生和存在的环境和条件。

1. 自珍自爱

远离毒品和预防吸毒最主要的措施是从自我做起,自珍自爱、加强自律,以保护自己不被毒品所危害。加强对科学文化和法律知识的学习,提高自身的综合素质和能力,树立正确的人生观、价值观,培养自己高尚的道德情操和远大理想。培养自己健康的心理素质,提高自我控制、自我调节平衡能力和抗拒毒品诱惑的能力,养成良好的生活习惯和健康的生活方式。

2. 重视教育

学校是毒品预防的重要场所,是控制青少年吸毒的有效防线。通过学校毒品预防教育,可以培养学生抵抗毒品的心理素质,提高学生识别毒品、拒绝毒品的能力。学校教育中应把毒品预防教育作为德育教育的重要内容并切实得到重视,使预防毒品的警钟长鸣。

3. 和谐家庭

和谐、亲密的家庭成员之间的关系是任何人、任何社会团体都无法比拟的。家庭成员间应具有整体意识、关爱意识,父母与子女之间应经常沟通交流,促进家庭成员之间互爱互助、亲密和谐,使孩子在和谐、温馨和民主的家庭环境中健康成长。

三、物质滥用

(一)物质滥用的定义

物质滥用,即精神活性物质滥用的简称,是指反复、大量地使用改变自己的精神状态,而与医疗目的无关且具有依赖性的一类有害物质,包括烟、酒、某些药物(如镇静药、镇痛药、鸦片类、大麻、可卡因、幻觉剂、有同化作用的激素类药等)。物质滥用是一个全球范围内的重大公共卫生问题。急、慢性中毒以及物质依赖导致人群疾病负担的增加和早死,而共用针头和注射器注射毒品是导致艾滋病和其他血液传染性疾病的重要途径之一。由于大多数物质滥用行为的根源可以追溯到儿童和青少年时期,因此积极开展对青少年物质滥用的预防,是学校卫生工作者一项极为重要的任务。

(二)精神活性物质

精神活性物质指主要作用于中枢神经系统,从而影响认知、情绪、意识等心理过程的化学物质,在文献中常简称为"物质"。因为部分精神活性物质在一定条件下可以用于临床,所以有时也称为"药物"。绝大多数精神活性物质具有不同程度的成瘾性,也称为"成瘾物质"。按作用机制的不用,精神活性物质可以分为以下几类:中枢神经系统抑制剂,如巴比妥类、苯二氮类、酒精等;中枢神经系统兴奋剂,如咖啡因、苯丙胺、可卡因等;大麻;致幻剂,如 LSD、仙人掌毒素等；阿片类，如海洛因、吗啡、阿片、美沙酮等；挥发性溶剂，如丙酮、苯环己哌啶（PCP）等；尼古丁（烟草）。

（三）滥用

偶尔使用精神活性物质，不论是出于好奇、社交，还是治疗需要，如果没有对个人身心健康和社会功能产生不良影响，可称为成瘾物质使用。当个体反复使用精神活性物质，导致了明显的不良后果，不能完成重要的工作、学业，损害了躯体健康，导致了法律问题时，就称为"滥用"。滥用强调的是使用精神活性物质的不良后果，个体没有明显的耐受性增加和戒断症状。

（四）青少年物质滥用的预防

控制和解决物质滥用及其危害包括五个层面：在法律层面规范合法精神活性物质的使用（如不得将烟草、酒精销售给18岁以下的青少年，不准在公共场所吸烟等），严格控制和管理处方药物（如严格规定吗啡等镇痛药的适应征，只有一定级别的医生才有这类药物的处方权等），严格禁止非法精神活性物质（毒品）的种植、生产、贸易和使用；通过大众传播媒介，广泛宣传使用精神活性物质的危害；针对青少年和高危人群，采取有针对性的预防措施；积极采取各种方法，治疗精神活性物质依赖，促进精神活性物质依赖者治疗后的康复；针对精神活性物质依赖者采取措施，预防严重躯体、心理和社会后果的产生。

第九节　环境卫生与健康

环境，一指周围的地方，即自然环境；二指周围的情况与条件，即社会环境。人类不可能脱离环境而独立存在，每时每刻都受到各种环境因素的影响。环境是人类赖以生存和发展的物质基础，与人类健康密切相关。人类在适应环境的同时，也在不断地利用和改造环境。纵观人类发展的历史可以发现，改造环境的过程中必然带来环境构成和状态的破坏。环境的破坏给人类的健康带来了不可避免的影响。因此，在改造和利用环境的过程中，怎样使环境通过改造更加有利于人类的发展和进步是一个全球性问题。也就是说，人类在改造环境的同时必须要保护环境，也要创建更加良好的生活环境。只有自然生态得到平衡、自然环境得到利用，社会环境不断优化和谐，人类才能长久生存和持续发展。

一、环境的构成

（一）自然环境

自然环境是指环绕于人类周围的一切客观物质条件。人和自然环境是不可分割的对立统一体，二者既相互对立又相互制约，既相互依存又相互转化。人类是地球物质发展的产物。人类在自然界中生存，并通过新陈代谢不断地进行物质和能量的交换。一方面机体从环境中摄取空气、水、食物等生命必需物质以维持机体正常生长和发育；另一方面，机体在代谢过程中产生的废物通过多种途径排入环境中，在环境中又进一步转化为其他生物的营养物而被摄取。人类与自然环境在物质构成方面有密切的联系。自然环境可分为天然形成的未受人活动影响的自然环境,以及人为活动影响下的自然环境。前者包括物理因素(如阳光、气候)、化学因素(如空气、水、土壤)、生物因素(如细菌、病菌);后者如噪声、工业"三废"等。所有这些因素都与健康密切相关。

(二)社会环境

社会环境是人类在长期的社会发展中,为了不断提高自身的物质加文化生活水平而创造出来的,它包括社会政治、经济、文化、风俗习惯、生活劳动环境、人口、家庭、人际关系、社会地位、就业等诸多方面。社会环境是人类在自身发展过程中构建起来的,反过来又对人类的工作、生活和身心健康产生巨大的影响。这种影响作用随生产力的发展、生产关系和社会制度的改变而改变,即在不同的社会发展阶段,人类的社会环境所产生的问题以及危害的性质、程度和解决问题的方法均不同。因此,研究社会环境对于推动社会发展、促进人类健康具有重要价值。

二、环境与健康

(一)环境与健康的关系

人的健康与周围环境有着密切的关系。每个人都在一定的环境中生活、学习和工作,人们的一切活动都影响环境,而环境的变化反过来又会影响人们的生活和健康。人类通过新陈代谢和周围环境进行物质和能量的交换,环境中的物质与人体之间保持着动态平衡,如果环境变化处于一定范围内,人体可通过调节来适应,如在高山缺氧条件下,可通过增加体内红细胞数和血红蛋白含量来提高携氧量,以维持正常生命活动。又如在寒冷环境中,人体往往会发抖,通过肌肉高频率抖动而产生热量来维持生命活动。但如果环境变化超出了人体生理调节范围,则会引起人体某些功能和结构的异常或病理变化。人体总是不断地调节自己的适应性,以保持与环境之间的平衡;同时,人类也在不断地改造自然界,创造有利于自身健康的环境条件,不断促进人类社会繁衍生息。

人类的健康不仅受自然环境因素的影响,而且与社会环境息息相关。社会进步、经济发展、劳动卫生条件改善、家庭和睦等可增进健康,反之社会动乱、经济落后、交通拥挤、家庭不和等则可直接或间接损害健康。

(二)环境对健康的影响

1. 自然环境对健康的影响

(1)阳光。太阳光光谱由红外线、可见光、紫外线组成。阳光作用于机体使机体各系统的机能增强,如刺激机体的造血功能、提高皮肤的防御能力和分泌机能、增强机体的免疫力及新陈代谢等,从而促进机体的生长发育,它还可预防眼睛疲劳和近视,使人自觉舒适、精神振奋、工作效率提高。此外阳光中的紫外线有杀菌作用,并可促进机体维生素 D 的合成,从而预防佝偻病。当然,阳光照射过强则会对机体产生不良作用,如引起头痛、头晕、食欲减退、体温升高、精神萎靡,甚至中暑等症状。另外,紫外光还可引起光照性皮炎、光照性眼炎等,长期暴晒则还可能诱发皮肤癌等疾病。总之适宜的阳光照射会给人们的生活和健康带来莫大的好处,有目的地进行适当的日光照射即日光浴是增进健康的一种锻炼或治疗方法。

(2)气候。气候是长期天气变化情况的概括,它由气温、湿度、气压、气流等气象因素组成。这些因素常常同时作用于人体,影响机体的体温调节等生理机能。人体与外界环境不断进行热交换,以维持正常体温,除太阳辐射外,气温、湿度、气流三者的综合作用对机体体温调节产生重要影响,尤其是气温。机体在气温适宜时,一般感觉良好,生理机能正常,工作效率高。当气温超过体温时,若机体散热发生困难,易出现热储积,造成热射病、热痉挛等。气温过高时可导致体温升高,同时由于机体大量出汗蒸发散热,体内大量水分、无机盐丢失,则可引起脱水和热痉挛等病症。气温过低,空气过于干燥,皮肤黏膜容易干裂,有时可导致机体局部冻伤。寒冷的空气对人体常产生刺激,因而容易使人产生感冒、呼吸道炎症等呼吸道疾病。空气过于潮湿,氧分压降低,易产生胸闷。一般情况下,人体最适宜温度为21 ℃左右,体育活动则为15 ℃左右。另外,气流、气压对机体也有一定影响。当然人体具有生理调节功能,对气候的变化有一定的适应能力。体质强的,如青壮年适应力强,而体质弱的,如幼儿、老年人则适应能力差。在不同气候环境下有目的地锻炼,则可增加机体对该环境的适应能力,从而有助于身体健康。

(3)空气。地球上大多数生物离开了空气就无法存活,当然也包括人类。因此,空气是人类生存在地球上的一个必不可少的环境因素之一,它对人类的生命健康以及生活等方面均具有极为重要的意义,尤其对物质代谢、气体代谢和热代谢(体温调节)等方面的作用更为重要。空气的主要成分包括氮、氧、氢、二氧化碳,以及少量氖、氦、氩、氪、氙等稀有气体,此外还有水蒸气、杂质等其他物质。人体不断与外界环境进行着气体交换,从空气中吸入生命活动必需的氧,并将代谢产物二氧化碳排出体外,以维持生命活动。正常情况下,空气的基本组成一般能保持相对恒定,不致影响人类健康,但由于人类活动,许多工业废气等排入空气中,从而引起空气成分的变化而影响健康。

此外,空气中负离子越多,空气就越清洁。在海滨、森林公园、瀑布处或夏季雷雨之后,人往往感到空气特别新鲜,机体舒适,这与空气中负离子增多有关。一般认为在一定浓度下负离子对机体起镇静、催眠、镇痛、镇咳、止汗、利尿、降压、增进食欲、改善注意力等良好作用,而正离子则相反,对机体可造成失眠、头痛、心烦、疲倦、血压升高、精神萎靡、注意力减退等不良影响。

(4)水。水是机体维持正常生理活动,保证人体活动必需的物质。水是构成机体组织的重要成分,是良好的溶剂;水能储存和吸收大量的热,故有调节体温的作用;水也是保持个人卫生,改善环境状况的重要条件。不同的温度、压力、成分的水还可用于理疗,防治某些疾病。如冷水浴可提高交感神经的紧张度,对机体起强壮作用;温水浴可促进血液循环;天然矿泉浴、人工海水浴、药物浴等可治疗关节炎、多种皮肤病、多发性神经炎等。若水质受到污染则直接影响到人的饮用水,危害人体健康。

(5)土壤。土壤是人类重要的环境因素之一。人类除了直接与土壤接触外,还可通过空气、水和植物等与土壤发生联系,因此,土壤的卫生条件与人类健康的关系十分密切。土壤对人体健康的影响常是多方面的,且是间接的。土壤可传播各种传染病和寄生虫,使人感染疾病;土壤又是各种废弃物的净化场所,进入土壤的各种污水、污物,经土壤自身的物理、化学、生物学作用,逐渐净化;常年潮湿的土壤是不良的居住环境,可诱发风湿病等疾病;土壤中各种微量元素,通过动植物和水补给人体。但土壤中化学元素若缺乏或过多,又可间接影响人体,使某种元素不足或摄入量过多,严重的可导致某些疾病(如地方性甲状腺肿、慢性砷中毒等)的发生。

(6)噪声。安静舒适的环境有利于人学习、工作和休息,而噪声则通常影响人的情绪、睡眠、工作及学习的效率。长时间的强噪声会引起噪声病,如噪声性耳聋、神经衰弱等。

2. 社会环境对健康的影响

(1)政治经济。社会政治制度、经济水平是起决定作用的社会因素,对健康产生直接或间接的深远影响。一般来说,政治稳定、经济发展对健康起促进作用,反之则起损害作用。如当今世界上经济发达、社会稳定的国家国民生活富足,人均寿命较长,而常年战乱、经济发展滞后和贫穷国家的国民常常连温饱都得不到保证,人均寿命相对较短。在这种社会环境中,人们连生命都不能得到保障,健康更是无从谈起。社会制度是通过其民主和自由的程度,资源和收入的分配制度以及它所制定的各种政策、法规产生影响;而经济水平则是实施政策法规、影响劳动和生活质量的重要因素,是提高健康水平的物质基础。

(2)社会文化。文化是人类在社会发展过程中所创造的物质财富和精神财富的总和。文化是一种社会现象,它是特定的群体适用社会环境和自然环境的传统模式。人类社会是以文化因素为纽带而联结成的整体。文化因素渗透到人类生活的各个方面。贫穷地区往往文化落后,而文化落后、愚昧无知又使人难以接受健康的教育观,包括对疾病的认识与态度、偏爱的治疗方式、行为的矫治、健康的价值观等。随着人们接受的教育越来越多,经济逐步得到发展,加上基础设施条件改善,信息网络覆盖,人们的文化水平得到了明显提高。而文化水平的提高能够促使人们学习卫生知识,重视自我保健,人们的健康水平也在逐步提高。

(3)家庭。家庭环境的好坏对人的健康有着较大的影响。家庭对健康的影响主要表现在以下几个方面:一是通过遗传对子女健康产生影响。每个人都是基因与环境相互作用的产物。父母基因决定了子女身体素质等许多方面的潜能,而许多先天性素质都是由于遗传或母亲孕期各种因素的影响而产生的。二是家庭结构是否完整、关系是否和睦直接影响着个体的情绪状态,从而影响个体的身心健康。

三、环境污染

(一)环境污染的概念

环境污染是指有害物质或因子进入环境,并在环境中扩散、迁移、转化,使环境系统结构与功能发生变化,导致环境质量下降,对人类及其他生物的生存和发展产生不利影响的现象。如工业废水和生活污水未经处理直接排放,使地表和地下水体水质变坏,因煤炭的大量燃烧使大气中颗粒物和二氧化硫浓度急剧增高等,均属环境污染现象。本书中,我们阐述的环境污染主要是指人类活动所引起的环境质量下降而有害于人类及其他生物的正常生存和发展的现象。而自然过程引起的同类现象,称为自然突变或异常。

环境污染有不同的类型,因研究目的、角度不同而有不同的划分方法。按环境要素可分为大气污染、水体污染和土壤污染等;按污染物的性质可分为生物污染(如有害病毒、细菌、支原体、衣原体、霉菌等)、化学污染(如铅、汞、镉、酚及农药等)和物理污染(如噪声、粉尘、射线、高频电磁场等);按污染物的形态可分为废气污染、废水污染和固体废弃物污染;按污染产生的原因可分为生产污染和生活污染,生产污染可分为工业污染、农业污染、交通污染等;按污染涉及范围可分为全球性污染、区域性污染、局部污染等。

(二)环境污染对健康的危害

环境污染对人体健康的危害主要有急慢性中毒、致癌、致畸、致突变等。

1. 急性中毒

急性中毒作用指机体一次大剂量接触或在 24 小时内多次接触一种有毒化学物质所引起的快速而剧烈的急性中毒效应。中毒效应的程度与环境化学物的毒性和剂量有关,有的人在瞬间即产生中毒症状甚至死亡,有的人可在接触致死剂量后的几天才出现明显的中毒症状或死亡。

2. 慢性中毒

慢性中毒指环境化学物质在人或动物生命周期的大部分时间或终生作用于机体所引起的损害,或者说,环境中低浓度的毒物长期反复作用于机体所产生的慢性损害。机体吸收环境毒物的量从低剂量逐渐累积到中毒阈剂量(能引发中毒反应的最低剂量),或机体对环境毒物造成的损伤未能及时修复或虽修复但未完全修复,逐渐累积到中毒阈剂量,表现为缓慢、细微、耐受性,甚至波及后代的慢性中毒反应。如低剂量汞或镉长时间污染水体,而人食用了这种水体污染了的水、稻、鱼或贝类就会导致一些疾病的发生,这类病的病程大多经历数年至数十年;有的环境毒物如甲基汞还可通过胎盘导致新生儿先天性中毒。慢性中毒与急性中毒的差别除性质和程度以外,作用部位也有不同,如汞盐急性中毒作用在肾脏,而慢性中毒则以神经系统为主。

3. 致癌

目前已肯定外界环境中的一些有害物质对肿瘤有诱发和促进作用。如黄曲霉素诱发肝癌,过多的放射线照射可诱发白血病等。

4. 致畸

致畸是指环境污染(如放射线、某些药物与病毒)作用于孕妇导致胎儿发育不正常,造成胎儿先天畸形。上述水俣病即是一种孕妇食用了被有机汞污染的海产品后引起婴儿患先天性疾病,主要是中枢神经障碍,表现为婴儿出生后不久即出现不同程度的瘫痪和智力障碍。轻者表现为生长缓慢,重症者发病三个月内约有半数死亡。

5. 致突变

突变是指机体的遗传物质在一定条件下发生突然的变异。环境污染引起的突变作用往往对身体有害,若突变发生在生殖细胞则可导致不孕、早产、死胎或畸形及遗传疾病,若突变发生在体细胞,常导致体细胞异常增殖而形成肿瘤。

因此,保护生态环境,防止环境污染对维护人体健康具有重要意义。

四、校园环境卫生与健康

大学生处在学习专业知识、掌握专业技能的重要时期,离不开一个适宜、优良的校园环境。适宜、优良的环境有利于促进人体健康和长寿,有利于工作和学习。我国大多数高等院校都集中在人口稠密的大中型城市,工业化发展和人口剧增产生了一系列危害人体身心健康的环境污染。所以保护环境,搞好环境卫生对大学生的健康十分有利。

(一)校园环境卫生

为了维护大学生健康,就要从保护大学校园环境做起。首先要绿化校园环境,在校园内大面积种植花草树木,布设花坛、草坪、绿化带,做到绿树花草相映,四季有绿,校园里不断有花可赏,有景可观。搞好环境绿化,可以减少或消除空气污染,保持清新的空气;还可以减少空气中的灰尘,清除空气中的细菌和病毒,吸收工业排毒等,从而减少疾病发生;还可以降低噪声,减轻噪声的干扰和危害,给大学生创造一个优美宁静的环境,有利于学习和休息。良好的环境还可使大学生心情舒畅,精神焕发,减轻疲劳,提高用脑效率,使工作和学习效率明显提高,减少疾病,增进健康。

(二)宿舍环境卫生

宿舍是大学生生活、学习和休息的重要场所。宿舍环境卫生的好坏也直接影响着大学生的学习、生活和休息。一个杂乱污浊、垃圾遍地、喧闹嘈杂的宿舍环境,会使大学生沉闷和不舒心,容易产生烦躁和厌倦情绪,降低学习效率。所以,为了健康的生活和学习,大学生要讲究卫生,保持宿舍环境整齐、清洁,经常开窗换气,增加日光照射,减少空气中的微生物。阳光照射可以刺激人体皮肤产生温热感及光电效应,还可以刺激神经系统,提高机体的免疫力和新陈代谢水平,能改善人的心肺功能,降低机体紧张状态。增加日光照射是防止污染、减少疾病的简单而有效的方法。个人应勤换洗被褥、衣裤、鞋,勤洗头、洗澡,勤剪指甲并定期理发。衣物、被褥要勤晒,不要在不见阳光的地方晾干,否则容易滋生真菌,增加患病概率。要保持室内干燥,注意通风,定期开门窗透气,使室内空气保持新鲜,减少空气中的微粒和灰尘。

(三)教学环境卫生

大学教学环境包括教室、实验室和图书馆。这些地方是大学生每天必去的地方,是大学生的主要学习场所,其卫生条件的好坏与大学生的健康有密切关系。教学场所一般坐落于校园深处,不受校内外噪声影响,因此,必须保持环境通风良好,使空气保持新鲜,这样能使大学生精神振奋、精力充沛、学习效率高。教学场所合理采光有利于提高学习效率、保护视力、减轻疲劳,因此,教学场所室内要有适宜强度的自然采光和灯光光照。过强的光线容易使人心烦意乱、精力分散、疲劳等;光照不足不仅影响视力,而且昏暗的环境会使人昏昏欲睡,直接影响学习效率。另外,为了减少教室内的粉笔粉尘污染,上课时尽量用无尘书写笔代替粉笔。实验室应按国家有关标准安排相应的安全措施,如化学实验室应有防毒、防爆、防污染措施,放射实验室应有防辐射措施,否则将直接危害大学生的身体健康。当今,现代化的多媒体教学越来越普遍,长时间在电脑前操作,容易引起"电脑病",出现头疼、眼睛发胀、神经紧张,还可能出现腹胀、消化不良等症状,所以要合理安排操作电脑的时间,注意用眼卫生。

第四章　疾病预防

第一节　传染病概述

一、传染病

传染病是由病原微生物(病毒、衣原体、支原体、立克次体、细菌、螺旋体、真菌等)和寄生虫(原虫和蠕虫等)感染人体后产生的有传染性的疾病。两者都属于感染性疾病,但感染性疾病不一定有传染性,其中有传染性的疾病才称为传染病。

在人类发展的历史上,传染病和寄生虫病曾给世界人民造成极大的灾难,由于当时的科学技术和医疗手段落后,导致无数的人死于染病。人类历史上鼠疫、霍乱、天花曾不断流行肆虐,疟疾、血吸虫病、黑热病等广泛存在,造成灾难频发,夺去了无数人的生命。在我国,1949 年后,贯彻"预防为主"的卫生方针政策,许多传染病、寄生虫病被消灭或基本消灭,传染病和寄生虫病发病率已大幅度下降。但是,还有一些传染病,如病毒性肝炎、流行性出血热和感染性腹泻等仍然广泛存在,对人民健康危害很大,我们不能掉以轻心。另外,也出现了一些新发现的传染病,如艾滋病、埃博拉出血热、军团病、沙拉热、莱姆病,等等。其中,艾滋病目前已成为严重威胁人类健康的传染病。近三年,在全球流行的新型冠状病毒肺炎还在持续传播。因此,作为大学生,应该掌握一定的传染病基础知识和预防知识,这对有效保护身体健康有重要意义。

二、传染病的基本特征

(一)特异的病原体

传染病的种类很多,每种传染病都有特异的病原体。病原体分为病毒、衣原体、立克次体、支原体、细菌、螺旋体、真菌、原虫和蠕虫等。但少数传染病的病原体至今仍不太明确。传染病的病原体大多有特定的侵犯部位,在机体内有增殖、播散的规律性。

(二)传染性

传染病患者或健康带菌者排出的病原体,经过一定的传播途径进入健康人体内,引起相同的疾病,称为传染性。传染性的强弱与病原体的毒性、数量、传播途径及人体的免疫力有关。这是传染病与其他感染性疾病的主要区别,如耳源性脑膜炎和流行性脑膜炎,在临床上的表现同为化脓性脑膜炎,但前者无传染性,无须隔离,后者则有传染性,必须隔离。传染病患者有传染性的时期称为传染期,在每种传染病中都相对固定,可作为隔离病人的依据之一。

(三)流行性

在一定的条件下,传染病可在人群中蔓延,引起不同程度的流行。根据流行过程的强度和广度,可分为散发、流行、大流行、暴发流行。散发是指某种传染病在一个单位或某地区的人群中散落发生,并维持常年一般发病率水平。若一个单位或地区的某种传染病的发病率显著超过该病的发病率水平,称为流行。若在一定的时间内某种传染病在一个地区迅速蔓延,甚至波及全国,超出国界、洲界,称为大流行。短时间内的某单位或某个地区,出现大量同类病人,其传染源及传播途径相同,则称为暴发流行。

(四)季节性

某些传染病的传播受气候、气温、湿度条件或媒介生物昆虫的生活习性影响,因而在一定季节内发病率升高,如呼吸道传染病多在冬春季发病,肠道传染病多在夏秋季发病。

(五)地方性

由于中间宿主、地理条件及人群生活习惯等原因,某些传染病只在某些地区发生和存在,这称为地方性。如血吸虫病就具有明显的地方性。

(六)免疫性

人体感染病原体后,无论是显性或隐性感染,都能产生针对病原体的特异性免疫,机体再遇该病原体入侵时可通过免疫保护而不被再次感染。感染后免疫属于自动免疫。其持续时间在不同传染病中有很大差异。一般来说,病毒性传染病感染后,免疫持续时间最长,往往保持终身,但有例外(如流感);细菌、螺旋体、原虫性传染病的感染后免疫持续时间通常较短,仅为数月至数年,但也有例外(如伤寒);蠕虫病感染后通常不产生保护性免疫,因而往往重复感染(如蛔虫病)。

三、传染病流行过程的基本条件

传染病的流行过程就是传染病在人群中的发生、传播和终止的过程。流行过程的发生需要有三个基本条件,就是传染源、传播途径和易感人群,这三个基本环节相互连接,缺少其中任何一个环节,传染病就不会发生,流行就会终止。流行过程本身又受社会因素和自然因素的影响。

(一)传染源

传染源是指体内有病原体生长繁殖,并能将其排出体外的人和动物,如各种传染病患者、病原携带者及受感染的动物等。

(二)传播途径

病原体离开传染源后再侵入另一个易感者的过程被称为传播途径。传播途径由外界环境中的各种因素组成。根据传播途径的不同,可将传染病隔离方式分为呼吸道、消化道、接触、昆虫等隔离。切断传播途径是防止传染病流行的重要环节。传染病传播途径有以下几种。

(1)空气、飞沫、尘埃,主要见于以呼吸道为进入门户的传染病,如麻疹、百日咳、流行性脑脊髓膜炎等。

(2)水、食物、苍蝇,主要见于以消化道为进入门户的传染病,如霍乱、痢疾、伤寒等。

(3)手、用具、玩具,又称日常生活接触传播,少数的呼吸道传染病(如白喉)、大多数的消化道传染病(如细菌性痢疾等)可经此途径传播。

(4)吸血节肢动物,又称虫媒传播,经蚊、白蛉、虱子、跳蚤、蜱虫、螨虫、恙虫等叮咬后感染,如疟疾、流行性乙型脑炎等。

(5)血液、体液、血制品,常见于乙型肝炎、丙型肝炎、艾滋病等。

(6)土壤、疫水(细菌、病毒等微生物以及寄生虫所污染的具有传染性的水源),当病原体的芽孢(即细菌休眠体,如炭疽或幼虫(钩虫)、虫卵(蛔虫)污染土壤或水被尾蚴(吸虫纲有些动物的末期幼虫,如血吸虫)污染时,土壤和疫水便可成为这些疾病的传播途径。

(7)垂直传播,指病原体通过母体传给子代的传播,如风疹、乙型肝炎、艾滋病等均可经胎盘传播而引起胎儿的先天性感染。

(三)易感人群

对某一传染病缺乏特异性免疫力的人称为易感者,易感者在某一特定人群中的比例决定该人群的易感性,易感者的比例在人群中达到一定水平时,如果又有传染源和合适的传播途径,则传染病的流行很容易发生。减少易感人群,提高易感人群的免疫力,使易感人群变为非易感人群,是制止传染病发生、流行的极为重要环节。有计划地推行人工自动免疫(即打预防针)可把易感者水平降至最低,就能使流行不再发生。

四、传染病的预防

(一)管理传染源

对传染源要注意做到早发现、早报告、早隔离、早治疗。甲类传染病(我国传染病防治法列为强制管理的传染病,要求发现后城镇于 2 小时内、农村一般不超过 6 小时上报防疫站)病人和病原携带者,乙类传染病(我国传染病防治法列为严格管理的传染病,要求发现后城镇于 12 小时、农村于 24 小时内上报国家有关部门)中艾滋病、肺炭疽病人,必须隔离治疗。如拒绝隔离治疗或隔离期未满擅自脱离隔离治疗的,诊治单位可提请公安部门协助采取强制隔离治疗措施。乙类传染病病人,根据病情可住院隔离或在家中隔离治疗,直至治愈。丙类传染病(我国传染病防治法列为监测管理的传染病,要求发现后城镇和农村于 24 小时内上报国家有关部门)中流行性麻风病病人必须经临床和微生物学检查证实痊愈才可恢复工作、学习。其他丙类传染病病人在临床治愈后即可工作、学习。对疑似病人应尽早明确诊断。对病原携带者应做好登记并进行管理,定期随访,经 2~3 次病原检验呈阴性时,方可解除管理。对接触者,按具体情况采取检疫、密切临床观察、药物预防和预防接种。对动物传染源,对人类危害大且无经济价值的动物应予以消灭,危害不大且有经济价值的病畜,应予以隔离治疗。

(二)切断传播途径

这主要是针对传染源污染的环境所采取的措施。如肠道传染病主要由粪便排出病原体而污染环境,一般采取对污染物品和环境进行消毒的措施;呼吸道传染病主要通过空气污染环境,一般采取通风和空气消毒措施;而虫媒传染病,重点是杀虫措施。因此,消毒是切断传播途径的重要措施。消毒方法有物理消毒法和化学消毒法两种,可根据不同的传染病采用不同的方法。

(三)保护易感人群

易感人群要注意改善营养、锻炼身体、预防接种。在传染病流行时,也可药物预防。个人防护,如戴口罩、手套、护腿,应用蚊帐,使用安全套(避孕套)等。

五、我国传染病的分类

(一)传染病的分类

1. 法定分类方法

《中华人民共和国传染病防治法》(2004 年 12 月 1 日施行,2013 年 6 月 29 日修正,新版正在修订)第三条规定:本法规定的传染病分为甲类、乙类和丙类三类,共 40 种。

甲类传染病包括:鼠疫、霍乱。

乙类传染病包括:传染性非典型肺炎、艾滋病、病毒性肝炎、脊髓灰质炎、人感染高致病性禽流感、麻疹、流行性出血热、狂犬病、流行性乙型脑炎、登革热、炭疽、细菌性和阿米巴性痢疾、肺结核、伤寒和副伤寒、流行性脑脊髓膜炎、百日咳、白喉、新生儿破伤风、猩红热、布鲁氏菌病、淋病、梅毒、钩端螺旋体病、血吸虫病、疟疾。

丙类传染病包括:流行性感冒、流行性腮腺炎、风疹、急性出血性结膜炎、麻风病、流行性和地方性斑疹伤寒、黑热病、包虫病、丝虫病,除霍乱、细菌性和阿米巴性痢疾、伤寒和副伤寒以外的感染性腹泻病。

上述规定以外的其他传染病,根据其暴发、流行情况和危害程度,需要列入乙类、丙类传染病的,由国务院卫生行政部门决定并予以公布。例如,手足口病是我国儿童生命健康的严重威胁,于 2008 年纳入法定的丙类传染病。

第四条还规定:"对乙类传染病中传染性非典型肺炎、炭疽中的肺炭疽和人感染高致病性禽流感,采取本法所称甲类传染病的预防、控制措施。其他乙类传染病和突发原因不明的传染病需要采取本法所称甲类传染病的预防、控制措施的,由国务院卫生行政部门及时报经国务院批准后予以公布、实施。"例如,2020 年初全球暴发新型冠状病毒肺炎后,1 月 20 日,基于对新型冠状病毒感染的肺炎的病原、流行病学、临床特征等特点的认识,国家卫生健康委发布公告,将新型冠状病毒感染的肺炎纳入法定传染病乙类管理,采取甲类传染病的预防、控制措施。

我国国家卫生健康委疾病预防控制局按惯例发布月度、年度全国法定传染病疫情概况，并公布月度、年度全国法定传染病报告发病、死亡统计表。**本教材后面的有关传染病发病数、死亡数等数据来自中华人民共和国国家卫生健康委员会疾病预防控制局官方网站。**

2. 传播途径分类方法

中国疾病预防控制中心还根据病毒传播途径对传染病进行分类，如表 4-1-1 所示。

表 4-1-1　传染病不同传播途径分类一览表

传播途径	传染病
接触性传播	鼠疫、狂犬病、人感染高致病性禽流感、淋病、布鲁氏菌病、新生儿破伤风、麻风病、包虫病、手足口病、马尔堡出血热、拉沙热、艾滋病、梅毒、麻疹
空气传播	结核病、百日咳、流行性脑脊髓膜炎、传染性非典型肺炎、炭疽、流行性出血热、人感染高致病性禽流感、流行性腮腺炎、甲型 H1N1 流感、流行性感冒、鼻疽和类鼻疽、德国肠出血性大肠杆菌 O104 感染、诺如病毒急性胃肠炎、风疹、埃博拉出血热、猩红热、中东呼吸综合征
水和食物传播	血吸虫病、钩端螺旋体病、伤寒和副伤寒、感染性腹泻病、急性出血性结膜炎、阿米巴性痢疾、脊髓灰质炎、病毒性肝炎、广州管圆线虫病
虫媒传播	黑热病、流行性和地方性斑疹伤寒、流行性乙型脑炎、裂谷热、黄热病、西尼罗病毒、美洲锥虫病、基孔肯雅热、寨卡病毒病、疟疾、登革热、霍乱、丝虫病
其他	人畜共患病、人猪重症链球菌感染、颚口线虫病

资料来源：中国疾病预防控制中心官方网站。

(二)传染病的疫情控制

除了日常预防外，一旦发生传染病疫情，采取及时、有效的控制措施是非常重要的。对于传染病疫情控制，摘录我国《传染病防治法》有关规定如下。

第三十九条 医疗机构发现甲类传染病时，应当及时采取下列措施。

(一)对病人、病原携带者，予以隔离治疗，隔离期限根据医学检查结果确定；

(二)对疑似病人，确诊前在指定场所单独隔离治疗；

(三)对医疗机构内的病人、病原携带者、疑似病人的密切接触者，在指定场所进行医学观察和采取其他必要的预防措施。

拒绝隔离治疗或者隔离期未满擅自脱离隔离治疗的，可以由公安机关协助医疗机构采取强制隔离治疗措施。

医疗机构发现乙类或者丙类传染病病人，应当根据病情采取必要的治疗和控制传播措施。

医疗机构对本单位内被传染病病原体污染的场所、物品以及医疗废物，必须依照法律、法规的规定实施消毒和无害化处置。

第四十二条 传染病暴发、流行时，县级以上地方人民政府应当立即组织力量，按照预防、控制预案进行防治，切断传染病的传播途径，必要时，报经上一级人民政府决定，可以采

取下列紧急措施并予以公告:

(一)限制或者停止集市、影剧院演出或者其他人群聚集的活动;

(二)停工、停业、停课;

(三)封闭或者封存被传染病病原体污染的公共饮用水源、食品以及相关物品;

(四)控制或者扑杀染疫野生动物、家畜家禽;

(五)封闭可能造成传染病扩散的场所。

上级人民政府接到下级人民政府关于采取前款所列紧急措施的报告时,应当即时作出决定。

紧急措施的解除,由原决定机关决定并宣布。

第四十三条 甲类、乙类传染病暴发、流行时,县级以上地方人民政府报经上一级人民政府决定,可以宣布本行政区域部分或者全部为疫区;国务院可以决定并宣布跨省、自治区、直辖市的疫区。县级以上地方人民政府可以在疫区内采取本法第四十二条规定的紧急措施,并可以对出入疫区的人员、物资和交通工具实施卫生检疫。

省、自治区、直辖市人民政府可以决定对本行政区域内的甲类传染病疫区实施封锁;但是,封锁大、中城市的疫区或者封锁跨省、自治区、直辖市的疫区,以及封锁疫区导致中断干线交通或者封锁国境的,由国务院决定。

疫区封锁的解除,由原决定机关决定并宣布。

第四十四条 发生甲类传染病时,为了防止该传染病通过交通工具及其乘运的人员、物资传播,可以实施交通卫生检疫。具体办法由国务院制定。

六、我国十年来法定传染病总量统计

经过对来源数据进行收集、整理、统计(表4-1-2)发现,自2011年至2020年十年间我国法定传染病发病数和死亡数、每十万人发病率和死亡率总体呈现递增趋势。值得注意的是,2020年由于新型冠状病毒肺炎疫情暴发,全国上至政府、下至民众,对传染病防控意识增强、措施得当,最重要的是全民居家外出都戴口罩,有效阻断和降低了包括新冠病毒在内的各类传染病病毒的传播,因此,2020年各类传染病的发病数和总发病数均有不同程度的降低,但由于新型冠状病毒肺炎死亡病例突增,导致死亡率增加(图4-1-1)。

表4-1-2 我国近十年法定传染病发病和发病率、死亡和死亡率总量统计一览表

年度	2011	2012	2013	2014	2015	2016	2017	2018	2019	2020	平均
传染病总发病/万例	632.01	695.15	641.64	718.44	640.84	694.42	703.09	777.08	1024.45	580.67	710.78
传染病总死亡/人	15802	17315	16592	16629	16744	18237	19796	23377	25285	26374	19615.1
发病率/10万	471.33	515.94	473.87	530.15	470.35	506.59	509.54	559.41	733.57	413.63	518.44
死亡率(/10万)	1.18	1.29	1.23	1.23	1.23	1.33	1.43	1.68	1.81	1.88	1.43

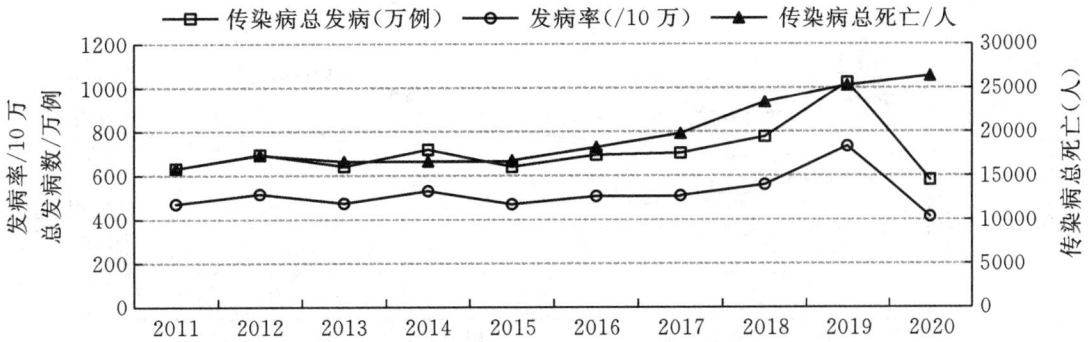

图 4-1-1 我国传染病总发病数、总死亡数、发病率十年变化折线图

第二节 常见传染病的预防

由于篇幅有限,本节仅列举在高校常见的传染病的预防基本知识。

一、呼吸道传染病的预防

(一)肺结核

1.概述

肺结核是由结核分枝杆菌引起的一种具有传染性的慢性消耗性疾病。肺结核一般发病缓慢,常有不规则低热、盗汗、疲倦乏力等表现。此外,还有咳嗽、咳痰、部位不定的胸部隐痛、咯血等。有部分病例可无任何症状或症状轻微而被忽视,通常在胸部 X 线健康检查时才被医生发现。

肺结核是人类疾病中最古老的传染病之一,人类持续几千年与肺结核作斗争,曾一度被控制,但近年有反扑的趋势。我国自 20 世纪 50 年代以来结核病的流行趋势虽有下降,但各地区疫情的控制上不平衡,仍是当前一个突出的公共卫生问题。从国家公布的统计数据(表4-2-1)看出,近十年来,全国每年肺结核发病数总体呈下降趋势(图 4-2-1),但平均每年发病 85 万余例,死亡 2594.4 人。十年统计数据显示,全国肺结核发病数和死亡数始终居乙类传染病发病病种第二位。高校中,肺结核多发,在传染病发病率中仅次于肝炎。世界卫生组织已把结核病与艾滋病、疟疾一起列为人类最主要的健康杀手。

表 4-2-1 我国近十年肺结核传染病发病数、死亡数一览表

年度	2011	2012	2013	2014	2015	2016	2017	2018	2019	2020	平均
发病/例	953275	951508	904434	889381	864015	836236	835193	823342	775764	670538	850368.6
死亡/人	2840	2662	2576	2240	2280	2465	2823	3149	2990	1919	2594.4

注:1.数据来源于国家卫生健康委员会疾病预防控制局网址发布的年度全国法定传染病疫情概况。2.表中数据为年度报告病例按发病日期统计的临床诊断病例和实验室确诊病例(不含外籍和台港澳)。(下同)

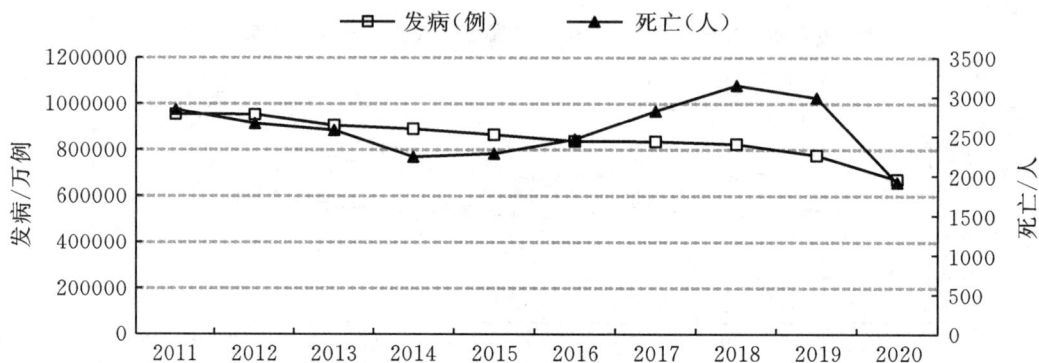

图 4-2-1 我国近十年肺结核传染病发病数、死亡数变化折线图

2. 流行病学

(1)传染源。主要是继发性肺结核患者。由于结核分枝杆菌主要是随着痰液排出体外而散播,因而痰里查出结核分枝杆菌的患者才具有传染性,才是传染源。传染性的大小取决于痰内菌量的多少。

(2)传播途径。肺结核主要通过呼吸道传播,也可通过消化道传播。结核分枝杆菌主要通过咳嗽、喷嚏、大笑、大声谈话等方式把含有结核分枝杆菌的微滴排到空气中而传播。咳嗽是肺结核患者排出微滴的主要方式,又是常见症状,因此,飞沫传播是肺结核最重要的传播途径。痰液传播也是肺结核传染的重要途径,结核杆菌在痰内经阳光直射,1~2 小时就可被杀死,但在阴暗潮湿处可存活数周甚至数月。痰液中的结核杆菌附着于干燥尘埃上,随气流飞扬传播。另外,通过与结核患者共用餐具,进食被结核杆菌污染的食物,也可引起传播。经消化道和皮肤等其他途径传播现已罕见。

(3)易感性。影响人群对结核病易感性的因素可分为机体自然抵抗力和特异性抵抗力两大类。影响机体对结核分枝杆菌自然抵抗力的因素除遗传因素外,还包括生活贫困、居住拥挤、营养不良等社会因素。老年人、艾滋病感染者、免疫抑制剂使用者、慢性疾病患者等免疫力低下,都是结核病的易感人群。特异性抵抗力来自自然或人工感染结核分枝杆菌,山区及农村居民结核分枝杆菌自然感染率低,移居到城市生活后也成为结核病的易感人群。

3. 临床症状及体征

(1)全身症状。全身症状比局部症状出现得较早,早期很轻微,不易引起注意。严重的渗出性病灶,如干酪样肺炎或急性粟粒性结核,因其炎症反应较强、范围较广,中毒症状就非常显著。全身症状有:一是全身不适、倦怠、乏力、不能坚持正常工作,容易烦躁、心悸、食欲减退、体重减轻,妇女月经失调甚至闭经等。二是发热。最为常见,一般为午后低热(37.4 ℃～38 ℃),可持续数周,热型不规则,部分患者伴有脸颊、手心、脚心潮热感。急性血行播散型肺结核、干酪性肺炎、空洞形成或伴有肺部感染时等可表现为高热。三是夜间盗汗,这是结核病患者常见的症状,表现为熟睡时出汗,几乎湿透衣服,觉醒后汗止,常发生于体虚患者。

(2)局部症状。局部症状主要由于肺部病灶损害所引起,主要有:一是咳嗽、咳痰。早期咳嗽轻微,无痰或有少量黏液痰。病变扩大,有空洞形成时,则痰液呈脓性,量较多。若并发支气管结核则咳嗽加剧;如有支气管狭窄,则有局限性哮鸣。支气管淋巴结核压迫支气管时,可引起呛咳或喘鸣音。二是咯血。当结核坏死灶累及肺毛细血管壁时,可出现痰中带血,如累及大血管,可出现量不等的咯血。若空洞内形成的动脉瘤或者支气管动脉破裂,可出现致死性的大咯血。结核性支气管扩张患者可在肺结核痊愈后反复、慢性咯血或痰血。三是胸痛。胸痛并不是肺结核的特异性表现,靠近胸膜的病灶与胸膜粘连常可引起钝痛或刺痛,与呼吸关系不明显。肺结核并发结核性胸膜炎会引起较剧烈的胸痛,与呼吸相关。胸痛不一定就是结核活动或进展的标志。

（3）呼吸功能障碍引起的症状。由于肺脏功能储备能力大、代偿性高,轻度的组织损害不会引起气急。当肺组织破坏严重,范围广泛,呈并发肺萎缩,肺气肿、广泛胸膜增厚时,代偿功能已经不能满足生理需要,患者首先在体力活动后感到气急。

4. 治疗

肺结核的治疗以药物治疗为主,原则为:早期、规律、全程、适量、联合。

5. 预防

控制传染源、切断传播途径、增强免疫力及降低易感性等,是控制结核病流行的基本原则。卡介苗可保护未受感染者,使其受感染后不易发病。即使发病也易愈合。有效化学药物治疗能使已患病者痰菌较快阴转,但在其阴转之前,需要严格消毒隔离,避免传染。

（1）建立健全防治系统。建立健全各级结核病防治机构,负责组织和实施治、管、防、查系统和全程管理,开展宣传教育,培养群众良好文化生活习惯,培训结核病防治业务技术人员。

（2）控制传染源。控制传染源是控制结核病流行的关键环节,主要是通过肺结核病例的早期发现、早期进行强有效的化学治疗,加强肺结核的化学治疗管理,使排菌的肺结核患者失去传染性,保护健康人群免受结核菌感染。

（3）卡介苗接种。卡介苗是一种无毒牛型结核菌的活菌疫苗,接种后人体获得一定的免疫力,对结核病有一定的特异性抵抗力。卡介苗在预防儿童结核病,特别是那些可能危及儿童生命的严重类型,如结核性脑膜炎、血行播散型结核等方面有相当的效果,但对成人的保护有限,不足以预防感染和发病。

（4）化学预防。针对感染结核菌并存在发病高危因素的人群进行药物预防,主要对象包括:艾滋病病毒感染者;与新诊断为传染性肺结核有密切接触史且结核菌素试验阳性的幼儿;未接种卡介苗的 5 岁以下结核菌素试验阳性的儿童;结核菌素试验强阳性且伴有糖尿病或肺硅沉着病(矽肺)者;与传染性肺结核有密切接触的长期使用肾上腺皮质激素和免疫抑制剂的患者。

6. 学校结核病疫情处置流程

2020 年 10 月国家卫生健康委、教育部制定发布的《中国学校结核病防控指南(2020 年版)》第九章对学校发生的结核病疫情处置流程做了明确的规定。详情可参阅"国家卫生健康委员会疾病预防控制局网站《关于印发中国学校结核病防控指南的通知》"

(二)流行性感冒

1. 概述

流行性感冒(简称流感),是由流感病毒引起的一种急性呼吸道传染病。通过飞沫传播,具有高度传染性。临床特点为起病急、病程短,有高热、头痛、全身酸痛、乏力等显著的全身中毒症状,但呼吸道症状相对较轻。流感病毒是 RNA 病毒,分为甲型、乙型和丙型。以甲型病毒威胁性最大,可感染人类及不同种类的动物,包括鸟、马、猪及海豚等哺乳动物;乙型及丙型流感病毒则主要是人类流感的致病源。流感病毒对干燥、紫外线照射、乙醚、甲醛等常用消毒剂都很敏感,对高温抵抗力弱,加热到 56℃,30 分钟后或 100℃,1 分钟即被灭活。耐低温和干燥,真空干燥或−20℃下仍可存活。流感病毒易发生变异,常见于甲型。

流感曾经给人类带来过深重的灾难。据资料记载,在 1918 — 1919 年,一场首发于美国流感席卷全球,造成全世界 5～10 亿人感染(当时全球人口约为 17 亿),约 5000 人病死。这次流感灾难是流感流行史上最严重的一次,也是历史上死亡人数最多的一次瘟疫。时至今日,流感依然威胁着人类的健康和生命。根据对国家权威数据统计发现,近十年来,我国平均每年流感发病 69 万多例,平均每年因流感死亡 66.2 人(表 4 - 2 - 2),2016 年以来发病和死亡数有突增趋势,2019 年较上年暴增 4.6 倍(图 4 - 2 - 2)。这是一次源自美国的全球性流行性感冒大流行,我国 2018 年 12 月发病数开始突增,2019 年 1 月单月发病数暴增至 60万例,之后逐渐减低。

表 4 - 2 - 2 我国近十年流行性感冒发病数、死亡数一览表

年度	2011	2012	2013	2014	2015	2016	2017	2018	2019	2020	平均
发病/例	66133	122140	129873	215533	195723	306682	456718	765186	3538213	1145278	694147.9
死亡/人	4	4	14	43	8	56	41	153	269	70	66.2

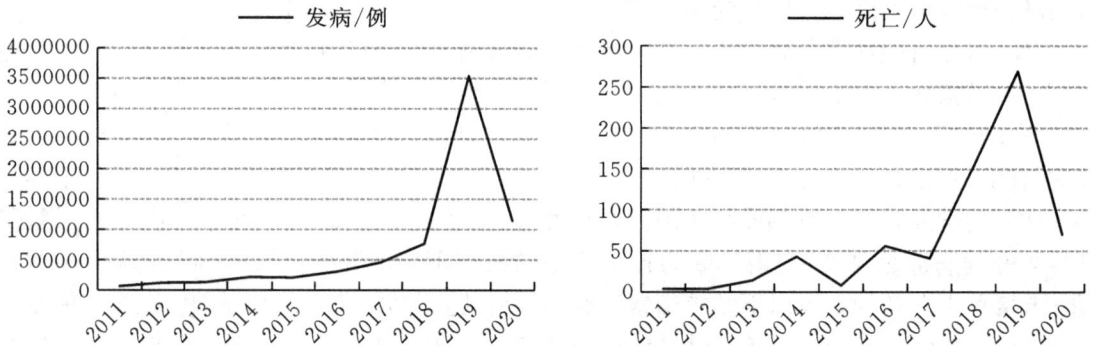

图 4 - 2 - 2 我国流行性感冒发病数、死亡数十年变化折线图

2. 流行病学

(1)流行特征。流感大多出现于冬季,表现为突然发病,传播迅速,流行广泛,发病率高,流行过程短。丙型流感病毒主要以散发形式出现。乙型流感病毒常引起中等流行或局部地区人群的小流行。甲型流感病毒由于容易发生变异,人体的免疫力对变异的新病毒可能完全无效或部分无效,而且其在哺乳动物和鸟类中分布广泛,给病毒的控制和最终消灭造成了极大困难,因此危害大,常造成暴发流行或大流行。

(2)传染源。传染源主要是急性期患者和隐性感染者。病人自潜伏期末到发病后 3 天,从鼻涕、口涎、痰液中排出大量病毒,排毒时间可长达至发病后 7 天,其中病初 2～3 天传染性最强。在流行期间,隐性感染和轻型患者人数众多,体内虽有病毒增殖,但无明显症状而不易发现,常继续在人群中从事正常活动,是对公共卫生威胁最大的传染源。

(3)传播途径。空气飞沫传播是主要的传播途径。病毒存在于病人或隐性感染者的呼吸道分泌物中,通过说话、咳嗽或打喷嚏等,以飞沫或气溶胶形式散播于空气中,易感者吸入后即能感染。故流感传染性强,传播速度快,流行广泛。其传播速度与广度与人口密集程度相关。病毒污染饮食、茶具、食具、毛巾等间接传播的可能性也存在。

(4)易感人群。人群对流感普遍易感,病后虽有一定的免疫力,但不同亚型间无交叉免疫力。病毒变异后,人群重新易感而反复发病。

3. 临床表现

潜伏期一般为1~7天,多为1~3天。

(1)典型流感:通常表现为流感样症状,包括发热、咳嗽、咽痛、咳痰、流涕、鼻塞、头痛、全身酸痛和乏力,全身症状较重而呼吸道症状较轻,部分病例出现呕吐和(或)腹泻。体征主要包括咽部充血和扁桃体肥大。发热多于1~2天内达到高峰,3~4天内热退,但乏力可持续2周以上。

(2)肺炎型流感:主要发生于老年、幼儿或原有较重的基础疾病及采用免疫抑制剂治疗者。初起如典型流感,1~2天后病情迅速加重,出现高热、衰竭、剧咳、血性痰,继之呼吸急促,发绀,双肺满布湿鸣音,X射线检查双肺弥漫性结节性阴影,以近肺门处较多。抗生素治疗无效。病程可长达3~4周,病死率很高,可超过50%。

(3)胃肠型流感:患者多为儿童,以恶心、呕吐、腹泻、腹痛为主要症状,一般2~3天即可恢复。

(4)中毒型流感:一般极少见,主要表现为高热、昏迷,成人常谵语(病中的神志不清、胡言乱语),儿童可出现抽搐,个别患者可由于血管神经系统紊乱或肾上腺出血导致血压下降或休克。

4. 治疗

(1)隔离患者,流行期间对公共场所加强通风和空气消毒。

(2)及早(起病1~2天内)应用抗流感病毒药物,这样才能取得最佳疗效。

(3)加强支持治疗和预防并发症。流感患者应及早卧床休息,多饮水并注意补充营养,饮食要易于消化。应密切观察和监测并发症,特别是儿童和老年患者更应重视。如出现低氧血症、呼吸衰竭和休克等情况时,应及时给予相应的治疗措施。

(4)谨慎、合理使用对症治疗药物。可供采用的对症治方药物包括解热镇痛药、缓解鼻黏膜充血药物、止咳化痰药物以及中药等,但这些药物只能减轻症状,而无抗流感病毒作用。抗生素只在明确或有充分证据提示有继发细菌感染时方有应用指征。儿童和青少年应忌用阿司匹林或含阿司匹林药物以及水杨酸制剂,以防出现不良反应。

5. 预防

(1)做好学生晨检工作,及时发现患病学生,及时报告、隔离和治疗患者。

(2)在流行期间应减少大型集会和集体活动,接触者应戴口罩。

(3)一些抗病毒药和中草药对流感有一定效果,在流感流行时可进行应急药物预防。

(4)进行流感疫苗接种。接种后半年至一年左右可预防同型流感的作用,发病率可降低50%~70%。在中、小流行中对重点人群使用。

(5)在流感流行期间,不去人群集中的场所,远离疫点和疫区,不接触患病的病人。

(6)做好居室、教室、会议室及公共场所的通风,出现病人或流行时还要对人群聚集的场所进行空气消毒。

此外,当发生禽类流感疫情时,应尽量减少与禽类的接触。注意饮食卫生,禽类食物要彻底煮熟后方可进食;不生食禽肉和内脏。注意生活用具的消毒处理。若有发热及呼吸道症状时,应戴上口罩,尽快就诊,并必须告诉医生发病前有无外游或与禽类接触史。一旦患病,应在医生的指导下积极治疗和及时用药,多休息、多饮水。

二、肠道传染病的预防

(一)甲型肝炎和戊型肝炎

1. 概述

肝脏是人体最重要的消化、代谢和解毒器官。它不仅参与体内的糖、蛋白质、脂肪、维生素、激素的代谢,还生成和排泄胆汁,帮助消化,同时人体代谢过程中所产生的一些有害废物及外来的毒物、毒素、药物的代谢和分解产物均在肝脏解毒。因此,可以把肝脏形容为人体的一个巨大的"化学加工厂"。

人们口头说的肝炎实为病毒性肝炎。病毒性肝炎是由多种肝炎病毒引起的,以肝损害为主的一组传染病。目前已确定的肝炎病毒有 5 型,即甲型肝炎病毒(HAV)、乙型肝炎病毒(HBV)、丙型肝炎病毒(HCV)、丁型肝炎病毒(HDV)和戊型肝炎病毒(HEV)。我国国家卫生健康委员会疾病预防控制局发布年度全国法定传染病疫情中还有一类统计,因未明确或被公认类型,称为"未分型肝炎",发病数与戊型肝炎相当或较多。

甲型肝炎和戊型肝炎主要通过粪口途径传播,属消化道传染疾病;乙型肝炎、丙型肝炎和丁型肝炎主要通过血液或体液途径传播,属血源性传播疾病。肝炎的临床表现主要为疲乏、食欲减退、腹胀、厌油、恶心、呕吐、黄疸、肝脾大等,伴有肝功能异常。临床类型包括急性肝炎、慢性肝炎、重型肝炎、淤胆型肝炎和肝炎肝硬化。甲型和戊型肝炎病毒感染主要表现为急性肝炎,乙型、丙型、丁型肝炎病毒感染主要表现为慢性肝炎,并可发展为肝硬化和肝细胞癌。

甲型肝炎和戊型肝炎都是以肝脏炎症病变为主的急性传染病。两者由不同的病原(即病毒)引起,但传播途径相同,临床表现也相似。甲肝和戊肝都可治愈,一般不发展为慢性肝炎。戊肝的症状比甲肝重,病死率高于甲肝,特别是孕妇感染戊肝后病死率显著升高。

甲型肝炎病毒抵抗力较强,能耐受 56℃高温 30 分钟,室温一周。在 25℃干粪中能存活30 天。在贝壳类动物、污水、淡水、海水、泥土中能存活数月。60℃高温 12 小时部分灭活;煮沸 5 分钟全部灭活;紫外线 1 分钟灭活;3%的甲醛 25℃5 分钟灭活;70%的乙醇(酒精)25℃3 分钟可部分灭活。

戊肝病毒对外界抵抗力虽然不是很强,但加热至 56℃持续 1 小时或用乙醚处理 5 分钟均不被破坏,加热至 100℃可灭活。

甲肝和戊肝在世界范围流行,一般在发达国家以散发病例为主,发展中国家以流行为主。印度、尼泊尔、印尼、巴基斯坦等都有过戊肝暴发流行。我国是甲肝和戊肝发病率都较高的国家之一。我国新疆地区也曾有过几次戊肝流行,其中一次于 1986 — 1988 年在南疆地区暴发大流行中夺去了七百余人的生命。通过对国家卫生健康委员会疾病预防控制局分别发布的 2011 — 2020 年全国法定传染病疫情统计发现(表 4-2-3),我国近十年来平均每年甲肝发病数为 2.17 万例,戊肝发病数为 2.71 万例;平均每年死亡甲肝 5.7 人,戊肝 19

人,甲肝致死率低(见图4-2-3)。

表4-2-3 我国近十年甲型、戊型肝炎发病数、死亡数一览表

年度		2011	2012	2013	2014	2015	2016	2017	2018	2019	2020	平均
发病/例	甲肝	31456	24453	22244	25969	22667	21285	18875	16196	19271	14815	21723
	戊肝	29202	27271	27902	26988	27169	27922	29014	28603	28155	19034	27126
死亡/人	甲肝	13	5	2	8	10	5	4	4	3	3	5.7
	戊肝	39	28	18	15	11	15	21	15	16	12	19

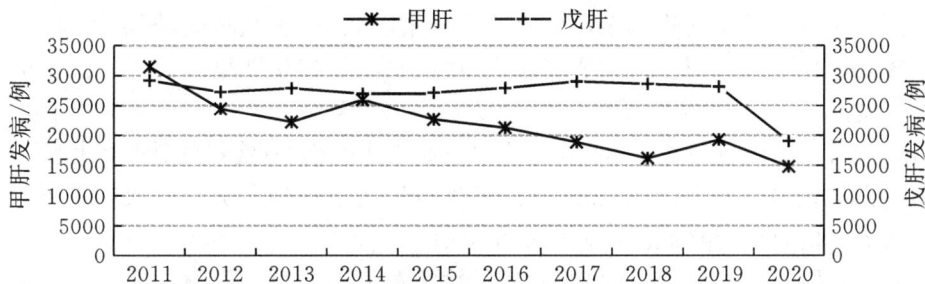

图4-2-3 我国甲型、戊型肝炎发病数十年变化折线图

2. 流行病学

(1)传染源。甲型肝炎的传染源是急性期患者和亚临床型感染者。HAV病毒血症始于黄疸前2~3周,持续至黄疸出现为止,此期血液有传染性。甲型肝炎患者在起病前2周和起病后1周从粪便中排出HAV的量最多,但至起病后30天仍有少数患者从粪便中排出HAV。

戊型肝炎的传染源是戊肝患者和隐性感染者,后者数量远较前者多。另有资料显示,猪、羊、鼠等动物也是戊肝的重要传染源。

(2)传播途径。甲型肝炎病毒通常由粪便排出体外,因此,粪口途径是甲型肝炎的主要传播途径。污染的水源和食物可导致暴发流行,所以,在人口集中单位如幼儿园、学校、部队易发生甲型肝炎的流行。1998年中国上海甲肝暴发流行,30余万人发病,就是由食用污染甲肝病毒的毛蚶引起的。男性同性恋中,肛口途径是感染甲型肝炎病毒的主要方式。与患者密切接触也可引起传播,但多为散在发病。

戊型肝炎和甲型肝炎相同,粪口途径是感染戊肝病毒的最常见类型。水源或食物被粪便污染常引起暴发流行。1986—1988年新疆南疆地区戊型肝炎暴发流行就是由于水源被污染所致。输血传播戊型肝炎的可能性小。

(3)易感人群。人群对甲型肝炎病毒普遍易感,儿童发病率高。6个月以下的婴儿有来自母亲的抗HAV(即抗体)而不易感染,6个月后血清中抗HAV逐渐消失而成为易感者。随着年龄的增长,由于隐性感染,血中检出抗体的人数逐渐增多,易感性也随之下降,故甲型肝炎的发病率也随着年龄增长而下降。甲型肝炎病后免疫一般认为可维持终身。

人群对戊肝病毒普遍易感,青壮年显性感染多见,儿童和老年人多为隐性感染或亚临床感染,孕妇易患戊肝且病情严重。感染戊肝病毒后可产生一定的免疫力。戊肝病毒感染后

产生的抗 HEV 多数在 6 个月内消失,少数人可持续 1 年以上。

(4)流行特征。甲型肝炎是世界范围内流行的一种病毒性肝炎,与经济、文化、卫生水平密切相关。亚洲、非洲、南美洲和地中海地区的发展中国家为高流行区,而欧美和澳大利亚等发达国家和地区流行率低。在我国,抗 HAV IgG(两种甲肝抗体之一)的阳性率农村高于城市,西部地区高于东部地区,北方地区高于南方地区。在我国甲型肝炎四季皆可发病,以冬、春季发病率高。儿童发病率高。

戊型肝炎呈世界性分布,多见于亚、非两洲一些发展中国家。在亚洲,南亚是戊肝高度地方性流行地区。水源型流行有明显的季节性,雨季和洪水时流行达高峰。食物性不受季节影响。戊肝可发生在任何年龄,但多见于青壮年。

3. 临床表现

甲型肝炎和戊型肝炎的临床表现相似。临床中以疲乏,食欲减退,肝肿大,肝功能异常为主要表现,部分病例出现黄疸,主要表现为急性肝炎,无症状感染者常见。潜伏期甲型肝炎平均 30 天(15～45 天),戊型肝炎平均 40 天(14～70 天)。

甲肝和戊肝都是慢性感染,无明显症状的叫亚临床感染、有症状的就是急性肝炎。有黄疸的命名为急性黄疸型肝炎,没有黄疸的命名为急性无黄疸型肝炎。少数患者可表现为急性淤胆型肝炎,偶可引起急性肝衰竭,即重型肝炎。

(1)急性肝炎:分为急性黄疸型肝炎和急性无黄疸型肝炎。甲、乙、丙、丁、戊五型肝炎病毒都可以引起急性肝炎。

(2)慢性肝炎:甲肝和戊肝不转成慢性。

4. 急性肝炎预警

急性肝炎在黄疸出现后诊断一般没有困难,在黄疸出现前极易误诊为胃炎或上呼吸道感染。无黄疸型肝炎由于不出现黄疸,也非常容易被忽视。当近期出现原本精力旺盛,从不觉疲倦,突感全身无力,精神变差,疲倦想睡或食欲突然下降,也不爱吃平常最爱的肉或油腻食品了,甚至闻了就恶心想吐的症状,就要引起注意并提高警惕。如果上述症状没有其他原因可以解释时,要警觉是否患了肝炎。除了上述症状外,还出现尿色加深呈深黄色时,就要尽快到医院检查肝功能。

5. 治疗

目前尚无特效药针对甲肝和戊肝病毒的治疗,两者都是自限性疾病,治疗原则是休息、适当补充营养、辅助药物治疗。

(1)隔离。由于甲肝和戊肝都是传染性较强的疾病,因此,一旦确诊必须住院并严格隔离 3 周左右。

(2)休息。黄疸型肝炎急性期应卧床休息,无黄疸型肝炎、无明显症状患者不强调卧床。恢复期可适当活动。

(3)营养。急性期患者应进食清淡、低脂、富含维生素、易消化的食物。恢复期应给予充分的热量及高蛋白饮食。

(4)药物治疗。由于无特效药,药物只能作为辅助治疗,如由于患者无食欲、呕吐等,使人体所需的营养无法保证,因此应给予静脉输液,以保证能量、水分、维生素等的摄入,也可适当给以一定的保肝药物。戊肝孕妇及老年患者统一发生肝衰竭,应早期加强支持保肝治疗。

6.预防

(1)切断传播途径。养成良好个人卫生习惯和饮食习惯,饭前、便后洗手,不喝生水,不吃不洁瓜果,尤其不能生食或半生食毛蚶、泥蚶、魁蚶等水产品。

(2)控制传染源。因为甲肝和戊肝患者是传染源,因此,要做到"早发现、早报告、早隔离、早治疗"。对患者粪便、排泄物、呕吐物严格消毒。

(3)接种疫苗。我国甲肝疫苗多使用减毒活疫苗,接种一次,就可获得良好的免疫力。免疫力一般可持续 5～10 年,在某些机体可持续 25 年。我国 2012 年有了戊肝疫苗,但免疫时间未知。

(二)感染性腹泻

1.概述

感染性腹泻是由各种急性、慢性的细菌、病毒、真菌、寄生虫感染引起肠道炎症所致的腹泻。我们通常把除霍乱、细菌性和阿米巴性痢疾、伤寒和副伤寒以外的感染性腹泻,称为感染性腹泻,为狭义上的感染性腹泻。感染性腹泻是《中华人民共和国传染病防治法》中规定的丙类传染病,数据统计中称为"其他感染性腹泻"。引起细菌性腹泻的病原体主要有沙门菌、致病性大肠埃希菌、小肠结肠炎耶尔森菌、空肠弯曲菌等;引起病毒性腹泻的病原体主要有人轮状病毒、诺沃克病毒、肠腺病毒等,有些病毒污染水源,常常引起暴发流行;引起腹泻的寄生虫有 50 余种。

感染性腹泻一直以高发病率和流行广泛为特点,全球高发,发展中国家更甚,即使是发达国家,仍有较高的发病率。感染性腹泻以散发为主,但地区性暴发时有发生。

根据对权威数据统计发现(表 4-2-4),近十年来我国感染性腹泻发病数基本平稳,平均每年发病 105.47 万例,死亡平均数为 18.1 人,每十万人发病率平均为 83.31 例。但近六年发病数和每 10 万人口发病率呈逐年小幅递增趋势(见图 4-2-4)。

表 4-2-4　我国近十年感染性腹泻发病数、死亡数、发病率一览表

年度	2011	2012	2013	2014	2015	2016	2017	2018	2019	2020	平均
发病/万例	83.7	88.6	101.3	86.8	93.8	101.9	128.5	128.2	133.6	106.2	105.47
死亡/人	23	17	20	23	19	14	18	25	13	9	18.1
发病率/10 万	—	—	—	—	68.82	74.31	93.1	92.31	95.64	75.67	83.31

注:为显示整体数量,发病数单位由源数据的(例)统计为(万例),并对小数点后的数字进行了四舍五入。

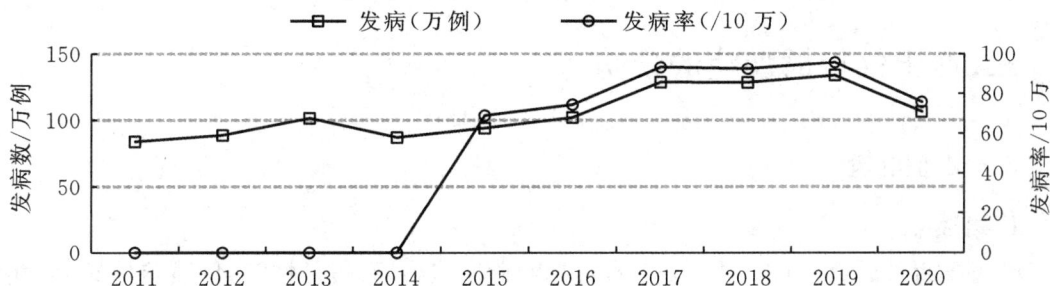

图 4-2-4　我国感染性腹泻发病数十年、发病率六年变化折线图

2. 流行病学

(1)传染源。患者和带菌者是主要传染源。本组疾病中相当一部分病原体属人畜共患病病原,因此,染病动物或带菌动物也是重要传染源或主要传染源。在动物传染源中,鸡、鸭、牛、羊、猪、猫、狗、鼠、鸟等较为常见。

(2)传播途径。粪口方式是主要传播途径。病原菌随呕吐物及排泄物污染水源、食物、环境,再经口吸入传播;也可通过与感染者或感染动物直接接触传播;或通过鼠、苍蝇、蟑螂带菌污染用具传播;还有些病原体(轮状病毒、诺沃克病毒)可能通过尘埃空气传播。以上各种传播因素既可以是单一传播,也可以是交错传播。

(3)易感人群。人群普遍易感,免疫缺陷者更易感染。机体感染病原体后都会产生免疫力,但因本组病原体种类多,型与型以及亚型之间仅有部分或完全没有交叉免疫,有的免疫力不持久,因此可以多次反复感染。

3. 临床表现

潜伏期短的数小时,长的达数天,甚至数周。往往急性起病,仅个别起病较缓慢;临床症状以胃肠道症状最为突出,包括食欲差、恶心、呕吐、腹胀、腹痛和腹泻,腹泻次数从每日 3 次至不计其数,粪便性状异常,呈水样便或黏液、脓血便,可有里急后重伴局部压痛。常伴有畏寒、发热、乏力、头晕、全身不适等表现,病情严重者,因大量丢失水分引起脱水、电解质紊乱,甚至发生休克。病程自数天至 1~2 周不等,常为自限性,少数可复发。不同种类细菌所致腹泻的临床类型不同。

4. 治疗原则

(1)一般治疗和对症治疗。给予易消化、无刺激性饮食,积极补液,对症治疗,尤其注意改善中毒症状及纠正水电解质的平衡失调。

(2)病原治疗。针对引起腹泻的病原体,必要时给予相应的病原治疗。

5. 预防

预防原则:以切断传播途径为主,同时加强对传染源管理的综合性防治措施。

(1)切断传播途径:是预防和控制腹泻的重要措施,包括养成良好个人卫生习惯,加强饮食、饮水卫生管理,以及对媒介昆虫(如苍蝇等)的控制。处理好污物、污水。

(2)加强传染源管理:对患者进行消化道隔离至症状完全消失。对污染物、污染的环境进行消毒。

(3)免疫接种,保护易感人群:采用预防接种的方法能使急性细菌性腹泻的爆发和流行得到控制。

三、血源性传播疾病的预防

(一)乙型肝炎

1. 概述

乙型病毒性肝炎,简称乙肝,是一种常见的传染病,具有传染性强、传播途径复杂、流行面广、发病率高等特点,临床主要表现为乏力、食欲减退、恶心、呕吐、肝区胀痛、肝大及肝功能损坏等。大多急性乙肝患者在 6 个月内可得到恢复。急性乙肝容易发展为慢性,少数可发展为肝硬化。

乙型肝炎病毒(HBV)具有较强的抵抗力,能耐受 60℃高温 4 小时及一般浓度的消毒剂,－20℃可保存 20 年。但 65℃10 小时、煮沸 10 分钟或高压蒸汽均可灭活。对 0.2% 的苯扎溴铵(新洁尔灭)及 0.5% 的过氧乙酸敏感。

据有关资料显示,我国现有乙肝病毒的携带者大概有 1 亿,其中有近 3000 万是慢性乙肝病人。经过对国家权威数据统计发现(表 4-2-5),近十年来,我国乙肝平均每年发病数为 98.6 万例,平均每年死亡 463.5 人,发病数趋稳,但死亡数又有所上升(见图 4-2-5)。高校中大学生居住、生活密集,应严格预防乙肝流行和暴发。

表 4-2-5 我国近十年乙型肝炎发病数、死亡数及六年发病率一览表

年度	2011	2012	2013	2014	2015	2016	2017	2018	2019	2020	平均
发病/例	1093335	1087086	962974	935702	934215	942268	1001952	999985	1002292	902476	986228.5
死亡/人	637	582	550	360	352	405	425	413	447	464	463.5
发病率/10 万	—	—	—	—	68.5679	68.7393	72.6137	71.9881	71.7698	64.2861	69.66

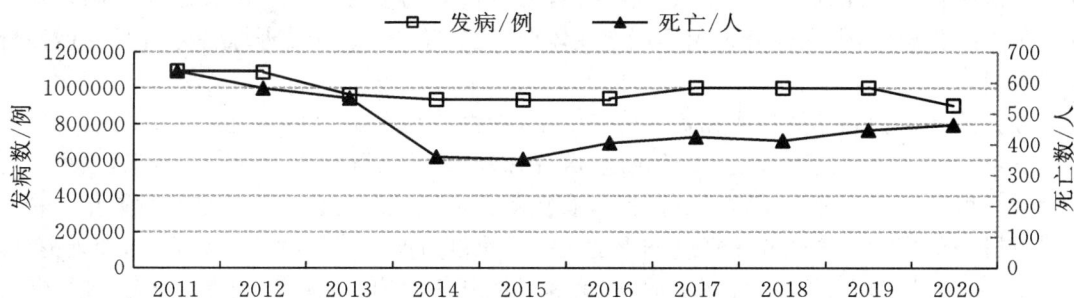

图 4-2-5 我国近十年乙型肝炎发病数、死亡数变化折线图

2. 流行病学

(1)传染源。传染源包括急、慢性患者和病毒携带者。慢性患者和病毒携带者是乙型肝炎的主要传染源。急性乙型肝炎患者在我国少见。成人急性患者的传染期从起病前数周开始,并持续于整个急性期。

(2)传播途径。乙型肝炎病毒主要经血液和体液传播。传播途径主要有血和血制品、性接触传播(通过包括唾液、精液和阴道分泌物的传播感染)、母婴传播(包括经胎盘、分娩、哺乳、喂养等方式引起的感染);不洁注射途径,如使用未消毒或消毒不彻底的医疗器械、注射器等,其中静脉毒品注射是传播乙肝病毒的一个重要途径;其他还有纹身、扎耳环耳钉、共用剃须刀和牙刷也可传播乙肝病毒。日常接触(如一起工作、握手、拥抱、共用餐厅、共用厕所等无血液暴露)一般不会传染乙肝病毒。经吸血昆虫(蚊子、臭虫等)传播尚未被证实。

(3)易感人群。凡抗 HBs 阴性者均易感(HBs,即乙肝表面抗体,是对乙肝病毒免疫和

保护性抗体。它的阳性表明既往感染过乙肝病毒,但已经排除病毒,或者接种过乙肝疫苗,产生了保护性抗体。阴性即表明自身无抗体,所以容易感染乙肝病毒)。婴幼儿期最易感染乙肝病毒。高危人群包括 HBsAg 阳性(HBsAg,即乙肝表面抗原,是乙肝病毒的外壳蛋白,本身不具有传染性,但它的出现常伴随乙肝病毒的存在,所以它是已感染乙肝病毒的标志。它的出现表明是急性乙肝、慢性乙肝患者或病原携带者,急性乙肝患者大部分可在病程早期转阴,慢性乙肝患者或病毒携带者表面抗原可持续阳性。)母亲的新生儿、HBsAg 阳性者的家属、反复输血及血制品者、血液透析患者、多个性伴侣者、静脉药瘾者、接触血液的医务工作者等。感染后或接种乙肝疫苗后出现抗 HBs 者具有免疫力。

(4)流行特征。乙型肝炎以散发性发病为主。乙肝病毒感染具有明显的家庭聚集现象。中国属于乙型肝炎高度流行区。处于集体生活中的大学生由于生活接触频率较高,容易感染和流行乙型肝炎。

3. 临床表现

乙型肝炎潜伏期为 1～6 个月,平均 3 个月。根据临床表现除急性肝炎、慢性肝炎、重型肝炎外,还有淤胆型肝炎、肝炎肝硬化。

(1)急性肝炎(详见甲型肝炎临床表现叙述)。

(2)慢性肝炎

乙型、丙型、丁型肝炎可以迁延不愈而形成慢性肝炎。

慢性肝炎病史超过半年,或原有乙型、丙型、丁型肝炎或 HBsAg 携带史,本次又因同一病原再次出现肝炎症状、体征及肝功能异常者可以诊断为慢性肝炎。部分患者发病日期不明或虽无肝炎病史,但根据肝组织病理学或体征、化验检查、影像学等综合分析符合慢性肝炎表现者。

根据临床试验和其他临床和辅助检查结果,慢性乙型肝炎也可以进一步分为轻、中、重三度:轻度病情较轻,出现疲乏、食欲减退、厌油、恶心、腹胀,肝区不适、肝大、触痛,也可有轻度脾大。肝功能指标轻度异常。肝活性检有轻度肝炎病理改变。病程迁延可达数年。中度是各种肝炎的症状和体征介于轻度和重度之间。重度有明显或持续的肝炎症状,如乏力、食欲减退、厌油腻、恶心、腹胀,肝区不适、尿黄等。伴肝病面容、蜘蛛痣、肝掌、肝大、进行性脾大;肝功能持续异常,血浆白蛋白降低,胆红素升高,肝纤维化指标升高等;或伴有肝外器官损害,自身抗体阳性等特征。甚至可有代偿期肝硬化的临床表现或早期肝硬化的肝活检病理改变。

(3)重型肝炎。重型肝炎是病毒性肝炎中最严重的一种类型,占全部肝炎的 0.2%～0.5%,病死率极高。甲、乙、丙、丁、戊 5 型肝炎病毒感染均可引起重型肝炎。发病诱因多为过度劳累、营养不良、嗜酒、服用损肝药物、妊娠、感染或精神刺激等。重型肝炎分为三种:一是急性重型肝炎,症状是起病 10 天以内黄疸迅速加深,肝脏迅速缩小,有出血倾向、中毒性鼓肠,腹水迅速增多,有肝臭可并发急性肾功能不全及不同程度的肝性脑病。肝性脑病早期表现为嗜睡、性格改变、烦躁和谵妄,后期表现为不同程度的昏迷、抽搐、锥体束损害体征、脑水肿和脑疝(当发生颅内血肿、严重脑水肿、脑脓肿及肿瘤等占位性病变时,颅内压不断增高达到一定程度时,就会迫使一部分脑组织通过自然孔隙,向压力较低处移位而形成)等。病程不超过 3 周;二是亚急性重型肝炎,亦称亚急性肝坏死,临床表现为急性黄疸型肝炎起病,病情在 10 天以上。肝性脑病在此型中多出现于疾病的后期。病程较长,可达数月,容易发展为坏死后肝硬化；三是慢性重型肝炎，亦称慢性肝坏死。

（4）淤胆型肝炎。淤胆型肝炎是以肝内淤胆为主要表现的一种特殊临床类型，又称为毛细胆管炎型肝炎。急性淤胆型肝炎起病类似急性黄疸型肝炎，但自觉症状较轻。黄疸较深，持续 3 周以上，甚至持续数月或更长。有皮肤瘙痒，大便颜色变浅，肝大，肝功能异常。在慢性肝炎或肝硬化基础上发生上述表现者，为慢性淤胆型肝炎。

（5）肝炎肝硬化。根据肝脏炎症情况分为活动性与静止性两型。活动性肝硬化有慢性肝炎活动的表现，丙氨酸氨基转移酶（ALT）升高，乏力及消化道症状明显，黄疸，清蛋白下降，伴有腹壁、食管静脉曲张，腹水，肝缩小质地变硬，脾进行性增大，门静脉、脾静脉增宽等门静脉高压症表现。静止性肝硬化无肝脏炎症活动的表现，症状轻或无特异性，可行上述体征。

4. 治疗

（1）隔离。急性乙型肝炎绝大多数情况下病症自然消失，无须治疗。但是这个阶段需要注意严格隔离，限制与患者的接触，针对患者排泄及呕吐物进行清理，并在饮食和治疗过程中做到严格消毒。待病症消退后注意个人卫生，以避免病毒传播。

（2）休息。急性乙型肝炎发病时会出现乏力、恶心、呕吐等症状，因此需要注意休息，及时补充水分和养分。

（3）药物治疗。医生根据患者病情决定药物治疗方案。在病情不重的情况下一般仅对病情发展进行监视。在肝脏受损的情况下必须进行治疗。

目前针对乙肝患者或携带者的药物并非直接杀死病毒，而是帮助患者提高自己的免疫系统抵抗力和清除病毒。这些药物在患者身上的效果因人而异，有的能有效控制病情。

5. 预防

（1）控制传染源。慢性乙肝可不定隔离期，对恢复期携带者应定期随访。乙肝表面抗原（HBsAg）不能献血、不能从事直接接触入口食品和保育工作，个人应注意日常卫生、经期卫生，牙刷、剃须刀及盥洗用具等应与健康人分开。慢性肝炎患者应调离直接接触入口食品和保育工作。

（2）切断传播途径。重点在于防止血液和体液的传播。

（3）保护易感人群。接种乙肝疫苗是预防乙肝病毒的最有效方法，我国对新生儿免费接种乙肝疫苗。所有新生儿（尤其是母亲 HBsAg 的阳性者）出生后 24 小时内都应立即接种高效价乙肝免疫球蛋白，同时在不同部位注射基因重组乙型肝炎疫苗（注射 3 次），保护率为85％～95％。

（二）丙型肝炎

1. 概述

丙型病毒性肝炎简称丙型肝炎、丙肝，是由丙型肝炎病毒（HCV）主要通过血液（少数通过密切接触）传播途径所引起的急性肝脏炎症，临床表现与乙肝相似。丙型肝炎呈全球分布，流行性很强。HCV 对有机溶剂敏感，10％～20％的氯仿、甲醛（1∶1000）处理 6 小时及60℃高温 10 小时可灭活。煮沸、紫外线等也可使 HCV 灭活。仅人和猩猩对 HCV 易感。统计发现（见表 4-2-6），我国近十年来平均每年发病 20.47 万例，死亡 113.7 人，发病数和死亡数基本稳定。

表4-2-6 我国近十年丙型肝炎发病数、死亡数一览表

年度	2011	2012	2013	2014	2015	2016	2017	2018	2019	2020	平均
发病/例	173872	201622	203155	202803	207897	206832	214023	219375	223660	194066	204730.5
死亡/人	125	108	153	121	95	108	120	99	102	106	113.7

2. 流行病学

(1)传染源。传染源主要为急、慢性患者和HCV携带者。其传染性贯穿于整个病程。传染性的大小与病毒复制程度有关。急性患者在起病前12天即有传染性。急性丙型肝炎患者5%以上转为慢性,因而患者是丙型肝炎的主要传染源。由于血中HCV浓度很低,故HCV RNA(是丙型肝炎病毒的遗传物质,是丙型肝炎病毒复制的物质基础;和乙肝病毒一样,可以通过PCR技术从血中检测出来。只要一次HCV RNA阳性即可说明体内有丙型肝炎病毒复制,但一次检测阴性并不能完全排除丙型肝炎病毒感染)阴性也同样具有传染性。

(2)传播途径。丙肝病毒可以通过血液、性接触和母婴等途径传播。其中,血液传播是丙肝最主要的传播途径,传播方式和乙肝相似。

(3)易感人群。人群普遍易感。血友病患者、血液透析患者、多次输血或血液制品者、吸毒者、同性或异性性乱者及频繁暴露于污染的血液或体液的人员更容易发生感染,是HCV的高危人群。

(4)流行特征。丙型肝炎又称为散发性丙型肝炎。不同的基因型地理分布有所不同,世界各地感染率无明显差别。

3. 临床表现

潜伏期为2周～6个月(平均50天)。临床表现急性肝炎与甲肝急性肝炎相同,慢性肝炎、重型肝炎、淤胆型肝炎、肝炎肝硬化与乙肝同。

4. 治疗

"早检查、早诊断、早治疗"可提高丙肝的治愈率。急性丙型肝炎干扰素抗病毒效果好,90%的患者可获得完全应答而彻底痊愈;慢性丙肝病情相对较乙型肝炎为轻,经标准抗病毒方案治疗,有机会清除病毒获得痊愈。临床治疗丙肝与乙肝基本相同,以干扰素或联合病毒唑治疗疗效较好。

5. 预防

丙肝预防措施基本与乙肝同。

四、动物性传染病的预防

(一)流行性出血热

1. 概述

流行性出血热(EHF)属于病毒性出血热中的肾综合征出血热(HFRS)的一种,在我国及日本称为流行性出血热,1982年世界卫生组织(WHO)将此类疾病统一命名为肾综合征出血热。

本病为自然疫源性疾病,病原为病毒,传染源主要为鼠类啮齿动物,临床以发热、出血、休克和急性肾衰竭为主要表现。本病病毒属于布尼亚病毒科汉坦病毒属。汉坦病毒不耐热,不耐酸,37℃以上和PH5.0以下易灭活,56℃30分钟和100℃1分钟可灭活。对紫外线和脂溶剂如酒精、碘酒和戊二醛等消毒剂敏感。病毒在低温条件下(4℃~20℃)相对稳定,故在低温或超低温保存,病毒活性良好。

在我国疫情分布广,发病率和病死率较高,近十年平均每年发病1.08万例,死亡77.4人(见表4-2-7),对群众的健康威胁较大,但发病数和发病率均无大幅度波动。

表5-2-7 我国近十年流行性出血热发病数、死亡数一览表

年度	2011	2012	2013	2014	2015	2016	2017	2018	2019	2020	平均
发病/例	10779	13308	12810	11522	10314	8853	11262	11966	9596	8121	10853.1
死亡/人	119	104	109	79	62	48	64	97	44	48	77.4

2. 流行病学

(1)传染源和宿主动物。本病属动物源性传染病,小型啮齿动物为本病主要贮存宿主和传染源。我国已查明有60种脊椎动物和11种节肢动物携带病毒,主要的宿主动物和传染源为黑线姬鼠、褐家鼠,带病毒率较高的还有黄胸鼠、小家鼠、黄毛鼠和大仓鼠等。野鼠型的宿主动物为黑线姬鼠;家鼠型的宿主动物为褐家鼠;一般来说。野鼠型出血热重者较多,家鼠型出血热病情相对较轻。家畜、家禽中也存在出血热病毒感染或自然带毒。从猫、犬、家兔、牛、羊中可分离出病毒。患者不是主要的传染源。

(2)传播途径。本病往往流行于春夏间及秋冬间干燥季节,鼠的排泄物污染尘埃,干燥后飘散中空气中,人吸入后由呼吸道感染;被鼠类排泄物污染的食物可经人的口腔黏膜和胃肠黏膜感染;易通过破损伤口感染;属体外和窝巢内的革螨等虫媒也可能传播病毒;孕妇患病可以经胎盘传给胎儿,使胎儿感染。

(3)易感人群。人群对本病毒普遍易感,但感染后一部分人发病,另一部分人群为隐性感染。本病病后可获得稳固持久的免疫力,基本上不存在二次感染发病。一般显性感染病后产生的抗体可持续20~30年。在流行区人群的隐性感染率可达3.5%~4.3%。

(4)流行特点。目前已发现本病遍布世界各地。我国除新疆、青海、宁夏、西藏外,其他各地均证实有本病发生或流行。发病有明显季节性,野鼠型的发病季节高峰从10月到来年1月。家鼠型的发病季节高峰在春夏之间。

3. 临床表现

起病潜伏期最短4天,最长60天,通常为7~14天。起病急,发热,体温急剧上升,多在39℃以上,一般3~7天热退。热退后,其他症状反而加重。全身中毒症状为头痛、眼眶痛、腰痛、全身酸痛,多有明显的消化道症状,如食欲减退、恶心、呕吐、腹泻、腹痛等。毛细血管损伤征象为面、颈部、上胸部皮肤充血潮红,眼球结合膜充血水肿,眼睑、面部水肿,呈酒醉样;肾区有叩击痛;软腭(位于腭的后1/3,其基础是横纹肌,表面为黏膜被覆)呈网状充血及点状出血;腋下皮肤有细小出血点;束臂试验多呈阳性。典型患者具备发热、低血压(休克)、少尿、多尿和恢复五期经过。

4. 治疗

流行性出血热总的治疗原则是针对病程各期的病理生理改变及发展趋向,采取预防性及综合性治疗措施,重点抓好"三早一就"(早发现、早休息、早治疗和就近在有条件的地方治疗),把好"三关"(休克、出血及肾衰竭关),特别应早期抓好抗病毒治疗及液体疗法。对重症患者要抓紧进行抗休克、预防出血及肾衰的治疗。患者出院后,根据病情及尿比重恢复情况,休息 1～3 个月。重症及严重衰弱者,适当延长休息时间。

5. 预防

预防该病的根本措施是灭鼠。资料显示,鼠密度(单位空间<面积、夹次、体积等>内的鼠数或洞数)在 5％以下,可控制出血热流行;鼠密度在 1％左右,就能控制出血热发病。因此,在疫区应大面积投放鼠药,采取各种办法开展灭鼠活动,将鼠的密度控制在 1％～2％以下;搞好环境卫生和室内卫生,清除垃圾、消灭老鼠的栖息场所;做好食品保管工作,严防鼠类污染食物;做好个人防护,切忌玩鼠,死亡的老鼠要烧掉或埋掉;不要在野外草地休息。

(二)狂犬病

1. 概述

狂犬病又名恐水症,是由狂犬病毒引起的一种人畜共患的中枢神经系统急性传染病。人狂犬病通常由病兽(多见于狗、狼、猫、狐及家养或野生动物)咬伤,病毒随唾液进入人体。临床主要表现为特有的恐水、怕风、恐惧不安、流涎、咽喉肌痉挛、进行性瘫痪等而危及生命,病死率几乎达 100％。

狂犬病毒属于弹状病毒科狂犬病毒属,为一种闭合的单股 RNA 病毒。它在 PH 3.0～11.0 稳定,在−70℃或冻干 0～4℃可存活多年,但对理化因子抵抗力差,强酸、强碱、甲醛、乙醚、乙醇、季胺类化合物、干燥、日光、紫外线、X 线能迅速灭活狂犬病毒,肥皂水也有灭活作用。加热 100℃2 分钟也能灭活病毒。

据世界卫生组织(WHO)公布,狂犬病主要发生在发展中国家,尤以东南亚、中非、北非、南美及欧洲等地发病率高。全球每年死于狂犬病的患者有 3～7 万人。我国狂犬病流行较为严重,发病数量世界前列,仅次于印度。我国自 20 世纪 50 年代以来,多次发生狂犬病流行,其中最高峰一次出现在 20 世纪 80 年代初期,1981 年全国狂犬病报告死亡 7037 人,为新中国成立以来报告死亡数最高的年份。整个 80 年代全国狂犬病报告死亡数都维持在 4000 人以上,年均 5537 人。此次狂犬病流行高峰期后,由于对犬实行免疫和扑杀等措施,疫情逐渐减少,中国狂犬病疫情逐步得到有效控制,1996 年,全国仅报告发病 159 例。但是,自 1997 年起,随着犬养殖数量增加,全国部分省份狂犬病发病呈逐年上升趋势。进入 21 世纪后,部分地区疫情上升十分明显,发病和死亡人数不断增多。2006 年 1 月—8 月,全国共 21 个省份有狂犬病发病报告,共报告病例 1874 例,其中 1735 例已死亡。与 2005 年同期相比,发病数增加了 29.2％,远高于 2003 年的 SARS 和 2005 年的禽流感与猪链球菌病的感染死亡人数,长期居我国甲、乙类法定传染病死亡率之首。通过对近十年权威数据统计发现(见表 4-2-8),自 2011 年以来的十年间,我国平均每年狂犬病发病 833.4 例,十年共死亡 7950 人,年均 795 人;死亡率在 91.93％～98.02％,平均死亡率 94.87％,死亡率继续居所有国家法定传染病死亡率之首,比甲类传染病鼠疫死亡率高两倍。近年来由于国家管控严格,基本遏制了狂犬病发病数急速上升的趋势而呈现稳步下降的态势,但死亡率仍居高不下(见图4-2-6)。

表4-2-8 我国近十年狂犬病发病数、死亡数一览表

年度	2011	2012	2013	2014	2015	2016	2017	2018	2019	2020	平均
发病/例	1917	1425	1172	924	801	644	516	443	290	202	833.4
死亡/人	1879	1361	1128	854	744	592	502	426	276	188	795
死亡率/%	98.02	95.51	96.25	92.42	92.88	91.93	97.29	96.16	95.17	93.07	94.87

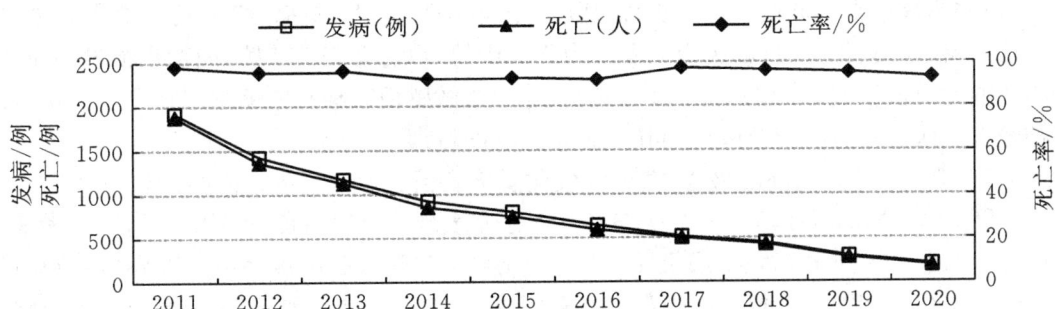

图4-2-6 我国狂犬病发病数、死亡数、死亡率十年变化折线图

2. 流行病学

(1)传染源。在自然界中,犬科动物对狂犬病最为易感,常成为人、畜狂犬病的传染源和病毒的贮存宿主,在犬之间可以互相传播。也可传染给其他家畜和人,许多食肉野生动物感染后便可成为贮存宿主和媒介。在发展中国家由于人类免疫接种强化不足,病犬是人畜狂犬病的主要传染源,94%因狂犬病致死病例与犬狂犬病相关,其次为猫科动物;发达国家由于有效实行犬类、狐类免疫措施,以及暴露后迅速而可靠的疫苗使用,人及动物狂犬病明显减少,人类狂犬病的传染源转为野生动物如狼、狐、獾、浣熊和吸血蝙蝠等。动物感染狂犬病的病毒后可成为长久的传染源,如臭鼬、狼、猫等;或成为短期狂犬病毒携带者如蝙蝠、浣熊、狐类等。近年来有报道无症状犬、猫咬伤人后,引起人发病。人狂犬病主要来源于犬狂犬病。有80%~90%人狂犬病仍由疯犬咬伤所引起。而少数病例来自野生动物。另外,据资料显示,还有我们不熟悉的动物如猫鼬、伶鼬、貂、等也可引起狂犬病,鸟类得狂犬病也能袭击人类,鹿和象感染狂犬病毒也可咬伤人类传播狂犬病毒。一般来说,狂犬病患者不是传染源,不形成人与人传播,这是因为人唾液中病毒数量相当少。但这并不等于绝对不引起传染,我国1982年曾报道过1例经口对口呼吸引起感染狂犬病患者死亡的报告。欧美国家也有人与人传播的类似报告。

(2)传播途径。狂犬病毒主要通过咬伤传播,也可由带病毒犬的唾液,经各种伤口侵入,少数可在宰杀病犬、剥皮、切割等过程中被感染。蝙蝠群居洞穴中的含病毒气溶胶也可经呼吸道传播。有报告角膜移植可传播狂犬病。

(3)易感人群。自然界中几乎所有温血动物对狂犬病病毒均敏感而易患。人对病毒普遍易感。患者男多于女,发病以青少年较多。人被病犬咬后发病率为 15%～30%,被病狼咬伤后为 50%～60%。是否发病除与疫苗注射情况(是否及时、全程和足量)及疫苗的质量有关外,还与是否彻底清创、伤口与神经中枢的距离、伤口的深浅和多少有关。咬伤头面部、上肢、背部及伤口面积大而深,或多处受伤,未能及时、彻底清创者易发病。野生动物咬伤与犬咬伤相比,野生动物咬伤致病者潜伏期短、临床表现重、进展快及病情更凶险。儿童由于易感性强、自我保护能力差,被咬伤机会较多,潜伏期较短。

(4)流行特征。在人群中流行季节不明显,全年均可发生,某些地区春秋两季高发,可能与春季犬性情不稳及秋季与人接触机会多有关。发病以农村男性儿童多见。

3. 临床表现

潜伏期长短不一,5 天～19 年或更长,一般为 1～3 个月。典型临床经过分为 3 期。

(1)前驱期。常有低热、倦怠、头痛、恶心、全身不适、乏力、腹痛、腹泻及喉部疼痛等,还可出现烦躁、淡漠、幻觉、行为改变以及精力不集中等,也有夸张性情感,面部表情过多,时扮鬼脸。继而恐惧不安,烦躁失眠,对声、光、风等刺激敏感而有喉头紧缩感。在愈合的伤口及其神经支配区有痒、痛、麻及蚁行等异样感觉。本期持续 2～4 天。

(2)兴奋期。表现为高度兴奋,突出为极度恐怖表情、恐水、怕风。体温常升高至 38℃～40℃。恐水为本病的特征,50%～70%的患者有恐水表现。典型患者虽渴极但不敢饮,表情十分痛苦。见水、闻流水声、饮水,或仅提及饮水时均可引起咽喉肌严重痉挛。外界多种刺激如风、光、声也可引起咽肌痉挛。常因声带痉挛伴声嘶、说话吐词不清、甚至失声。患者交感神经功能常呈亢进,表现为大量流涎、乱吐唾液、大汗淋漓、心率加快、血压上升,但病人神志多清晰。少数患者可出现精神失常,幻视幻听、冲撞嚎叫等。也可出现幻觉、惊厥、局限性瘫痪以及脑膜刺激征。严重发作时可出现全身肌肉阵发性抽搐,以致角弓反张(身体呈背弓姿势),因呼吸肌痉挛致呼吸困难和发绀。脑干和脑神经功能障碍,可能出现复视、面瘫和吞咽困难。括约肌功能障碍,可能出现排尿、排便困难。病程进展往往很快,多在发作中死于呼吸衰竭或循环衰竭。本期约 1～3 天。

(3)麻痹期。患者肌肉痉挛减少或停止,暂趋安静,有时可勉强饮水吞食,反应减弱或消失,进入全身弛缓性瘫痪,多见于四肢。眼肌、颜面部及咀嚼肌瘫痪,表现为斜视、眼球运动失调、瞳孔散大等。患者由安静进入昏迷状态。最后因呼吸、循环衰竭死亡。该期持续时间较短,一般 6～18 小时。

本病全病程一般不超过 6 天。除上述狂躁型表现外,还有以脊髓或延髓受损为主的麻痹型。该型患者无兴奋期和典型的恐水表现,常见高热、头痛、呕吐、腱反射消失和尿失禁,肢体软弱无力常自被咬肢体向四肢蔓延,呈横断性脊髓炎或上行性麻痹,呼吸肌麻痹、延髓性麻痹是主要的死亡原因,病程 10～20 天。

4. 治疗

狂犬病的治疗应在被咬伤(抓伤)后发病前立即开始。

(1)对被咬人的处理。立即用肥皂水和清水冲洗被咬伤口,然后用 40%～70%酒精或氯胺苯清洗,注意不要缝合伤口。局部使用高价抗狂犬病毒免疫血清,最好应用人免疫血清,一半注射于伤口周围,另一半肌注。尽快开始疫苗的全程注射。

(2)对病人的治疗。将病人严格隔离于较安静、光线较暗的单人病房,避免不必要的刺激。病人分泌物、排泄物严格消毒处理。加强对呼吸、循环等系统并发症的监护。对症处理,补充水、电解质及热量,纠正酸碱平衡失调;对烦躁不安、痉挛者轮流使用各种镇静剂。脑水肿者给脱水剂。防止呼吸肌痉挛导致窒息,必要时气管切开给氧。有心动过速、心律失常、血压升高时可用β受体阻滞剂或强心剂。

5.预防

本病是一种不可逆的、高度致死性的传染病,缺乏特效治疗,病死率几近100%,故应预防动物传染源的发生,并只能通过接种疫苗来预防。

(1)管理传染源。以犬的管理为主。通过捕杀野犬、管理和免疫家犬,以及对进口动物检疫等措施,以达到消灭或基本消灭人狂犬病。病死动物应予以焚毁或深埋,不可剥皮。在此处应警惕,当今时代网络购物渠道发达,加之我国人民生活安逸舒适,不少人开始追求饲养各种宠物,除传统宠物犬、猫、鸟、鱼外,如今宠物千奇百怪,有猪、兔、鼠、龟、虫等,甚至还有蛇、蟒、蚰、鳄、蜥、蛛、蛙、狐、蝎、蜂等,种类繁多,而且每一种又有诸多品种,其中,尤以犬的养殖为最甚,数量难以统计,仅在某宠物销售网店可以选购的犬就有数78个品种。这些宠物来自全世界各个国家,有的来源渠道合法,经过了进口检疫,有的来源渠道非法,没有经过检疫,难免携带病毒,也难免管理缺失,如此众多宠物给狂犬病流行埋下了隐患。

(2)伤口处理。一旦被犬特别是可疑犬咬伤后,应尽快(2小时内)用20%肥皂水或0.1%新洁尔灭(季胺类消毒液)反复冲洗半小时以上(季胺类与肥皂水不可合用),力求去除狗涎,挤出污血,再用大量清水冲洗。冲洗后,用5%碘酒或75%酒精反复涂擦。伤口一般不予缝合或包扎,以便引流。如有免疫血清或抗狂犬病免疫球蛋白可注入伤口底部及周围行局部浸润注射。伤口如能及时彻底清洗消毒,则可明显降低其发病率。此外,还应加用破伤风抗毒素(TAT)及预防细菌感染。

(3)预防接种。疫苗接种对象是暴露前预防高危人群,主要包括兽医、动物管理人员、从事狂犬病毒研究的实验人员、宠犬者及野外工作者等。除此外,在以犬为主要媒介的狂犬病重流行区的人,特别是儿童,也应做暴露前预防,主要是防止潜伏期短的患者发病后疫苗接种失败。免疫方案为第0、7、28天各注射一剂量疫苗,1年后加强1次,然后每隔1~3年加强1次。暴露后预防人群包括凡被犬或其他可疑动物咬伤、抓伤者,或医务人员破损的皮肤被狂犬病患者的唾液沾污者。另外,凡咬伤严重、有多处伤口者,或头、面、颈和手指被咬伤者,在接种疫苗的同时还应当注射免疫血清。暴露后疫苗预防接种共接种5次,每次一个免疫剂量,三角肌处注射,于0、3、7、14、30和90日(最后一剂非强制)进行。严重咬伤者,全程注射10针,于当日至第6日每日1针,随后于10、14、30、90日各注射1针。

(4)免疫血清的应用。咬伤严重或伤口在头面部、颈部等紧靠中枢神经系统部位的患者,在当天还应注射抗狂犬病血清或人抗狂犬病免疫球蛋白,以后者为佳。

总之,注射狂犬疫苗和免疫血清要及时、全程、足量,注射时间距咬伤时间越早,预防效果越好。

第三节　非典与新冠肺炎

进入21世纪以来,人类世界已多次暴发全球性或区域性传染病大流行,如2002—2003年暴发的非典型性肺炎疫情、2014年在非洲暴发的埃博拉出血热疫情、2012—2015年在中东、欧洲和韩国暴发中东呼吸综合征疫情、2019 年底暴发并迅速蔓延全球的新型冠状病毒肺炎疫情，等等。这些疫情的流行导致大量人员死亡，给全球经济发展带来了难以估量的损失，也给人类社会的生存发展蒙上了阴影。本节简要介绍在我国曾暴发流行的非典型性肺炎疫情和新型冠状病毒肺炎疫情，以使警钟长鸣。

（一）冠状病毒

1. 概述

冠状病毒属于套式病毒目、冠状病毒科、冠状病毒属，是一类具有囊膜、基因组为线性单股正链的 RNA 病毒，是自然界广泛存在的一大类病毒。该病毒是目前已知 RNA 病毒中基因组最大的病毒。

冠状病毒仅感染脊椎动物，与人和动物的多种疾病有关，可引起人和动物呼吸系统、消化系统和神经系统疾病。

2. 分类

根据系统发育树，冠状病毒可分为四个属：α、β、γ、δ，其中 β 属冠状病毒又可分为四个独立的亚群 A、B、C 和 D 群。

（1）可感染人的冠状病毒。迄今为止，除自 2019 年暴发疫情的新的冠状病毒外，共发现 6 种可感染人类的冠状病毒（HCoV - 229E、HCoV - OC43、SARS - CoV、HCoV - NL63、HCoV - HKU1 和 MERS - CoV）。HCoV - 229E 和 HCoV－NL63 属于 α 属冠状病毒，HCoV - OC43、SARS - CoV、HCoV - HKU1 和 MERS - CoV 均为 β 属冠状病毒，其中，HCoV - OC43 和 HCoV - HKU1 属于 A 亚群，SARS - CoV 属于 B 亚群，MERS - CoV 属于 C 亚群。

（2）动物冠状病毒。包括哺乳动物冠状病毒和禽冠状病毒。哺乳动物冠状病毒主要为 α、β 属冠状病毒，可感染包括猪、犬、猫、鼠、牛、马等多种动物。禽冠状病毒主要来源于 γ、δ 属冠状病毒，可引起多种禽鸟类如鸡、火鸡、麻雀、鸭、鹅、鸽子等发病。

3. 理化特性

人冠状病毒对热较为敏感，病毒在 4℃合适维持液中为中等稳定，−60℃可保存数年，但随着温度的升高，病毒的抵抗力下降，如 HCoV - 229E 于 56℃10 分钟或者 37℃数小时即可使丧失感染性，SARS - CoV 于 37℃可存活 4 天，56℃加热 90 分钟、75℃加热 30 分钟能够灭活病毒。

人冠状病毒不耐酸不耐碱，病毒复制最适宜的 pH 值为 7.2。

人冠状病毒对有机溶剂和消毒剂敏感，75％酒精、乙醚、氯仿、甲醛、含氯消毒剂、过氧乙酸和紫外线均可灭活病毒。

人冠状病毒中 SARS - CoV 于室温 24℃条件下在尿液里至少可存活 10 天，在腹泻病人的痰液和粪便里能存活 5 天以上，在血液中可存活约 15 天，在塑料、玻璃、马赛克、金属、布料、复印纸等多种物体表面均可存活 2～3 天。

4. 临床表现

常见的人冠状病毒（包括 229E、NL63、OC43 和 HKU1 型），通常会引起轻度或中度的上呼吸道疾病,如感冒。症状主要包括流鼻涕、头痛、咳嗽、咽喉痛、发热等,有时会引起肺炎或支气管炎等下呼吸道疾病,心肺疾病患者、免疫力低下人群、婴儿和老年人中较为常见。

MERS-CoV 和 SARS-CoV 常会引起较为严重的症状。MERS 症状通常包括发热、咳嗽和呼吸急促,甚至发展为肺炎,病死率约为 34.4%。SARS 症状通常包括发热、畏寒和身体疼痛,甚至发展为肺炎,病死率约为 9.6%。

5. 流行病学

人冠状病毒可对人造成普通感冒,严重急性呼吸综合征(SARS)和中东呼吸综合征(MERS),在流行病学特征上存在一定差异。

在全球,10%～30% 的上呼吸道感染由 HCoV-229E、HCoV-OC43、HCoV-NL63 和 HCoV-HKU1 四类冠状病毒引起,在造成普通感冒的病因中占第二位,仅次于鼻病毒。感染呈现季节性流行,每年春季和冬季为疾病高发期。潜伏期 2～5 天,人群普遍易感。主要通过人与人接触传播。

SARS 由人感染 SARS-CoV 引起,曾于 2002 年 11 月至 2003 年 7 月在全球 28 个国家和地区首次暴发 SARS 流行。此次流行中,全球共报告临床诊断病例 8096 例,死亡 774 例,病死率 9.6%。SARS 病人为最主要的传染源,症状明显的病人传染性较强,潜伏期或治愈的病人不具备传染性。自 2004 年以来,全球未报告过 SARS 人间病例。

MERS 是一种由 MERS-CoV 引起的病毒性呼吸道疾病,于 2012 年在沙特阿拉伯首次得到确认。自 2012 年起,MERS 在全球共波及中东、亚洲、欧洲等 27 个国家和地区,80% 的病例来自沙特阿拉伯,病死率约 35%。潜伏期最长为 14 天,人群普遍易感。单峰骆驼是 MERS-CoV 的一大宿主,且为人类病例的主要传染来源,人与人之间传播能力有限。

(二)传染性非典型肺炎

1. 概述

传染性非典型肺炎,又称严重急性呼吸综合症(severe acute respiratory syndromes),简称 SARS,在未查明病因前,叫做"非典型性肺炎",是一种因感染 SARS 相关冠状病毒而导致的以发热、干咳、胸闷为主要症状,严重者出现快速进展的呼吸系统衰竭,是一种新的呼吸道传染病,极强的传染性与病情的快速进展是此病的主要特点。

2002 年 11 月在我国香港和广东省部分地区出现的 SARS,在经历了两个多月的始发期后,扩散到我国内地 24 个省、自治区、直辖市。在全球共波及亚洲、欧洲、美洲等 29 个国家和地区。自 2003 年 1 月以来,SARS 疫情引起了众多中外科学家的关注。作为疫情的首发地,中国科学家在排除了大量常见病因后,将目光集中到"新病原"的寻找上。2003 年 3 月 17 日,世界卫生组织(WHO)建立了全球网络实验室,开始了 SARS 病原的联合攻关。经过全球 9 个国家 13 个网络实验室的科学家从病毒形态学、分子生物学、血清学及动物实验等多方面研究,4 月 16 日 WHO 在日内瓦宣布,一种新的冠状病毒是 SARS 的病原,并将其命名为 SARS 冠状病毒(SARS-CoV)。

室温 24℃ 条件下,SARS 冠状病毒在尿液里至少可存活 10 天,在腹泻病人的痰液和粪便里能存活 5 天以上,在血液中可存活约 15 天,在塑料、玻璃、马赛克、金属、布料、复印纸等多种物体表面均可存活 2~3 天。病毒对温度敏感,随温度升高抵抗力下降,37℃可存活 4 天,56℃加热 90 分钟、75℃加热 30 分钟能够灭活病毒。紫外线照射 60 分钟可杀死病毒。病毒对有机溶剂敏感,乙醚 4℃条件下作用 24 小时可完全灭活病毒,75%乙醇作用 5 分钟可使病毒失去活力,含氯的消毒剂作用 5 分钟可以灭活病毒。

2. 流行病学

(1)传染源。现有资料表明,SARS 病人是最主要的传染源。极少数病人在刚出现症状时即具有传染性。一般情况下传染性随病程而逐渐增强,在发病的第 2 周最具传染力。通常认为症状明显的病人传染性较强,特别是持续高热、频繁咳嗽、出现急性呼吸窘迫综合征(ARDS)时传染性较强,退热后传染性迅速下降。尚未发现潜伏期内病人以及治愈出院者有传染他人的证据。

并非所有病人都有同等传染力,有的病人可造成多人甚至几十人感染(即超级传播现象),但有的病人却未传播他人。老年人以及具有中枢神经系统、心脑血管、肝脏、肾脏疾病或慢性阻塞性肺病、糖尿病、肿瘤等基础性疾病的病人,不但较其他人容易感染 SARS - CoV,而且感染后更容易成为超级传播者。

已有研究表明,SARS - CoV 感染以显性感染为主,存在症状不典型的轻型病人,并存在隐性感染者。

SARS 作为一种新发传染病,其传染来源尚未明确。但已有越来越多的流行病学和分子生物学的证据支持 SARS - CoV 由某种动物宿主传播给人类的观点。目前已从蝙蝠、猴、果子狸、蛇等动物体内检测到冠状病毒基因,基因序列与 SARS - CoV 的基因序列高度同源,说明 SARS - CoV 广泛存在于野生动物体内。血清学、病原学、分子生物学和果子狸 SARS - CoV 的感染模型等诸多方面的研究结果证明果子狸等野生动物是 SARS - CoV 的主要载体之一。人类 SARS - CoV 可能来源于果子狸等野生动物,但仍需要更多的证据加以证实。

(2)传播途径。近距离呼吸道飞沫传播,即通过与病人近距离接触,吸入病人咳出的含有病毒颗粒的飞沫,是 SARS 经呼吸道传播的主要方式,是 SARS 传播最重要的途径。气溶胶传播,即通过空气污染物气溶胶颗粒这一载体在空气中作中距离传播,是经空气传播的另一种方式,被高度怀疑为严重流行疫区的医院和个别社区暴发的传播途径之一。通过手接触传播是另一种重要的传播途径,是因易感者的手直接或间接接触了病人的分泌物、排泄物以及其他被污染的物品,再经手接触口、鼻、眼黏膜致病毒侵入机体而实现的传播。目前尚不能排除经肠道传播的可能性,已有从病人泪液、汗液等体液中分离出 SARS - CoV 的报道,但其流行病学意义尚不确定。尚无经过血液途径、性途径传播和垂直传播的流行病学证据。尚无证据表明苍蝇、蚊子、蟑螂等媒介昆虫可以传播 SARS - CoV。

(3)人群易感性。一般认为人群普遍易感,但儿童感染率较低,原因尚不清楚。SARS 症状期病人的密切接触者是 SARS 的高危险人群之一。医护人员和病人家属与亲友在治疗、护理、陪护、探望病人时,同病人近距离接触次数多,接触时间长,如果防护措施不力,很容易感染 SARS。从事 SARS - CoV 相关实验室操作的工作人员和果子狸等野生动物饲养销售的人员,在一定条件下,也是可能被感染的高危人群。

(4)流行特征。地区分布特征:在 2002 年 11 月至 2003 年 7 月全球首次 SARS 流行中,病例主要分布于亚洲、欧洲、美洲等地区。亚洲发病的国家主要为中国、新加坡等。中国大陆地区病例主要集中在北京、广东、山西、内蒙古、河北、天津等地。

时间分布特征：从 2002 年 11 月起到 2003 年 2 月，在中国（包括香港地区）、越南、加拿大和新加坡等多个国家有病例发现，SARS 呈现全球流行的态势。发病主要集中在 2003 年 3 月中旬至 5 月中旬。6 月份疫情得到有效控制。

人群分布特征：根据中国大陆地区 5327 例 SARS 病人的资料统计，主要发病年龄在 20～60 岁，占总发病数的 85%，其中 20～29 岁病例所占比例最高，达 30%；15 岁以下青少年病例所占比例较低，9 岁以下儿童病例所占比例更低。男女性别间发病无显著差异。

3. 临床表现

（1）潜伏期：SARS 的潜伏期通常限于 2 周之内，一般约 2～10 天。

（2）临床症状：急性起病，自发病之日起，2～3 周内病情都可处于进展状态。主要有以下三类症状。①发热及相关症状：常以发热为首发和主要症状，体温一般高于 38℃，常呈持续性高热，可伴有畏寒、肌肉酸痛、关节酸痛、头痛、乏力。在早期，使用退热药可有效；进入进展期，通常难以用退热药控制高热。使用糖皮质激素可对热型造成干扰。②呼吸系统症状：咳嗽不多见，表现为干咳、少痰，少数病人出现咽痛。可有胸闷，严重者渐出现呼吸加速、气促，甚至呼吸窘迫。常无上呼吸道卡他症状。呼吸困难和低氧血症多见于发病 6～12 天以后。③其他方面症状：部分病人出现腹泻、恶心、呕吐等消化道症状。

（3）体征：SARS 病人的肺部体征常不明显，部分病人可闻及少许湿啰音，或有肺实变体征。偶有局部叩浊、呼吸音减低等少量胸腔积液的体征。

4. 治疗

虽然 SARS 的致病源已经基本明确，但发病机制仍不清楚，目前尚缺少针对病因的治疗。因此，临床上应以对症支持治疗和针对并发症的治疗为主。

5. 预防

（1）防治总则：要针对传染源、传播途径、易感人群三个环节，采取以管理和控制传染源、预防控制医院内传播为主的综合性防治措施，努力做到"早发现、早报告、早隔离、早治疗"。特别是在 SARS 流行的情况下，要采取措施，确保"四早"措施落实到位。强调就地隔离、就地治疗，避免远距离传播。

（2）防治措施。

①减少或避免人从动物等外环境感染病毒。预防控制动物感染 SARS－CoV；预防 SARS－CoV 从动物到人；加强实验室安全。

②预防控制人—人的传播。首先，做好传染源管理，包括对病人的管理，做到早发现、早报告、早隔离、早治疗。对密切接触者管理，应在最短时间内开展流行病学调查，追溯其发病前接触过的同类病人以及发病前 3 天和症状期密切接触者。对症状期密切接触者均应实施医学观察，一般采取家庭观察；必要时实施集中医学观察，但要注意避免交叉感染。对可疑的发热病人，应立即让其住院隔离治疗。其次，切断传播途径，包括加强医院内感染控制，做好个人防护。第三，保护易感人群。

③其他防治措施。应做到多部门协作，共同做好 SARS 防治工作；疫源地消毒与处理；

检疫和公共场所管理;加强健康教育、社会关爱和心理干预。

(三)新型冠状病毒肺炎

1. 概述

2019 年 12 月以来,我国武汉市陆续发现不明原因的病毒性肺炎病例,并出现死亡病例。2020 年 1 月 8 日,确认新型冠状病毒为此次暴发的病原。起初,人们对该病毒的传播途径、易感性等不是很清晰。随着研究的深入,逐步发现该病毒是通过呼吸、飞沫进行人传人传播。之后,武汉市、国家卫生健康委员会组织专家按照传染病防控程序和世界卫生组织有关规定,与世界卫生组织和各国分享了病毒的全基因序列,和企业开发并测试了 PCR 检测试剂盒用于对病例的检测、诊断,对疫情开始了严格防控。由于之前对病毒的认识不清,导致病毒在短期内迅速蔓延至全国。经过不懈努力,国内疫情于 2020 年 5 月初步得到了控制。之后,全国多地再次小规模复发,但很快得到了控制。2020 年 1 月中下旬开始,全球各地陆续出现新型冠状病毒肺炎病例,死亡病例大幅增加。3 月 11 日世卫组织经评估认为COVID-19 可被定为大流行病。之后,全球疫情不断肆虐,很多国家采取了"不清零"防疫政策。虽然疫苗注射量不断提高,但确诊数和死亡数还在持续攀升。

2. 病原学特点

新型冠状病毒(2019-nCoV)属于 β 属的冠状病毒,有包膜,颗粒呈圆形或椭圆形,直径60~140 nm。体外分离培养时,新型冠状病毒 96 个小时左右即可在人呼吸道上皮细胞内发现,而在 Vero E6 和 Huh-7 细胞系中分离培养约需 4~6 天。冠状病毒对紫外线和热敏感,56℃30 分钟、乙醚、75%乙醇、含氯消毒剂、过氧乙酸和氯仿等脂溶剂均可有效灭活病毒,氯己定不能有效灭活病毒。

3. 流行病学

(1)传染源。传染源主要是新型冠状病毒感染的患者和无症状感染者,在潜伏期即有传染性,发病后 5 天内传染性较强。

(2)传播途径。经呼吸道飞沫和密切接触传播是主要的传播途径。接触病毒污染的物品也可造成感染。在相对封闭的环境中长时间暴露于高浓度气溶胶情况下存在经气溶胶传播的可能。由于在粪便、尿液中可分离到新型冠状病毒,应注意其对环境污染造成接触传播或气溶胶传播。

(3)易感人群。人群普遍易感。感染后或接种新型冠状病毒疫苗后可获得一定的免疫力,但持续时间尚不明确。

4. 临床表现

潜伏期 1~14 天,多为 3~7 天。以发热、干咳、乏力为主要表现。部分患者以嗅觉、味觉减退或丧失等为首发症状,少数患者伴有鼻塞、流涕、咽痛、结膜炎、肌痛和腹泻等症状。重症患者多在发病一周后出现呼吸困难和(或)低氧血症,严重者可快速进展为急性呼吸窘迫综合征、脓毒症休克、难以纠正的代谢性酸中毒和出凝血功能障碍及多器官功能衰竭等。极少数患者还可有中枢神经系统受累及肢端缺血性坏死等表现。值得注意的是重型、危重型患者病程中可为中低热,甚至无明显发热。轻型患者可表现为低热、轻微乏力、嗅觉及味觉障碍等,无肺炎表现。少数患者在感染新型冠状病毒后可无明显临床症状。多数患者预后良好,少数患者病情危重,多见于老年人、有慢性基础疾病者、晚期妊娠和围产期女性、肥胖人群。儿童病例症状相对较轻,部分儿童及新生儿病例症状可不典型,表现为呕吐、腹泻等消化道症状或仅表现为反应差、呼吸急促。极少数儿童可有多系统炎症综合征(MIS-C),出现类似川崎病或不典型川崎病表现、中毒性休克综合征或巨噬细胞活化综合征等,多发生于恢复期。主要表现为发热伴皮疹、非化脓性结膜炎、黏膜炎症、低血压或休克、凝血障碍、急性消化道症状等。一旦发生,病情可在短期内急剧恶化。

5. 高校新冠肺炎疫情防控

高校须根据国家卫生健康委办公厅、教育部办公厅 2020 年 4 月 13 日联合印发的《大专院校新冠肺炎疫情防控技术方案》进行严格防控,防止疫情复发、传播。

6. 个人预防

保持良好的个人及环境卫生,均衡营养、适量运动、充足休息,避免过度疲劳。提高健康素养,养成"一米线"、勤洗手、戴口罩、公筷制等卫生习惯和生活方式,打喷嚏或咳嗽时应掩住口鼻。保持室内通风良好,科学做好个人防护,出现呼吸道症状时应及时到发热门诊就医。近期去过中高风险地区或与确诊、疑似病例有接触史的,应主动报备并进行新型冠状病毒核酸检测。

第四节　慢性非传染性疾病的预防

一、概述

慢性非传染性疾病,简称慢性病、慢病。慢性病不是特指某种疾病,而是一类起病缓慢,病程长且病情不容易痊愈,也几乎不能被治愈,缺乏确切的传染性病因,病因复杂,且有些尚未完全被确认的疾病的总称。慢性病主要包括心脑血管疾病、癌症、慢性呼吸系统疾病、糖尿病和口腔疾病,以及内分泌、肾脏、骨骼、神经等疾病。该病是一类常见病、多发病,其死亡率、致残率极高,也是一类消耗巨大医疗费用和社会资源的疾病。

我国于 2017 年 1 月发布的《中国防治慢性病中长期规划(2017 — 2025 年)》表明,慢性病是严重威胁我国居民健康的一类疾病,我国居民慢性病死亡占总死亡人数的比例高达86.6%,造成的疾病负担已占总疾病负担的 70% 以上,已成为影响国家经济社会发展的重大公共卫生问题。

二、常见慢性病

常见的慢性病主要包括心脑血管疾病(高血压、冠心病、脑卒中等);内分泌、营养代谢性疾病(糖尿病、肥胖病、血脂异常等);恶性肿瘤(肺癌、肝癌、胃癌、食管癌、结肠癌、乳腺癌、宫颈癌等);精神和行为障碍疾病(精神分裂症、神经衰弱、焦虑、强迫、抑郁、老年性痴呆等);呼吸系统疾病(慢性支气管炎、肺气肿、慢性阻塞性肺部疾病等);口腔疾病等。

三、慢性病的危害

慢性病对人类的危害很大,可引起许多急、慢性并发症,严重时可引起偏瘫、失明、坏疽或截肢甚至死亡。造成人们生活质量下降,劳动能力丧失,寿命缩短;并且大多慢性病是终生性疾病,一旦患病,难以治愈,需要常年治疗、吃药,由此消耗的医疗费用往往较多,给患者及其家庭乃至社会造成了沉重的经济负担。

四、慢性病的致因

慢性病不同于一般的传染病,它由多种因素长期影响所致,通常认为导致慢性病的主要危险因素包括不合理膳食,脂肪、盐摄入增加,蔬菜水果摄入减少;长期吸烟、酗酒;久坐的生活方式,缺少体育锻炼;超重、肥胖;高血压、高血脂;家族遗传史;精神紧张,心理适应不良;环境污染与职业危害等。

五、慢性病预防控制方法

(一)合理营养

饮食中应该注意食物种类和数量的合理搭配。为达到合理营养、平衡膳食、保证健康,《中国居民膳食指南(2016)》提出的 6 条核心建议搭配营养,合理饮食:食物多样,谷物为主;吃动平衡,健康体重;多吃蔬果、奶类、大豆;适量吃鱼、禽、蛋、瘦肉;少盐少油,控糖限酒;杜绝浪费,兴新食尚。

(二)控制烟草

根据《中国居民营养与慢性病状况报告》(2020 年)相关资料,相较于 2015 年报告的我国吸烟人数超过 3 亿、15 岁以上人群吸烟率为 28.1%、男性吸烟率高达 52.9%、非吸烟者中暴露于二手烟的比例为 72.4%等数据随着人们健康意识的提高有所降低,但仍然需要加强宣传,控制烟草。烟草严重危害着人的健康,也带来了众多疾病,有充分证据说明吸烟可以导致肺癌、口腔和鼻咽部恶性肿瘤、喉癌、食管癌、胃癌、肝癌、胰腺癌、肾癌、膀胱癌和宫颈癌等。吸烟还会导致呼吸系统疾病、心血管疾病、生殖和发育异常及其他疾病和健康问题(烟草对人体的危害见第三章第八节详解)。作为大学生,为了保证自身的健康,应拒绝烟草,吸烟者应尽早戒烟。

(三)限酒

适量饮酒会对身体产生良好的作用,具有保健效果。但如果不节制,饮酒过度甚至酗酒则会危害健康:一是会造成急慢性酒精中毒,损害大脑神经,导致外伤和车祸的发生;二是饮酒过量,加重肝脏负担,导致酒精性肝硬化、肝癌;三是增加高血压、心脏病等心脑血管疾病的发生率,无论是一次醉酒或长期酗酒,都会增加心肌梗死、猝死、脑出血等意外的发生。四是刺激胃黏膜,导致慢性胃炎。五是长期酗酒的脂肪肝、肝硬化、肝癌及口腔癌、喉癌、直肠癌、女性乳腺癌等恶性肿瘤的概率增加。六是长期过量饮酒还可导致酒精依赖症、成瘾以及其他严重的健康问题。

(四)适量运动

适量运动是指运动者根据个人的身体状况、场地、器材和气候条件,选择适合的运动项目,使运动负荷不超过人体的承受能力。即在运动后感觉舒服,不疲劳,不会造成过度疲劳或者气喘。不影响一天的工作、生活为宜。如果运动后,一天感到疲劳、劳累、腰酸腿疼、学生上课精力不集中、容易瞌睡等,那就是运动过量了。一次运动过量对青少年来说休息一天或睡一觉就恢复了,中老年人就需要更长时间的休息和恢复,对健康没有危害,但多次或长时间运动过量就会对健康带来一定危害。长时间运动过量最大的问题就是容易造成免疫力的下降,从而导致疾病的发生。这样,不但达不到锻炼的目的,反而会损伤身体。反之,运动不足也达不到锻炼的目的。养生专家认为,人的运动量应以每天不少于一小时为宜。《中国居民膳食指南(2016)》建议坚持日常身体活动,每周至少进行 5 天中等强度身体活动,累计150 分钟以上;主动身体活动最好每天 6000 步。减少久坐时间,每小时起来动一动。

但是需要提醒的是,近年来大学生在体育运动时突发疾病或意外导致死亡的情况时有发生,这是因为很多人身体隐藏暗疾不自知,或平时不运动突然高强度运动导致身体无法承受,还有就是对突发意外应对不及时和无条件救治。因此,当运动中出现以下情况时应立即停止或暂停运动,并查明原因:

(1)心跳突然异常,或过速,或过缓。

(2)胸区内绞痛。

(3)胸痛且随运动的强度而加剧。

(4)头痛、恶心或头昏眩晕。

(5)呼吸严重困难、嘴唇发紫。

(6)脸色苍白、出冷汗。

(7)四肢肌肉剧痛或自觉全身疲劳无力。

(8)下肢关节(髋关节、膝关节、踝关节等)疼痛或下肢乏力,行动艰难。

(9)运动中动作的速度突然不自觉地变得缓慢。

(10)运动中动作或姿势突然产生失控。

(五)心理健康

关于心理健康的知识在第三章第三节有阐述。

(六)健康体检

健康体检是为预防疾病和改善身体功能而自觉主动接受的预防保健性医学检查。体检能及时发现人体健康的隐患,使产生疾病的风险因素得到及时排除。

通过健康体检,可早期发现身体潜在的疾病,便于早期诊断、早期治疗,从而达到预防保健和养生的目的;是制定疾病防治措施和卫生政策的重要依据;对规范人们的生活行为和健康生活方式具有重要意义。

第五节　定期进行健康体检

一、健康体检

健康体检是指通过医学手段和方法对受检者进行身体检查,了解受检者健康状况、及早发现疾病线索和健康隐患的诊疗行为。健康体检般是指不以治疗疾病为目的的体检,大多是常规性对身体情况的了解性体检。一般医学家认为健康体检是指在身体尚未出现明显疾病时,对身体进行的全面检查,方便了解身体情况,筛查身体疾病。即,应用体检手段对健康人群的体格检查,就是"健康体检",或称之为"预防保健性体检"。这是现代预防医学中的重要手段。预防医学是指在疾病还没有发展到影响身体的程度时,对其进行科学干预,以使身体一直保持一个良好的状态。

健康体检是对身体健康状况的一次清理,对一些大的疾病进行筛查。通过清理和筛查,做到无病预防,早发现、早治疗,治病防残、延长生命、提高生存质量。

二、健康体检的意义

随着社会经济发展和生活水平提高,人类寿命在持续延长,但是亚健康状态人群的大量存在,高血压、糖尿病、心脑血管疾病、肿瘤等疾病的蔓延正在严重威胁着人们的生命和健康。

通过体检,及早发现亚健康状态和潜在的疾病,在早期进行调整和治疗,对提高疗效,缩短治疗时间,减少医疗费用,提高生命质量有着十分重要的意义。但对于大多数人来说,健康体检直接的好处就是能清楚地了解自己的身体状况,从而做到有针对性地保养和呵护,在医生的指导下做出相应调整,并根据自身的条件来改变自己生活规律,如饮食习惯、运动和精神状态等,以保持最佳状态,同时把疾病消灭在萌芽之中。

据统计,目前全世界人群中,大约 $70\% \sim 75\%$ 的人处于亚健康状况。健康体检最受益的就是这类人群,因为他们自己在身体感觉方面并没有什么不适,但可能疾病已经在他们体内了,如果能够及时查出病因,及时治疗,他们就是小病,就能很快治愈。如果不体检,一直忽视病源,就有可能由小病拖成大病。

三、定期健康体检

现代社会人均寿命越来越长,除了医学水平的不断提高以外,与人们健康意识的提高也有着密切关系。越来越多的人更加关注健康,期望自己能够健康。所以定期健康体检是生活水平提高的需要。

常规体检就是为了让自己掌握自身健康状况而进行的定期健康检查。对一些疾病早期的筛查,是非常有帮助的,特别是现在中青年都处于一种工作旺盛期,工作负荷重,压力大,极易导致亚健康状态,体检的意义就更为重要。因而,医生通常都会建议,常规的体检需要每年一次。如果体检时发现有一些不正常的指标,还应当有针对性地缩短体检的间隔时间,比如半年左右复查一次,假如发现一些早期疾病,医生会建议 3 个月进行一次复查,或者进行专项检查。

　　每年一次定期健康检查,可以建立属于自己的健康"参考值",作为自身健康状况的指标。若没有这个参考值,只能采用普通标准,其针对性较差。

　　那么,哪些人群需要做定期健康体检? 一般来说,首先是久坐不动的人群。这类人群由于学习、工作原因,长时间处于坐姿状态,加之缺乏必要的运动,导致患脂肪肝、高脂血症的风险增高。如果每年做一次认真的体检,这些疾病便能做到早期发现、及时治疗,有效地阻止肝脏进一步纤维和硬化,使肝脏免受损坏。第二类是 40 岁以上的亚健康人群。40 岁后,潜在疾病状态的比例陡然攀高,55 岁前后有明显疾病症状的显著增加。亚健康状态在中年以后变得明朗化,滑向疾病的步伐加快。因此,这类人群因重视定期健康体检。第三类是有慢性病的人群。即,已患有心脑血管、糖尿病、肝炎、哮喘、胃病等疾病的人,他们可能在医生的治疗下能暂时得到缓解,但绝非能得到一劳永逸的良方,因此,这些病人仍然应定时进行疾病的复诊和检查。

四、健康体检的分类与步骤

　　医学界把对慢性病、常见病的预防分成三个阶段:第一阶段是健康促进,即在疾病没有出现之前就关注健康;第二阶段是早期发现,立即治疗;第三阶段是康复及预防再复发。体检,是健康促进的开始,属于一级预防。我们通常进行的定期体检,是涵盖全身多种器官和多种功能的全面性筛检,是针对主要疾病所规划的一套体检项目。

　　体检一般分为两个步骤。

　　第一步是普查,针对慢性病和常见病初步筛查,检查项目大致分为三大类。

　　(1)一般检查:如身高、体重、血压、呼吸频率、心率、体温等身体外观与体格方面的基本检查。

　　(2)器官功能检查:如血液、尿液、听力、视力、肺功能检查等。

　　(3)器官结构检查:如胸腹 X 光、上消化道造影、超声波影像、骨密度等检查。

　　第二步是复查,对初筛查出的异常情形有选择地进行一些特殊检查,如内镜、CT 等,再对上述检查结果进行分析,提出处理意见。

第五章　大学生心理健康

第一节　心理健康概述

一、现代健康观

1948 年联合国世界卫生组织(WHO)提出了健康新概念:健康是一种生理、心理和社会适应都趋于完满的状态。具体来说,精力充沛,能从容不迫地担负日常工作和生活;积极乐观,心胸开阔,勇于承担责任;情绪稳定,善于休息,睡眠良好;自我控制能力强,善于排除干扰;应变能力强,能适应外界环境的各种变化;眼睛有神,牙齿清洁,无出血现象;体重得当,身材匀称,步态轻松自如。由此可见,健康同时包括了生理健康和心理健康两个方面,没有疾病仅仅是健康的最低要求,一个人只有生理、心理和社会适应都处于完满状态,才是真正的健康。健康是生理健康与心理健康的统一,二者是相互联系,密不可分的。

心理健康,是指个体对环境的高效而满意的适应,在这种状态下,人的生命具有活力,人的潜能得到开发,人的价值能够实现。

世界心理卫生联合会也曾明确提出了心理健康的四个标志:

①身体、智力、情绪十分调和。②适应环境、人际关系中彼此能谦让。③有幸福感。④在工作和职业中能充分发挥自己的能力,过有效率的生活。

二、大学生心理健康的基本标准

(一)符合年龄特征

人的心理和行为应与其年龄特征基本相符。

(二)人际关系和谐

与人相处,积极态度多于消极态度,有稳定和谐的人际关系。

(三)乐观进取

对生活持有乐观进取的态度,顺境时充满热情,逆境时不丧失希望。

(四)健全的人格

人格,在心理学上是指个体比较稳定的心理特征的总和。心理健康的大学生,其人格特征是:个人所想、所说、所做协调一致。

(五)正确的自我意识

在理想自我与现实自我之间有良好的基本满意的态度,存在着一种健康有益的差距,能潜能地自我评价和自我调节,有效地控制自己的行为。

(六)个人与社会和谐一致

与社会保持良好接触,对社会现状有较清晰地认识,能跟上时代发展的步伐,与社会要求相符合。

第二节　心理健康与身体健康的关系

心理健康和身体健康是息息相关的,就像鱼和水的关系,鱼要生活在水中才能活下去。生命是由人的精神健康和身体健康共同来维持的,身体是产生精神活动的基础,但是精神活动健康也能指导身体,是让身体有良好状态的支持条件。心理因素常常会引起些躯体疾病,也叫心身疾病,比如一个人受惊吓过大或者精神压力过大,也可以出现些身体方面的改变、免疫力的改变、睡眠障碍等。心理的症状也往往是躯体疾病的结果,有许多种重性的、严重的躯体疾病以及内分泌代谢紊乱等,都可以出现心理或者精神症状,所以两者密切相关。

我们都有这样的经历和体验:当我们身体不舒服的时候,会情绪低落,烦躁不安,容易发怒,从而导致心理不适;同样那些长期心情抑郁、精神负担重、焦虑的人易产生身体不适;面临重要考试而紧张焦虑时,则会食而无味,胃口大减,甚至失眠、头痛,容易疲劳。临床心理学研究表明,情绪主宰健康。强烈或持久的消极情绪,如烦恼、忧愁、焦虑、失望等,最终会导致生理疾病。良好的情绪是人体内最有助于身心健康的力量,善于调节情绪,经常保持心情愉快,可以起到未病先防,有病早除的效果。健全的心理寓于健康的身体,而健康的身体有赖于健全的心理。

党的二十大专门提出要"重视心理健康和精神卫生。"当代大学生的健康目标应该是追求一种人生更积极的境界,更高层次的适应和更充分的自我实现,通过自我调整,使心理、精神和情感融为一体,坚持体育运动,学习心理生理保健知识,进行自我保健,培养良好的应激能力,以应对各种挫折和压力,从而使自己的生活充满生机和活力。

第三节　大学生心理发展特点和影响因素

一、大学生的主要心理特点

大学生的年龄特征决定其心理以不成熟、不稳定和不平衡为主要特征。其中,大学生自我意识的骤然增强是核心问题,围绕这一核心问题,他们的认知、情感、意志、个性等主要心理和生理特征处在一个动态的调节过程之中,并且由过去的被动性调节变为主动自我调节。因而其心理变化是一生中最复杂、波动最大的时期。其特点如下:

(一)自我意识突出

由于开始走向大学生活,摆脱了对家庭的依赖,因而强烈地要求重塑自我,增加了成人感、理智感和自信心。思想活动已经脱离了直接形象和直接经验的限制,有较强的抽象概括能力,并能形成辩证逻辑思维,但发展水平参差不齐,有的表现自负自尊,有的易受情绪波动左右等。

(二)情感激烈复杂

大学生正处在风华正茂之年,是体验人生感情的最激烈年代。男生存在着好奇和表现的心理特点,都希望通过体育锻炼表现自己的勇敢精神和力量,使自己的体态更端庄,增加气度。女生的心理变化,从天真、纯朴、直至变成温柔、含蓄、好静、好美。她们不喜欢参加激烈和负重较大的运动。大学生已经逐渐学会了控制和调节自己外部表现和内心体验不一致的情绪,情感变得日臻丰富、复杂。

(三)意志力增强

大学生在各方面的影响下,意志力明显增强,能主动、自觉地克服困难,在行动中清晰地意识到自己行动的目的性和社会意义,但在果断性和自制力发展上比较缓慢,表现出优柔寡断,动摇不定,分不清主次和事情的轻重缓急,或草率,或武断及经不起心理挫折等。

(四)性格基本形成

性格是反映一个人对现实的稳定态度和习惯了的行为方式。大学时期个性倾向系统日趋形成,自我意识不断发展,性格基本形成和较稳定。在性格的意志、理智、情绪等特征方面,表现出逐渐稳定并能自觉地培养良好的性格。

二、影响大学生心理健康问题的因素

(一)内部环境因素

1. 校园环境

环境是影响一个人对事物认识的重要因素,对心理活动有着重要的支配作用。校园环境对大学生心理素质的影响首先体现在从外观上使学生大概对学校有初步的认知,再从校园外的周围环境又形成另外一种认知,对学校及其周边环境的认知可能存在相同之处,可能存在差异,但最主要影响其心理素质的因素还是校园内部环境。如操场是否宽广,教室是否干净整洁,住宿条件是否便捷等,这些都会影响到学生的心理。

2. 师生、同学之间的人际关系

大学就像一个大家庭,在一所大学中学生人数少则几千人,多则上万人,是学生步入社

会的新起点,因此有人把大学形象地比喻为"小社会"。大学生生活中每天都会见到不同的教师、同学,见到不同的工作人员,这些工作人员默默坚守在工作岗位上,为校园发展默默奉献。在与教师、同学之间交往过程中彼此之间加强了解,交往中优势互补,会对某位教师、某位同学从心理上给予认可,无论是在学习中,还是在课后生活中,都能够以其作为榜样,支配自己的一言一行,但是在交往中也会产生矛盾摩擦,影响正常的师生、同学之间的人际关系,学生也会因此而产生苦恼的心理。有的学生性格内向,苦恼于如何加强沟通交流。

3. 学习成绩因素

大学生进入大学校园最重要的目的是学习科学文化知识,将来能够将在校期间所学习掌握的专业知识技能学以致用,为创造理想的个人生活,为社会发展做出重要贡献。对于这个目的来说可能确实有些高大上,但是这确实是每位教师、家长、学生、社会对大学生给予的厚望。成绩优秀的学生其对于学习从心理上充满了昂扬斗志,不断鼓舞自己勇攀高峰,而对于成绩稍微差一些的学生来说压力就比较大。

4. 恋爱因素

大学校园是一个充满浪漫气息的场所,情侣们为了日后的生活开始作出憧憬,在学习方面坚持不懈,有些时候会产生矛盾,易产生冲动的心理表现。但是大学学习生活是短暂的,快乐时光是短暂的,转眼间三四年的学习生活就会结束,终究有一天学生情侣们会离开校园,在离开学校之际,因为工作关系,有的学生计划在同一座城市工作,就可能继续在一起,有的计划选择在异地工作就会面临恋爱、工作方面的双重选择。

(二)家庭环境

1. 父母的期望

望子成龙、望女成凤是每位家长的共同愿望,父母为了子女的学业煞费苦心,倾注了大量的努力,为其学业千方百计地创造优越的环境条件。有的学生为了完成学业,表现出强烈的学习积极性,不断激励自己,有的学生因此背负沉重的心理压力。

2. 家庭条件的压力

伴随经济的发展,人们生活水平得到提高,但社会上的贫富差距,城乡差距也是存在的。在高校中许多学生来自农村,有些家庭经济条件比较落后,收入差距悬殊,很多家庭经济落后的学生多少存在自卑的心理,不情愿被别人认为是贫困生,由于家庭环境的不同,沟通交流不方便,一些来自农村或者家庭经济落后的学生往往从学习上弥补家庭条件的不足,在学习生活上表现得十分积极,也有学生存在家庭经济困难而且学习成绩稍微差的现象,引发心理上的不平衡。

(三)社会环境因素

1. 社会竞争的压力

社会竞争的压力主要是指就业方面的压力,伴随经济的发展,行业领域的不断增加,在一些行业中出现了人才紧缺的现状,对人才的需求越来越大。近些年来各大高校在招生方面采取扩招政策,招生人数的增加无形之中增加了就业压力,大学生多少会因为学习生活和日后的工作生活而存在顾虑。

2. 社会文化因素

很多学生都是背井离乡,第一次来到一座陌生的城市求学,最初对环境感到陌生,难以适应陌生环境下的生活,很多事情都要自食其力,难免显得有些措手不及,产生消极情绪。来到陌生的城市适应全新的生活需要了解当地的人文精神、社会文化,同样会感到不适应。21世纪是信息网络时代,各行各业的人们都会接触信息网络,使用计算机进行学习、工作,大学生作为年轻群体,每天都在与计算机打交道,使用计算机进行学习、交际、娱乐活动,上网成为大学生群体一种重要的娱乐方式,在网络的世界中自由驰骋。在网络中存在一些不良信息,引起心理上的矛盾,很多学生沉迷于其中不能自拔,并产生心理障碍问题。

第四节　常见心理问题或危机

一、大学生常见的心理问题

(1)环境适应问题。在大一新生中较为常见。

(2)学习问题。大学生常见的学习问题主要表现为:学习目的问题、学习动力问题、学习方法问题、学习态度问题,以及学习成绩差等等。大学期间,学习往往不再如高中阶段那样得到绝大多数人的重视,目的不明确、动力不足、态度不好构成了学习问题的主要方面。

(3)人际关系问题。如何与周围的同学友好相处,建立和谐的人际关系,是大学生面临的一个重要课题。同高中阶段相比,大学生间的人际关系问题也成为大学生心理困扰的主要来源之一。人际关系问题常常表现为难以和别人愉快相处,没有知心朋友,缺乏必要的交往技巧,过分委曲求全等,以及由此而引起的孤单、苦闷、缺少支持和关爱等痛苦感受。

(4)恋爱与性心理问题。大学生处于青年中后期,性发育成熟是重要特征,恋爱与性问题是不可避免的。一般包括:单相思、恋爱受挫、恋爱与学业关系问题、情感破裂的报复心理等,而性心理问题常见的有:手淫困扰,以及由婚前性行为、校园同居等问题引起的恐惧、焦虑、担忧等。

(5)性格与情绪问题。性格障碍是大学生中较为严重的心理障碍,其形成与成长经历有关,原因较为复杂,主要表现为自卑、怯懦、依赖、神经质、偏激、敌对、孤僻、抑郁等。

(6)求职与择业问题,是高年级大学生常见问题。在跨入社会时,他们往往感到很多的困惑和担忧。如何选择自己的职业,如何规划自己的生涯,求职需要些什么样的技巧等等问题,都会或多或少带来困扰和忧虑。

(7)神经症问题。长期的睡眠困难、焦虑、抑郁、强迫、疑病、恐怖等都是神经症的临床表现症状。

第7种问题是偏离正常状态的心理问题,需要进行专业的心理咨询或心理治疗。而对于大部分同学来说,常常遭遇到的是前6种心理困扰,这些困扰主要是由很多现实的社会心理因素所导致的,也往往是暂时性的,经过自己的主动调节或寻求咨询老师的帮助,多能恢复心理的平衡和适应。

二、如何面对自身的"心理问题"

随着心理健康教育的普及,人们对心理健康的认识已逐渐加深,但大学生们在对待他人的心理困惑的态度上比对待自己的更为理性,一旦涉及自己则表现得优柔寡断,觉得难以启齿,常常不知所措。要改善这一心态,建议如下。

(1)坦然面对。心理健康也跟身体健康一样,在人的一生中难免会出现这样那样的问题,出现心理困惑只是成长正常状态,没有问题哪有成长可言,因而不必大惊小怪、怨天尤人。

(2)不要急于"诊断"。心理问题本身多种多样,成因往往也很复杂,切忌盲目从一些书籍上断章取义,或者道听途说,急于"对号入座",认定自己患了什么病。弄清问题当然是必要的,但大学生的问题还是发展性的居多,很多都是"成长中的烦恼",实在不必自己吓自己。

(3)转移注意。心理问题往往有这么一个特点,就是越注意它,它似乎就越严重。所以,不要老盯着自己所谓的问题不放,不可过分关注自我,而应把注意力转移到学习、生活、工作等方方面面。有自己感兴趣的事情并全力投入是很有利于心理健康的。

(4)调整生活规律。很多时候,只要将自己习惯了的生活规律稍加调整,就会给自己整个的精神面貌带来焕然一新的感受。所谓的心理问题也会随之化解。

(5)不要讳疾心理咨询。对于严重的、难以排解的心理问题,也可寻求专家咨询及心理卫生机构的帮助。

第五节　大学生抑郁症

一、抑郁症概述

(一)抑郁症定义

抑郁症在精神病学与变态心理学领域均有涉及,广义上指一大类心理障碍,统称为情绪障碍;狭义上则专指重度抑郁症。本节讨论广义上的抑郁症,这是一种具有高患病率、高自杀致残率和高复发率的慢性中枢神经系统疾病,涉及个体的认知、情感、意志和躯体功能,核心症状:显著而持久的情绪低落、快感缺失、思维和认知功能迟缓,可伴有躯体症状,严重者常有自杀念头和行为。大学生抑郁症的临床症状还体现在学习上,如学习主动性差、记忆力下降等。

(二)大学生抑郁症的识别

抑郁症的诊断标准主要参照国际疾病分类、中国精神障碍分类与诊断标准和美国精神障碍诊断统计手册。在识别过程中,对个体的临床症状进行"望闻问",这样判断行之有效且具有一定的准确性,但对评估者的专业知识和临床经验有较高的要求;相较而言,"切"的量化方式则对评估者"更友好",主要有他评量表与自评量表,应用于大学生时需要注意部分评量表的使用条件,如年龄。

1. 他评量表

通常由精神科医师或心理治疗师指导测评,具有减少患者作伪行为、弥补自评意识觉察的不足、几乎不受患者文化程度与疾病影响等特点,常用的有汉密尔顿抑郁量表(HAMD)、贝克抑郁问卷(BDI)、16 项抑郁症状快速检查他评量表(QIDS-C)。其中,汉密尔顿抑郁量表被认为是评估抑郁症的标准量表,在临床上应用最广。

2. 自评量表

自评抑郁量表(SDS),是心理测量或门诊常用的自我筛查工具,有良好的信效度,应用较广;抑郁症筛查量表(PHQ-9)、16 项抑郁症状快速检查自评量表(QIDS-SR)也具有良好的灵敏度和特异度。其他如评估药物耐受性的病人评定副作用清单(PRISE)、药物依从性评定量表(MARS)、患者依从性问卷(PAQ)、评估治疗安全性的简明健康风险跟踪表(CHRT)、简明相关症状追踪量表(CAST)、自杀意念修正量表(MSSI)等也为抑郁症的评估与治疗提供了可量化的工具。

(三)大学生抑郁症分级

依据不同的分类标准,可将大学生的抑郁症进行不同的分类,如依据应激源可分为内源性和反应性抑郁症;从临床症状上又可将抑郁症分为单相、双相和伴有躯体疾病的抑郁症。无论采取何种分类方式,症状都存在程度的差异。

1. 轻度抑郁

基本未影响患者的正常学习与生活,持续时间不长,可通过自己调节得到缓解,无需用药,如有必要可进行心理咨询或咨询心理医生。

2. 中度抑郁

对患者的社会功能造成一定程度的影响,症状持续时间长,很难通过自我调整恢复,但没有自杀倾向,需要用药,最好能住院接受规范治疗。

3. 重度抑郁

患者的社会功能严重受损,有自杀倾向,需要在专业指导下用药并接受专业护理,应尽早住院治疗,以免发生严重后果。

二、大学生抑郁症的成因

无论是基于临床观察、流行病学还是心理治疗,不得不意识到的是大学生抑郁症的出现常常是多因素、多途径交互的复杂现象。在此,就发病主体而言,将病因分为个体因素与环境因素。

(一)个体因素

个体致病因素涉及多方面,近来神经内分泌和免疫机制的研究更受研究者们青睐。

1. 遗传变异

(1)易感基因。来自遗传学方面的研究倾向于认为抑郁症源于易感基因的表达或是变异表达。卢蕴容和李惠春基于五羟色胺基因转运体、脑源性神经营养因子基因多态性等遗传与环境交互作用理论认为,有关抑郁的遗传基因会形成一种对抑郁的易感体质,在与环境的交互作用下促发抑郁症。

(2)影像遗传。来自遗传影像学的研究表明,五羟色胺相关基因多态性确实能够影响海马、杏仁核、额叶、前扣带回皮层等相关脑区的结构和功能。因此,从"基因—脑—行为"的模式出发揭示抑郁症背后潜在的神经生物学基础并非无本之木。

2. 神经病理

神经系统的动物实验、解剖学和临床观察得到了大量关于神经系统内如去甲肾上腺素、五羟色胺、多巴胺、乙酰胆碱、脑源性神经营养因子等神经介质失调与抑郁症病发的证据,认为抑郁症的发病机制主要有五羟色胺系统、下丘脑—垂体—肾上腺轴、氧化应激与神经炎症反应、海马神经发生、谷氨酸系统几种模式。

3. 生理缺陷

(1)嗅觉通路。抑郁症和嗅觉通路在解剖结构、生理功能和病理呈现上均存在密切联系,无论是先天嗅觉缺陷还是后天嗅觉障碍,都能诱发抑郁症的发生,如慢性鼻窦炎患者相较于嗅觉正常者具有更高的发生抑郁症概率,而有效的抗抑郁治疗则有可能扭转嗅觉损伤。

(2)过度肥胖。过度肥胖也被认为与抑郁症具有共病性,虽然病理机制复杂,同时还受氧化应激、自主神经系统功能异常等因素的影响,但二者之间表现出相互影响、甚至互为因果的效应。

4. 人格特质

对人格与抑郁症的关系有不同的理论假说,比如,Enns 和 Cox 用易感性、疾病形成、并发症和连续体四种关系模型来解释人格和抑郁症之间的关系。此外,大学生的个体特征(如,性别)、归因方式、应对方式、身心发展过程中出现的心理冲突、疾病、高焦虑水平,日间功能紊乱等个体因素都会影响个体在遭遇应激事件或重大生活事件时的反应,诱发抑郁症。

(二)环境因素

1. 自然环境

虽然有研究认为颗粒物、气态污染可增加患有基础性疾病个体的抑郁发病风险,但对于大气污染物与大学生抑郁症的关联则仍旧存疑。

2. 社会环境

如发展心理学家布朗芬布伦纳提出的生态系统理论所述,个体成长过程所处的大时代背景、家庭成长环境等都会对个体的发展产生不容回避的影响,无论是塑造性格还是留下成长烙印。比如,童年期有不良经历的大学生患抑郁症的可能性是无不良经历者的 2.299 倍。

三、大学生抑郁症的干预措施

对于大学生抑郁症患者,无论主动求助还是被动受助,治愈率均达到了可观的水平。

(一)心理咨询

对于在心理咨询范围内的部分中轻度大学生抑郁症患者,学校心理健康教育中心可根据师资情况对患者进行心理咨询,而那些没能与咨询师完成匹配或超出心理咨询范畴的患者,则需及时安排转介和转诊。

(二)临床治疗

1. 西医门诊

"头痛医头,脚痛医脚"被认为是西医典型的治疗模式,而抗抑郁药物从非选择性单胺氧化酶抑制剂到选择性五羟色胺再摄取抑制剂等的研发为这种模式提供了强有力的武器。但仍被认为在作用受体时不够直接。近来,靶向离子通道的抗抑郁药物在临床治疗中的兴起将目标转向通过直接调节离子通道活性,来发挥药物抗抑郁作用。

2. 中医疗法

相较于西医通过单一成分阻断特定靶点的给药方式,中医将抑郁症分类、分症而治,既可只给一味巴戟天、贯叶连翘、积雪草、石菖蒲、贯叶金丝桃等,也可以制柴胡疏肝散、逍遥散、归脾汤等复方制剂,还可以辅以针灸和按摩。抛开传统刻板印象,中医药疗在降低糖皮质激素受体含量、增加单胺递质水平、上调脑源性神经营养因子水平、调节炎症介质、调节脑肠轴等方面也卓有成效。

(三)心理治疗

视病情、患者特异性选择单一给药或药疗结合的形式,经典的疗法有认知疗法、认知行为治疗、家庭治疗、森田疗法、人际心理治疗等,经过数十年的研究和临床应用,其效用无须赘述。近年来提出的低阻抗意念导入法、团体中医心理治疗等新疗法其功效也正待检验。

(四)辅助疗法

1. 物理治疗

有通过改良的电休克改善严重抑郁症患者的症状或直接进行睡眠剥夺以达到治疗的效果;也有采用无创的经颅磁刺激对抑郁症患者的脑组织神经元进行去极化或超极化,进而影响脑内诸多代谢及电活动来达到治疗目的;还有借助音乐或光疗法来治疗大学生抑郁症的新尝试。

2. 运动疗法

无论是基于内啡肽假说、单胺假说还是任务掌握假说,锻炼心理学界对锻炼与抑郁的关系在锻炼对防治抑郁症、治疗中等以下程度抑郁症和辅助治疗严重抑郁症上均已形成共识。而以运动学、生物力学和神经发育学为基础的有氧运动可以通过"运动处方"达到改善躯体、生理、心理功能障碍的目标,辅助治疗抑郁症。

3. 生物治疗

也有研究者从抑郁与饮食、免疫功能之间发现的联结出发,采用肠道益生菌作为治疗中介,影响饮食;或者以 $\omega-3$ 脂肪酸为治疗靶点改善相关免疫功能紊乱问题,达到改善抑郁症状的目的。

4. 联合治疗

抑郁症的治疗一般主张单一用药,但以药物治疗为主,辅以适宜的非药物治疗,将是更好地缓解抑郁症状、恢复社会功能并预防复发的必然趋势。

四、大学生抑郁症的预防

大学生抑郁症的频发使得预防工作刻不容缓。无论是大学生个体还是环境中的他人都有着不可推卸的责任,同时也能发挥不容忽视的作用。

(一)主观内部

首先,要学会正确认识自己、悦纳自己;其次,要学习了解、准确认知抑郁症;再次,要在觉察到自己的异常状态后提高警惕、及时主动求助;最后,要积极寻求改变、发挥主观能动性。

(二)客观外部

外部预防涉及学校、家庭和社会三个环节。

1. 加强心理健康宣传教育

(1)心理健康宣教。以大学生心理健康教育通识课、心理情景剧、心理学知识讲座等多形式全方位地面向全校师生开展心理健康知识宣传教育工作,提高师生的心理健康认知水平,减少对抑郁症的认知偏差。

(2)建立心理档案。为每一位大学生建立心理健康档案,从入学之初的心理健康普查到在校期间的常规心理咨询。

(3)创设咨询条件。建立和完善学校心理健康教育中心的功能,为有心理咨询或是心理放松需求的学生创设方便的条件,如对学生自助开放心理宣泄系统等。

(4)关注特殊群体。对在心理普查和日常心理咨询过程中显露出来需要予以追踪观察的特殊个体或群体加强后续的关注,在临近期末、毕业等阶段加强监测。

(5)家校社会联动。家庭、学校与社会齐动,维护大学生心理健康。

2. 健全心理危机预警网络

从一级决策层,二、五级以心理健康教育从业者及朋辈为主的心理健康工作层到三、四级包括辅导员、任课教师、宿管、班级心理委员和宿舍长等在内的信息收集层,五级网络环环相扣,让有效监测、快速反应能够事半功倍。

3. 建立健全快速反应机制

一旦快速反应机制中任一级工作网络给出了预警信号,各级可以快速做出反应,提高应急工作的有效性。

第六节 大学生焦虑症

一、对焦虑的认识

随着社会经济的高速发展,社会变得越来越复杂,各种压力影响着人类心理健康水平,产生各种心理障碍。心理障碍的解释有三类：生物学解释、心理学解释和社会学解释。生物学解释强调身体部件的重要性，特别是大脑。因此，抑郁、焦虑和精神分裂等心理障碍可以看作是这些身体部件的功能失常或运作不正常。一般认为，功能失常是遗传造成的，也可能是系统损伤所致的。在解释障碍的成因上，社会学解释强调生活经历的重要性。如糟糕的经历或困难的家境等都会导致心理困扰。心理学解释说明心理过程的重要性，认为是心理过程出现了问题，如在产生和保持障碍中，人们错误地思考和不适当地学习。心理学理论提出，焦虑属心理障碍的一种，同抑郁一样，也是十分常见的现象，不仅存在于大多数人的生活中，而且也是其他心理障碍共有的因素。焦虑是指人由于不能达到目标或不能克服障碍的威胁，致使自尊心和自信心受挫或使失败感和内疚感增加，形成一种紧张不安并带有恐惧的情绪状态，是一种情绪感受，可以通过身体特征清楚地表现出来，如肌肉紧张、出汗、嘴唇干裂和眩晕。焦虑也有一种认知成分，通常由多种成分构成，主要是以为将来会发生不愉快的事情。焦虑既能导致精神疾病，也能导致身体疾病，如气喘、头痛、溃疡和失眠等。有研究表明，心脏病和癌症在某些程度上都与焦虑有关。

在大学生这一特殊群体中，焦虑是常见的情绪和心理障碍，如学习成绩、就业压力和人际交往等让部分大学生感觉不安、烦恼和难以处理的现象，或多或少地反映出一些焦虑情绪及状态。焦虑是影响大学生心理健康水平的主要因素之一，它干扰大学生的学习，破坏大学生的正常生活，对大学生的身心健康发展造成了不良影响。因此，对大学生焦虑障碍进行研究有着重要的现实意义。

二、大学生产生焦虑的因素

(一)人格变量因素

2000 多年前，古希腊哲学家曾问自己："所有的希腊人都生活在同一片天空下，都受着相似的教育，可是为什么我们会有各种各样不同的性格呢?"生活中不难发现，一些人大多时候都愉快而乐观，另外一些人则总是闷闷不乐、压抑沮丧。一些人责任感很强，工作勤奋，而另一些人则得过且过，从不为工作多费心思。人格是指能够导致情感和动机水平一致的个体差异的相对稳定的内部因素。人格的核心是价值观。在个人心理和行为系统中起核心支配作用的是个人的价值观念，由价值观可引申出苦乐观、生死观、社会态度、理想和信仰等。

大学生正处于青春期和青春后期，无论在生理上还是在心理上，都是处于高速成长与发展的阶段，自我定位难以把握。构建人生价值观是大学生发展的重中之重内容，客观评价自己，正确确定人生目标是大学生发展的关键所在。

(二)学业压力变量因素

具有高特质性焦虑的人比低特质性焦虑的人在任何时间和场合都更加容易产生焦虑，或者说，焦虑水平更高一些。对于高特质性焦虑的人来说，较少的外部压力就会引起他们的应激反应。低特质性焦虑的人大部分时间都很放松，他们的焦虑性水平也不会随着情境的改变而变化，较高的外部压力才能引起他们的应激反应。考试的焦虑是学生学业压力因素中最为主要的焦虑之一，可以说，学生都体验过考试焦虑这种状态焦虑，特别是考试结果会影响学生今后个体发展的相关考试,例如,各类等级考试、研究生入学考试等。因此高特质性焦虑引起高水平考试焦虑的人容易会被考试压垮或者搞得惊慌失措。而对于低特质性焦虑的人来说,只要考试焦虑不是异常严重,他们会毫不费力地克服掉。

(三)社会变量因素

社会环境的急剧变化是社会焦虑出现的重要原因。社会焦虑是指由于社会中的不确定因素而在民众中产生的压抑、烦躁、不满和非理性冲动等紧张心理。这一紧张心理积聚到一定程度就会形成社会冲突或用其他方式释放出来,当社会发展与大学生认同心理发展不同步时,必然导致心理失衡,进而引发普遍的社会焦虑。例如,社会所需人才与高校扩招后大学毕业生数量增加之间的矛盾形成了大学生就业市场的激烈竞争,造成社会发展需求与大学生就业认同心理发展的不同步性,导致大学生社会焦虑水平升高。

三、大学生焦虑症与体育运动

为有效解决大学生焦虑症,首先,应注重应用健康信念模式进行健康教育。健康信念模式遵照认知的理论原则,强调个体的主观心理过程,即期望、思维、推理和信念等对行为的主导作用。健康信念的形成是人们接受劝导,改变不良行为的关键。其次,利用运动锻炼的方式来转移焦虑带来的烦恼是行之有效的方法。近年来,一些国内、外的相关研究证明,适度的身体锻炼对调节和控制焦虑水平,改善心境状态有着明显的效果。研究表明,参加业余体育活动有利于减轻焦虑的压力。还有研究表明:体育锻炼不仅能改善情绪和提高生活质量,而且,长期接受运动训练可出现心理早熟现象,与同龄相比,运动员更多地表现出敢为性、意志性和情绪稳定性。

体育运动对焦虑的影响,其本质是体育运动在很大程度上能改变人的情绪。从表面上看,情绪是一些身体的变化和情感的表现。事实上,情绪包含的行为、行动和社会相互作用的倾向或习性,还提供给人类一种理解世界的不同方式,可以这样说,情绪能帮助人类感受事物。情绪(如焦虑)总伴随着生理变化(如心跳),每一种情绪状态都有一种明显的生理模式,而情绪只是对身体内部发生的事情的感觉。

第七节　体育锻炼对心理健康的作用

一、体育锻炼有助于智力的发展

体育运动是一种积极,主动的活动过程,在此过程中练习者必须组织好自己的注意力,有目的地知觉(观察)、记忆、思维和想象。因此,经常参加体育运动能改善人体中枢神经系统,提高大脑皮层的兴奋和抑制的协调作用,使神经系统的兴奋和抑制的交替转换过程得到加强,从而改善大脑皮层神经系统的均衡性和准确性,促进人体感知能力的发展,使得大脑思维想象的灵活性、协调性、反应速度等得以改善和提高。经常参加健身活动还能使人在空间和运动感知能力等方面得以发展,使本体感觉、重力感、触觉和速度、高度感等更为准确,从而提高了脑细胞工作的耐受能力。此外,体育运动还能缓解日常学习和生活的紧张,能降低焦虑水平,缓解紧张的内在机制,改善神经系统的工作能力。

二、体育运动能提高自我知觉和自信心

大学生在个体健身活动的过程中由于健身的内容、难度、目标,以及与其他参加健身的个体接触,不可避免地会对自己的行为、形象、能力等进行自我评价,而个体主动参加健身活动一般都会促进积极自我知觉。同时,个体参加健身活动的内容绝大多数是根据自我兴趣、能力等选择的,他们一般都能很好地胜任健身的内容,这有利于增强个体的自信心和自尊心,并能在健身活动中寻求到安慰和满足。

三、体育运动能增强人际关系和谐

体育运动有利于形成和改善人际关系。随着社会经济的发展以及生活节奏的加快,许多生活在大城市的人越来越缺乏适当的社会联系,人与人之间的关系趋向冷漠。因此,体育运动就成为一个增进人与人接触的最好形式。通过参加体育运动,可使人与人之间互相产生亲近感,使个体社会交往的需要得到满足,丰富和发展人们的生活方式,这有利于个体忘却学习和生活带来的烦恼,消除精神压力和孤独感。并在体育运动中,找到志趣相投的知音。从而,给个体带来心理上的益处,有利于形成和改善人际关系。

四、体育运动能调节情绪

大学生的情绪具有多变性。情绪好时,精神振奋;情绪不好时,垂头丧气;有时因失意或其他什么不如意的事情而感到情绪压抑;有时又会因为如愿以偿而感到欣然自得。青年人对刺激情境变化的敏感是情绪不稳定的主要原因。

激素是调节机体生理生化活动的重要物质,内分泌活动发生紊乱,就会引起机体的生理活动失调。如甲状腺素和去甲状腺素的含量偏高或偏低都会使人情绪处于波动状态。甲状腺素含量过高,人就可能表现出狂躁不安;去甲状腺素衰竭时,人就会表现出抑郁烦闷。

体育运动可以锻炼人的意志,增强人的心理坚韧性和处理应激情景的能力。大学生具有较高的文化修养,具备反省自身弱点的能力和控制自己情绪变化的能力。一个理智强的大学生面对不良的情绪波动时,能主动地寻找引起情绪波动的原因,并不断地调节自己的情绪状态,避免情绪波动造成的不利影响。

五、体育运动能消除疲劳

疲劳是一个综合性症状,与人的生理和心理因素有关。当一个人从事活动时情绪消极,或当任务的要求超出个人的能力时,生理和心理都会很快地产生疲劳。然而,如果在从事体育运动时保持良好的情绪状态和保证中等强度的活动量,就能减少疲劳。因此,体育运动对治疗神经衰弱具有特别显著的作用。

六、体育运动能治疗心理疾病

体育运动是治疗抑郁症的有效手段之一。就目前而言,尽管一些心理疾病的病因以及体育运动为什么有助于心理疾病消除的基本机制尚未完全清楚,但体育运动作为一种心理治疗手段在国外已开始流行起来。有氧练习可降低焦虑、抑郁;对长期性的轻微到中度的焦虑症和抑郁症有治疗作用;锻炼者参加锻炼前的焦虑、抑郁程度越高,受益于健身活动的收获也越大;健身活动后,即使心血管功能没有提高,焦虑、抑郁程度也可能下降。

总之,体育不仅是发展大学生健康体质的需要,而且也是大学生发展心理、实现自我完善的需要。针对大学生年龄阶段心理不成熟、不稳定的主要特征,以及大学生培养自我意识、情感、意志、性格等方面的需要,开展高校体育活动,组织大学生参与或观赏各种形式的体育活动,通过体育课教学、体育训练和比赛的自我效果评价,以及通过各种体育传播媒介,大学生不仅可以增强体质,增进健康,而且可以锻炼意志、陶冶情操、发展情感、完善自我,并在体育活动中拓宽视野、增长才智,正确处理个人与集体的关系,区分真、伪、丑、美,提高思想境界,树立正确的价值观。

第六章 性与生殖健康

第一节 性与生殖健康的基本知识

一、性与性健康的概念

性的含义有广义和狭义两层,广义的性是指性别,即男女两性在生物学、心理学和社会学上的特征之和。生物学层面指生命的孕育和诞生以及性别的由来,性的健康与疾病;心理学层面指身为男女两性的感觉、思维、态度和情绪表现;社会学层面指性的观念,性别的社会化,两性的交往与关系,性别角色,两性的权利、义务与性别平等,以及性的道德界限与法律规范等。狭义的性指人类生理本能的需求和繁殖后代的行为,强调性的生殖功能和快乐功能。

性健康是指具有性欲的人在躯体上、感情上、知识上、信念上、行为上和社会交往上健康的总和。它表现为科学的性知识、正确的性观念、高尚的性道德、健康的性行为。

二、生殖健康的概念

生殖健康是指在生命所有阶段的生殖功能和过程中身体、心理和社会适应的完好状态,而不仅仅是没有疾病和虚弱。其内涵主要强调人们能够进行负责、满意和完全的性生活,而不担心传染疾病和意外妊娠;人们能够生育,并有权力决定是否生育、何时生育和生育间隔;妇女能够安全地通过妊娠和分娩,妊娠结局是成功的,婴儿存活并健康成长;夫妇能够知情选择和获得安全、有效和可接受的节育方法。

三、性生理

(一)男性生殖器官

男性生殖器官分为内生殖器官和外生殖器官两部分(见图 6-1-1)。

内生殖器官由生殖腺(睾丸)、输精管道(附睾、输精管、射精管、尿道)和附属腺体(精囊腺、前列腺和尿道球腺)组成。睾丸是产生精子和分泌雄性激素的器官,睾丸产生的精子先储存在附睾内,射精时经输精管、射精管和尿道排出体外。精囊腺、前列腺和尿道球腺分泌的微碱性的液体参与组成精液,供给精子营养,并有利于精子的活动。

外生殖器官包括阴囊和阴茎,后者是性交的器官。

(二)女性生殖系统

女性生殖器官包括内生殖器(见图6-1-2)和外生殖器。

内生殖器内生殖腺(卵巢)、输送管道(输卵管、子宫、阴道)和附属腺体(前庭大腺)组成。卵巢是产生卵子和分泌雌性激素的器官,成熟的卵子突破卵巢表面生殖上皮至腹膜腔,再经输卵管腹腔口进入输卵管,在管内受精后移至子宫内膜内发育成长。成熟的胎儿在分娩时从子宫口经阴道娩出。

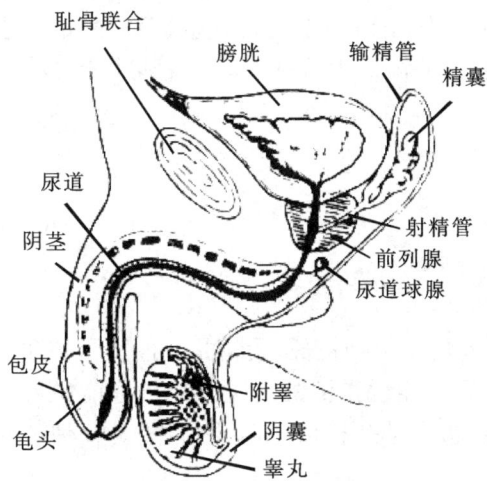

图6-1-1　男性生殖系统

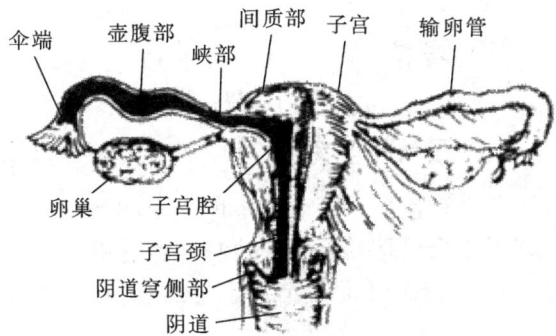

图6-1-2　女性内生殖器

四、性行为

性行为是指人类以满足性欲望、性愉悦或生殖为目的的性交活动。性行为的分类方法如下。

(一)按性行为对象来分

可分为异性恋和同性恋。在性行为中指向异性,是一种普遍的性行为,为异性恋;指向自己的为自恋;指向同性别的即为同性恋。

(二)按性行为的性质来分

有目的性性行为、过程性性行为、边缘性性行为和类似性性行为。目的性性行为,是指性交。性交是性行为的直接目的和最高体现,它能使个体获得性快感和性欲满足,在性行为中居核心地位,故又称核心性行为。过程性性行为,是指不以性交为目的,使性欲得到一定程度补足和获得某种性快感的性行为,行为的辅助行为,如抚摸、拥抱、亲吻或说情话等。边缘性性行为,是指为了交流爱的情感而进行的行为,边缘性性行为有时很隐晦,仅仅表现为眉来眼去,这些情爱表示男女间相互心中有数,他人则往往茫然不知。类似性性行为,指类似性交以获得性快感、实现性满足的行为。最常见的是手淫。

第二节　友谊、爱情、婚恋、家庭与伦理道德

一、友谊

友谊是一种来自双向(或交互)关系的情感,即双方共同凝结的情感,必须共同维系,任何单方面的示好或背离,不能称为友谊。友谊以亲密为核心成分,亲密性也就称为衡量友谊程度的一个重要指标。亲密度达到一定程度后即使这份友谊因事淡化,这份美好的记忆也会终生珍藏在"永恒的"回忆中,当再次重逢时它也会由怀旧中寻回,这种情感才能被称为"永恒的"友谊。

二、爱情

(一)爱情的含义

什么是爱情？爱情是一种情缘,可遇不可求。爱情是一种责任;爱情是一面镜子。莎士比亚说:"爱情是一种甜蜜的痛苦。"爱情,是一种没有人能说得清的感觉。如果你能说得清楚它,那就绝对不是爱情。恋爱的心理学上的描述:恋爱是一种情感需要;恋爱是一种认知活动;恋爱是一种态度表达。

爱情是一对男女基于一定的社会基础和共同的生活理想在各自内心形成的相互倾慕,并渴望对方成为自己终身伴侣的一种强烈、纯真、专业的感情。

(二)爱情的特征

互爱性和平等性;专一性和排他性;持久性和阶段性;社会性和道德性。

(三)爱情的地位和作用

爱情和事业构成生活的两翼;爱情具有神奇的力量。爱不仅仅是一种情感,还是一种动力、一种艺术。爱一个人就意味着你有能力去帮助他(她),且善于帮助他(她)。这仅靠有一颗爱心是不够的,还必须有爱的素质、爱的能力,唯此才能创造出真正的爱。

三、婚姻、家庭及家庭伦理的构建

所谓婚姻,是由一定社会制度或风俗所确认的男女两性的结合以及由此而产生的关系(夫妻关系)。家庭则是由婚姻关系,血缘关系或收养关系而发生的亲属之间的社会生活组织。婚姻和家庭是密切联系的,婚姻是产生家庭的前提,家庭是缔结婚姻的结果。

家庭的伦理道德功能,具体体现如下:第一、家庭伦理是家庭成员获得情感满足的重要源泉;第二、家庭伦理是家庭在个体思想道德品质的形成中发挥着基础性作用;第三、家庭伦

理虽然是在社会伦理在家庭领域中的具体体现,它具有社会伦理所具有的一般特征,但它又以其特殊的内容和作用影响着社会伦理的发生和发展。总之,如果说"家庭是社会的胎盘",那么家庭伦理也是社会伦理的胎盘。

第三节　优生优育与适宜有效的避孕方法

一、优生优育的十项检查

关于优生优育,有十个检查项目:①弓形虫 IgG 抗体;②弓形虫 IgM 抗体;③巨细胞病毒 IgG 抗体;④巨细胞病毒 IgM 抗体;⑤风疹病毒 IgG 抗体;⑥风疹病毒 IgM 抗体;⑦单纯疱疹病毒 2 型(HSV‐11)IgG 抗体;⑧单纯疱疹病毒 2 型(HSV‐11)IgM 抗体;⑨单纯疱疹病毒 1 型(HSV‐1)IgG 抗体;⑩单纯疱疹病毒 1 型（HSV‐1）IgM 抗体。

二、优生优育注意事项

(一)科学选择最佳受孕时机,为优生创造条件

(1)要科学选择最佳的生育年龄:妇女生育时最佳年龄为 25～29 岁,男子不宜超过 40 岁;

(2)选择最佳季节怀孕,3 月—4 月或 8 月—9 月份受孕最佳时机;

(3)新婚期间,为创办婚礼购买礼品,过度疲劳或者大量饮酒,不宜受孕;

(4)怀孕前半年,男子最好不吸烟、少喝酒,女性不能受 X 光照射,不能接触有毒有害物质,不能乱服药,夫妇双方应保持身心健康。

(二)要做到生要有计划,不生要有措施。

这就需要落实安全有效的避孕措施。育龄群众知道自己在生育调节方面的权利和义务,知道避孕节育的种类、基本原理、适应症、自主选择并获得一种可靠避孕节育措施。在计划生育部门和医师的技术指导下进行的,落实避孕节育措施,要求每对夫妇能懂得五种以上避孕方法及其各种避孕方法的优缺点,熟练掌握三种以上避孕方法,选择一种安全、可靠、长效的避孕节育措施。

三、适宜有效的避孕方法

如果暂时不想怀孕,就要做好避孕措施。避孕方法有很多种,常用的避孕方式有安全期避孕、使用避孕套、口服避孕药、体外排精和宫内节育器避孕等。

(1)安全期避孕是一种自然避孕方式,月经周期规律的女性可以推算出排卵日,在排卵日前后 4～5 天是排卵期,这之外的日子就称为安全期,但安全期避孕并不可靠,仍然有可能会导致怀孕。

(2)避孕套目前常用的是男用避孕套,不仅可以避孕,而且可以防止性传播疾病的感染,

每次同房时要全程使用,事后要检查有没有避孕套破裂的情况。

（3）口服避孕药包括长效、短效和紧急避孕药,要严格按照说明书服用。但是紧急避孕药只是对没有保护的性生活的一种补救措施,不能保证避孕效果,建议还是口服短效避孕药或长效避孕药更合适一些。

（4）体外排精,即在性交达到高潮即将射精时,阴茎迅速退出阴道,将精液射到体外,勿让精液进入阴道,从而达到避孕目的。此方法简便,但必须在夫妇双方密切配合下方能使用。

（5）宫内避孕器是一种长效避孕装置,不同节育器的有效期不一样,一般都在5年以上,避孕效果比较确切。

还有些避孕方式要通过手术完成,比如输精管结扎、输卵管结扎等,避孕效果好,但几乎是不可逆的,如果要再怀孕,行复通手术成功的几率比较低,目前很少采用。避孕方法很多,具体采取什么样的措施要根据自身的情况来决定。

第四节　非意愿妊娠和应对措施

一、非意愿妊娠的定义

非意愿妊娠(或非意愿怀孕)是指没有准备及计划而发生的妊娠,主要是发生性交行为时没有使用有效的避孕方法或使用不当导致的。

非意愿妊娠是一个与意愿妊娠相对的概念,随着人工避孕方法逐步出现,社会对人口问题、女性性解放与生育控制、孕产妇与婴儿死亡率的关注度逐渐上升,加之人们意识的转变,非意愿妊娠和意愿妊娠的概念才逐步被广泛应用,并且被社会认知。

二、非意愿妊娠的影响

(一)对个人的影响

1. 影响身体健康

人工流产是指因非意愿妊娠、疾病等原因而采用人工方法终止妊娠,是避孕失败的补救措施。可能对身体造成的伤害有:盆腔炎性疾病、宫腔粘连、增加不孕风险、对再次妊娠与分娩过程和结局产生不利影响。如果选择在非正规医疗机构或采用不安全方法进行人工流产,则可能会增加意外情况的发生概率,甚至危及孕妇的生命。

对于青少年来说,其生殖系统尚未完全发育成熟,自身生理条件通常还未达到孕育新生命的最佳时期,若发生非意愿妊娠,孕育胎儿会引起许多身体问题。比起年长的女性,青少年怀孕可能会引起一系列健康问题,包括贫血、疟疾、艾滋病病毒感染和其他性传播感染、产后出血和精神疾病,如抑郁症等。

2. 影响心理健康

非意愿妊娠还可能对心理带来一些影响,由于妊娠的发生出乎意料,容易出现焦虑、不安、烦躁、紧张等负面情绪。对于未婚先孕的女性来说，中国社会的传统观念中对未婚先孕的污名与歧视，容易造成女性的低自尊感。

（二）对胎儿的影响

通常来说，非意愿妊娠者接受定期产前保健和进行母乳喂养的比例低于意愿妊娠者，婴儿出现低体重和早产现象的概率也比较大。

对于青少年来说，在身体上，青少年的身体还未发育成熟，不具备孕育新生命的最适宜身体条件，容易造成对自身和胎儿的伤害。青少年怀孕产下的婴儿中发生早产、低出生体重和窒息的比率更高，这些情况都会增加孩子的死亡概率和将来发生健康问题的可能性。世界卫生组织数据显示，20 岁以下的母亲所生婴儿发生死产概率以及婴儿在出生一周内死亡的比例比 20～29 岁母亲所生婴儿高出 50%，母亲越年轻，婴儿死亡的风险就越高。在心理上，青少年年龄尚小、阅历不足，还没有完全做好为人母的准备，无法为婴儿的成长提供良好条件。

（三）对家庭的影响

非意愿妊娠也可能会对家庭造成影响。非意愿妊娠发生后，怀孕女性与伴侣通常需要共同面对这一事实，伴侣的决策会影响怀孕女性的决策，在做出决策的过程中，伴侣双方可能会产生一些矛盾，指责对方未能持续使用避孕措施、不够负责任等。同时，一些未婚女性不愿告知父母自己怀孕的事实，以免受到父母责备。这些因素都会对家庭人际关系造成影响。

三、应对措施

（一）个人

在发生非意愿妊娠时，可与伴侣共同商讨，考虑终止妊娠对自己身体和心理的利弊，寻求医生建议，尽快决定是否终止妊娠。若是未成年人，则需要及时寻求父母的支持，并参考医生给出的建议，在正规医院进行处理。

若决定终止妊娠，则需要根据孕周选择不同的终止妊娠方式。怀孕 10 周以内，可以选择人工流产或者药物流产；怀孕 10～13 周，需要行钳刮术；孕周 13 周以上需要行中期引产术。孕周增大，手术难度和手术并发症的机会也会增加。因此，决定之后需尽快去正规医院咨询手术事宜。

（二）国家

医疗机构、学校应该加强生殖健康宣传教育，引导选择高效、合适的避孕措施。婚前健康教育关口应前移，在青少年时期就应开展全面性教育，让学生掌握避孕与性决策知识，教育学生要快乐更要健康，懂得使用避孕措施的意义。另外，国家也需要强化计划生育服务工作，提供针对青少年的性与生殖健康优质服务，重视男性伴侣的全面性教育与宣传工作。

第五节　常见生殖健康问题与自我保健方法

一、手淫

手淫是指用手或其他物品刺激玩弄外生殖器官,以满足性欲要求的现象。男性手淫时一般只是摩擦勃起器官,而女性通过抚摸阴蒂、阴道或乳头使自己兴奋,方式多种多样。手淫是性成熟男女常见的一种性行为。一般来说,偶尔手淫或未婚男女每月手淫1~2次对健康不会有影响。

过度手淫会对身体产生不良影响。首先,过度手淫使性器官经受了强烈刺激的锻炼后,对于较小程度的刺激便会不起作用,进而导致婚后易出现男性性交不射精,女性性交快感缺乏。其次,过度手淫会诱发男性无菌性前列腺炎或女性盆腔淤血。第三,过度手淫男性易引起阴茎痛,使生殖器出现损伤,造成充血、水肿、溃破、感染等不良反应,有损身体健康;女性易引起阴道受损,感染。最后,过度手淫会产生自卑、内疚、自责、后悔等复杂心理,影响心理健康。

大学生要积极参加集体活动和文娱活动,培养广泛的兴趣和爱好。要精神愉快,生活要有规律。要按时睡眠,按时起床,特别是醒后不要贪床。不要看淫秽读物。睡前可用温水沐浴或洗脚以帮助入睡。睡眠时所用被褥不要过暖过重。应注意生殖器的清洁卫生,要经常清洗,以除去积垢的不良刺激。内衣裤要经常换洗,内衣的材料质地要柔软,且不要过小过紧。

二、遗精

男性在无手淫与性交等情况下发生射精称为遗精。遗精也是一种反射活动,可由精神或局部刺激引起,如性梦、包皮垢、紧身裤、仰卧时被子的压迫、被褥过热等。清醒时的遗精也是性刺激所致。偶有遗精但无明显不适感,属正常生理现象。但如果每月遗精四次以上,伴有明显的头昏、记忆力减退、腰酸背痛、直立性脑晕等,则有可能是病理性遗精。

遗精患者由于性欲观念较强,因此入睡前不要阅读色情小说、色情图片、不回忆电影或电视中的性刺激性镜头,这样有利于降低大脑的兴奋性;入睡时不要抚摸生殖器,被子不要过软、过暖,入睡时取侧卧位;要养成经常清洗生殖器的良好习惯;少食、少饮高热量的食物和饮料,避免促进性欲的食物或药物;对于大多数病理性遗精,频繁手淫往往是一个诱因。

三、性焦虑

大学生处于青春期发育基本成熟的时期,在一定程度上是能够意识并体验到自己内在的性心理特征。他们由于一些外在诱因(网络、黄色刊物等),产生性好奇和接近异性的欲望,强烈的性意识和性冲动,但由于环境和道德观念的限制,好奇心和欲望感不得不被强制压抑,往往处于莫名的烦躁与不安之中。如表现出一种焦虑、自责和矛盾的情绪状态。这种性焦虑主要指对自己形体的焦虑。对自己性角色的焦虑及对自己性功能的焦虑。

一旦发生性焦虑,应积极主动接受性健康教育,接受现实,调整心态,树立正确的审美观,扬长避短,发挥自己的聪明才智,适应社会;对性生理、性心理方面的困惑,及时咨询专业人员,减轻心理压力;积极参加有益活动,在活动中交流情感,发挥才智,转移注意,健康成长。

四、性骚扰和性侵害

性骚扰与性侵害是指主要以女性为目标,以暴力、胁迫或其他手段,违背其意志,以玩弄或占有女性为目的的行为。对女性的性骚扰甚至性侵害,不仅使被害人的身心受到创伤,而且还严重污辱了被害人的人格尊严,导致被害人精神崩溃甚至自残、自杀等严重后果。

大学生受性骚扰有三种类型:公交色狼、校园性骚扰、公众场所和偏僻处发生的性骚扰。大学生受性侵害有三种类型:暴力胁迫、网恋、社交(包括家教、交友、求职)。

女大学生对性侵害的预防包括:树立预防性侵害意识,关注所处环境,谨慎结交异性朋友并注意相处方式,有选择地参加社会活动。遭受性侵害时,应保持头脑清醒并尽量控制情绪,从而找出脱困方法;利用一切可以利用的环境因素,在自保的前提下,采取恰当的措施进行反抗;可采取一些暴力防卫措施(如踢裆、抓阴);抓住一切有利时机,创造条件迅速脱身。性侵害发生后,应及时报案不要犹豫、拖延,报案后积极配合调查,并调整自己的心态,尽快走出受伤阴影。

第六节 无保护性行为对身心健康的影响

无保护的性行为又被称为危险性行为,所谓危险性行为,指的是没有任何避免怀孕措施就进行性行为。其对女性身心健康会产生一定的影响。

一、生殖道感染

现代大学生思想比较开放,对婚前性行为比较宽容,但又缺乏对性基本的正确认识,也缺乏最基本的性卫生保健常识,自我保护意识差,有些人甚至多个性伴侣,也有些性行为是由于一时激情而发生,并不注意时间、环境、卫生等因素。再加上担心受孕,精神紧张,造成抵抗力下降而发病。另外由于有些学生受传统思想的束缚,产生顾虑,患病后不能及时规范治疗,可使病情反复发作,甚至迁延不愈,形成慢性盆腔炎,导致不孕、输卵管妊娠,从而影响女生的生殖健康及以后的家庭幸福,也给社会带来多方的负面影响。根据中华医学会生殖学会数据资料显示,每年约有 8 亿个周期的试管婴儿,而其中不孕症中的 60% 是管性不孕,而这些管性不孕绝大多数是女性生殖道感染所致。由于无保护性的婚前性行为,近年来青年学生已成为艾滋病及其他性传播疾病感染的主要群体,给艾滋病的防治带来了挑战,也给社会带来了不安定因素。

二、非意愿妊娠

在高校中未婚先孕已成为不容忽视的问题。现代妇产科学的进展使人工流产成为一类简单、方便而又十分成熟的临床技术。尽管这项技术的安全系数很高,但毕竟属于创伤性操作,对手术者有一定的不可避免的副反应和并发症,尤其是重复流产和年龄较轻、尚未生育的青春期女性,会给生殖健康带来损伤,甚至会对生育功能造成严重的不可逆的伤害。女性不孕症中 86.61% 有未婚流产史。除了人流术中、术后可能出现诸如出血、子宫穿孔、羊水栓塞、感染、宫腔粘连、月经异常、继发不孕等并发症外,还可使以后流产的危险度为正常 1.5 ~2.58 倍,早产及分娩低体重儿的危险度为正常的 2.5 倍;重复流产使不孕率显著增加。由于是在校学生,又受传统观念的影响和束缚,以及经济上的压力,她们甚至会选择不安全的人工流产服务。并且术后得不到充分休息,以及术后产生的心理障碍等因素,都会增加人工流产的近远期并发症的发生率。

第七节　常见性传播疾病和预防

一、概述

性传播疾病是指以性接触为主要传播途径的一组传染病,通过或可通过性接触在感染者与未感染者之间传播流行。我国曾称其为"花柳病""性病"。过去列入性病的只有梅毒、淋病、软下疳、性病性淋巴肉芽肿及腹股沟肉芽肿等疾病。国际上将二十余种与各种性行为、性接触密切相关的传染病统称为"性传播疾病"(STD),包括:细菌感染类淋病、梅毒、软下疳、腹股沟肉芽肿、细菌性阴道病等;病毒感染类尖锐湿疣、生殖器疱疹、上皮软疣、艾滋病等;衣原体感染腹股沟淋巴肉芽肿、非淋菌性尿道炎与子宫颈炎等;支原体感染非淋菌性尿道炎与子宫颈炎等;其他感染滴虫性阴道炎、生殖器念珠菌病、股癣、阴虱病、疥疮等。

我国《传染病防治法》把淋病和梅毒列为乙类传染病进行防治。通过对国家卫生健康委员会疾病预防控制局网址公布的数据统计发现,近十年来,我国淋病、梅毒发病数均有不同程度的上升趋势,尤其是梅毒,上升较为明显,应该引起大学生的注意(见表 6-7-1)。

表 6-7-1　我国近十年淋病、梅毒发病数、死亡数一览表

年度		2011	2012	2013	2014	2015	2016	2017	2018	2019	2020	平均
发病 (万例)	淋病	9.8	9.2	10	9.6	10	11.5	13.9	13.3	11.8	10.5	10.96
	梅毒	39.5	41	40.7	41.9	43.4	43.8	47.6	49.5	53.6	46.4	44.74
死亡 (人)	淋病	1	1	1	2	1	1	1	1	—	—	—
	梅毒	75	79	69	69	58	53	45	39	42	54	58.3

注:数据来源于国家卫生健康委员会疾病预防控制局网址发布的年度全国法定传染病疫情统计数据。

二、梅毒

梅毒是由梅毒螺旋体(也称苍白螺旋体)所引起的一种慢性全身性性传播疾病,可侵犯许多器官组织和系统,主要通过性接触和血液传播,其中性接触传播占 95% 以上。本病危害性极大,可侵犯全身各组织器官或通过胎盘传播引起胎儿流产、早产、死产和胎传梅毒。

梅毒具有潜伏感染和反复发作的特征。一期感染表现为局部的溃疡或硬下疳;二期感染为梅毒血症,主要表现有各种皮肤黏膜损害和淋巴结肿大;三期感染表现为心脏、眼或耳的异常,以及树胶肿和中枢神经系统损害等。梅毒感染后,可发展为系统性疾病;妇女在感染后不久,就能传染给子宫内的胎儿。

梅毒分布于全世界。近年来,在男性同性恋中梅毒的发病率有所增加,表现为原发性肛门直肠感染,并出现了大量合并人类免疫缺陷病毒(HIV)感染的患者。

三、淋病

淋病是淋菌性尿道炎的简称,是主要的性传播疾病之一。淋病是由淋球菌引起的,是通过性行为或其他性活动,如接吻等来进行传播的。通过性行为传播的概率占到90%以上。除了性行为可以传染以外,有时还会被有淋球菌污染的衣物和用品传染或母婴传播,但大多数淋病还是通过性行为传染的。淋球菌离开人体后不易生长,对理化因子的抵抗力弱,42℃存活15分钟,50℃只存活5分钟;在完全干燥的环境中1~2小时即死亡,但在不完全干燥的环境和脓汁中则能保持传染性十几小时,甚至几天。对一般消毒剂亦很敏感,1∶4000硝酸银溶液7分钟死亡,1%苯酚1~3分钟死亡,0.1%升汞溶液可使其迅速死亡。

淋病的潜伏期一般比较短,在1~10天内,平均3~5天。主要临床表现为男性突然出现小便时尿道疼痛,小便次数增多,尿道口红肿痛并有多量黄白色分泌物流出,用手挤压阴茎根部和中段,脓液流出会增多,并且在内裤上可见到黄色的脓痂。女性突然出现小便时尿道疼、小便次数增多、尿道口流脓,尿道症状一般不如男性明显而剧烈,甚至可以完全没有尿痛、尿频和尿道流脓症状。

四、非淋菌性尿道炎

由淋球菌以外其他微生物引起的尿道炎统称为非淋菌性尿道炎。本病发病率高。女性患病率约为男性的4倍,可能与用避孕药、避孕环有关。除显性感染外,多见于无症状病原携带者,如潜伏期患者、恢复期携带者、隐性感染者等(5%~20%男性,60%以上女性感染后可无症状)。传染途径主要是性接触传染、经产道传染、生活中密切接触传染,少数为间接传染。40%~50%的非淋菌性尿道炎由沙眼衣原体引起。衣原体不耐热,在室温下迅速丧失其传染性,50℃30分钟可被杀死;30%的非淋菌性尿道炎由解脲支原体引起。解脲支原体常寄生于人的尿道上皮,可将尿素分解为氨。能于细胞外独立生活,对外界环境抵抗力弱,45℃15分钟即可被杀死;10%~20%的非淋菌性尿道炎由其他病原体引起,如滴虫、白色假丝酵母菌、疱疹病毒、人乳头瘤病毒等。

本病潜伏期1~3周。男性临床典型表现为尿道痒及轻重不等的尿痛、尿急及烧灼感,疼痛较淋病轻,尿道口轻度红肿,可见浆液性尿道分泌物,稀薄、量少,晨起有"糊口"现象。有的患者症状不明显或无任何症状,初诊时往往被误诊。女性患者主要感染子宫颈,表现为急、慢性宫颈炎,白带增多,阴道及外阴瘙痒,下腹不适感,轻度排尿困难和尿频,亦可无症状。

五、尖锐湿疣

尖锐湿疣是由人类乳头瘤病毒(HPV)所致,常发生在肛门及外生殖器等部位的一种以赘生物为主要特征的性传播疾病。尖锐湿疣主要通过性行为传染,也可以通过间接(非性)接触、母婴等途径传播,在全世界发病率呈增高趋势。人是人类乳头瘤病毒的唯一宿主。HPV 主要感染上皮组织,经过一定的潜伏期而出现赘生物。本病好发生于性活跃的中青年。潜伏期一般为 1~8 个月,平均为 3 个月。外生殖器及肛门周围皮肤黏膜湿润区为好发部位,男性多见于龟头、冠状沟、包皮系带、尿道口、阴茎部、会阴,同性恋者多见于肛门及直肠内,女性多见于大小阴唇、阴道口、阴蒂、阴道、宫颈、会阴及肛周。临床主要症状为皮损,初起为单个或多个散在的淡红色小丘疹,质地柔软,顶端尖锐,后渐增多增大,依疣体形态可分为无柄型(即丘疹样皮损)和有柄型,后者可呈乳头状、菜花状、鸡冠状;疣体常呈白色、粉红色或污灰色,表面易发生糜烂,有渗液、浸渍及破溃,尚可合并出血及感染,多数患者无明显自觉症状,少数可有异物感、灼痛、刺痒或性交不适。宫颈部位疣体通常较小,界限清,表面光滑或呈颗粒状、沟回状,妊娠时可明显增大增多。少数患者疣体过度增生成为巨大型尖锐湿疣,个别可发生恶变。

六、生殖器疱疹

生殖器疱疹是由单纯疱疹病毒(HSV)感染所引起的。单纯疱疹病毒分为两型,即 HSV-1 和 HSV-2。HSV-1 通过呼吸道、皮肤和黏膜密切接触传染,主要引起口唇、咽、眼及皮肤感染,约 10% 可引起生殖器感染。HSV-2 则是生殖器疱疹的主要病原体(90%),存在于皮肤和黏膜损害的渗出液、精液、前列腺分泌液、宫颈、阴道分泌液中,主要通过性交传染,引起原发性生殖器疱疹。人生殖器疱疹的传染源是患者及亚临床无症状的带病毒者,尤其是在患者的生殖器皮肤或黏膜的疱疹内含有单纯疱疹病毒,可通过性接触而传染给配偶或性伴,也可在同性恋者中互相传染。有时在口腔或口腔周围患有疱疹的人,可通过口交传染生殖器疱疹。因此,不同方式的异性性行为,也可传播生殖器疱疹病。由于有感染性的病毒能在潮湿的环境中存活数小时,因而单纯疱疹也可通过污染物而间接传播。

本病好发于性活跃期男女。好发于生殖器及会阴部。皮损多发于男性的包皮、龟头、冠状沟和阴茎等处,偶见于尿道口;女性则多见于大小阴唇、阴蒂、阴阜、子宫颈等处,亦见于尿道口。男性同性恋可出现肛门直肠 HSV-2 感染,临床表现为肛门直肠疼痛、便秘、分泌物增加和里急后重,肛周可有疱疹性溃疡,乙状结肠镜检常见直肠下段黏膜充血、出血和小溃疡。

七、性传播疾病的治疗

(一)病因治疗

针对引起性病的病原体进行治疗。如由梅毒螺旋体引起的梅毒、淋球菌引起的淋病等,用抗生素(如青霉素)治疗。病因治疗药物的选择可单用一种药,也可多种药物联合运用。

(二)对症治疗、支持治疗及中医中药治疗

性病的治疗,要求用药必须在医师的指导下,正规用药,才能达到根治的目的。

第八节　艾滋病的传播、流行与控制

一、艾滋病概述

艾滋病,即获得性免疫缺陷综合征(AIDS),是人类因感染人类免疫缺陷病毒(HIV,有 HIV-1 和 HIV-2 两种类型)后导致免疫缺陷,引发一系列机会性感染及肿瘤,并可导致死亡的综合征。人体感染上艾滋病病毒后,患者因抵抗疾病的能力极度下降而百病丛生,以致患上特殊的肠炎、肺炎、脑炎及其他感染或恶性肿瘤等多种疾病,最后因长期消耗,骨瘦如柴,衰竭而死。

HIV 病毒对热敏感,56℃ 30 分钟可使 HIV 失去感染性;100℃ 20 分钟可完全灭活 HIV。75%酒精和 2‰次氯酸钠可完全灭活 HIV。0.1%甲醛不能灭活 HIV,紫外线、γ 射线不能灭活 HIV。

艾滋病是一种新出现的病死率极高的严重传染病,目前还没有治愈的药物和方法。艾滋病在全球的蔓延,不仅威胁着世界各国人民的生命和健康,也给社会和经济发展带来了严重的影响,已成为举世瞩目的重大公共卫生问题和社会问题。

从 1985 年艾滋病传入我国后,发病数持续上升。根据对国家卫生健康委员会疾病预防控制局发布的数据统计发现,艾滋病死亡率已连续十多年位列我国乙类传染病报告死亡数之首(见表 6-8-1)。

作为大学生,应该洁身自爱,树立正确的人生观、价值观、爱情观、婚恋观,在学习、生活中做好自我保护,克制自己的欲望,坚决拒绝毒品,阻断艾滋病传播。

表 6-8-1　我国近十二年艾滋病病发病数、死亡数一览表

年度	2009	2010	2011	2012	2013	2014	2015	2016	2017	2018	2019	2020	平均
发病/例	13281	15982	20450	41929	42286	45145	50330	54360	57194	64170	71204	62167	44874.8
死亡/人	6596	7743	9224	11575	11437	12030	12755	14091	15251	18780	20999	18819	13275.0

注:数据来源于国家卫生健康委员会疾病预防控制局网址发布的年度全国法定传染病疫情统计。

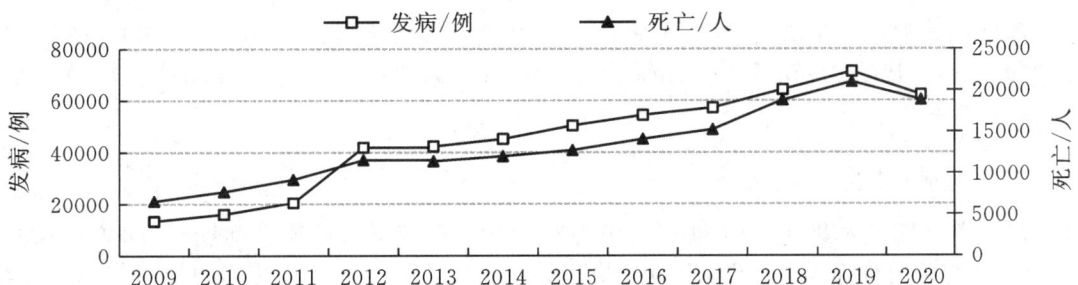

图 6-8-1　我国近十二年艾滋病发病数、死亡数变化折线图

二、流行病学

(一)流行过程

1. 传染源

HIV 感染者和艾滋病患者是本病的唯一传染源。病毒主要存在于感染者和患者的血液、精液、阴道分泌物等液体中;其他体液如唾液、眼泪和乳汁中也含有少量的病毒。

2. 传播途径

(1)性行为:与已感染的伴侣发生无保护的性行为,包括同性、异性和双性性接触。同性恋性交传染性远大于异性恋性交。性行为传播病毒约占成人病例的 3/4。

(2)静脉注射吸毒:与他人共用被感染者使用过的、未经消毒的注射工具,是一种非常重要的 HIV 传插途径。

(3)母婴传播:在怀孕、生产和母乳喂养过程中,感染 HIV 的母亲可能会传播给胎儿及婴儿。

(4)血液及血制品(包括人工授精、皮肤移植和器官移植)。

握手,拥抱,礼节性亲吻;蚊虫叮咬;共用厕所和浴室,共用办公室、公共交通工具、娱乐设施等日常生活接触不会传播 HIV。食物、空气、饮水也不会传播 HIV。

3. 易感人群

人群普遍易感,病后无有效保护性免疫。

(二)流行特征

艾滋病发病年龄多为 50 岁以下。据中国国家卫生健康委员会疾病预防控制局资料称:近年来,我国经输血传播、注射吸毒传播和母婴传播艾滋病得到有效控制,重点地区疫情快速上升势头得到遏制,全国整体疫情控制在低流行水平。但是,我国艾滋病流行形势依然严峻,还有一定比例的感染者和病人未被发现或不知道自己的感染状况,新报告病例 90% 以上经性传播,男性同性性行为人群感染率较高,老年男性、青年学生等重点人群疫情上升明显,艾滋病流行危险因素复杂且广泛存在。

三、临床表现

我国将 HIV 感染分为急性期、无症状期和艾滋病期。

(一)急性期

急性期通常发生在初次感染 HIV 后 2～12 周。临床主要表现为发热、咽痛、盗汗、恶心、呕吐、腹泻、皮疹、关节痛、淋巴结肿大及神经系统症状。多数患者临床症状轻微,持续 1～3 周后缓解。

(二)无症状期

可从急性期进入此期,或无明显的急性期症状而直接进入此期。此期持续时间一般为 8～10 年(有资料称为 6～8 年),但也有快速进展和长期不进展者。此期的长短与感染病毒的数量、型别,以及感染途径、机体免疫状况等多种因素有关。在无症状期具有传染性。

(三)艾滋病期

艾滋病期为感染 HIV 后的最终阶段。患者 CD_4^+ T 淋巴细胞计数明显下降,HIV 血浆病毒载量明显升高。此期主要临床表现为 HIV 相关症状、肿瘤以及各种机会性感染。

HIV 相关症状主要为持续 1 个月以上的发热、盗汗、腹泻,体重减轻 10％以上。部分患者表现为神经精神症状,如记忆力减退、精神淡漠、性格改变、头痛、癫痫及痴呆等。另外,还可出现持续性全身性淋巴结肿大,无压痛、无粘连,持续时间 3 个月以上。

四、治疗和预防

高效抗逆转录病毒治疗是艾滋病最根本的治疗方法,而且需要长期或终身服药。治疗目标是最大限度地抑制病毒的复制,保存和恢复免疫功能,降低病死率和 HIV 相关性疾病的发病率,提高患者的生活质量,减少艾滋病的传播。

我国推荐成人及青少年的一线抗病毒方案为:齐多夫定/替诺福韦＋拉米夫定＋依非韦伦/奈韦拉平。

至今还没有研制出可以有效预防艾滋病的疫苗。只要阻断艾滋病传播的途径,就可以有效预防艾滋病。

第九节　预防性侵害的方法和技能

一、什么是性侵害?

性侵害是指非意愿性的和带有威胁性的各种性攻击行为,如强奸、猥亵等。性侵害是一种非自愿的性接触,也包括身体接触(如触摸或抚摸身体隐私部位)和非身体接触(如语言挑逗,向受害者暴露隐私部位,通过网络或其他媒介骚扰受害者)。猥亵是犯罪分子以刺激或满足自己的性欲为目的,用性交以外的方法实施的淫秽行为。

性侵害的形式主要有:暴力型性侵害、胁迫型性侵害、社交型性侵害、诱惑型性侵害、滋扰型性侵害。

二、什么时间和哪些场所最容易遭受性侵害呢?

夏天是容易遭受性侵害的季节;夜晚是容易遭受性侵害的时间;公共场所和僻静处是容易遭受性侵害的地方。

三、我们平日应该如何防范性侵害?

首先,提高识别能力,增强防范意识。其次,行为端正,态度明朗。第三,学会利用法律保护自己。第四,学点防身术,提高自我防范能力。第五,一旦遭遇性侵害,不要过于紧张,要积极采取相应的处理办法。生理救助,就是要告诉亲人,在告诉亲人的同时要去找医生;找医生之前不要洗澡,以便取证。法律求助,就是说要有专门的人给我们法律帮助,指导我们怎么报案。心理救助,是专业人员从心理上对我们的救助。

第七章 安全应急与避险

党的二十大报告"提高公共安全治理水平"专节提出"坚持安全第一、预防为主,建立大安全大应急框架,完善公共安全体系,推动公共安全治理模式向事前预防转型。推进安全生产风险专项整治,加强重点行业、重点领域安全监管。提高防灾减灾救灾和重大突发公共事件处置保障能力,加强国家区域应急力量建设"。当今大学生应该主动学习安全应急与避险知识,树立安全避险意识,掌握常见突发事件和伤害的应急处置方法,提高自救与互救能力。

第一节 突发事件与个人安全防范

一、用电事故

电流对人体的损伤主要是电热所致的灼伤和强烈的肌肉痉挛,影响到呼吸中枢及心脏,引起呼吸抑制或心脏骤停。严重电击伤可致残,直接危及生命。

应急要点:①一旦发现有人触电,应立即拉下电源开关或拔掉电源插头,若无法及时找到电源开关断开电源时,可用干燥的竹竿、木棒等绝缘物挑开电线,使触电者迅速脱离电源。切勿用潮湿的工具或金属物拨电线,切勿用手触及带电者,切勿用潮湿的物件搬动触电者。②将脱离电源的触电者迅速移至通风干燥处仰卧,将其上衣和裤带放松,观察触电者有无呼吸,摸一摸颈动脉有无搏动。③若触电者呼吸及心跳均停止时,应在做人工呼吸的同时实施心肺复苏抢救,并及时拨打 120 电话呼叫救护车送医院,途中绝对不能停止施救。

二、电梯事故

电梯是高层建筑中重要的运载工具,一旦出现故障,可能发生乘客被困、坠落等危险事故。

应急要点:①电梯速度不正常时,应两腿微微弯曲,上身向前倾斜,以应对可能受到的冲击。②电梯突然停运时,不要轻易扒门爬出,以防电梯突然开动。③被困电梯内时,应保持镇静,立即用电梯内警铃、对讲机或电话与有关人员联系,等待外部救援。如果报警无效,可以大声呼叫或间歇性地拍打电梯门。④如电梯运行途中发生火灾,应使电梯在就近楼层停靠,并迅速从楼梯逃生。

三、燃气或液化石油气钢瓶泄漏事故

发生泄漏时,可导致中毒,甚至引发火灾爆炸。

应急要点:一旦发生泄漏或着火,应迅速关闭气阀,然后打开门窗通风,切勿触动电话、室内电器开关。如气瓶泄漏无法制止,应立即将气瓶移至室外通风良好且无明火的安全地方,离开泄漏房间及时拨打供气单位维修电话或 110、119 报警。

四、饮用水污染事故

应急要点:①当饮用水被污染时,应立即停止使用,及时向卫生监督部门或疾病预防控制中心报告情况,并告知物业部门和周围邻居停止使用。②用干净容器留取 3～5 L 水作为样本,提供给卫生防疫部门。③不慎饮用了被污染的水,应密切关注其身体有无不适,如出现异常,应立即到医院就诊。

五、火灾事故

(一)公寓火灾

校园火灾常常事发突然,由于学校出入口集中,处理不当后果会很严重。

应急要点:①电器起火时,先切断电源,再用湿棉被或湿衣服压灭。电视机或电脑起火,灭火时要特别注意从侧面靠近,以防显示屏爆炸伤人。②逃生时不要留恋室内财物,如已脱离室内火场,千万不要为财物而返回室内。③逃生时尽量放低身体,最好是沿墙角蹲式前进,并用湿毛巾或湿手帕等捂住口鼻,背向烟火方向迅速离开。

(二)人员密集场所火灾

酒店、影剧院、超市、体育馆、大型娱乐场所等人员密集场所一旦发生火灾,常因人员慌乱、拥挤而阻塞通道,发生互相踩踏的惨剧,或由于逃生方法不当,造成人员伤亡。

应急要点①发现初起火灾,应及时报警并利用楼内的消防器材及时扑灭。②要保持头脑清醒,千万不要惊慌失措、盲目乱跑。③火势蔓延时,应用湿毛巾或湿衣服遮掩口鼻,放低身体姿势、浅呼吸、快速、有序地向安全出口撤离。尽量避免大声呼喊,防止有毒烟雾吸入呼吸道。④离开房间后,应关紧房门,将火焰和浓烟控制在一定的空间内。⑤利用建筑物阳台、避难层、室内布置和缓降器、救生袋、应急逃生绳等逃生,也可将被单、台布结成牢固的绳索,牢系在窗栏上,顺绳滑至安全楼层。⑥逃生无路时,应靠近窗户或阳台,关紧迎火门窗,向外呼救。

六、抢夺、抢劫

抢夺是以非法占有为目的,乘人不备,公开夺取公私财物的行为。抢劫是指用暴力夺取他人财物的行为。"两抢"案件具有发案多、频率高、侵害面广的特点,社会危害较大。

应急要点：①在人员聚集地区遭到抢劫,被害人应大声呼救,震慑犯罪分子,同时尽快报警。②在僻静地方或无力抵抗的情况下,应放弃财物,保全人身;待处于安全状态时,尽快报警。③尽量记住歹徒人数、体貌特征、口音、所持凶器、逃跑车辆车牌号及逃跑方向等情况,同时尽量留住现场证人。

七、公共场所险情

公共场所险情:人员密集的公众场所,如商场、体育场馆、影剧院、网吧等,一旦发生混乱,后果不堪设想。

应急要点：①发生拥挤或遇到紧急情况时,应保持镇静,在相对安全的地点短暂停留。②注意收听广播,服从现场工作人员引导,尽快从就近安全出口有序撤离,切勿逆着人流行进或抄近路。③在人群中不小心跌倒时,应立即收缩身体,紧抱着头,最大限度地减少伤害。

专家提示：①进入公众场所时,要提前观察好安全通道、应急出口的位置。②去参加大型集会,最好穿平底鞋,以保持身体的平衡,不易摔倒。③人群拥挤时,要用双手抱住胸口,以免内脏被挤压而受伤,能靠边走最好靠边,以便减少人群压力。

八、地震

地震灾害伤亡主要由建筑倒塌造成。

应急要点：①住在平房的居民遭到地震时,如室外空旷,应迅速头顶保护物跑到屋外;来不及跑时可躲在桌下、床下及坚固的家具旁,并用毛巾衣物捂住口鼻防尘、防烟。②住在楼房的居民,应选择厨房、卫生间等开间小的空间避震;也可躲在内墙根、墙角、坚固的家具旁等易于形成三角空间的地方;要远离外墙、门窗和阳台,不要使用电梯,不要跳楼。③尽快关闭电源、火源。④正在教室、工作等场所时,应迅速抱头、闭眼,在讲台、课桌、工作台下等地方躲避。⑤正在市内活动时,应注意保护头部,迅速跑到空旷场地蹲下;尽量避开高大建筑物、立交桥,远离高压电线及化学、煤气等工厂或设施。⑥正在野外活动时,应尽量避开山脚、陡崖,以防滚石和滑坡;如遇山崩,要朝远离滚石前进方向的两侧跑。⑦正在海边游玩时,应迅速远离海边,以防地震引起海啸。⑧身体遭到地震伤害时,应设法清除压在身上物体,尽可能用湿毛巾等捂住口鼻防尘、防烟;用石块或铁器等敲击物体与外界联系,不要大声呼救,注意保存体力;设法用砖石等支撑上方不稳的重物,保护自己的生存空间。

专家提示：①遇到地震要保持镇静,不能拥挤乱跑。震后应有序撤离。②已经脱险的人员,震后不要急于回屋,以防余震。③对于震动不明显的地震,不必外逃。④遭遇震动较强烈的地震时,是逃是躲,要因地制宜。⑤关注政府发布的最新消息,不听信和传播谣言。

第二节 无偿献血基本知识

一、无偿献血基本知识

(一)无偿献血的发展

1946年红十字会与红新月会首先提出了无偿献血原则。1948年国际红十字会组织向各国呼吁,采取无偿献血免费输血的原则。1973年在德黑兰召开的第22届国际红十字会大会指出,出于人道主义动机志愿的献血,不领取任何报酬的无偿献血,才是血液需要最安全有效的道路。经过几十年的不懈努力,世界上很多国家都从过去的有偿献血逐渐向义务性无偿献血过渡,最终实现了公民无偿献血。

(二)无偿献血的概念

无偿献血是指为了拯救他人生命,自愿将自己的血液无私奉献给社会公益事业,而献血者不向采血单位和献血者单位领取任何报酬的行为。

(三)为什么要推行无偿献血?

(1)血液一直被视为活力与健康之源,输血是现代医学治病救人的重要手段。在科学技术还不能制造出人造血液的今天,临床用血只能依靠健康人爱心提供。

(2)无偿献血是我国政府全面做好艾滋病防治工作的重要措施之一。

(3)只有无偿献血,才能从根本上消除有偿供血带来的各种弊病,血液质量才能得到保证,才能最大限度地降低经血液传播疾病的危害。

(4)倡导无偿献血是拯救生命的需要,是构建和谐社会的需要,更是社会文明和进步的体现。

二、参加无偿献血的安全性

无偿献血是绝对安全的,其主要理由:

(1)从血站的性质看,按照《中华人民共和国献血法》规定,血站是不以营利为目的的公益性卫生事业单位。

(2)从采血的环境看,每天采血结束后,工作人员都必须对献血屋及采血车等采血工作间进行清洁卫生及消毒处理工作,以确保第二天采血环境的卫生安全。

(3)从采血耗材方面看,血站采供血过程所用的一切耗材,都是由国家卫生行政部门批准的具备"三证"齐全的企业提供的一次性耗材,并且必须经过政府招标采购中心集中统一招标采购。使用过的一次性耗材,血站是必须严格按照《医疗废物管理条例》有关规定,移交给当地政府部门指定的专业医疗废物处理中心来销毁处理,绝不重复使用。

(4)从人员素质方面看,血站从业人员在上岗前都必须经过专业的岗位培训,并且必须通过卫生部的统一培训考核,取得岗位培训合格证书后,方可持证上岗。

三、无偿献血对健康的影响

(一)无偿献血会影响健康吗?

大量的科学研究及全世界每年上亿人次的无偿献血事实足以证明,健康人适量献血是绝对不会有损健康的。血液是有生命的物质,各种血液成分有其生长发育、衰老死亡的过程。献血后,反而会刺激人体造血功能更加旺盛,加速血细胞的生成,促进血液的新陈代谢,以适应机体的需要。国外科学家研究发现,特别是人到中年,最宜定期适量参加献血,能够起到预防疾病、延年益寿的作用。而且,各国都对每次的献血量有严格的规定(见7-2-1)。

(1)美国的研究成果显示,非献血者当中已知有心脏病病史的人超过25%,在献血者当中此比例只有8.5%,献血者患心脏病的比例远低于非献血者。

(2)英国科学家发现,男子经常献血可降低血液中的铁含量,因此有防癌作用,妇女在育龄期每次月经会丢失一部分铁,但绝经后血液中的铁含量会迅速增高,定期适量献血有利于保持血液中各项成分指标稳定正常。

表 7 - 2 - 1 部分国家和地区对献血量的规定

国名	一次献血量/mL	国名	一次献血量/mL	国名	一次献血量/mL
中国	200~400	日本	400		
美国	450	加拿大	450	韩国	320
英国	450	澳大利亚	430	马来西亚	300~450
法国	400~450	丹麦	500	阿尔及利亚	500
德国	450~500	荷兰	450~500	瑞典	450

(二)一次无偿献血 400 mL 会影响健康吗?

正常人体总血量约占体重的8%,一般情况下,这些血液并不都参与血液循环,有约20%的血液是贮存于肝、脾等组织器官内,人们习惯把这称作人体的"小血库"。有研究表明:每次献血200 mL,不到人体血液总量的5%,由于量少,并没有触及体内的神经内分泌调节系统;而每次献血400 mL,能够触及体内的调节系统,促使"小血库"的血液释放参加到血液循环中去,从而刺激新鲜血液再生,维持人体正常的生理功能。

科学研究和无数献血者的实践证明,健康人一次失血10%以下是极少引起献血反应的。献血反应的发生多为精神紧张、疲劳空腹、气候、休息不好等因素导致血管神经反应,稍加休息即可恢复,与一次献血200 mL或400 mL没有明显关系。而且,对于患者来说,输注单人份的血液比输注多人份的血可显著降低输血免疫反应,输血传染病的风险也大大减少。

基于这些科学依据,我国2004年10月提出了献血由每次献血200 mL向献血400 mL转变的目标。所以,健康人一次献血400 mL不但没有害处,而且是有益身体健康的。

四、无偿献血的注意事项

(1)年龄:按照《中华人民共和国献血法》的规定,献血者应为 18～55 周岁的健康公民。

(2)献血量:是 200～400 mL。

(3)间隔期:

①献全血——不少于 6 个月。

②献机采血小板——每 2 周可以采集 1 次,但全年不得超过 24 次。

③献机采血小板后,应间隔 4 周以上方可献全血;献全血后,应间隔不少于 6 个月方可献机采血小板;其他依此类推。

(4)有效身份证件:居民身份证、驾驶证、军官证、士兵证、护照、户口簿等证件。

(5)献血前:学习献血知识,消除恐惧心理;适当休息,保证充足睡眠,有良好精神状态;献血前两餐不吃油腻食物、不饮酒,但也不要空腹;献血前不宜服药等。

(6)献血中:全身心放松,精神不要过于紧张,要同医务人员密切配合。

(7)献血后:注意适当的休息,24 小时内不要做剧烈运动及重体力劳动,不要从事高空、高温作业;可适当多饮水、喝汤或补充一些营养,但切忌暴饮暴食;注意保护针眼的清洁等。

五、参加无偿献血的程序

首先,要了解献血知识和献血前的一些注意事项。其次,在血站工作人员的指导下,认真填写《无偿献血者健康情况征询表》和《无偿献血登记表》等表单。第三,经体检医生的健康查询和体检合格。第四,经检验医生对血液初筛项目的化验合格。第五,到采血室(车)采血。最后,献血后休息 5～10 分钟,领取无偿献血证等。

六、血站必须对无偿献血者血液进行哪些项目的检验?

根据《中华人民共和国献血法》和《中华人民共和国国家标准》之《献血者健康检查要求》中规定,血站必须免费对无偿献血者血液进行以下项目的检验:

①ABO 血型和 RhD 血型;

②血红蛋白;

③丙氨酸氨基转移酶(ALT);

④乙型肝炎病毒表面抗原(HBsAg);

⑤丙型肝炎病毒抗体(HCV 抗体);

⑥艾滋病病毒抗体(HIV 抗体);

⑦梅毒试验;

⑧疟疾高发地区检测疟原虫。

同时要求,对项目①③④⑤⑥⑦的初检和复检必须用不同试剂厂家生产的试剂,同一标本同一项目的初检和复检不得由同一人进行操作。

七、无偿献血的其他事项

(一)无偿献血方面的奖项有哪些?

根据《全国无偿献血表彰奖励办法》规定,我国的无偿献血奖项分为:"无偿献血奉献奖""无偿献血促进奖""无偿献血先进省(市)奖"。其中:

①"无偿献血奉献奖"分为金奖、银奖、铜奖三项,分别奖励自愿无偿献血达四十次、三十次、二十次的无偿献血者。

②"无偿献血促进奖"是用以奖励向无偿献血事业捐赠款项人民币50万元以上或捐赠采血车、采血设备价值人民币50万元以上的单位;捐款30万元以上或捐赠采血设备价值人民币30万元以上的个人;长年为无偿献血事业提供公益性服务和宣传的单位及个人;以其他形式为推动我国无偿献血事业作出突出贡献的各界人士及部门。

③"无偿献血先进省(市)奖"是用以奖励临床供血达100%由无偿献血者提供的省(自治区、直辖市及计划单列市)。

献血量的计算以全血200 mL按1次、400 mL按2次计算,成分血每一个机采单位按1次计算。

(二)怎样理解"一人献血全家受益"?

无偿献血是一种高尚的行为,是人类文明与进步的标志之一,体现了"我为人人"的高尚情操,同时,当无偿献血者或配偶、直系亲属万一需要临床用血时,也充分体现了我国社会"人人为我"的博爱胸怀。

根据《中华人民共和国献血法》规定,无偿献血者及其配偶、直系亲属在临床需要用血时,可享受到:

①无偿献血者本人临床用血时,免交血液的采集、储存、分离、检验等费用;

②无偿献血者的配偶和直系亲属临床用血时,可以按照省、自治区、直辖市人民政府的规定免交或者减交前款的费用。

(三)为什么无偿献血时必须出示有效身份证件?

无偿献血是一种很神圣、很高尚的行为,之所以要出示有效身份证件,是我国法规的要求。根据卫生部《血站管理办法》第二十二条规定:"血站采血前应当对献血者身份进行核对并进行登记";第二十三条要求:"献血者应当按照要求出示真实的身份证明"。

其根本目的就是要杜绝冒名顶替者,防止恶意献血,更好地保护患者的临床输血安全。冒名顶替者一般都是有利益目的的,恶意献血包括两种情况,一是怀疑自己有血液病而不愿花钱上医院检查,而冒名献血;另一种是为了报销血费而献血。这些人为了个人利益都可能隐瞒自己的实际健康情况,从而给血液的安全带来隐患,威胁到患者的输血安全。所以,请无偿献血者在奉献您的爱心时一定要记得带上您的有效身份证件。

第三节 急症的现场救护

常见急症:猝死、急性冠脉综合征、脑血管意外、晕厥、异物梗塞、糖尿病昏迷、休克等。抢救时间早 1 分钟,成功率将上升 10%。

一、猝死

无论过去、现在还是将来,人类最紧急、最严重、最危险的疾病只有一个:猝死。什么是猝死? 猝死就是指平时健康或似乎健康的人,在出乎预料的较短时间内,因病突然死亡。无论是患者本人和其家人都始料不及,这就是该病的可怕之处。

由心脏原因导致的猝死为心源性猝死。心源性猝死占猝死的 75%。病后 1 小时内死亡者多为心源性猝死;冠心病导致猝死占心源性猝死 90% 以上。

猝死的应急救护原则:

立即判断意识、呼吸、循环体征;紧急呼叫,启动紧急医疗服务(emergency medical service,EMS)系统;第一反应人进行心肺复苏(CPR),等待专业人员救治。

二、急性冠脉综合征

急性冠脉综合征包括心绞痛和心肌梗死;冠状动脉的内膜及内膜下有脂质沉着,形成不稳定的斑块物质,使内膜增厚及管腔狭窄;继而痉挛、破裂、出血和血栓形成,如图 7 - 3 - 1 所示。

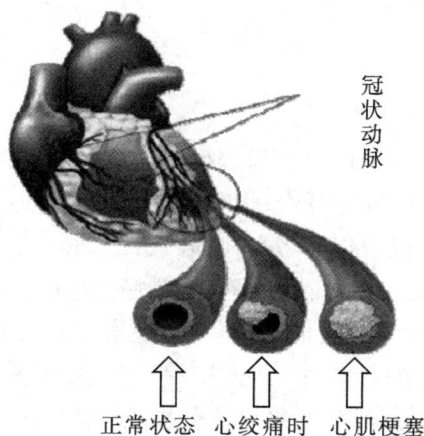

正常状态 心绞痛时 心肌梗塞

图 7 - 3 - 1

(一)典型的心绞痛表现

发作性胸骨后压榨性疼痛,可表现为胃疼、牙疼、左肩、左上肢内侧疼等,持续时间 1~5 分钟,很少超过 10~15 分钟。一些老年人常无典型心绞痛症状。心绞痛急症处理如图 7 - 3 - 2所示。

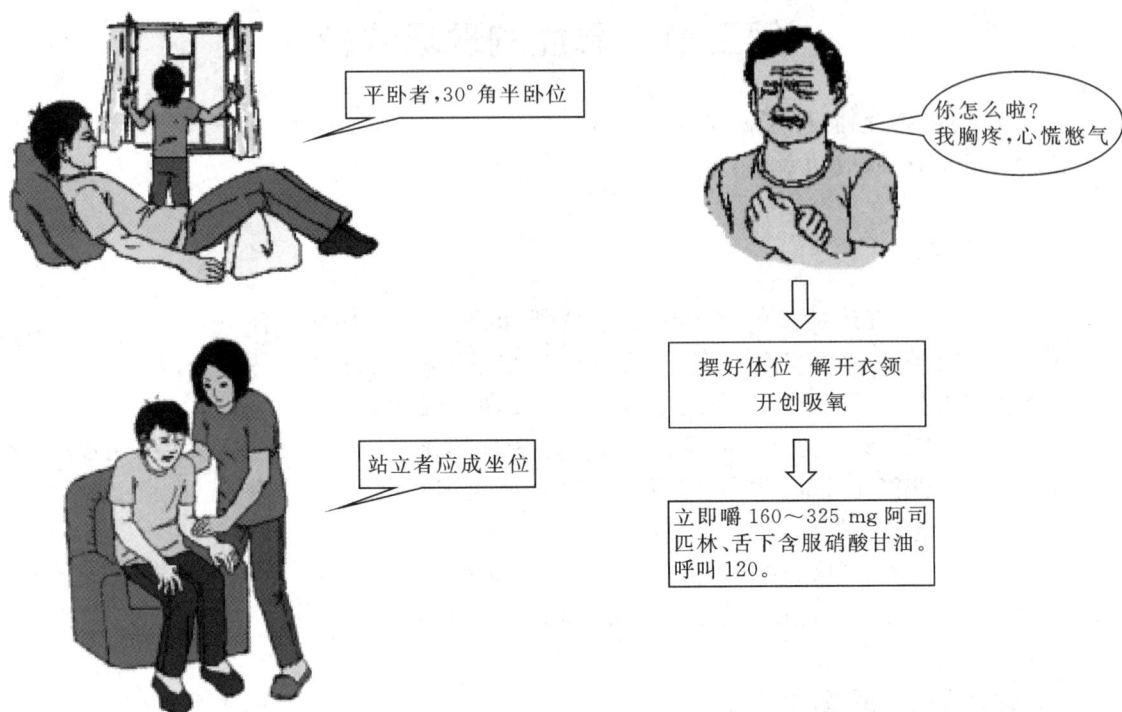

平卧者,30°角半卧位

你怎么啦?
我胸疼,心慌憋气

站立者应成坐位

摆好体位 解开衣领
开创吸氧

立即嚼 160～325 mg 阿司
匹林、舌下含服硝酸甘油。
呼叫 120。

图 7 - 3 - 2

服用硝酸甘油的注意事项:含服的正确体位为半卧位。药量:每 3～5 分钟 1 片,共 3 次。禁止服用者:血压收缩压小于 90 mmHg。基础血压下降大于等于 30 mmHg。右心室梗塞患者。

(二)识别心肌梗死

发作性心前区疼痛在 15 分钟以上。口服硝酸甘油不能缓解症状。8 岁以上的病人多伴有呕吐、面色苍白、大汗淋漓、四肢厥冷;平时血压正常或高血压的此时血压突然下降。

特殊表现——胃肠症状:仅表现为恶心、呕吐、腹胀、腹泻,老年人多见。故对老年患者出现消化道症状伴有心动过缓,且腹部无压痛、反跳痛等急腹症表现者,应警惕心梗。

现场救护原则:立即停止活动,就地平卧,不随便搬动,保持肃静。使患者尽可能舒适,给以劝慰释疑,保持镇静。硝酸甘油片 1～2 片舌下含服,可重复。通风,有条件应立即吸氧。必需时进行 CPR。迅速与医院、急救站联系速来抢救并护送医院救治。

三、脑血管意外

脑血管意外:突然起病的一种脑血液循环障碍疾病,又称脑卒中或中风。脑血管意外包括出血性和缺血性两种。出血性包括脑出血和蛛网膜下腔出血。缺血性包括脑血栓形成和脑栓塞两种。

脑血管意外的表现:意识障碍,轻者躁动不安、意识模糊;重者昏迷、头痛,头痛以病灶侧为重。呕吐:多为喷射状,呕吐物为胃内容物,可为咖啡色。偏瘫:一侧面部、上肢或下肢无力、麻木、麻痹。呼吸:一般轻者呼吸较快,重者深而慢。血压:早期血压可升高。体温:视病灶不同可出现体温升高。瞳孔:发生脑疝时可出现双侧瞳孔不等大。

脑卒中之脑出血。特点:起病急,常在白天发生。前驱症状:精神紧张后头痛、头晕、肢体麻木。轻型脑出血:头痛头晕、呕吐、眼花发黑、意识清楚或朦胧,有的嗜睡;失语、偏瘫:一侧口角下斜,不断流口水。重型脑出血:突然倒地、大小便失禁,很快进入昏迷状态。

脑卒中之脑血栓、脑栓塞。与脑出血症状相同,但较轻。因血栓栓塞的位置不同,症状表现不一。"时间就是大脑"——急性缺血性卒中起病后 4.5 小时内的溶栓治疗有益,之后给予溶栓治疗可能有害。一分钟识别脑卒中。通过抬手、说话和微笑。上述任何一种如果有异常,中风的可能性达 72%。如图 7-3-3、图 7-3-4 所示。

图 7-3-3

图 7-3-4

现场救护原则:安静卧床,头部抬高,给予吸氧。保持呼吸通畅,防止误吸。限制饮水、饮食,防止咽部麻痹。若病人是清醒的,要安慰病人,缓解其紧张情绪。宜保持镇静,切勿慌乱或晃动病人,避免造成病人的心理压力。拨打急救电话,准确告知病情,等候专业医务人员到来。平稳搬动,减少震动,急送就近医院抢救治疗。

四、晕厥

晕厥是一种"流行病"。晕厥病因分类:血管舒缩障碍、脑源性、心源性和血液成分异常。

血管舒缩障碍——单纯性晕厥、直立性低血压、颈动脉窦综合征、排尿性晕厥、和咳嗽性晕厥及疼痛性晕厥等。

心源性晕厥——严重心律失常、心脏排血受阻及心肌缺血性疾病等,如阵发性心动过速、阵发性心房颤动、病态窦房结综合征、高度房室传导阻滞、主动脉瓣狭窄、心绞痛与急性心肌梗死等,最严重的为阿一斯综合症。

脑源性晕厥——脑动脉粥样硬化、短暂性脑缺血发作、偏头痛、无脉症、慢性铅中毒脑病等。

血液成分异常——低血糖、通气过度综合征、重症贫血及高原晕厥等。临床表现:软弱无力倒地,面色苍白,四肢发凉,脉搏细而弱,出汗。与突然体位变化有关,几秒钟或经调整姿势即可恢复。

晕厥的发作特点:典型的晕厥,意识丧失时间很少超过 20～30 s。前驱期:部分晕厥发作之前出现头晕、耳鸣、出汗、视力模糊、面色苍白、全身不适等前驱症状。恢复期:发作之后出现疲乏无力、恶心、呕吐、嗜睡、甚至大小便失禁等症状。晕厥的整个过程可能持续数分钟或更长。

非晕厥：急性中毒、癫痫发作、机能紊乱(精神性假性晕厥)、外伤/脑震荡、低血糖、过度换气。

现场救护原则：晕厥并清醒时，仰卧于通风处抬高下肢，喝热糖水或淡盐水(1 匙盐加1 L 水)成人 500 mL，儿童 250 mL。按压：人中、内关、百会、涌泉。

五、气管异物阻塞

呼吸道部分阻塞——呼吸困难、呛咳不止。呼吸道全部阻塞——不能呼吸、昏迷倒地。表现特征：颜面青紫、不能发声、"V"形手势、肢体抽搐、呼吸停止。

惨痛的教训：两岁半的女孩在幼儿园吃苹果时，将 3 块豆粒大小的苹果卡在气管里，最终因窒息导致心脏骤停。虽经医生实施心肺复苏、气管镜取出异物，脱离了危险。但因脑缺氧时间长，双目失明，反应迟钝。

气道异物阻塞常发生在：进食时、醉酒呕吐误吸。吞咽功能较差的人，如老年人、患脑血管疾病者、儿童 3 岁以前的孩子磨牙还没有长好，咀嚼的功能也不是太好。咳嗽、吞咽等自我保护反射，还没有发育完全。

气道异物阻塞之判断及处理。

急救者见到病人抓自己的脖子("V"型呼救手势)，急救者应马上询问是否噎着了，能否说话？气道阻塞：很强的咳嗽，不要干预其咳嗽和呼吸。患者用双手指抓颈部，不能讲话及不能咳嗽或呼吸。咳嗽越来越轻、呼吸困难越来越明显、呼吸有响声、或病人无反应。

当急救者询问其是否噎着了时，病人点头表示是的时候，表明是严重气道阻塞，必须立即救治！

成人气道梗塞急救(自救)：一手握空心拳，拳眼置于腹脐上两横指；另一手握住此拳；双手快向内、向上冲击 5 次，每次动作要明显分开。或将上腹抵压在椅子把沿上或栏杆等坚硬处，连续撞击上腹部 5 次。见图 7-3-5。重复上述操作，直到异物吐出。

尚还清醒时气道梗塞急救方法：站背后，双臂环绕患者腰间，可嘱其弯腰头部前倾。一手握空心拳，拳眼置于其腹脐上两横指；另一手握住此拳，双手快速向内、向上冲击 5 次，每次动作要明显分开。重复上述操作，直至异物排出。如图 7-3-6 所示。

图 7-3-5　　　　　　　　　图 7-3-6

六、糖尿病昏迷的现场急救

糖尿病患者出现昏迷症状时,可能有两种情况:一是由于治疗用药不够,或病人还患有其他疾病,使血糖急剧增高而引起的昏迷,叫高血糖昏迷;二是由于治疗糖尿病过程中使用的降糖药过量,如使用胰岛素过量而出现的昏迷等,又称低血糖性昏迷。糖尿病昏迷的现场急救:两种昏迷的鉴别,简单而言就是低血糖性昏迷常见肌力弛缓、体温下降而呼吸平顺、皮肤潮湿、呼吸无特殊气味;而高血糖性昏迷的病人,则见呼吸深而快、口渴、皮肤及口唇干燥、呼出气体有甜的类似"苹果"气味。

急救措施:

①最好先辨别出是高血糖性昏迷还是低血糖性昏迷。②如果患者意识尚清醒,并能吞咽的话,对于低血糖性昏迷让患者喝甜水或吃糖块、甜点之类;而对高血糖性昏迷则是让患者喝点加盐的茶水或低盐番茄汁等。③若患者意识已经丧失,应将病人放平,解开衣领,保证呼吸道通畅。④当一时很难判断时,暂时不要采取任何措施,因为高血糖与低血糖两种原因引起的昏迷的治疗方法是完全相反的。⑤患者如果不能迅速恢复知觉或仍不省人事,则必须立即将病人送至医院抢救。

七、休克

休克是人体对有效循环血量锐减的反应,是组织血液灌流不足所引起的代谢障碍和细胞受损的病理过程,可在很多情况下发生。引起休克的原因虽然很多,但都有一个共同点,即有效循环血量的急剧减少。

休克病因:血容量不足。急性大量出血、大量血浆丧失(如严重烧伤时)引起、脱水(严重呕吐腹泻);感染;血管骤然扩张,通透性增加;心源性因素,由于急性心肌梗塞,严重心律失常、心包填塞、肺动脉栓塞等引起,使左心室收缩功能减退,或舒张期充盈不足,致心排血量锐减;神经源性因素,由于剧烈的刺激(如疼痛、外伤等),引起强烈的神经反射性血管扩张,周围阻力锐减,有效循环量相对不足所致。

症状:头昏不适或精神紧张、过度换气;神志烦躁或淡漠;面色苍白或紫绀、口唇及指(趾)甲发绀;皮肤湿冷、脉搏细速;血压下降;尿量减少或无尿。

现场救护原则:①平卧位,下肢应略抬高,以利于静脉血回流。如有呼吸困难可将头部和躯干抬高一点,以利于呼吸。②保持呼吸道通畅,尤其是休克伴昏迷者。方法是将病人颈部垫高,下颌抬起,使头部最大限度地后仰,同时头偏向一侧,以防呕吐物和分泌物误吸入呼吸道。③注意给体温过低的休克病人保暖,盖上被、毯。但伴发高烧的感染性休克病人应给予降温。④必要的初步治疗。因创伤骨折所致的休克给予止痛,骨折固定;烦躁不安者可给予适当的镇静剂;心源性休克给予吸氧等。⑤注意病人的运送。家里抢救条件有限,需尽快送往有条件的医院抢救。对休克病人搬运越清越少越好。应送到离家最近的医院为宜。

八、动物抓伤、咬伤的应急处置

①处理伤口前先洗净双手,用肥皂与清水冲洗伤口周围皮肤时,要从内向外,以防污染

伤口。②冲洗后轻柔拭干,抹上抗菌素药膏,还要用消毒的纱布或干净布块覆盖伤口和用绷带或胶布固定。③要注意观察伤口周围是否出现发红、发热和疼痛状况,发红范围迅速向上肢或下肢扩展,或伤口周围肿胀并伴有寒颤,全身发热,说明已感染,要及时治疗。④如出现牙关紧闭等现象,说明可能发生破伤风,更要赶紧医治,否则将造成严重后果。

第四节　体育教学场所安全与防护

校园体育教学场所安全隐患的影响因素有:学生因素、教师因素、场地设施因素等。根据这些因素,从教学管理的源头做好防护才是关键。以在生理、心理上全面保护学生的安全,避免体育课事故的发生。

一、加强安全教育,提高教师与学生的安全意识

安全教育能够提高每个教学活动的参加者的安全意识,使其拥有主动规避风险的能力,能够及时识别风险远离风险避免事故发生。

(一)安全教育的主要内容

安全教育要以安全知识为基础。具体来说,这些知识包括一些体育安全的基本原则和基本知识,还有结合具体项目和具体情况的相关知识和规律对学生进行详细而全面的介绍。同时,也要在具体的教学项目实施中结合具体情况穿插安全教育的相关知识,引导学生了解安全知识。

(二)安全教育的主要形式

安全教育不仅包括课堂上的传统教育,也包括实践中的随时穿插的知识讲解,还包括课余活动中的辅导与交流。传统的课堂教学要注意避免"填鸭式",可以在不同情况下采用与课堂、讲座等不同的方式,可以采用文字、图片、视频等技术手段。而在实践中穿插的知识讲解,可以采用技术联系或比赛等方式。

二、加强安全管理

(一)领导要改变对体育课教学的认识

有许多校领导怀着"不出事就行"的错误观念,只要没有事故发生就不闻不问,等到事故发生才想起安全管理。这种观念,往往容易带来极其严重的安全事故。因此,学校要从上到下贯彻安全管理的观念,在平时就加强安全管理,重视安全管理。

(二)让安全管理变为一种习惯

安全管理不能一蹴而就,而要在长久的日常工作中随时进行贯彻。只有让安全管理真正地贯彻到学校的日常工作中去,成为全校教职工的一项习惯,才能真正地做好安全管理。

(三)在制度上贯彻安全管理

要建立完善的工作责任制,明晰每个人的责任范围。同时,要贯彻安全专业人员体系,以建立科学的安全管理机制。这是安全管理的制度保障。

(四)加大力度,完善安全管理所需条件

学校要设立专门的监管人员或监管部门,对体育课教学中可能存在的隐患进行排查并上报学校,对相关责任人进行督促限期整改,确保能够做到"防患于未然"。

三、安排课程要科学合理

合理地安排课程,可以提高教学的质量与效率。科学合理地安排课程,有利于帮助学生以更好的精神状态进行学习,从而减少安全事故发生的概率。具体来说,安排课程要注意以下原则:第一,体育课程要安排在文化课之后。因为体育课后学生会感到身体疲倦,若再上文化课,学生将无法集中精力,学习效率自然降低。因此,体育课要安排在文化课后,保证体育课后学生可得到充足的休息。第二,教学内容要合理安排,要结合学生们的身体情况,做出灵活的调整。第三,班级规模要减小,过大的班级不仅降低教学的效率,有时还会对其他进行教学的班级产生干扰。因此,要缩小班级的规模,从而提高教学的效率。

第五节 旅行卫生保健

一、出发前的卫生保健

(一)预防疫苗

向医生、旅行社查询所需的国际免疫注射,如黄热病,其他疫苗如霍乱、破伤风、肠热、小儿麻痹等。疫苗通常不能马上生效,所有在出发之前一个月应该考虑免疫注射。

(二)药物保健

如果你须长期服药,应先备好足够的药物以及病症证明。随带一个轻便药箱:药棉、退烧药、晕车丸、驱蚊水等。

二、处身外地的卫生保健

注意饮食。只饮用经煮沸的水和熟透的食物,避免生冷食品。不要暴饮暴食,也应节制饮酒。不要在河或沼泽游泳和赤足涉水,因为此类水源地可能有病菌或寄生虫。远离流浪的猫、狗及野猪,亦应避开多蚊的地区。

三、旅行返回后的卫生保健

如果感到不适,如发热、发冷、出斑疹、腹泻、呕吐,应尽快看医生,或到政府门诊部求诊。告诉医生你曾到过的地方,包括过境国家在内。

四、旅游人士饮食保健

进食已彻底煮熟或密封式包装的食品;不要吃未经煮熟的肉类、鱼类及贝壳类如蚬、蚝等;不要吃已去皮、切开的水果及未经洗净的蔬菜;不要吃生冷食品,如雪糕等;只饮用煮沸的水、罐装或樽装饮品,以及经过消毒、杀菌的奶类制品;不要喝加进冰水的饮品,或已榨好的鲜果汁;直接饮用樽装的饮品时要先清洁樽口;不要购买无牌食物档摆卖的食物或饮品;选用自带食具或采用即弃用品;进食前先洗手。

第八章 运动竞赛常识

第一节 运动竞赛的种类与方法

运动竞赛是以运动项目为主要内容,在特定的场地范围内,在裁判员的主持下,依据统一的规则,为争取优胜而专门组织与实施的运动员个体或运动队之间的竞技较量比赛。

一、运动竞赛的种类

运动竞赛的种类很多,由于分类的原则不同,分类的方法也不相同。本章从学校类体育运动竞赛和竞技类体育运动竞赛进行介绍。

(一)学校类体育运动竞赛活动

学校体育运动竞赛活动是指在学校范畴内所开展的体育运动竞赛活动。参赛者主要是学生和教师,学校体育运动竞赛以育人为宗旨,突出教育特色。其目的是增强学生的体质,推动体育健身活动的开展,为培养新一代建设人才服务。学校体育运动竞赛活动应根据学校教学工作计划安排和学校体育设施条件以及传统性项目来组织进行。同时学校体育运动竞赛还应注意到本校学生的特点和开展体育活动情况,有针对性地安排比赛活动。

1. 单项赛

单项赛是指为广泛吸引学生参加某项运动(如篮球、足球、排球、乒乓球等),检查和总结该项运动开展的情况,交流教学、训练经验,促使该项运动提高而组织的比赛。一般可按年度、学期来安排比赛活动。

2. 对抗赛

对抗赛是在两个或两个以上的学校或班级联合组织的比赛。一般是在邻近的学校之间或年级、班级之间进行。其目的是互相学习,共同提高,增进友谊。可以有双边、多边、定期、不定期的。

3. 选拔赛

选拔赛是为了发现和挑选队员,组织或补充代表队,准备参加高一级的比赛而举行的竞赛活动。

4. 友谊赛(又称邀请赛)

友谊赛(邀请赛)是由一个或几个学校、班级,邀请其他学校、班级进行的体育竞赛活动。

目的是增进友谊和团结,互相学习和提高运动水平,以推动和普及学校体育活动。一般均属非正式的比赛活动。

5. 测验赛(又为达标赛)

测验赛(达标赛)是为了检查学生是否达到规定的成绩标准,了解其成绩提高的情况而组织的比赛。例如,国家学生体质健康标准、身体素质、基本技术测验比赛等。还包括优秀运动员争取通过大赛参赛标准的达标赛。这种比赛一般不计名次,但必须按比赛规则和测验的要求进行,并记录测验的成绩。

6. 表演赛

表演赛是为举行庆祝或纪念活动,或宣传某体育运动项目的意义、锻炼价值,或对某运动项目的技术、战术进行演示、介绍而组织的比赛。参加者重在表演运动技巧,而不过分追求胜负,一般不计名次,比赛时间也可适当延长或缩短。表演赛可安排在节假日进行。

7. 运动会

运动会是指有若干不同运动类别或项目的规模较大的竞赛大会,如全国大学生运动会等。田径运动的竞赛习惯上也叫运动会,如陕西省大学生田径运动会。在学校或基层单位举行较多的是田径运动会。目前,很多学校把田径运动会通过增加项目、延长时间等方式逐渐改为体育运动会,这种形式实际也是综合性运动会。

(二)竞技类体育运动竞赛

竞技类体育运动竞赛活动是指国际、国内高水平竞技和职业竞技运动竞赛,包括世界、洲际、全国、省(市)的比赛活动。如国际奥委会组织的奥林匹克运动会(简称"奥运会")、国际各单项运动协会或联合会(国际足联、篮联、田联等)组织的世界杯赛,以及洲际杯赛等。这类竞赛也叫社会性竞赛,主要包括如下。

1. 奥林匹克运动会

奥林匹克运动会是在奥林匹克主义指导下,以体育运动和四年一度的奥林匹克运动会庆典为主要活动内容,以促进人的生理、心理和社会适应能力全面发展,增进各国人民之间的相互了解,在全世界普及奥林匹克主义,维护世界和平为主要目的的国际社会运动。

2. 世界杯赛

世界杯赛是由国际各单项运动协会组织的单项运动竞技比赛,如由国际足联组织的四年一度的世界杯足球赛等。

3. 洲际杯赛

洲际杯赛是由洲际各单项运动联合协会(如欧洲足联、亚洲篮联等)组织的单项运动竞技比赛,如洲际足联组织的洲际足球赛等。

4. 冠军赛

冠军赛是指进行一个运动项目的比赛,并以确定个人或团体冠军为竞赛目的的活动,又称"单项锦标赛"。

5. 联赛

联赛是根据运动队的运动等级水平分别举办的比赛,一般以集体性项目为主,如足球、篮球等运动项目的等级联赛(比如美国职业篮球联赛、中超联赛等),通常是一年举行一次。每届联赛比赛结束后,按竞赛规程规定的将成绩较好或较差的队,实行升降级,即乙级优胜队可晋升甲级队,而甲级队中失败者则下降为乙级队,分别参加下一次所属级别的联赛。

6. 等级赛

等级赛是按不同运动等级水平或年龄分别举办的竞赛活动。如,田径、体操等项目中分别按运动员的技术等级(健将、一级、二级、三级)进行比赛。

7. 锦标赛

锦标赛通常是举行一个运动项目的比赛,故又称"单项锦标赛"。一般由各单项运动协会或主管体育运动的政府机关举办。地方和基层单位也可组织各项运动的锦标赛。

8. 杯赛

杯赛属锦标赛性质,是以某种奖杯命名的单项运动竞赛活动,如"丰田杯"足球赛。获得奖杯的方式、方法在竞赛规程中予以规定。根据竞赛目的不同,其规定的方法也各有不同,有的在奖杯上刻上优胜者名字,有的保存奖杯至下届此赛归还再颁发给本届比赛优胜者,有的获得复制品等。

9. 公开赛

公开赛是凡愿意参加比赛的个人或集体均可自由报名参赛的一种群众性竞赛活动。参赛者不限哪一单位或体协,可以自由组合,这种比赛一般是在该运动项目群众基础好,开展比较普及,并利用节假日举行,以丰富广大群众的娱乐生活。

10. 综合性运动会

综合性运动会是一系列单项锦标赛的综合形式,即包括若干个运动类别或项目的规模较大的竞赛大会。其任务与运动会相同,综合性运动会的特点是项目多、规模大(参加单位较全面,竞赛时间长)、组织工作复杂,如世界性的奥林匹克运动会、亚洲运动会等。我国举办最大规模和最高水平的综合性运动会是每四年一届的全运会。有各省、自治区、直辖市和中国人民解放军的代表队参加,竞赛项目多达几十项。

二、运动竞赛的方法

运动竞赛的方法包括循环赛法、淘汰法和混合法三种,通常也被称为"赛"或"制",如循环赛、循环制、淘汰赛、淘汰制。

(一)循环法

1. 循环法的种类

循环法是指参赛队(或个人,下同)之间,都要互相比赛,最后按照各参赛队在全部比赛中的胜负场数、得分多少排定名次的比赛方法。它在对抗性项目比赛中经常被采用。运动竞赛采用循环法进行比赛,优点是所有参赛队机会均等,进行比赛和互相观摩学习的机会多,能准确地反映出参赛队之间真正的技术水平的高低,客观地排定参赛队的名次,比赛结果的偶然性和机遇性小。

循环法包括单循环、双循环和分组循环三种类型。单循环是所有参赛队(人)相互轮赛一次;双循环是所有参赛队(人)相互轮赛二次;分组循环是参赛队(人)较多时,根据参赛队(人)的基本情况,采用相应的"种子法",把强队(人)分散在各组,先进行小组单循环赛,再根据小组名次来组织第二阶段的比赛。

2. 循环法的轮数与场数计算

(1)循环法的轮数。当所有参赛的队都赛完一场(轮空队除外),称为循环赛的一个轮数。正确地计算循环法轮数,是科学、合理地安排整个比赛所需时间或期限,合理安排比赛日程的主要依据。

当 N 为偶数是: $Y=N-1$　即:轮数=参赛队数-1(N=参赛队数,Y=轮数)

例如:8个队参加单循环赛,比赛总轮数为:8-1=7(轮)

当 N 为奇数是: $Y=N$　即:轮数=参赛队数

例如:7个队参加单循环赛,比赛总轮数为7轮。

(注:双循环比赛的轮数是单循环轮数的加倍)

(2)循环法的场数。循环法的场数是指参赛队之间互相轮流比赛全部结束的总场数。计算循环法的比赛总场数,目的在于提前安排好人力、物力、比赛日程与场地。

单循环赛场数的计算公式:总场数= $N(N-1)/2$,N 为参赛队数或人数。

例如:8支队参加单循环赛,比赛的总场数是:$8×(8-1)/2=28$

双循环赛场数的计算公式:总场数= $N(N-1)$,N 为参赛队数或人数。

例如:8支队参加单循环赛,比赛的总场数是:$8×(8-1)=56$

(二)淘汰法

1. 淘汰法的种类

淘汰法,即参赛各方按照排定的竞赛次序,两两之间捉对比赛,比赛的负者失去继续比赛资格,胜者进入下一轮比赛。比赛逐轮进行,直至最后一场。最后一场比赛的胜者为整个竞赛的冠军。

淘汰法可分为:单淘汰、双淘汰、交叉淘汰三种。淘汰赛一般有两种情况:一种是按一定顺序,让参赛者(队或组)一个接一个地表现其成绩,可以不同时、同地进行,通过及格赛、预赛、复赛、决赛来淘汰差的,比出优胜名次。这在田径、游泳和举重等项目中采用较普遍,因为这些项目均属计量性项目。另一种是对抗性项目,如球类、摔跤、拳击、击剑等比赛,必须一对对地按淘汰表的顺序进行比赛,每次胜者进入下一轮,直到最后一对决定冠军。

淘汰法最为明显的特点有二:其一,比赛的容量大,它能在最短的时间内、较少数量的场地条件下,安排大量的选手进行比赛;其二,比赛具有强烈的对抗性,比赛双方没有妥协的可能性,非胜即败,败一次将失去进入下一轮比赛的资格。一般来说,比赛双方既不受第三者影响,也不会影响其他选手的成绩,能较充分地体现出运动竞赛的竞争特性。

淘汰赛也存在着一系列缺陷。例如,除第一名外,很难合理地排定其他参赛者的名次;强者之间很可能在前几轮就遭遇,一次失败即被淘汰,造成名次排列上的不合理现象;参赛者之间互相交流、学习、比赛机会少。

为弥补上述缺陷,在竞赛实际中,人们已经运用一些对策和措施,使之能部分或基本上克服淘汰赛的不合理现象。

①运用"种子"、分区、抽签和定位等方法,使强者或同一单位参赛者之间避免过早相遇。

②采用补赛法(又称附加赛),以帮助确定第 2 名以后的名次(见图 8-1-1)。

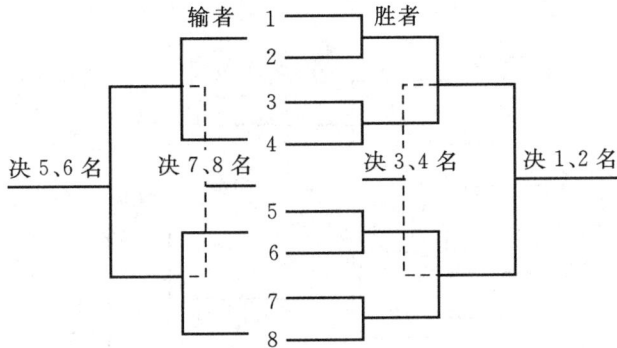

图 8-1-1　附加赛示意图(虚线为补赛)

③增设双淘汰赛。失败两场方被淘汰。

2. 淘汰法的轮次、场数计算与号码位置的选择

(1)单淘汰的轮次、场数计算。所谓单淘汰,就是运动员(队)按排定的秩序由相邻的两名参赛者进行比赛,胜者进入下一轮,负者淘汰,直到唯一一名未被淘汰的参赛者,就成为这次竞赛的冠军。

单淘汰赛轮次和场数计算方法:若参加比赛队数等于 2 的乘方数,则比赛轮次等于 2 的指数,若参加比赛队数不是 2 的乘方数,则比赛轮次为略大于参加队数的 2 的指数。

$$单淘汰赛的比赛场数=参赛者(队)数-1$$

例如 8 支队参加比赛,比赛场数为 8-1=7。轮次因 $8=2^3$,即比赛为 3 轮(见图 8-1-2)。

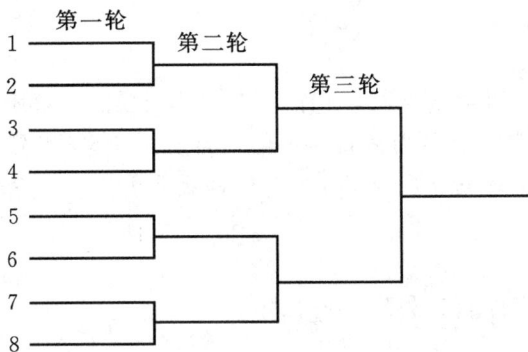

图 8-1-2　支队单淘汰赛顺序示意图

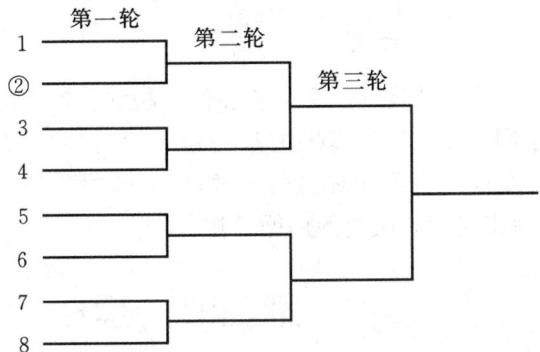

图 8-1-3　7 支队单淘汰赛顺序示意图(②为轮空)

又如 7 支队参加比赛,比赛场数为 7-1=6。轮次是略大于 7 的 2 的乘方数,即 8,而 $8=2^3$,所以比赛也为 3 轮(见图 8-1-3)。

(2)双淘汰的轮次、场数计算。运动员按编排的秩序进行比赛,失败两场即被淘汰,最后失败一场为亚军,不败者为冠军,这种比赛方法称为双淘汰。

胜方轮次与单淘汰赛相间,负方轮次为参赛者数对 2 的乘方数的 2 倍减 2;双淘汰比赛场数为参赛者数的 2 倍减 3。

例如 8 支参赛队进行双淘汰赛,需 7 轮、13 场比赛。其排列如图 8-1-4 所示。

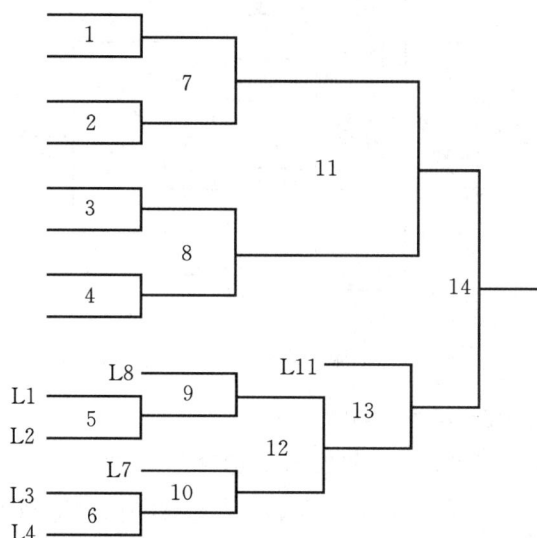

图 8-1-4 双淘汰比赛秩序

(3)淘汰赛号码位置的选择。在淘汰赛中安排参赛者(队)位置的号码称"号码位置"。由于参赛者的人数不一定恰好是 2 的乘方数,在确定淘汰赛的号码位置时,应根据参赛队数(或人数),选择最接近的、较大或较小的 2 的乘方数作为号码位置数。

例如:123 人参赛,使用较大的 128(2^7)个号码位置,则出现轮空号码。129 人参赛,选样较小的 128 个号码位置,则出现有的号码要抢号。

(三)混合法

混合法比赛是循环法和淘汰法混合运用的一种竞赛方法。它在球类集体项目的竞赛中采用较多。当参赛队在 12~18 个时,选用混合法比赛最为适宜。一般比赛分两个阶段,第一阶段用分组循环进行预赛,后一阶段采用交叉淘汰进行决赛;或者预赛采用分组淘汰赛(排出名次),决赛使用循环法。

第二节　运动竞赛的组织与编排

一、运动竞赛的组织

比赛主办单位应根据竞赛性质和规模的大小,召集各有关部门成立比赛领导机构——组织委员会(或筹备委员会),并就比赛的组织方案、竞赛规程、工作计划、组织机构等主要文件,提交领导机构审定。

1. 讨论和确定组织方案

根据上级主管部门的竞赛工作计划和竞赛的性质来确定组织方案。一般包括以下内容:竞赛的名称、目的和任务,竞赛的规模,竞赛的组织机构,竞赛的经费预算。

2. 制定竞赛规程

竞赛规程是为组织和参与运动竞赛者制定的各种政策条文的总称,是所有组织者和参加者必须共同遵守的制度和章程,是组织运动竞赛的依据,具有高度的权威性和指导性。竞赛规程是运动竞赛得以顺利进行的重要保证,是竞赛组织者、裁判员、工作人员和运动员必须共同遵守的准则,是组织运动竞赛的依据。竞赛规程是在竞赛前由主办单位制定,并提前发给有关单位以便做好准备工作。竞赛规程一般包括内容有:①竞赛的名称;②运动会的目的、任务;③竞赛日期、地点;④参加单位及组别;⑤竞赛项目;⑥参加办法(包括参加条件、参加人数、报名和报到日期);⑦竞赛方法和采用的竞赛规则;⑧计分及奖励办法;⑨参加单位的注意事项。

3. 竞赛期间的工作

竞赛组每天应及时公布成绩;场地组应经常对比赛场地、器材和设备进行检查和管理,以便保证竞赛顺利进行;后勤保卫组应经常注意比赛场地的安全和秩序。大会各部门应经常与各队取得联系,听取意见,改进工作,必要时召开领队、教练员和裁判长联席会议,及时处理和解决比赛中发生的问题。

二、运动竞赛的编排

(一)循环法比赛的编排

1. 轮次表的安排方法(逆时针轮转法)

单循环比赛的轮次、顺序的安排方法具有可变性的特征,不同的竞赛项目应根据其不同的特点和需要进行安排,通常采用具有一定规律的"逆时针""顺时针"轮转法。特殊情况下还可采用特殊性的编排调整方法。在循环比赛顺序的编排方法中,比赛顺序的变化和调整是多种方式的。

如果从参赛队(或个人)为偶数时,一般都采用此法来安排各轮的比赛轮次表。以8支队参加比赛为例,其第一轮比赛表示先将1、2、3、4号自上而下依次排列在左侧,再将5、6、7、8号自下而上与4、3、2、1号对应排列在右侧,而后用横线分别将左右两个对着的号码连起来,即为第一轮的比赛轮次表(见表8-2-1)。第二轮的编排将第一轮比赛轮次表中的1号固定不动,其余号码按逆时针方向依次轮转一个位置,即为第二轮比赛轮次表。以后各轮次按此方法以此类推。

表 8-2-1　逆时针轮转法比赛轮次表

第一轮	第二轮	第三轮	第四轮	第五轮	第六轮	第七轮
1—8	1—7	1—6	1—5	1—4	1—3	1—2
2—7	8—6	7—5	6—4	5—3	4—2	3—8
3—6	2—5	8—4	7—3	6—2	5—8	4—7
4—5	3—4	2—3	8—2	7—8	6—7	5—6

如参赛队数(人)是奇数时,编排方法同上。如7支队参赛,比赛轮次表如表8-2-2所示。

表 8-2-2　逆时针轮转法比赛轮次表(0为轮空)

第一轮	第二轮	第三轮	第四轮	第五轮	第六轮	第七轮
1—0	1—7	1—6	1—5	1—4	1—3	1—2
2—7	0—6	7—5	6—4	5—3	4—2	3—0
3—6	2—5	0—4	7—3	6—2	5—0	4—7
4—5	3—4	2—3	0—2	7—0	6—7	5—6

从表8-2-2中可以看出此法编排存在问题:当参赛队为较大的奇数时,号码为"$n-1$"的参赛者或参赛队从第四轮起,每一轮将与上一轮比赛的轮空队进行比赛,直至比赛结束。显然,在对抗激烈、体能要求较高的项目比赛中,从第四轮开始,"$n-1$"号队的对手均为以逸待劳,对"$n-1$"号队明显有失公平。

2. 单循环地抽签及编排竞赛日程

(1)单循环比赛的抽签定位方法。单循环赛根据队数及相应的轮转方法编排好轮次后,应将比赛队具体安排进轮次表里,通常情况下把比赛队安排进轮次表,可以采用以下两种方法。

抽签的方法:在对参加比赛队的实力情况全然不知,或竞赛规程规定抽签时必须采用该方法,抽签时按参赛队数做好相加的号签,抽到相应号码的队则对号入座,按抽签结果排入轮次表内。

成绩顺序法:如果知道各参加比赛队的实力情况(即各参赛队或个人近期竞赛成绩的排名顺序),一般将各参赛队年度比赛的名次排列作为各队进入名次表的代号。

(2)单循环比赛的比赛日程表。单循环轮次表填好后,把各轮次的比赛编成比赛日程表(比赛的日期、场地等)印发给各队(见表8-2-10)。

表 8-2-10　比赛日程表

日期	时间	组别	比赛队	场地

3. 双循环比赛的编排

双循环赛比赛轮次表的排法与单循环相同,只要排出第一循环,第二循环可按第一循环重复一次即可。

4. 分组循环比赛的编排

参加比赛的队较多而竞赛时间较短时,为了比较合理地确定名次,可采用分组循环的比赛方法。将参赛的队平均分成若干个小组,在各小组内进行单循环比赛,然后根据需要和实际情况,再使各组的优胜队或同名次队进行单循环比赛,排出最后名次。

(二)淘汰法比赛的编排

1. 轮空的方法

在淘汰赛中,当参赛者(队)人数小于选用的号码位置数时,没有安排参赛者(队)的号码为轮空号码。轮空数的计算方法是:

$$轮空数＝号码位置数－参赛者(队)人数$$

轮空号码的定位,应查照"轮空位置表"(见表 8-2-11)。

查表方法:根据参赛者(队)数,选择最接近的、较大的乘方数作为号码位置数,用该号码位置数减去赛者(队)数,即为轮空数。然后,计轮空数目,在轮空位置表中逐行横向由左向右依次摘出小于比赛号码位置数的号码,即为轮空号码。

例如有 123 人参加比赛,应选用 128 个号码位置,128－123＝5(轮空数),从表内由左向右逐行依次摘取小于 128 的 5 个号码数:2,127,66,63,34 即为轮空号码位置。

表 8-2-11 轮空位置表

2	225	130	127	66	191	194	63
34	223	162	95	98	159	226	31
18	239	146	111	82	175	210	47
50	207	178	79	114	143	242	15
10	247	138	119	74	183	202	55
42	215	170	87	106	151	234	23
26	231	154	103	90	167	218	39
58	199	186	71	122	135	250	7
6	251	134	123	70	187	198	59
38	219	166	91	102	155	230	27
22	235	150	107	86	171	214	43
54	203	182	75	118	139	246	11
14	243	142	115	78	179	206	51
46	211	174	83	110	147	238	19
30	227	158	99	94	163	222	35
62	195	190	67	126	131	254	3

2. 抢号的方法

淘汰赛中,当两个参赛者(队)用同一个号码位置时,就出现"抢号"。抢号的运动员(队),实际上就是不轮空的运动员(队)。由于参赛者(队)的人数稍大于 2^n,采用安排轮空的方法,就可能出现太多的轮空位置,给编排、竞赛等带来很大麻烦。因此,可采用抢号的方法进行编排。抢号的方法是选用最接近的、较小 2^n 作为号码位置数,超过号码位置数的参赛者(队)安排抢号。抢号的号码亦可查"表 8-2-11 轮空位置表"。

如,有 34 位运动员参加比赛,选用 32(32=2ⁿ)个号码位置,则应有 2 个号码位置进行抢号(34−32=2)。由轮空位置表上查得 2 个轮空号码是 2、31,即为抢号号码。

3. 分区的方法

把全部号码位置分成几个相等的部分,称为"分区"。例如,将全部号码位置分成两半,称为上半区和下半区;将上、下半区的号码位置再各分成两半,称为 1/4 区;将各 1/4 区的号码位置再各分成两半,称为 1/8 区,依次类推。

在淘汰赛中,为使同一单位的参赛者不过早相遇,要把他们合理地分开,安排在不同的区内。例如,同一单位的第 1、第 2 号运动员成分别排在上、下半区;第 3、第 4 号运动员则应分别排在没有第 1、第 2 号运动员的另外两个 1/4 区;第 5、第 6、第 7、第 8 号运动员,应分别安排在没有第 1 至第 4 号运动员的另外四个 1/8 区内,依此类推。如图 8-2-1 所示。

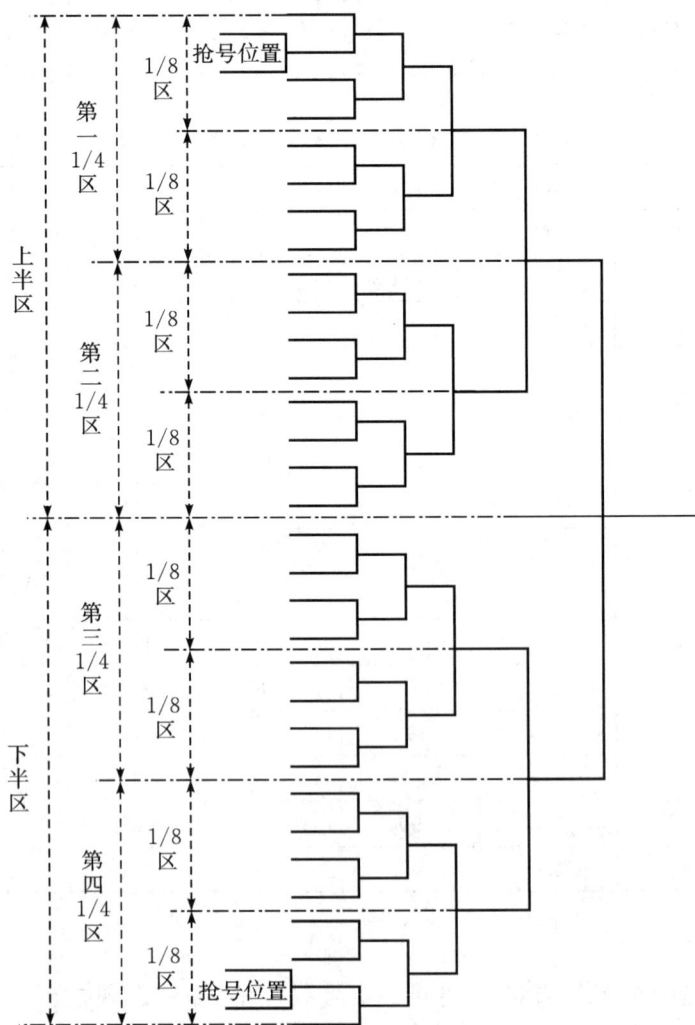

图 8-2-1　单淘汰赛抢号和分区示意图

4. 种子的安排方法

在淘汰赛中,由于参赛者(队)人数较多,为避免强手或强队过早相遇,可以把他们确定为"种子"。"种子"的数目应根据参赛者人数的多少来确定,一般采用 2^n,以 8 到 16 个号码位置设一名种子为宜。种子的号码位置,可查"种子位置表"(见表 8 - 2 - 12)。

表 8 - 2 - 12　种子位置表

1	256	129	128	65	192	193	64
33	224	161	96	97	160	225	32
17	240	145	112	81	176	209	48
49	208	177	80	113	144	241	16
9	248	137	120	73	184	201	56
41	216	169	88	105	152	233	24
25	232	153	104	89	168	217	40
57	200	185	72	121	136	249	8

"种子位置表"的查法:按比赛所设的种子数目,从表中依次(逐列由左向右)摘出小于或等于比赛号码位置数的号码,这些号码就是种子定位的号码。

例如,有 123 名参赛者,就要用 128 个号码位置。假如设 8 名种子,那么从表中依次可摘出小于或等于 128 的 8 个号码位置是 1、128、65、64、33、96、97、32,这些就是种子的定位号码。

种子的位置应合理分开,若同一单位有两个运动员(队)参赛时,既要考虑种子合理分开的原则,又要考虑同单位运动员(队)合理分开的精神。

5. 抽签的方法

抽签确定参赛者在淘汰赛中号码位置的一种方法。基本要求是将种子和同单位的参赛者合理分开,均匀分布,这是组织编排工作中的重要环节之一。一般比赛的抽签工作通常由主办单位代抽。有时可由裁判长、各参赛单位代表,或该运动项目中德高望重的专家和权威人士参加。

抽签的具体实施方法。

(1)种子的抽签与定位:种子队员的抽签与定位除按种子的号码位置抽签与定位外,也可按种子选手实力水平的排列顺序,直接将全部种子定位。

(2)非种子的抽签与定位:按抽签方案确定的顺序,将各单位运动员先分区,后定位。

(3)各单位的运动员也要分批进行抽签。如先抽该单位 1,2 号运动员,分别进入上、下半区(1/4,2/4 和 3/4,4/4);再抽该单位的 3,4 号运动员,分别进入没有 1,2 号运动员的另外两个 1/4 区;再将 5~8 号运动员分别抽入没有 1~4 号运动员的另外 4 个 1/8 区,以此类推。

(4)控制平衡与复核检查。为使各单位的运动员都能合理分开,抽签时需要进行必要的控制来保持平衡;检查种子选手是否做到了合理分开。

(三)混合法比赛的编排

混合法比赛过程中既有循环赛又有淘汰赛的竞赛方法,是循环法和淘汰法混合运用的一种竞赛方式。它在球类集体项目的竞赛中采用较多。当参赛队在 12~18 个时,选用混合法比赛最为适宜。一般比赛分两个阶段,第一阶段采用分组循环进行比赛,第二阶段采用交叉淘汰进行比赛。或者第一阶段采用分组淘汰赛(排出名次),第二阶段比赛使用循环法。例如,某运动竞赛项目参赛队有 12 个,采用混合法进行比赛,具体安排如下。

1. 分 A、B 两组单循环赛(第一阶段)

各组的竞赛及编排方法在单循环赛中已作介绍,请参阅本章单循环赛的方法与编排有关内容。

2. 交叉淘汰赛(第二阶段)

在预赛阶段分组比赛结束后,即采用交叉淘汰赛的比赛形式确定最后比赛名次。在交叉淘汰赛阶段,每场比赛都必须决出胜负。

将分组比赛 A,B 两组的前两名 4 个队编成一组,争夺 1~4 名;两组的 3,4 名编为一组,争夺 5~8 名;两组的 5,6 名编为一组,确定 9~12 名。

在第一组的比赛中,先由 A 组的第一名对 B 组的第二名、A 组的第二名对 B 组的第一名进行比赛,然后由这两场比赛的胜队决出冠、亚军,负队决出 3,4 名。其他各组对阵方法相同。

第三节 运动竞赛成绩与名次的评定方法

一、单项成绩的评定方法

体育竞赛中的单项,既可指一个运动员,也可指一个参赛队,它是从项目意义上讲的。常见的单项成绩评定方法有三种。

(1)以客观的时间、距离、高度、重量、中靶环数等实际计量来评定参赛者(队)的成绩和名次。例如,田径、游泳、举重、射箭等运动项目,按参赛者(队)成绩的优劣,依次排定名次。

(2)按完成规定动作和自选动作的质量来评定。例如,体操、跳水、武术等项目,由裁判员根据动作质量和编排好坏等内容来评定分数。评分通常以一定分值为满分进行打分,最后以裁判组评定的分值高低来确定名次。

(3)根据比赛总积分多少、战胜对手的情况或其他特定因素来进行评定。如各种球类比赛、摔跤、击剑等项目,在单独评价时,以双方的进球多少、胜负局数和得失分来决定成绩和名次。在总体评定时,根据积分多少排列名次。例如,球类项目,常采取胜一场得 3 分,负一场得 1 分或 0 分,弃权得 0 分,积分多者名次列前;若两个以上队积分相等,则按他们之间得失分情况排列名次,以失分少、净胜分多者名次列前。

二、团体名次的计算方法

体育竞赛中的团体,是指若干个不同的运动类别和项目的综合,也是指较大规模竞赛活动的总体。经常采用的办法有下列四种。

(1)大型综合性运动会,如奥运会、全运会等,有两种团体名次排列方法:一种是按金牌数和奖牌数排名;另一种是按团体总分来排名。在按团体总分排名时,对各项前八名以 9、7、6、5、4、3、2、1 的分值计算在各单位的总分里。

(2)田径、游泳等比赛分男、女团体,以男、女团体总分来衡量各队的实力,计分方法为:取前六名时,采用 7、5、4、3、2、1 计分;取前八名时,则按 9、7、6、5、4、3、2、1 计分。以各单位得分总和多少排出名次,分数高者,团体名次列前。也有在竞赛规程上事先规定集体接力、破纪录等可加倍计算,鼓励创造优异成绩。若总分相等,则可采取第一名多者或破纪录多的团体名次列前。

(3)体操、武术、跳水等项目,也有以参赛队(个人)各项得分的总和来决定团体名次者。

(4)拔河、乒乓球、羽毛球、网球等项目,还可采用获胜场数或局数多少来决定团体名次。

第九章　学生体质健康评价

第一节　体质概述

一、体质的概念

体质主要是在人类学、医学和体育学三个领域中进行研究。因为目的、视角等方面差异,对体质定义不同,基本内容大同小异。

在人体体质学中,匡调元教授认为"人类体质是人群及人群中的个体在遗传的基础和环境的影响下,在生长、发育和衰老的过程中形成的功能、结构和代谢上相对稳定的特殊状态"。

在中医体质学中,王琦教授认为"人体生命过程中,在先天禀赋和后天获得的基础上所形成的形态结构、生理功能和心理状态方面的综合的、相对稳定的固有特质,是人类在生长发育过程中所形成的与自然、社会环境相适应的人体个性特征"。

在体育界中,体质是指人体的质量,是在遗传性和获得性基础上表现出来的人体形态结构、生理功能和心理因素的综合的、相对稳定的特征。

二、体质的内容

在不同的环境中,不同人的体质会有明显的个体差异和阶段性,所以体质应包括以下五个方面。

(1)身体形态,是人体生命活动的物质基础。即体格、体型、姿势、营养状况以及身体成分(皮脂厚度、体脂比重、去脂体重等),也是人体生长发育水平、营养状况和锻炼程度的外在状态。

(2)生理功能水平,即机体新陈代谢水平与各器官系统达到的工作效能;安静心率、血压、肺功能及心血管运动试验等身体机能,是指机体新陈代谢水平以及各器官系统的效能。

(3)身体素质和运动能力的发展水平,是指人体在运动中表现出的速度、力量、耐力、灵敏及柔韧等方面的机能和走、跑、跳、投、攀登、负重等身体活动能力。

(4)心理素质发展水平,即人体的本体感知能力、个性特征、意志品质等;

(5)对内外环境的适应能力,包括对自然环境、社会环境、各种生活紧张事件的适应能力,对疾病和其他有碍健康的不良应激源的抵抗能力等。

第二节 学生体质健康评价的意义

一、进行《国家学生体质健康标准》测试的意义

《国家学生体质健康标准》是《国家体育锻炼标准》的一个组成部分,是《国家体育锻炼标准》在学校中的具体应用。《国家学生体质健康标准》测试的目的是贯彻落实第三次全国教育工作会议提出的"学校教育要树立'健康第一'的指导思想"的精神,促进学生积极地参加体育锻炼,上好体育课,增强学生的体质和提高健康水平,把学生培养成为德、智、体美全面发展的高素质人才。

通过《国家学生体质健康标准》的测试,可以清楚地了解自己体质与健康的状况,还可帮助监测自己的体质与健康状况的变化程度。这些都有助于在新的一年里有的放矢地设定自己的锻炼目标,有针对性地选择锻炼策略,制定切实可行的锻炼计划。

二、《国家学生体质健康标准》的测试项目及评价要求

根据《国家学生体质健康标准》的要求,大学生需要完成以下测试,分别是身高、体重、肺活量、50 m跑、立定跳远、引起向上(男生)/仰卧起坐(女生)、坐位体前屈、1000 m(男生)/800 m(女生)、视力。

三、测试与评价的理念与内容

测试和评价涉及身体形态和身体成分、心血管系统功能、肌肉的力量和耐力以及身体的柔韧性这四个方面。

测试和评价所涉及的四个方面都与个人终生健康的每个特定状况有密切联系,而每一项测试内容又都反映了个人身体健康素质的一个或多个要素。

测试和评价标准根据你的年龄、性别不同而有所差异。

测试和评价的结果是自己的事,不要同其他同学比,应着眼于自己的进步和提高。

测试和评价结果的最终解释不只是个人得了多少分,更是对个人身体健康素质现状的分析。

测试和评价的结果是可信的,它可作为个人设定锻炼目标的依据和自我评价的基点。

第三节 国家学生体质健康标准(2014年修订)

一、说明

1.《国家学生体质健康标准》(以下简称《标准》)是国家学校教育工作的基础性指导文件

和教育质量基本标准,是评价学生综合素质、评估学校工作和衡量各地教育发展的重要依据,是《国家体育锻炼标准》在学校的具体实施,适用于全日制普通小学、初中、普通高中、中等职业学校、普通高等学校的学生。

2. 本标准的修订坚持健康第一,落实《国家中长期教育改革和发展规划纲要(2010—2020 年)》《国务院办公厅转发教育部等部门关于进一步加强学校体育工作若干意见的通知》(国办发〔2012〕53 号)和《教育部关于印发〈学生体质健康监测评价办法〉等三个文件的通知》(教体艺〔2014〕3 号)有关要求,着重提高《标准》应用的信度、效度和区分度,着重强化其教育激励、反馈调整和引导锻炼的功能,着重提高其教育监测和绩效评价的支撑能力。

3. 本标准从身体形态、身体机能和身体素质等方面综合评定学生的体质健康水平,是促进学生体质健康发展、激励学生积极进行身体锻炼的教育手段,是国家学生发展核心素养体系和学业质量标准的重要组成部分,是学生体质健康的个体评价标准。

4. 本标准将适用对象划分为以下组别:小学、初中、高中按每个年级为一组,其中小学为 6 组、初中为 3 组、高中为 3 组。大学一、二年级为一组,三、四年级为一组。

5. 小学、初中、高中、大学各组别的测试指标均为必测指标。其中,身体形态类中的身高、体重,身体机能类中的肺活量,以及身体素质类中的 50 m 跑、坐位体前屈为各年级学生共性指标。

6. 本标准的学年总分由标准分与附加分之和构成,满分为 120 分。标准分由各单项指标得分与权重乘积之和组成,满分为 100 分。附加分根据实测成绩确定,即对成绩超过 100 分的加分指标进行加分,满分为 20 分;小学的加分指标为 1 分钟跳绳,加分幅度为 20 分;初中、高中和大学的加分指标为男生引体向上和 1000 m 跑,女生 1 分钟仰卧起坐和 800 m 跑,各指标加分幅度均为 10 分。

7. 根据学生学年总分评定等级:90.0 分及以上为优秀,80.0～89.9 分为良好,60.0～79.9 分为及格,59.9 分及以下为不及格。

8. 每个学生每学年评定一次,记入《〈国家学生体质健康标准〉登记卡》。特殊学制的学校,在填写登记卡时可以按规定和需求相应地增减栏目。学生毕业时的成绩和等级,按毕业当年学年总分的 50% 与其他学年总分平均得分的 50% 之和进行评定。

9. 学生测试成绩评定达到良好及以上者,方可参加评优与评奖;成绩达到优秀者,方可获体育奖学分。测试成绩评定不及格者,在本学年度准予补测一次,补测仍不及格,则学年成绩评定为不及格。普通高中、中等职业学校和普通高等学校学生毕业时,《标准》测试的成绩达不到 50 分者按结业或肄业处理。

10. 学生因病或残疾可向学校提交暂缓或免予执行《标准》的申请,经医疗单位证明,体育教学部门核准,可暂缓或免予执行《标准》,并填写《免予执行〈国家学生体质健康标准〉申请表》,存入学生档案。确实丧失运动能力、被免予执行《标准》的残疾学生,仍可参加评优与评奖,毕业时《标准》成绩需注明免测。

11. 各学校每学年开展覆盖本校各年级学生的《标准》测试工作,《标准》测试数据经当地教育行政部门按要求审核后,通过"中国学生体质健康网"上传至"国家学生体质健康标准数据管理系统"。测试和数据上传时间由教育行政部门确定。

12. 本标准由教育部负责解释。

二、单项指标与权重

表 9 - 3 - 1　单项指标与权重表

测试对象	单项指标	权重(%)
大学各年级	体重指数(BMI)	15
	肺活量	15
	50 m 跑	20
	坐位体前屈	10
	立定跳远	10
	引体向上(男)/1分钟仰卧起坐(女)坐(女)	10
	1000 m 跑(男)/800 m 跑(女)	20

注:体重指数(BMI)=体重(kg)/身高^2(m^2)。

三、评分表

(一)单项指标评分表

表 9 - 3 - 2　男生、女生体重指数(BMI)单项评分表(单位: kg/m^2)

等级	得分	男生	女生
正常	100	17.9～23.9	17.2～23.9
低体重	80	≤17.8	≤17.1
超重		24.0～27.9	24.0～27.9
肥胖	60	≥28.0	≥28.0

表 9 - 3 - 3　男生单项评分表

等级		单项	肺活量/mL		50 m/s		坐位体前屈/cm		立定跳远/cm		引体向上/次		1000 m/分·s	
		年级	大一大二	大三大四	大一大二	大三大四	大一大二	大三大四	大一大二	大三大四	大一大二	大三大四	大一大二	大三大四
成绩	优秀	100	5040	5140	6.7	6.6	24.9	25.1	273	275	19	20	3′17″	3′15″
		95	4920	5020	6.8	6.7	23.1	23.3	268	270	18	19	3′22″	3′20″
		90	4800	4900	6.9	6.8	21.3	21.5	263	265	17	18	3′27″	3′25″

续表

等级		单项	肺活量/mL		50 m/s		坐位体前屈/cm		立定跳远/cm		引体向上/次		1000 m/分·s	
年级			大一 大二	大三 大四	大一 大二	大三 大四	大一 大二	大三 大四	大一 大二	大三 大四	大一 大二	大三 大四	大一 大二	大三 大四
成绩	良好	85	4550	4650	7.0	6.9	19.5	19.9	256	258	16	17	3'34"	3'32"
		80	4300	4400	7.1	7.0	17.7	18.2	248	250	15	16	3'42"	3'40"
	及格	78	4180	4280	7.3	7.2	16.3	16.8	244	246			3'47"	3'45"
		76	4060	4160	7.5	7.4	14.9	15.4	240	242	14	15	3'52"	3'50"
		74	3940	4040	7.7	7.6	13.5	14	236	238			3'57"	3'55"
		72	3820	3920	7.9	7.8	12.1	12.6	232	234	13	14	4'02"	4'00"
		70	3700	3800	8.1	8.0	10.7	11.2	228	230			4'07"	4'05"
		68	3580	3680	8.3	8.2	9.3	9.8	224	226	12	13	4'12"	4'10"
		66	3460	3560	8.5	8.4	7.9	8.4	220	222			4'17"	4'15"
		64	3340	3440	8.7	8.6	6.5	7	216	218	11	12	4'22"	4'20"
		62	3220	3320	8.9	8.8	5.1	5.6	212	214			4'27"	4'25"
		60	3100	3200	9.1	9.0	3.7	4.2	208	210	10	11	4'32"	4'30"
	不及格	50	2940	3030	9.3	9.2	2.7	3.2	203	205	9	10	4'52"	4'50"
		40	2780	2860	9.5	9.4	1.7	2.2	198	200	8	9	5'12"	5'10"
		30	2620	2690	9.7	9.6	0.7	1.2	193	195	7	8	5'32"	5'30"
		20	2460	2520	9.9	9.8	−0.3	0.2	188	190	6	7	5'52"	5'50"
		10	2300	2350	10.1	10.0	−1.3	−0.8	183	185	5	6	6'12"	6'10"

表9-3-4 女生单项评分表

等级		单项	肺活量/mL		50 m/s		坐位体前屈/cm		立定跳远/cm		仰卧起坐/次		800 m/分·s	
年级			大一 大二	大三 大四	大一 大二	大三 大四	大一 大二	大三 大四	大一 大二	大三 大四	大一 大二	大三 大四	大一 大二	大三 大四
成绩	优秀	100	3400	3450	7.5	7.4	25.8	26.3	207	208	56	57	3'18"	3'16"
		95	3350	3400	7.6	7.5	24	24.4	201	202	54	55	3'24"	3'22"
		90	3300	3350	7.7	7.6	22.2	22.4	195	196	52	53	3'30"	3'28"

等级		单项	肺活量/mL		50 m/s		坐位体前屈/cm		立定跳远/cm		仰卧起坐/次		800 m/分·s	
		年级	大一 大二	大三 大四	大一 大二	大三 大四	大一 大二	大三 大四	大一 大二	大三 大四	大一 大二	大三 大四	大一 大二	大三 大四
成绩	良好	85	3150	3200	8	7.9	20.6	21	188	189	49	50	3′37″	3′35″
		80	3000	3050	8.3	8.2	19	19.5	181	182	46	47	3′44″	3′42″
	及格	78	2900	2950	8.5	8.4	17.7	18.2	178	179	44	45	3′49″	3′47″
		76	2800	2850	8.7	8.6	16.4	16.9	175	176	42	43	3′54″	3′52″
		74	2700	2750	8.9	8.8	15.1	15.6	172	173	40	41	3′59″	3′57″
		72	2600	2650	9.1	9	13.8	14.3	169	170	38	39	4′04″	4′02″
		70	2500	2550	9.3	9.2	12.5	13	166	167	36	37	4′09″	4′07″
		68	2400	2450	9.5	9.4	11.2	11.7	163	164	34	35	4′14″	4′12″
		66	2300	2350	9.7	9.6	9.9	10.4	160	161	32	33	4′19″	4′17″
		64	2200	2250	9.9	9.8	8.6	9.1	157	158	30	31	4′24″	4′22″
		62	2100	2150	10.1	10	7.3	7.8	154	155	28	29	4′29″	4′27″
		60	2000	2050	10.3	10.2	6	6.5	151	152	26	27	4′34″	4′32″
	不及格	50	1960	2010	10.5	10.4	5.2	5.7	146	147	24	25	4′44″	4′42″
		40	1920	1970	10.7	10.6	4.4	4.9	141	142	22	23	4′54″	4′52″
		30	1880	1930	10.9	10.8	3.6	4.1	136	137	20	21	5′04″	5′02″
		20	1840	1890	11.1	11	2.8	3.3	131	132	18	19	5′14″	5′12″
		10	1800	1850	11.3	11.2	2	2.5	126	127	16	17	5′24″	5′22″

第四节　国家学生体质健康标准测试方法

一、身高和体重

1.测试目的:测试学生身高,与体重测试相配合,评定学生的身体匀称度,评价学生生长发育的水平及营养状况。

2.测试器材:身高体重仪。

3.测试方法:受试者赤足,身着轻装立正姿势站在身高体重仪的底板上(上肢自然下垂,足跟并拢,足尖分开成60°)。足跟、骶骨部及两肩胛区与立柱相接触,躯干自然挺直;头部正直,耳屏上缘与眼眶下缘是水平位。

二、肺活量

1.测试目的:测试学生的肺通气功能。它是指人体尽全力深吸气后,再尽全力呼出的气体总量,即一次深呼吸的气量,是呼吸动态过程中的一部分。

2.测试器材:电子肺活量计。

3.测试方法:被测者面对仪器站立,手持吹气口嘴;面对肺活量计站立深吸气(避免耸肩提气,应该像闻花式的慢吸气);吸气后屏住气再对准口嘴吹气,防止此时从口嘴处吸气;测试中不得二次吸气、吹气,向口嘴处慢慢呼出至不能再呼为止;吹气完毕后,液晶屏上最终显示的数字即为肺活量毫升值。被测者不必紧张,并且要尽全力;以中等速度和力度吹气效果最好。

三、坐位体前屈

1.测试目的:测试学生身体柔韧素质的发展水平。

2.测试器材:坐位体前屈测量计。

3.测试方法:受试者坐姿,腿伸直,两脚平蹬测试纵板上,脚尖分开 10～15 cm,上体前屈,两臂伸直前,用两手中指尖逐渐向前推动游标,直到不能前推为止,测试计的脚蹬纵板内沿平面为 0 点,向内为负值,向前为正值。

四、仰卧起坐

1.测试目的:测试学生腹肌耐力。

2.测试器材:垫子。

3.测试方法:受试者全身仰卧于垫上,两腿稍分开,屈膝呈 90°左右,两手指交叉于脑后,另一同学压住其踝关节,以便固定下肢;测试人员目测受试者完成上述动作要领后,开始仰卧起坐;动作应规范至 90°角方为有效;受试者躯干超过 90°完成一次,测试时间一分钟。

五、引体向上

1.测试目的:测试男性上肢肌肉量的发展水平。

2.测试器材:单杠。

3.测试方法:受试者跳起双手正握杠,两手与肩同宽成直臂悬垂。静止后,两臂同时用力引体(身体不能有附加动作),上拉到下颌超过横杠上缘为完成一次,然后放松背阔肌让身体下降直到完全下垂,然后重复再做。

六、立定跳远

1.测试目的:测试学生下肢爆发力及身体协调能力的发展水平。

2.测试器材:立定跳远电子测试仪或沙坑、丈量尺。

3.测试方法:受试者两脚自然分开站立;站在起跳线后;脚尖不得踩线。两脚原地同时起跳,不得有垫步或连跳动作。起跳线后缘至最近看地点后缘的垂直距离。

七、50 m 跑

1.测试目的:测试学生的灵敏性和下肢爆发力。

2.测试仪器:秒表。

3.测试方法:站立起跑,受试者听到"跑"的口令后开始起跑。发令员在发出口令同时要摆动发令旗。计时员视旗动开表计时,受试者躯干到达终点线的垂直面停表。以秒为单位记录测试成绩,精确到小数点后一位,小数点后第二位数按非零进1原则进位,如 10.11 s 读成 10.2 s 记录之。

八、耐力跑(女生 800 m/男生 1000 m)

1.测试目的:衡量学生心肺机能的发展水平。

2.测试仪器:耐力跑测试仪或秒表。

3.测试方法:受试者站立式起跑。当听到"跑"的口令后开始起跑。计时员看到旗动开表计时,当受试者的躯干部到达终点线垂直面时停表。以分、秒为单位记录测试成绩,不计小数。

九、视力测试方法

1.受检者距视力表 5 m 处站立,双眼应与视力表中的 5.0 一行在一个水平线上。用遮眼板将左眼轻轻遮上,先查右眼,后查左眼,均记录为裸眼视力。

2.可先从 5.0 一行视标认起。测出被检眼所能辨认的最小行视标。记下该行视标的视力记录值,即为该眼的视力。如果看不清在逐行上查,如辨认无误则逐行下查。要求每个视标的识别时间不超过 5 s。规定 4.0～4.5 各行视标中每行不能认错 1 个,4.6～5.0 各行视标中每行不能认错 2 个,5.1～5.3 各行视标中每行不能认错 3 个。超过这一规定就不再往下检查,而以本行的上一行记为该受检者的视力。

3.如 5 m 处不能辨认视力表最上一行视标(即为 4.0 一行)时,令受检者逐渐前行,直至能够看清最大一行视标为止,根据实际距离进行换算见表 9-4-1。

表 9-4-1　远视力表变距校正表

检查距离略值/m	1.0	1.2	1.5	2.0	2.5	3.0	4.0	5.0
校正值	−0.7	−0.6	−0.5	−0.4	−0.3	−0.2	−0.1	0
记录视力值	3.3	3.4	3.5	3.6	3.7	3.8	3.9	4.0

4.若小于 1 m 处也不能看清第一行视标时,视力记录 0.0

第十章　运动处方

第一节　运动处方的概念与分类

一、运动处方概念

运动处方的概念最早是美国生理学家卡波维奇在 20 世纪 50 年代提出的。20 世纪 60 年代以来,随着康复医学的发展及对冠心病等的康复训练的开展,运动处方开始受到重视。1969 年世界卫生组织开始使用运动处方术语,从而在国际上得到认可。

运动处方的完整概念是:康复医师或体疗师,对从事体育锻炼者或病人,根据医学检查资料(包括运动试验和体力测验),按其健康、体力以及心血管功能状况,用处方的形式规定运动种类、运动强度、运动时间及运动频率,提出运动中的注意事项。运动处方是指导人们有目的、有计划和科学地锻炼的一种方法。

运动处方是健身活动者进行身体活动的指导性条款。它根据参加运动者的机能水平和健康状况以处方形式确定其活动强度、时间、频率和活动方式,这如同临床医生根据病人的病情开出不同的药物和不同的用量的处方一样,故称运动处方。它具有目的性强、计划性强、科学性强、针对性强及普及面广的特点。

二、根据应用对象和锻炼的目的分类

运动处方多种多样,分类方法也各式各样。并且在实施过程中,存在着多种运动处方的变式。根据应用的对象和锻炼的目的,一般有如下种类。

(一)竞技性运动处方

竞技性运动处方用于提高运动员身体素质和运动技术水平的训练方案。

(二)预防性(保健性)运动处方

预防性(保健性)运动处方适合一般健康人,包括中老年人在内的人群,用以增强体质,预防疾病和提高健康水平。预防健身性运动处方适用的对象是全民健身运动的参加者,包括身体基本健康的中老年人;长期从事脑力劳动、缺乏体育锻炼、处于亚健康状态的人群;中

青年人和在校的学生。该类运动处方主要是指导人们采用适当的体育活动,科学地进行锻炼,以便更有效、更科学地增强体质、提高健康体适能,预防疾病,防治早衰。

(三)治疗性运动处方

治疗性运动处方用于慢性疾病患者及病人创伤康复期的锻炼,能提高疗效。加速疾病的康复。康复治疗性运动处方适用的对象是经过临床治疗达到基本痊愈,但遗留有不同程度身体机能下降或功能障碍的患者,如冠心病、手术后患者;以及得到一定控制的慢性病患者,如高血压、糖尿病、肥胖症患者等。这类运动处方能够帮助患者提高身体机能,缓解症状,减轻或消除功能障碍,恢复肢体功能,尽量提高患者的生活自理和工作能力。

三、根据锻炼作用分类

根据运动锻炼的作用分类,运动处方可分为全身耐力运动处方、力量运动处方、柔韧性运动处方等。

(一)全身耐力运动处方

全身耐力运动处方以提高心肺功能为主要目标,该运动处方用于提高锻炼者的耐力素质、维持合理的身体成分、消除亚健康状态的症状,预防冠心病、高血压、高血脂、糖尿病等的发生。

(二)力量运动处方

力量运动处方的主要作用是提高肌肉的力量耐力。力量运动处方可用于因伤病导致肢体长期制动,长期卧床等引起的废用性肌萎缩的康复、身体发育畸形的矫正,该运动处方也可以提高锻炼健身者的力量素质、缓解中年以后的肌肉萎缩,预防骨质疏松。

(三)柔韧性运动处方

柔韧性运动处方以提高身体柔韧性素质为目标,该运动处方用于指导健身者采用科学的手段和方法,提高身体的柔韧性素质,预防随年龄增长而导致关节活动幅度下降。

第二节 运动处方的内容

运动处方的内容一般包括运动目的、运动项目、运动强度、每次运动持续的时间、运动频率和注意事项等六个方面、下面将对这些内容详细介绍。

一、运动目的

根据年龄、性别、职业、爱好、习惯和体质健康状况的不同,健身者的锻炼目的各不相同,因而开出的运动处方也不同。运动的目的可以有:预防疾病,强身健体,健美减肥,休闲消遣及提高身体素质,提高运动成绩等。

二、运动项目

运动项目应根据锻炼目的而定,一般包括以下项目。

(一)耐力性项目(有氧运动项目)

此类运动项目能有效增强或改善心血管系统和代谢功能,提高体能,预防冠心病、肥胖症和动脉硬化等病症。锻炼的项目有快走(步行)、慢跑、骑自行车、游泳、爬山、跳绳、划船、登楼梯、滑冰和滑雪等。国外运动医学专家对经常参加体育运动的人进行体检时发现,参加健身跑、游泳、自行车运动锻炼的人的心肺功能要比从事其他运动项目的人好。

(二)医疗体操(呼吸操、校正体操等)

医疗体操适用于有某种慢性疾病和创伤康复期的人。如慢性支气管炎、肺气肿患者,可进行呼吸操锻炼;内脏下垂者,可进行腹肌锻炼;截瘫患者的轮椅训练,截肢病人的上、下肢训练;脊柱畸形或扁平足患者进行的矫正体操;四肢骨折康复期的功能锻炼等。

(三)放松性训练

此类项目有调节神经系统,放松精神和躯体,消除紧张和疲劳,防治高血压和神经官能症的作用。锻炼的项目和方法有气功、太极拳、瑜伽、散步、保健按摩和放松体操等。

(四)力量型项目

力量性练习能增强肌肉力量和力量耐力,防止关节损伤,改善机体有氧代谢能力和增强体力。锻炼的方法有抬腿、举手、平足站立、下蹲起立哑铃和举重练习等。

(五)柔韧性练习

对于容易发生关节僵硬和疼痛的情况,这常常不是由关节炎症引起的,而是因为缺乏运动所致,经常作一些柔韧性练习,可以活动关节,增强关节的柔韧性和灵活性,延缓关节硬化。锻炼的项目有太极拳、八段锦、武术、柔软体操和伸展性练习等。

三、运动强度

运动强度是指单位时间内的活动量。运动强度是设计运动处方中最关键的部分,它是运动处方中四要素中最重要的一个因素,也是运动处方定量化与科学性的核心问题。因此,需要有适当的监测来确定运动强度是否适宜,可根据训练时的心率、自感用力度进行定量化。其中心率在教学中是运动强度常用的测量方法。

心率和运动强度之间存在线性关系。通常用心率确定运动强度有两种方法。

(1)用最大心率的百分比来确定运动强度。最大心率可以公式"220-年龄"来计算。通常认为提高有氧适能的运动处方宜采用最大心率的55%～77%。

(2)用最大心率贮备的百分比来确定运动强度。最大心率贮备等于最大心率减安静时心率之差。在实际应用时,是用贮备心率和安静时心率同时来确定运动时的心率,称为靶心率。其计算公式是:靶心率=(最大心率-安静时心率)×(0.6~0.8)+安静时心率

其中,0.6~0.8为适宜强度系数,亦即60%~80%最大心率贮备。通常认为,在此强度系数范围内,运动能有效地提高有氧适能。所以有人将0.6~0.8这一范围称为训练带或训练区域。将系数0.6称为训练带的下限,将系数0.8称为训练带的上限。

四、单次运动持续时间

运动持续时间即除准备活动和整理活动外运动持续的时间,对惯坐者和体适能低的人应该从小强度短时间(20~30分钟)运动开始逐渐增加。

运动持续时间和运动强度关系密切。因为当运动强度达到阈强度后,一次运动的效果是由总运动负荷来决定的,而总运动负荷等于运动强度与运动时间之积,即由两者的配合来共同决定。当总运动负荷确定时,运动强度和运动时间成反比。运动强度较大则运动时间较短;运动强度较小则运动时间较长。在运动处方中,运动的形式、强度和时间可以有多种变化,在某些场合采用较长时间低强度的运动较为有效,如肥胖者的减肥;反之,在另外一些场合采用短时间高强度的运动较为有效,如训练肌肉力量。

五、运动频率

运动频率是指每周锻炼的次数。有研究表明,当每周锻炼多于3次时,最大吸氧量的增加逐渐趋于平坦;当锻炼次数增加到5次时,最大吸氧量的提高就很小;而每周锻炼少于两次时,通常不引起改变。由此可见,每周锻炼3~4次是最适宜的频率。但由于运动效应蓄积作用的特点,间隔不宜超过3天。作为一般健身保健或处于退休和疗养条件者,坚持每天锻炼一次当然更好,但前提条件是次日不残留疲劳,每日运动才是可取的。关键是运动习惯性或运动生活化,即各人可选择适合自己的锻炼次数,但每周最低不能少于两次。

六、注意事项

在实施运动处方中必须注意两个问题。

(1)要循序渐进。在任何情况下都要强调开始时宁少不多。从简单运动开始以渐进的方式逐渐增加难度和强度。

(2)要做好准备活动和整理活动。在运动开始时,轻微的运动及伸展比实际活动更重要,它们可以用来改善从休息到运动状态的转变。在刚开始运动时,要逐渐增加活动强度,一直到能达到适宜强度为止。伸展运动能增加关节活动度和下背柔软度,这些都应包括在准备活动中。在活动进行到最后时,大约要有5分钟的整理活动,这样可使呼吸和心跳恢复到正常值,这在运动进行中是十分重要的,可以减少运动结束后产生的低血压。

第三节 运动处方的制定

一、运动处方的制定程序

进行一般调查、体质测试或体检:一般调查包括询问病史及健康状况,询问内容包括既往病史、家族史、身高、体重等。目前的健康状况包括最近是否测过血压或血脂,结果如何,最近有无患病,如果有,详细询问诊断及治疗情况。体质测试或体检:体质测试是指在学校体育课上或由学校组织的体质测试,体检就是指到医院进行身体检查。

根据个人具体情况制定运动处方。

按处方活动一段时间后,根据参加者的生理反应和适应状况,再对处方做进一步的修改或调整。

二、运动处方的制定原则

因人而异的原则:要根据每一个参加锻炼者或病人的具体情况,制定出符合个人身体客观条件及要求的运动处方。

有效的原则:运动处方的制定和实施应使参加锻炼者或病人的功能状况有所改善。

安全的原则:按运动处方运动,应保证在安全的范围内进行,若超出安全的界限,则可能发生危险。在制定和实施运动处方时,应严格遵循各项规定和要求,以确保安全。

全面的原则:运动处方应遵循全面发展身心健康的原则,在运动处方的制定和实施中,应注意维持人体生理和心理的平衡,以达到"全面发展身心健康"目的。

三、运动处方的制定内容

(一)运动目的

通过有目的的锻炼达到预期的效果。由于各人的情况千差万别,运动的目的有健身、娱乐、减肥、治疗等多种类型。

(二)运动项目

在运动处方中,为锻炼者提供最合适的运动项目关系到锻炼的有效性和持久性。选择运动项目,要考虑运动的目的,是健身、还是治疗;要考虑运动条件,如场地器材、余暇时间、气候等;还要结合体育兴趣爱好等。

(三)运动强度

运动强度是运动时的剧烈程度,是衡量运动量的重要指标之一,可用每分钟的心率次数来表示大小。一般认为学生心率 120 次/min 以下为小强度,120~150 次/min 为中强度,150~180 次/ min 或 180 次/min 以上为大强度。测量运动强度的简单办法是:测量运动后

10 s 脉搏×6,就是 lmin 的心率。

1. 适宜运动强度范围

可以本人最高心率的 70%～85% 的强度作为标准,占最高心率的百分比越高代表强度越大。

2. 最适宜运动心率

计算公式:最大心率储备＝最大心率－安静心率

最适宜运动心率＝最大心率储备×75％＋安静心率

如某大学生 20 岁,安静心率 70(次/min),他的最大心率为 220－20＝200(次/min),心率储备为 200－70＝130(次/min),最适宜运动心率为 130×75％＋70＝167.5(次/min)。

(四)运动时间

运动时间指一次锻炼的持续时间。它与运动强度紧密相关,强度大,时间应稍短,强度小,时间应稍长。有氧锻炼一般在 30 min 左右就可以达到较好的效果。

(五)运动频度

运动频度指每周的锻炼次数。关于运动频度,有研究表明,1 周运动 1 次,肌肉酸痛和疲劳每次发生,运动后 1～3 天身体不适,效果不蓄积;1 周运动 2 次,酸痛和疲劳减轻,效果有点蓄积,不明显;1 周运动 3 次,无酸痛和疲劳,效果蓄积明显;1 周运动4～5次,效果更加明显。可见,1 周至少运动 3 次,效果才明显。

四、运动处方的实施原则

对于大学生而言,实施运动处方要遵循以下原则。

(一)全面了解个人的体质和健康状况

在制订运动处方时,要了解个人的生长发育情况、疾病史、目前的伤病情况、健康体适能测试的结果等内容。

(二)确定运动处方的目的

运动处方的目的不同,采用的运动功能评定方法就不同,制定运动处方的原则也不同,因此要确定好自己是为了提高心肺功能、增强肌力、提高柔韧性,还是减少多余的脂肪,控制血压、血脂和血糖。一般来说,只要某项功能评定未达到优秀或良好,都应将增强该功能作为运动处方目的之一。

(三)进行相应的运动功能评定

如果大学生是为了提高心肺功能或控制体重、血压、血糖、血脂等,应做心肺功能的检查评定,如台阶实验、1000 m 跑(男子)、800 m 跑(女子)或 2 分钟跳绳(女子);如果是为了增强肌肉力量,则要进行肌力的测定,如握力、立定跳远或仰卧起坐(女);如果是为了提高柔韧性,则要做关节活动幅度的测试,如坐位体前屈。

第四节　运动处方的案例分析

一、减肥运动处方

1.处方目的:运用科学的手段与方法使女孩达到减肥的效果。

2.处方原理:燃烧脂肪、运用科学的有氧锻炼。

3.内容方法:长距离步行或远走、慢跑或做有氧健身操。

4.具体方法负荷:基本体力练习 10 分钟(仰卧起坐 60 次,分 5 组;俯卧撑 50 次,分 5 组)。

5.处方手段:伸展放松体操 3~5 分钟(可以伴随快节奏感的音乐做有氧体操);每天慢跑 30 分钟以上(或慢走 50 分钟以上)。

6.强度和频率:适宜 20~35 岁体重超过标准值的 5%~20%以上的女性,女性心率控制在 150~180 次每分钟最理想。

7.效果指标:坚持一个月以上,现体重与原锻炼前体重相比。

8.注意事项:有心脏病、心血管系统疾病等人不宜参加,饮食适当控制。

9.绿色食谱:每天最少吃一个新鲜水果(因为水果中含有维生素及纤维素);每天两调羹油(这是指在炒菜烹调中平均每人一天摄取调料的量);每天最少三碟蔬菜(尤其要吃叶绿素较多的茎叶类蔬菜,其次是瓜果类);每天四碗饭或四个馒头。每天五份蛋白质(一个鸡蛋,一杯牛奶或豆浆,一碟鱼或虾类、贝类,一碟瘦肉,一碟黄豆芽或豆腐);每天的食物可以根据自己的喜好自己搭配,以上的食物补给为最佳。

减肥是一个长期过程,只有坚持不懈才能保证效果,减肥应在不损害自己健康的前提下进行。

二、发展心肺耐力的运动处方

频率:每周活动 3~5 次。

强度:活动时心率要达到(220-年龄)×60%~(220-年龄)×80%的范围。

时间:持续 20~60 分钟。

运动项目:步行、慢跑、单车、游泳、划艇、爬楼梯等全身性大肌肉的持续性运动。

三、发展力量的运动处方

频率:每周 1~2 次。

强度:选择 8~12 个主要肌肉群练习,选择某一重量,以最多能举起的次数为标准。例如,你最多能够举起重要为 30 kg 的负荷 12 次,那么在力量练习中就要以这样的负荷,以每组 12 次的强度进行练习,重复 1~2 次,组与组之间要休息 1~3 分钟。

时间:总练习时间约 20 分钟为最佳。

运动项目:哑铃或橡胶绳练习。

注意:每周进行 4 次训练是能坚持长期训练的最大频率限度。一般认为,要使肌肉力量明显地增强而又不产生慢性疲劳的积累,每周进行 1～2 次练习最为适宜。力量练习的间隔时间一般以肌肉能完全恢复为准,肌肉在练习后 3～5 s 时已恢复 50%,两分钟后完全恢复,为了增强肌肉力量,练习的间隔不宜过长,一般为 1 分钟左右。

四、发展柔韧性的运动处方

频率:每天或在运动前后进行。

强度:每组肌肉伸展至拉紧或有少许酸痛感觉为止。

时间:每组肌肉伸展约 10～30 s。大肌肉群可伸展 30 s。每个姿势持续的时间和次数应逐步增加,一般从 10 s 逐渐增加到 30 s。

运动项目:被动静力伸展法或肌肉神经促进伸展法。被动静力伸展法是指借助外力保持固定姿势。例如借助外力保持体前屈的最大幅度。肌肉神经促进伸展法包括慢速伸展—保持—放松法,收缩放松法,保持放松法等三种。例如在伸展股后肌群时采用慢速伸展—保持—放松法有以下几步:首先仰卧,膝关节伸直,脚踝成 90°,同伴帮助推双腿,弯曲髋关节至有轻微酸痛感,此时开始收缩股后肌群以抵抗同伴的推力,持续 10 s 后,放松股后肌群而收缩股四头肌,同时同伴再加力帮助伸展股后肌群,放松过程持续 10 s,此时,再一次抵抗同伴的推力,这样的过程至少重复 3 次。

注意:在进行柔韧性练习前先要做一些小运动量的健美体操或慢跑,以此提高肌肉的温度,增加工作肌的血流量,减少伤害事故。不管是什么伸展练习,都要兼顾身体各关节的柔韧性的全面发展。进行柔韧性练习动作的幅度要逐渐加大,用力要柔和。静力性练习一般停留 8～10 s,重复 8～10 次可收到良好的效果,动力性练习一般停留在 15～25 s,每个练习 7～30 次;柔韧性练习至少重复 5～10 次,注意循序渐进。

下　篇

运动实践与体育健身篇

第十一章　田径运动

第一节　田径运动概述

田径(track and field)或称田径运动,是田赛、径赛和全能比赛的全称。田是指广阔的空地,在跑道所围绕的中央或临近的场地上举行的跳跃、投掷竞赛,统称为田赛,田赛是用米尺丈量所跳的高度、远度和所投器械远度的项目。径是指跑道,在跑道上举行的竞走和各类形式的赛跑都属于径赛,径赛是以时间计算成绩的竞走和跑的项目。简单来说,田赛用距离来衡量,径赛用时间来衡量。此外,田径运动还包括田径全能运动,它是由若干跑、跳、投项目组合而成的,田径比赛由田赛、径赛、公路路跑、竞走和越野跑组成,此外还包括部分田赛和径赛项目组成的"十项全能"。现代田径运动的分类各有不同,多数将田径运动分为径赛、田赛、全能三大类,或分为竞走、跑、跳跃、投掷、全能五大类。

田径运动具有个体性和广泛的群众性。田径运动除接力跑外,都是以个人为单位进行比赛的运动项目,团体成绩和名次大都是由个人成绩和名次及接力跑成绩名次的计分相加决定的。田径运动是体育运动中最大的一个项目,它包括五大类,很多单项,是各大型运动会中比赛项目最多,参赛运动员最多的项目。田径运动中各单项和全能项目对运动员体形、主要身体素质和心理机能等都有不同的要求,运动员要从个人实际和特点出发,选择运动项目,掌握具有个人特点的先进、合理的运动技术。

最早的田径比赛,是公元前776年在希腊奥林匹克村举行的第一届古代奥运会上进行的短跑比赛项目。1896年,希腊举行的第一届现代奥林匹克运动会上的田径赛是现代世界田径运动开始的标志。

第二节　跑

一、短跑

(一)短跑基本技术

短跑技术全程包括起跑、起跑后的加速跑、途中跑和终点跑4个部分。

1. 起跑

起跑的任务是获得向前冲力,使身体迅速摆脱静止状态,为起跑后加速跑创造有利条件。

(1)起跑器的安装。安装起跑器的目的是使脚有牢固的支撑,形成良好的用力姿势,便于快速起跑和加速,有利于运动员获得较快的起跑速度。起跑器的安装方法常用的有普通式和拉长式两种(见图 11 - 2 - 1)。

"普通式"的前起跑器安装在距离起跑线一脚半(40~46 cm)处,后起跑器距离前起跑器一脚半。前后起跑器的支撑面与地面的夹角分别为 40°~45°和 70°~80°。两个起跑器的中间线间隔约 15 cm。"拉长式"的前起跑器安装在距离起跑线两脚长处,后起跑器距离前起跑器一脚长。

两种安装办法各有优缺点,应根据个人特点选用和调整起跑器安装方法。运动员采用哪种起跑器的安装方法应根据个人的身高、体型、身体素质和技术水平等情况来选择,其目的是使运动员能充分发挥肌肉最大力量,获得最大初速度,有助于加速跑的完成。

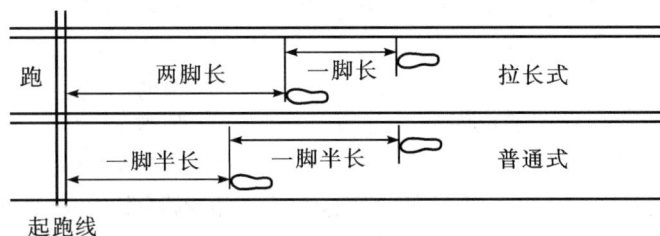

图 11 - 2 - 1

(2)起跑技术。起跑的任务是使身体迅速摆脱静止状态,为起跑后加速跑创造条件。田径规则规定,在短跑比赛中运动员必须采用蹲踞式起跑,必须使用起跑器,运动员要按发令员的口令完成起助动作。

起跑过程包括"各就位""预备"和"鸣枪"三个阶段。听到"各就位"口令后,运动员稳定一下自己的情绪,走到起跑器前,俯身,两手撑地,两脚依次踏在前后起跑器的抵足板上,将有力脚放在前面,后腿跪地。然后两手收回到起跑线后,两臂伸直,两手间距离与肩同宽或比肩稍宽,四指并拢或稍分开和拇指成"人"字形。身体重心稍前移,肩约与起跑线齐平,头与躯干保持在一条直线上,颈部自然放松,身体重量均匀地落在两手、前腿和后腿之间,注意听"预备"口令。

听到"预备"口令后,逐渐抬起臀部。臀部要稍高于肩部 10~20 cm,同时使身体重心向前上方移动。此时,身体重心落在两臂和前腿上、前腿膝角为 90°~100°,后腿膝角为 110°~130°。两脚贴紧在前后起跳器抵足板上,集中注意力听枪声。

听到枪声后,两手迅速推离地面,屈肘做有力的前后摆,同时两腿快速用力蹬起跑器。后腿快速蹬离起跑器后,便迅速屈膝向前上方摆出。摆出时腿不应离地面过高,这有利于摆动腿迅速着地并过渡到下一步。前腿有力地蹬伸,后蹬角为 42°~45°(见图 11 - 2 - 2)。

图 11-2-2

2. 起跑后的加速跑

加速跑是起跑与途中跑之间的一段疾跑技术,任务是在较短距离尽快地获得最高速度,进入途中跑。起地后两臂加快摆速,两腿交替用力蹬,步长逐渐加大,步频逐渐加快,并逐渐加大后蹬角度。两脚的着地点逐渐形成一条直线,上体逐渐抬起进入途中跑。加速跑过程见图 11-2-3。

图 11-2-3

3. 途中跑

途中跑是短跑全程中距离最长、速度最快的一段,其任务是继续发挥和保持高速度跑,其动作特点是腿的摆动幅度大,大腿高抬,频率快,趴地动作积极明显,其完整动作如图 11-2-4 所示。

图 11-2-4

跑是周期性运动,在一个跑的周期内,由后蹬和前摆、腾空、着地后缓冲三个阶段构成。

(1)后蹬与前摆阶段。当身体重心移过支撑点垂直面时,一条腿经后蹬后进入前摆,另一条腿由前摆后着地,支撑腿开始后蹬。前摆时以大腿带动小腿并以折叠的姿势用力向前上方摆动,使身体重心向前移动。后蹬时应快速有力地依次伸直髋、膝、踝关节,前摆时以髋为轴向前上方摆动。后蹬角为 50°左右(见图 11-2-4)。

(2)腾空阶段。支撑腿蹬离地面后,身体即进入腾空阶段,小腿随惯性迅速向大腿靠拢形成摆动、折叠的动作。同时,以摆动腿的髋关节为轴大腿积极下压,膝关节放松,形成摆动腿着地前的积极下压和"趴地"动作。

(3)着地缓冲阶段。摆动腿的前脚掌着地瞬间即进入着地缓冲阶段。当前脚掌接触地面时,髋、膝、踝关节依次适应弯曲进行缓冲,脚跟不着地面,形成"压紧待发"的姿势,为后蹬创造有利条件。支撑腿脚着地过程中,摆动腿迅速折叠脚跟接近臀部,形成后摆动作。摆动腿折叠越好,越能缩小摆动半径,减少阻力,加快摆动速度。

途中跑时,面部要正对前方,两眼向前平视,上体保持正直或微向前倾。两臂要以肩关节为轴,轻松而有力地前后摆动。正确的摆臂动作不仅能保持跑动中的身体平衡,而且有助于加快两腿动作频率和增大步幅,有利于蹬摆送髋动作。

4. 终点跑

终点跑是指全程跑的最后一段距离。这时要以全身的力量、顽强的毅力加强后蹬和两臂的摆动,以最快的速度跑过终点。在离终点最后一步时,上体迅速前倾,用胸部或肩部做撞线动作跑过终点(见图11-2-5)。

图11-2-5

(二)短跑练习方法

1. 速度练习

速度练习主要有短距离的加速跑、行进间跑、反复跑、斜坡跑、让距追逐跑、让距接力跑、下坡跑、顺风跑等。以90%～95%的强度进行20～60 m跑,每组跑4～5次,每次休息3～6 min,进行2～3组,这将有助于提高速度。同时,改变短跑的起跑姿势,采取站立式、转身式和行进间起跑,这也有助于提高速度。

2. 力量练习

力量练习主要有负重换腿跳、负重大步走、负重跑、负重跳台阶、跑台阶、大幅度地跨步跳(要求摆动腿积极下压和小腿由前向后积极着地),可以提高跑时的后蹬能力;各种跳跃练习,如立定跳、立定三级跳、立定十级跳、单足跳、蛙跳;杠铃挺举、抓举、半蹲和深蹲、负重沙袋跑或跳等。

二、中长跑

目前奥运会设置的中长跑项目中,800 m和1500 m属于中跑(中距离跑),5000 m和10000 m属于长跑(长距离跑),马拉松跑属于超长跑。另外还有一个特殊的项目即3000 m障碍赛。中长跑的距离长,消耗能量大,对氧气的需求量也大。因此掌握正确的呼吸方法至关重要。中长跑能量消耗大,机体要产生一定的氧债,为了保证机体对氧气的需求,呼吸必须有一定的频率和深度,还必须与跑的节奏相配合,一般采用两步一吸,两步一呼或三步一吸,三步一呼,呼吸时采用口鼻同时进行呼吸的方法。随着速度的加快和疲劳的出现,呼吸的频率可有所增快。

(一)中长跑基本技术

中长跑的各项目比赛均由起跑和起跑后加速跑、途中跑、终点跑技术组成。

1. 起跑

中长跑各项目以及马拉松比赛时均采用站立式起跑,800 m运动员还可采用单臂支撑的半蹲踞式起跑。各就位时,运动员从集合线走到起跑线处,两脚前后开立,将有力的腿放在前面,前脚尖紧靠起跑线后沿,后脚距前脚一脚距离左右,两脚的左右距离自然开立,上体前倾,两膝弯曲,两臂一前一后,身体重心主要落在前脚上,保持稳定姿势,集中注意力听枪声(见图11-2-6)。

图 11－2－6

2. 起跑后的加速跑

起跑后的加速跑是指从起跑第一步落地到发挥出预计的速度或跑到战术位置的跑的阶段。这段加速跑上体逐渐抬起,迅速、有力地摆臂。起跑后要对准跑动方向与弯道的切点,跑成直线,迅速发挥速度。当已经发挥个人的跑速或进入战术需要的位置时将开始有节奏的途中跑。起跑后上体保持前倾,脚尖着地,腿的蹬地和前摆以及两臂的摆动都应快速积极,逐渐加大步伐和加快速度,随着加速段的延长,上体逐渐抬起,进入途中跑。加速段距离的长短和速度,应根据个人特点、战术需求和临场情况而定。

3. 途中跑

中长跑的绝大部分距离是途中跑阶段,因此途中跑技术非常重要。

(1)上体姿势和摆臂动作。上体保持稍微前倾或正直的姿势。中跑上体前倾角度为 5° 左右,跑的过程中,上体角度变化范围为 2°～3°。超长距离跑上体正直或前倾 1°～2°。两臂弯曲约成 90°,两手放松或半握拳,肩带放松,以肩为轴,自然地做前后摆动。前摆时稍向内,后摆时稍向外。摆动幅度随速度变化而变化,速度快时臂的摆幅大。

(2)着地缓冲。对中跑运动员而言,脚着地前,以摆动大腿积极下压,小腿顺势自然前摆,并同时后摆做"扒地"式着地动作,且保持身体的高重心。对长跑运动员而言,脚的支撑时间稍长,"扒地"动作不甚明显。中跑运动员,脚着地应用前脚掌或脚外侧先着地,然后过渡到全脚掌着地。长跑运动员用整个脚掌的前大部分甚至全脚掌着地。马拉松运动员用整个脚掌的前大部分、全脚掌或脚跟着地(见图 11－2－7)。

跑直道时要求两脚沿平行线跑,抬腿既不靠内也不靠外,正直往前,两脚皆前脚掌去扒地跑。弯道跑时要求左脚前脚掌外侧,右脚前脚掌内侧着地,左腿膝关节外展和右腿膝关节内扣,身体重心向内倾斜协调用力,速度越快倾斜角度越大,右臂的摆幅稍微大于左臂摆幅(见图 11－2－8)。

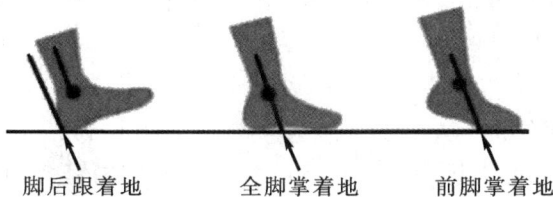

脚后跟着地　　全脚掌着地　　前脚掌着地

图 11－2－7

图 11－2－8

(3)后蹬与前摆。支撑腿的后蹬与异侧大腿同时积极前摆是现代跑步技术的突出特点。

有效的蹬摆技术特点是后蹬地发力以髋为轴积极伸展,后蹬腿三关节充分伸展,用力顺序为伸髋、膝、踝,同时摆动腿屈膝前摆,并带动髋前送。要获得大的步幅,需要抬高大腿,还要把小腿充分迈出去。要小腿充分地迈出去。需要松髋及加强支撑脚的后蹬(见图11-2-9)。

图 11-2-9

4. 终点跑

终点跑是临近终点前一段距离的加速跑。主要任务是运用自己的全部力量,克服疲劳,力争在最后阶段跑出好成绩。技术特点是加快摆臂速度和加大摆幅的同时配合腿部动作加快频率,冲刺跑的距离根据自己的体力情况、战术要求和临场情况而定。在通过终点时,在接近终点一步前身体躯干前倾,做出撞线动作(见图11-2-5)。

(二)中长跑练习方法

中长跑采用的训练方法有重复训练法、间歇训练法、快慢交替训练法,以及山坡跑、沙滩跑、高原训练等。

1. 动作练习

(1)上体姿势练习:通过控制住腰部关节和肩关节,跑步中练习上身不左右晃动技术。

(2)摆臂姿势练习:通过原地练习以肩关节为轴的摆动,跑步过程中以肩关节为轴的摆动来训练。

(3)腿部动作练习:通过单个辅助动作练习过渡到原地腿部动作练习,再进一步过渡到跑动过程中整套腿部动作练习。辅助动作练习:原地高抬腿跑和行进中高抬腿跑、正压腿侧压腿(由于迈小腿对大腿根部韧带的柔韧性要求较高,所以可以加一些练习大腿根部的柔韧性练习)、原地做抬大腿迈小腿动作、高抬腿跑动中的迈小腿练习、小步跑(体会前脚掌后趴地)。

(4)整套动作练习:通过单个上体姿势练习,摆臂姿势练习,腿部动作练习后过渡到整套动作的练习过程。

2. 一般耐力练习

一般耐力训练在全年训练的准备期安排的比重较大;由于练习比较单调乏味,因此,可穿插越野跑、图形跑,提高运动员的练习兴趣。

3. 速度耐力练习

(1)持续跑的方法:要求运动员在85%左右的强度匀速跑完2~3 km。

(2)重复跑的方法:如4×400 m要求运动员每400 m在规定时间内完成,间歇5 min,采用重复跑练习,选择的段落应短于专项距离。

(3)间歇跑的方法:间歇跑与持续跑、重复跑的区别是训练的休息时间。间歇跑的休息时间短,体力不能充分恢复。如6×200 m,要求每200 m在一定时间内完成,每个之间慢跑

200 m 作为间歇。

二、接力跑

(一)接力跑基本技术

1. 起跑技术

(1)持棒起跑(以右手持棒为例)。第一棒运动员采用蹲踞式起跑,用右手的中指、无名指和小指握住棒的末端,大拇指和食指分开撑地,接力棒不能触及起跑线或起跑线前的地面(见图 11-2-10)。

(2)接棒人的起跑。4×100 m 接力第二、第三、第四棒队员一般采用半蹲踞式起跑姿势,两脚前后开立,两腿弯曲,上体前倾(第二、第四棒位于跑道的外侧,第三棒位于跑道的内侧),目视传棒队员,待传棒队员跑到标记线时,接棒人应迅速起跑(见图 11-2-11)。

图 11-2-10   图 11-2-11

2. 传接棒技术

传棒的方法有上挑式、下压式和混合式三种。

(1)上挑式。接棒队员的手臂自然向后伸出,掌心向后,四指与拇指分开,虎口朝下,传棒队员将棒由下向前上方送入接棒队员手中(见图 11-2-12)。

(2)下压式。接棒队员的手臂自然向后伸出,四指与拇指自然分开,手腕内旋,掌心向上,虎口朝后,传棒队员将棒的前端由上向下传到接棒人手中(见图 11-2-13)。

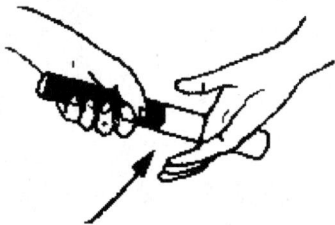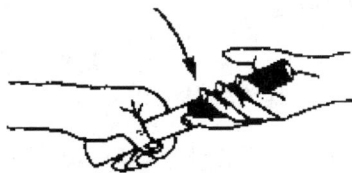

图 11-2-20   图 11-2-13

(3)混合式。这种方法是综合以上两种的优点,在 4×100 m 接力中,第一棒队员以右手持棒,用"上挑式"将棒传给第二棒队员的左手,第二棒队员沿跑道外侧跑进,用"下压式"将棒传给第三棒队员的右手,第三棒队员沿跑道内侧跑进,用"上挑式"将棒传给第四棒队员的左手。

3. 传接棒的时机和标志线的确定

(1)传接棒的时机。接棒人站在预跑区内或接力区后端,待看到传棒人跑到标志线时迅速起跑,当传棒人跑进接力区离接棒人 1.50 m 左右时,立即向接棒人发出"嘿"或"接"的传接棒信号,接棒人听到信号后迅速向后伸手接棒(见图 11 - 2 - 14)。

图 11 - 2 - 14

(2)标志线的确定。标志线离接棒人起跑处的距离是根据传接棒人跑速和传接技术而定的。

4.4×100 m 和 4×400 m 接力各棒队员的配合

第一棒队员要求起跑好,并善于跑弯道;第二棒队员要求速度好、善于传接棒;第三棒队员除应具备第二棒的长处外还应善于跑弯道;第四棒队员一般是冲刺能力强,在全队成绩最好。

4×400 m 接力,第一棒队员是分道跑,第二棒队员先分道后不分道,通过抢道标志线切入里道,第三、第四棒队员按先后次序在距终点线前后 10 m 处接力区内接棒,不分道跑完各自的距离。4×400 m 接力整个过程,一般是根据队员跑速决定传接棒的方法,也可采用换手传接棒。

(二)接力跑练习方法

(1)各棒次分别练习起跑。

(2)两人一组原地持棒(交替持棒)听信号做出上挑式、下压式和迎面式的传接棒练习。

(3)两人一组 20～30 m 做行进间慢跑中听信号做传接棒练习。

(4)两人一组 40～50 m 做行进间快跑中听信号做传接棒练习。

(5)四人一组短程做行进间快跑中听信号做传接棒练习。

(6)四人一组做全程 4×100 m 接力练习。

三、越野跑

(一)越野跑基本技术

越野跑时,由于跑的地点和环境在变化,所以跑的技术也要因条件的改变而随之变化。下面介绍的仅是在几种常见地形上的越野跑技术。

(1)在道路上时,采用基本上与中、长距离跑相同的技术,并尽量注意在路面平坦的地方奔跑。

(2)在草地上时,用全脚掌着地,同时留心向前下方看,以免陷入坑洼或碰在石头上。

(3)上坡时,上体应前倾,大腿高抬一些,并用前脚掌着地,小步跑上去。遇到较陡的斜坡,可改用走步的方法或用之字形跑法(走法)。必要时可用单手或双手辅助攀登。

(4)下坡时,上体应稍后倾,并以全脚掌或脚跟着地的方法进行,遇到较陡的下坡或坡面很滑的斜坡,可用侧脚掌着地,甚至采用蹲状并用手在体后牵拉(草、树)、撑(地)的方式行进。到达下坡的末端(一般 8～10 m),便顺坡势疾跑至平地。

(5)从稍高的地方(1.50 m 以下)往下跳时,可用跨步跳的动作:踏在高处的腿(支撑腿)必须弯曲,另一腿则向前下方伸出,跳下,两脚着地并以深屈膝来缓和冲击的力量。同时,在落地时,两脚应稍微前后分开,以便继续前跑。从很高的地方往下跳时,应设法降低下跳的高差,根据情况采用坐地双手撑跳下或侧身单手撑跳下的方法。落地时要注意两腿深屈。

(6)在树林中奔跑时,注意不要被树枝、树叶、藤蔓等刮伤,特别要防止被树枝戳伤眼睛。此时一般都用一手或两手随时护住脸部。

(7)遇到小的沟渠、壕坑、矮的灌木丛或倒伏树木时,要增加跑速,大步跨跳而过;在落地的同时,上体稍向前倾,以便保护腰部与便于继续前跑。在通过较宽的(2.5～4 m)的沟渠时,需用 15～25 m 的加速跑,采用大跨步跳和跳远的方法越过。应注意做好落地动作,防止后倒。遇到大的倒伏树木、其他矮障碍物,可以用踏过它们的方法越过。遇到较高的障碍物(不超过 2 m),如矮围栏、土垣等,可用正面助跑蹲跳和一手或双手支撑的方法翻越。

(8)通过独木桥等狭窄悬空的障碍物时,应采取使脚面外转成八字的跑法。如果这类障碍物很长,就不应跑,而应平稳地走过。

(二)安全注意事项

必须提高自己危险意识,先知先觉困难。

(1)发现问题时应立刻停下脚步分析自己的处境,检视带来的物品和救生装备能否解决问题。若身体受伤,应第一时间进行急救,然后再作打算。

(2)传统的求救方式可分两种:主动式,可以生火点燃火炬或烟幕弹,吸引路人注意;被动式,可以在高处悬挂旗帜或在地上画上求救式字句。其实,最直截了当的方法自然莫过于利用手提电话请求协助。

(3)在得知快有暴风雨来临时应先及早躲避或张开帐幕,待天气稳定后继续启程。

(4)由于越野跑身体会消耗大量的水分,应携带充足的水和食物。

(5)预先将竞走的行程和路线资料通知亲友,让别人能及时知会搜救人员找寻你的踪迹。

(6)结伴成行,彼此都能有所照应,既安心又放心。

第三节　跳跃

一、立定跳远

(一)立定跳远基本技术

整个动作过程(见图 11 - 3 - 1)包括预摆、起跳腾空和落地缓冲三部分。

预摆:两脚左右开立,与肩同宽,两臂前后摆动,前摆时,两腿伸直,后摆时,屈膝降低重心,上体稍前倾,手尽量往后摆。要点:上下肢动作协调配合,摆动时一伸二屈降重心,上体稍前倾。

起跳腾空:两脚快速用力蹬地,同时两臂稍屈由后往前上方摆动,向前上方跳起腾空,并充分展体。要点:蹬地快速有力,腿蹬和手摆要协调,空中展体要充分,强调离地前的前脚掌瞬间蹬地动作。

落地缓冲:收腹举腿,小腿往前伸,同时双臂用力往后摆动,并屈膝落地缓冲。要点:小腿前伸的时机把握好,屈腿前伸臂后摆,落地后往前不往后。

图 11 - 3 - 1

(二)立定跳远练习方法

(1)蹲跳起:双脚左右开立,脚尖平行,屈膝向下深蹲或半蹲,两臂自然后摆、然后两腿迅速蹬伸,使髋、膝、踝三个关节充分伸直,同时两臂迅速有力向前上摆,最后用脚尖蹬离地面向上跳起,落地时用前脚掌着地屈膝缓冲,接着再跳起。

(2)单脚交换跳:上体正直,膝部伸直,两脚交替向上跳起。跳时主要是用踝关节的力量,用前脚掌快速蹬地跳起,离地时脚面绷直,脚尖向下。原地跳时,可规定跳的时间(30~1 min)或跳的次数(30~60 次)。行进间跳时,可规定跳的距离(20~30 m)。

(3)跑跳步:用右(左)腿直膝向前上方跳起,同时左(右)腿屈膝向上举,右腿落地,然后换腿,用同样方法跳,两臂配合腿前后大幅度摆动。跳时踝关节和前脚掌要用力,整个动作连贯轻快。

(4)纵跳摸高:两脚自然开立成半蹲预备姿势,一臂或两臂向上伸直,接着两腿用力蹬伸向上跳起,单手或双手摸高。

(5)蛙跳:两脚分开成半蹲,上体稍前倾,两臂在体后成预备姿势。两腿用力蹬伸,充分伸直髋、膝、踝三个关节,同时两臂迅速前摆,身体向前上方跳起,然后用全脚掌落地屈膝缓冲,两臂摆成预备姿势。

(6)障碍跳:地上放小海绵垫 6~10 块,每块距离 1 m 左右。练习者站在垫后,两脚左右开立,脚尖平行,屈膝向下,两臂自然后摆,用脚掌力量向前上方跳过障碍,两臂配合向前上方摆动,落地时屈膝缓冲,落地后迅速做下次跳跃。

(7)跳台阶:两手背在身后,两脚平行开立,屈膝半蹲,用前脚掌力量做连续跳台阶动作。

二、跳远

(一)跳远基本技术

跳远包括助跑、起跳、空中动作、落地四个连续完成动作。决定跳远成绩的主要因素是助跑速度(即水平速度)和起跳高度(即垂直速度)。

1. 助跑技术

助跑是根据个人的训练水平和特点，采用一定的步数、距离和节奏的加速跑。其目的是在起跳前获得较高的水平速度，并为准确地踏板和起跳创造良好条件。助跑时采用一定的步数、距离和节奏，一般男子助跑距离是 35～45 m，助跑步数 18～24 步；女子助跑距离 30～35 m，助跑步数 16～18 步。一般采用站立式、半蹲式或行进间起跑。站立式或半蹲式起动姿势，第一步的幅度和速度变化小，有利于提高助跑的准确性；行进间助跑起动，先走几步，后慢跑或垫步，再加速助跑。

全程跑技术，开始几步上体适当前倾，两腿的蹬摆和两臂的摆动积极有力，然后上体逐渐抬起接近垂直，上下肢的摆动幅度加大，蹬摆配合协调有力；最后几步身体重心平稳地前移，保持稳定的快速节奏；最后一步由于加快起跳腿的换脚动作，步长比倒数第二步稍短（短 20～40 cm），以便快速有力地起跳。总之，助跑动作要轻松、自然、连贯，节奏积极稳定。

全程助跑距离的测量方法：用适合个人特点的加速跑方法，从起跳板开始向助跑方向跑进，反复跑 30～45m，从中找出能充分发挥助跑和起跳动作的助跑距离和步数，反复练习，经过调整，最后确定全程助跑的实际距离和步数。

2. 起跳技术

起跳动作主要包括起跳脚着板、有关部位关节弯曲和起跳腿蹬伸起跳的动作过程。起跳脚上板着地后，因受助跑惯性力和水平速度等因素影响，使起跳腿髋、膝、踝关节被动弯曲缓冲，且迅速过渡到全脚掌支撑，使身体迅速前移至起跳腿支撑点上方，然后起跳腿及时蹬伸，充分伸展髋、膝、踝三关节，上体向上方抬起，摆动腿屈膝快速向前上方摆动。起跳腿同侧臂屈肘向前上方摆动，异侧臂屈肘经体侧向侧后方摆动，完成起跳动作。

3. 空中动作

腾空的作用是保持身体的平稳，推迟着地时间，并为落地创造有利条件。起跳腾空后上体应正直，起跳腿自然向后伸展，摆动腿屈膝前摆，大腿高抬保持水平姿势，臂向前上方、向后摆动至侧后上方，形成腾空阶段。跳远的腾空姿势有蹲踞式、挺身式和走步式三种，以下重点介绍挺身式跳远。

挺身式：起跳腾空后，摆动腿伸展膝关节，小腿向前、向下、向后弧形摆动，并后摆与起跳腿靠拢，挺胸展髋成展体挺身姿势，两臂经前向下、向后摆动，收腹举大腿，然后前伸小腿，两臂向上、向前摆动准备落地（见图 11-3-2）。

图 11-3-2

4. 落地技术

当脚跟接触沙面后，两腿屈膝缓冲，髋前移，两臂继续积极前摆，使身体重心迅速移过支持点，身体保持向前移动，上体前倾，完成落地动作。

(二)犯规评定

有下列之一情况即判犯规。

(1)运动员以身体任何部位触及起跳线之前的地面。

(2)从起跳板两端之外起跳,无论是否超过起跳线的延长线。

(3)触及起跳线和落地区之间的地面。

(4)在落地过程中触及落地区以外的地面,而落地区外的触地点较落地区内的最接近触地点更靠近起跳线。

(5)离开落地区时,运动员在落地区外地面的第一触地点较落地区内最接近触地点和在落地区内因身体失去平衡而留下的任何痕迹更靠近起跳线。

(6)在助跑或跳跃中采用任何空翻姿势。

(7)还未通知该运动员试跳,而进行试跳,不管是否成功,都应判该次试跳失败。

(8)无故错过该次试跳顺序。

(9)跳进沙坑之后,应一直向前走或向两侧走出沙坑,如果向后走出沙坑成绩无效。

(10)无故延误时间。

三、跳高

(一)跳高基本技术

跳高是由助跑、起跳和过杆落地三个紧密衔接的运动阶段组成的整体。不同的跳高姿势,各个阶段的动作形式和要求不同。这里只介绍背越式跳高的技术动作和练习方法。

背越式是通过弧线助跑,起跳后背对横杆腾起,而后依次越过横杆的一种跳高技术(见图 11-3-3)。其技术动作如下。

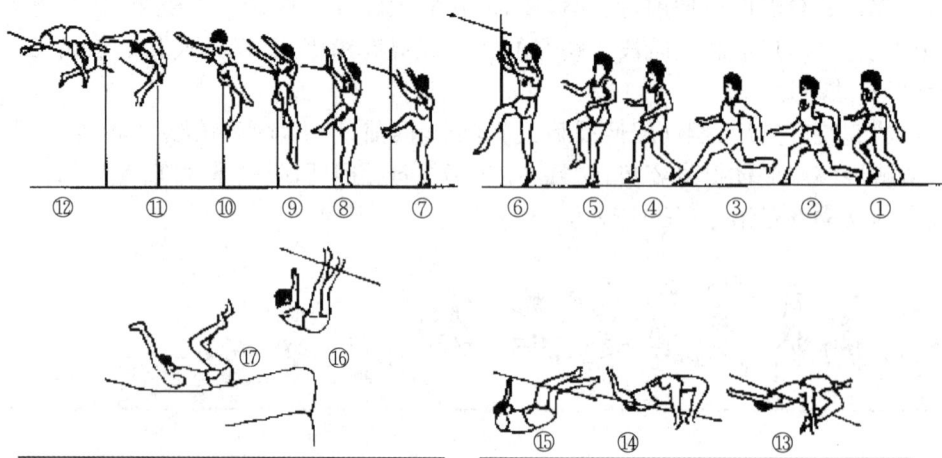

图 11-3-3

1. 助跑(以左脚起跳为例)

背越式跳高的助跑,通常采用前段为直线,后段为弧线的助跑形式。助跑的步数一般为

8~12步(弧线段一般跑4步),用远离横杆的腿起跳。助跑的最后一步,约与横杆成30°角。助跑的前几步为直线助跑,重心高而平稳,后蹬充分有力,前摆积极富有弹性,进入弧线段的前一步,身体开始向内倾斜。人体沿弧线跑进时,具体要求与弯道跑技术相似,但向前迈步的大腿不要高抬,适当缩小后蹬角,并把内倾的姿势保持到最后一步。为了充分利用助跑速度,顺利地完成起跳和越过横杆,助跑时需要有一个合理的助跑弧线和准确的步点,其丈量的方法有多种,常采用的是"走步丈量法"。具体方法如下:

(1)确定起跳点的位置。起跳点一般在离近侧跳高架立柱水平距离约1 m,距横杆投影线的垂直距离60~100 cm处。

(2)从起跳点沿横杆的平行方向走5自然步,然后右转向前走6自然步,并做一转折标记,继续向前走7自然步,最后一步落点即为助跑的起跑点(见图11-2-4)。

(3)由转折标记向起跳点画一弧线,这一弧线即为助跑弧线。

该丈量方法,是直线段与弧线段各跑4步的丈量方法。无论采用何种方法丈量的助跑路线,都要反复练习,不断调整与校正,最后确定下来。

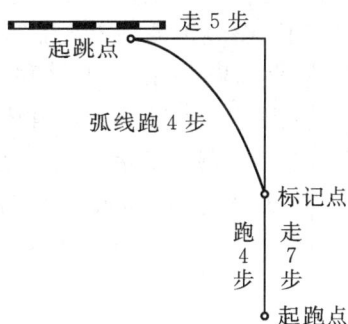

图11-3-4

2.起跳

助跑最后一步摆动腿支撑过垂直部位后,起跳腿积极踏向起跳点,此时要依靠摆动腿的有力蹬伸,保持身体内倾姿势向前送髋和前移躯干,并使起跳的一侧的髋超越摆动腿一侧的髋,以及保持肩轴几乎与横杆垂直的位置,形成肩轴与髋轴的扭紧状态。接着,起跳腿以大腿带动小腿积极下压做向下扒地动作。着地时以起跳脚的外侧跟部接触地面,继而通过脚外侧滚动至全脚掌,脚尖朝向弧线的切线方向,随着身体由内倾转为垂直,迅速地完成缓冲和蹬伸动作。蹬伸结束时,髋、膝、踝三关节充分蹬直。在起跳过程中,摆动腿和两臂应协调配合摆动,用力一致。

3.过杆与落地

在起跳时,由于摆动腿向异侧肩积极摆起和骨盆的转动,身体获得了绕纵轴旋转的动力,使腾起后身体逐渐转为背对横杆的姿势(见图11-3-3⑧),这时摆动腿的膝关节放松并自然下垂。当肩背高于横杆时倒肩、抬头、挺胸,身体向水平方向伸展,同时提臀挺髋,两膝弯曲稍向外分开,小腿放松下垂,身体成反弓形(见图11-3-3⑨~⑬)。头与肩过杆后下沉,两膝升至最高点(见图11-3-3⑭),臀部过杆后,及时低头收腹,小腿向上甩起,使整个身体越过横杆(见图11-3-3⑮⑯),身体过杆以后,背部落于海绵垫上(见图11-3-3⑰)。

过杆与落地技术要求:过杆时动作顺势、连贯、自然;过杆时倒肩仰头的时机要适宜,过早或过晚都影响过杆;杆上挺胸、小腿下放要主动,身体反弓要明显;要甩腿过杆,背部落地。

第四节　投掷

一、投掷项目简介

投掷运动是一项体育运动项目,起源于古希腊。古希腊著名雕塑家米隆大约在公元前450年的代表作《掷铁饼者》,说明了投掷运动的历史源远流长。在古代奥运会上投掷比赛所用的器材都是扁圆的石块,重量没有统一的标准。比赛时,运动员站在一个石台上,做几次预摆后将石块掷出,用距离和姿势来确定优胜者。投掷运动在古希腊古奥林匹克运动会就有了,是人类最早的运动项目之一。投掷在远古时代有着巨大的实用意义,作为狩猎最主要的手段,投掷考验人类的力量与勇气。现代运动中,投掷项目更考验人类技术运用的合理性。奥运会正式竞赛项目有铅球、铁饼、标枪、链球,学校开展的投掷项目还有抛实心球、掷垒球等。

二、抛实心球

(一)抛实心球基本技术

1. 动作技术环节

(1)握球和持球。握球的方法:两手十指自然分开把球放在两手中间,两手的食指、中指、无名指和小指放在球的两侧将球夹持,(男生两食指接触,女生两食指中间距离为1～2 cm),两大拇指紧扣在球的后上方呈"八"字,以保持球的稳定。握球后,两手下垂自然置于身体前下方,这样可以节省力量,在预摆时增大摆动幅度,握球和持球时应注意:①球应握稳,两臂肌肉放松;②在动作过程中能控制好球并有利于充分发挥两臂、手指和手腕的力量(见图11-4-1)。

图11-4-1

(2)预备姿势。两脚前后开立,前脚掌离起掷线20～30 cm,前后脚距离约一脚掌,左右脚间距离半脚掌,后脚脚跟稍微离地,两手持球自然,身体肌肉放松,重心落在两脚中间偏前,眼睛看前上方,然后再抛出去。

(3)预摆。预摆是为最后用力提高实心球的初速度创造良好条件,预摆次数因人而定,一般是一至二次,当最后一次预摆时,此时球依次是从前下方经过胸前至头后上方,加速球的摆速,此时上体后仰,身体形成反弓形,同时吸气(见图11-4-2)。

(4)最后用力。最后用力是投掷实心球的主要环节,动作是否正确直接影响球的初速度及抛球角度。最后用力动作是当预摆结束时两手握球用力积极从后上方向前上方前摆,此时的动作特点是蹬腿、送髋、腰腹急震用力,两臂用力前摆并向前拨指和腕,旨在提高手臂的鞭打速度(见图11-4-3)。

(5)掷球后的缓冲。实心球出手后,后脚可向前迈出一步,缓冲向前的力量,以维持身体的平衡(见图11-4-4)。

图 11 - 4 - 2

图 11 - 4 - 4

图 11 - 4 - 4

(二)抛实心球练习方法

(1)徒手模仿练习:多做抬头预摆练习,摆到头后最大值,将肩关节充分拉开,使下肢超越躯干、躯干(胸部)超越上肢。

(2)挥臂练习:多做原地屈膝、展胸、摆球后,向体前砸球的练习,体会全身协调用力。

(3)完整动作练习:有条件的地方可以让学生对着"足球墙"掷,调整与"足球墙"的距离及砸在墙上的高度,来纠正出手的时机和角度。

(4)前抛练习:将学生分成两组迎面站立,距离 15～20 m,学生将 1 kg 重实心球双臂举过头顶置于脑后,两脚自然分开平行站立或前后站立,利用腰腹力量及上肢力量用力向前抛出,看谁抛的远。

(5)后抛练习:学生背向抛掷方向,两脚自然分开平行站立,双手持球双臂伸直,体前屈,挺胸展体,双腿双臂同时用力,将球从头顶向后抛出。

(6)旋转练习:学生两脚自然分开,持球于体前,两臂伸直,以左(右)腿为轴,旋转一周从体前抛出(如同抛链球方法),或单手持球用抛掷铁饼的方法抛出。

(7)下抛练习:背向抛掷方向,两脚自然分开,比肩稍宽,双手将球举起到头顶,屈体,收腹,用力将球从两腿中间向后抛出。

第五节　田径运动与健身实践

一、跑步的锻炼方法

(1)慢速放松跑:就是不加任何努力地慢跑。一般慢跑时感到轻松舒服,无疲劳感,心率控制在 110～130 次/min,呼吸自然,稍有气喘。动作无要求。一般每周练 2～3 次,每次练习 20 min 左右。坚持经常锻炼,对呼吸系统、心血管系统等有明显的健身效益。

(2)中速跑步方法:是用一定的意志努力,速度在 5 m/s 或心率在 140～150 次/min 的跑进方法。这种步法是较流行的中等强度健身法。这种方法对增强心脏功能,调节内脏平衡等有显著的效果。但练习中应注意做好准备活动,放松活动,练习感到明显疲劳,就要停止跑步,做一些放松练习。每周练习 1～2 次,每次练到疲劳为止。

(3)快速跑步方法:是用较大意志努力,以较快的速度向前跑进的方法,练习时心率一般都在人体最高水平,170～180 次/min。这种跑法运动强度较大,持续时间较短,一般几秒钟,但可以重复练习。每周练习 1～2 次就可以了,每次重复 3～6 次。练习中应循环渐进,做好准备活动和放松整理活动,防止疲劳过度。这种方法对提高人体无氧耐受力,肌肉功能,以及心脏功能有一定作用。有内脏慢性病,心血管、肝、肾病者不能练习。

(4)变速跑步法:就是采用快慢结合、走跑结合的交替练习方法。这种跑步法适用于中年中后期人员,由于运动量变化较大,练习时可根据个人锻炼水平,控制练习的时间和跑速。一般来说,体质较好的中年人,可快跑与慢跑交替进行,体质较差的中年人,可慢跑与走步交替练习,练习时间控制在感到疲劳明显时结束练习,做一些放松活动,并循序渐进地提高练习要求。

(5)定时跑步法:就是限定一定时间,进行跑步移动距离,或限定一定距离,缩短跑步时间的练习方法。比较有名的定时跑是 12 min 跑和 6 min 跑,用来评价自我锻炼的效果,和身体功能水平。经常进行定时跑练习,可以帮助自我了解身体状况,锻炼中如出现难以跑下去的疲劳极点现象,应逐步放慢跑速,甚至停止练习,以防发病现象出现,做好放松活动。

(6)原地跑练习法:就是在固定的一块小地方做原地跑步动作的练习方法,如:在房间里、阳台上、跑台上做跑的动作,持续练习。这种方法不受场地、气候、设备条件限制,是一种较为方便的锻炼方法。一般要练习 10 min 以上,才相当于跑进 800 m 距离的慢跑运动量。因此,要求练习时间较长,练习时大腿抬高一些,重复次数较多,锻炼效果就好些。这种方法适用于户外无法练习时,或有疾病做康复保健练习时。

(7)后退跑练习法:背对前进方向的一种跑动方法。后退跑时,两脚提踵,用脚前掌交替蹬地提膝向后跑动,上体放松。

(8)越野跑练习法:是在野外自然环境中进行的一种中长距离的赛跑。越野跑既是独立的竞赛项目,也是各项运动经常采用的训练手段,以及大众的健身方法。越野跑没有固定的距离,也不受场地器材的限制,每次练习或比赛都是按当时当地的自然环境条件选择路线。越野跑的益处类似跑步机的效果,而与跑步机上乏味的长跑相比,越野跑可以锻炼更多的肌肉,这种在野外清新的环境中的奔跑,可以使肌肉的紧张与放松,身体的负荷与精神的专注不断地交替进行。在这种情况下,所有参加者的全身,特别是呼吸与心血管系统都将得到较大的锻炼。

二、跳跃练习方法

(1)慢蹲起:双脚分开,与肩同宽。慢慢蹲下,到了深蹲的位置,然后慢慢起身。起身和蹲下都以 4 s 为佳。同时,保持头抬起和背直立。

(2)平行跳:最好有条标准线。把线摆在身侧,选一个合适的长度,不要在开始的时候太长,0.5~1 m 即可。然后平行跳。来回算一次。

(3)换腿蹲跳:身体站直,往前跨一步,这是开始姿势。然后最大限度地跳,在空中换腿。

(4)不屈膝跳:站立跳跃,但在跳跃的过程中,不弯曲膝盖。

(5)正方形四边跳:在身前标记一个正方形,边长半米即可。随后身体保持一个朝向,跳正方形的四个点。跳完一个正方形算一次。

(6)高抬腿跳:蹲跳,跳的同时把腿尽量高的往上抬。

(7)极限蹲跳:蹲跳,跳到极限高度。可以在篮板下做,每次都尽量摸到同一个高度。

(8)跳绳练习,借助绳子做跳跃的相关练习。

弹跳力是全身力量、跑动速度、反应速度、身体协调性、柔韧性、灵活性的综合体现。所以不可以认为提高弹跳就只是跳跳就行了。必须坚持每天拉伸自己全身各部位的肌腱、韧带、肌肉,扩大关节的活动范围,同时,做各种复杂的有利于提高身体协调性的体操。动作要准确、优美、既有力又放松。

三、投掷项目锻炼注意事项

投掷类项目,要求具有高度的速度力量、柔韧性以及大幅度协调用力的能力。因此,练习者必须具有强有力的躯干、腰、髋及上下肢肌肉收缩力量和收缩速度。投掷类项目技术动作是在幅度大、协调性和灵活性高的情况下完成的。所以,对手腕、肘、肩关节、胸、腰、髋的柔韧和灵活性提出较高的要求,由于项目的特点,在日常的训练中运动员的肘、肩关节也成了容易损伤的部位。

1. 要有针对性地做好专项准备活动

在进行专项技术训练时,教练员除了要求运动员在做好一般性准备活动后,要有针对性地做好进行专项技术训练前的专项准备活动,如采用杠铃杆进行肩上绕环,手臂的屈伸等练习,使运动员逐渐地把肩关节、肘关节部位的肌肉、韧带全面地活动开,很快达到适宜进行投掷专项技术练习的状态。

2. 要重视提高运动员容易受伤部位肩关节、肘关节的机能练习

为了预防和防止运动员肩、肘等部位受伤,教练员在训练教案中和训练方法、手段、练习的内容中要对此有具体体现和要求,进行练习前适当加大这一部位的力量、柔韧性和灵活性练习。平时要注意发展运动员小肌肉群的力量,早日形成保护层,这一过程并不是通过一堂课和一个阶段的训练所能完成的,要体现在常年的训练计划中。

3. 教练员要及时纠正运动员在专项技术训练中的错误动作

在教学训练过程中,教练员若发现运动员在专项技术训练中出现错误动作时,如标枪练习,在最后用力翻满弓时,肘关节翻不上来,出现"撒枪",力量用不到标枪的纵轴时,这时运动员也最容易受伤。

4. 教学训练中采用不同的训练方法、手段达到同样的训练目的

在教学训练中,教练员要根据项目的技术特点,采用不同的投掷方法。如单手投、双手投、原地投、上步投等;不同的重量,如先投重,再投轻;不同的器械,如实心球、小铁球、棒垒球等,来达到同样的教学目的。发展运动员专项所需的快速力量,速度以及专项投掷能力,专项技术所需的素质等,在运动员早期训练中应打下坚实基础。

第十二章　球类运动

第一节　篮球

一、篮球运动概述

篮球起源于美国马萨诸塞州,由詹姆斯·奈史密斯创造,是奥运会核心比赛项目,是以手为中心的身体对抗性体育运动。

对于篮球,主要的国际性篮球组织是成立于1932年,总部设在瑞士日内瓦的国际篮球联合会(国际业余篮球联合会)。当今世界篮球水平最高的联赛是美国篮球职业联盟(NBA)比赛。代表中国的水平最高的联赛是中国职业篮球联赛(CBA)比赛。

二、篮球基本技术

篮球技术是篮球运动的基础,它是篮球教学的重点。在这里主要对移动、传接球、运球、投篮、持球突破、个人防守、抢球、断球、抢篮板球等各项基本技术的动作要领进行叙述。

(一)移动

1. 移动的基本技术

(1)基本站立姿势。两脚前后或左右开立,两脚与肩同宽或稍宽,两膝微屈,重心保持在两脚之间,上体略向前倾,两臂自然屈肘下垂,置于体侧,抬头、收腹、含胸,两眼注视场上情况。

(2)起动。起动是队员在球场上由静止状态变为运动状态的一种动作,是获得位移初速度的方法。

(3)变向跑。变向跑是队员在跑动中突然改变方向的一种脚步动作。

(4)侧身跑。跑动是为了观察场上情况并随时准备接侧耳后方传来的球而经常采用的跑动方法。

动作要领:脚尖和膝盖对着跑动方向,头和腰部向球的方向扭转,侧肩,上体和两臂放松,随时观察场上情况。

(5)急停。

①跨步急停:急停时的第一步跨出稍大,脚跟先着地滚动到前脚掌撑地,脚尖由向前方转为向侧前方,同时重心下降,并先落在后脚上,身体稍向后坐,以减缓向前的冲力。第二步着地时,前脚下掌内侧用力蹬地,两膝弯曲并内收,重心落在两脚之间。

②跳步急停:队员在跑动时用单脚起跳,两脚同时落地(略比肩宽),前脚掌用力蹬地,两膝迅速弯曲,重心下降。两臂屈肘张开,保持身体平衡。

(6)转身。转身是利用一只脚做中枢脚,另一只脚蹬地向不同方向跨移,改变原来身体方向的一种方法。

①前转身:转身时移动脚向自己身前(中枢脚前的方向)跨出的同时,中枢脚碾地旋转使身体改变方向。动作要点:屈膝提踵,重心平稳。

②后转身:移动脚蹬地向自己身后(中枢脚后的方向)跨出的同时,中枢脚碾地旋转使身体改变方向。动作要点:两脚用力蹬碾地,重心平稳不起伏。

(7)滑步。滑步是队员防守时移动的主要步法。滑步一般分为侧滑步和前、后滑步。

①侧滑步:两脚左右开立,两臂张开。向左侧滑步时,右脚前脚掌内侧用力蹬地的同时,左脚向左跨出一步,右脚在左脚落地的同时紧随滑动,重心保持在两脚之间。向右侧滑步时动作相反。动作要点:蹬、跨、滑。

②前、后滑步:前、后滑步的动作方法和要点与侧滑步相仿,只是方向不同。

2. 移动技术的练习方法

移动技术的练习方法:听信号或看信号向不同方向起动;原地运球,听、看信号做运球起动;在球场上规定路线练习变速跑、变向跑、侧身跑、各种滑步等。

(二)传接球

1. 双手胸前传球

动作要领:两手五指自然张开,两大拇指成八字形,用指根以上部位持球,掌心空出。传球时,两臂前伸,手腕由下向上转动,再由内外翻,急促抖腕,同时拇指用力下压,食、中指用力弹拨,将球传出。

2. 单手肩上传球

动作要领:(以右手为例)双手胸前握球,两脚前后站立,左脚下在前,左肩对传球方向,将球引至右肩,右手持球,肘关节外展,右手腕后仰,指根以上托球,掌心空出,重心落在右脚上。传球时,右脚蹬地,转体,前臂迅速向前挥摆,手腕前屈,通过拇指、食指、中指拨球,将球传出。球出手后身体重心随之移到左脚上。

3. 接球

接球分双手接球和单手接球两种。不论哪种接球,眼睛都要注视球,肩臂放松,手臂要半屈迎向球,手指自然分开、放松。当手指触球时手臂立即随球后引缓冲来球力量,将球握于胸前,保持身体平衡,并做好投篮、传球、突破的准备。

4. 传接球技术的练习方法

(1)二人一组,相对站立,做各种传接球练习。

(2)三人一组成等边三角形站立,相距 3～5 m,采用各种方法传球。

(3)二人一组,一人原地向另一人前、后、左、右方向传球,另一人移动接球。

(三)投篮

1. 原地双手胸前投篮

双手持球在胸部以上(高度在肩部附近),肘关节自然下垂,上体稍前倾,两脚前后或左右站立,两膝微屈,重心落在两脚之间,目视投篮目标。投篮时,两脚前脚掌蹬地,腰腹伸展,同时两臂向前上方伸出,两臂即将伸直时两手腕同时外翻,拇指向前压送,指端拨球将球投出,最后腿、腰、臂自然伸直(见图 12 - 1 - 1)。

图 12 - 1 - 1

2. 原地单手肩上投篮

以右手为例,右手五指自然分开(手心空出),指根以上部位触球,向后屈腕、屈肘持球于肩上耳部左右,左手扶球的左侧,重心放在两脚之间,两膝微屈,目视投篮目标。投篮时,两脚前脚掌用力蹬地,伸展腰腹,抬肘,手臂上伸,即将伸直时,手腕用力前屈,手指拨球,球最后以中指和食指的指端投出。球出手后,腿、腰、臂自然伸直(见图 12 - 1 - 2)。

图 12 - 1 - 2

3. 行进间投篮(行进间单手低手投篮为例)

动作要领:(以右手投篮为例)右脚跨出一大步,在落地前按球,左脚紧接跨出,步幅稍小,不要减速,有力蹬地向前上方起跳,同时双手持球移至体右侧耳上举,左手离球,右手掌心向上托球,向球篮方向伸出,接着向上屈腕,食指、中指、无名指向上拨球投出(见图 12 - 1 - 3)。

图 12 - 1 - 3

4. 投篮技术的练习方法

(1)徒手做各种投篮动作的模仿练习。

(2)原地单手肩上投篮,距离由近到远。

(3)半场运球,行进间单手肩上投篮和低手投篮。

(4)行进间接传球单手肩上投篮和低手投篮。

(四)运球

1. 运球的基本技术

(1)高运球。多用于快速运球,提高运球高度加大反弹距离,与快速奔跑相结合。

动作要领:膝微屈,上体稍前倾,目视前方,手按球的后半部,球落点在人的侧耳前方,球的反弹高度在腰胸之间,手脚要协调配合,这种运球身体重心较高、便于观察场上情况。

(2)低运球。如果运球接近防守队员或防守队员来抢球时,运球队员应改用低运球突破对手,用身体保护球,并善于运用假动作摆脱防守。

动作要领:运球高度在膝关节以下,为了保护球,运球者应该使球、自己和防守者三者保持一条线,不运球的手臂要抬起。

(3)体前变向运球。(以从对手右侧突破为例)当快速直线运球即将接近对手时,先向对方左侧运球,使对手误认为向其左手突破,当对手堵截左方或重心稍有移位,运球队员立即向自己左侧变向,右手按球的右后上方,将球由自己的右侧运至左侧前方,同时右脚迅速向左前方跨出,脚下落点在对手右脚侧面,脚尖向前,右脚跨步的同时上体向左转,用肩背挡住对手,然后换左手按球后上方,同时左脚用力蹬地、加速,超越对手(见图 12 - 1 - 4)。

图 12 - 1 - 4

(4)运球后转身。(以右手运球为例)当对手逼近自己的右侧时,左脚上步置于对手两腿之间,左脚为轴脚,右脚脚内侧蹬地,同时,后转身将球拉引向自己身体左侧,用身体背部挡住对手,左脚迅速上步加速。依据场上情况左手与右手均可运球以从对手右侧突破(见图 12-1-5)。

图 12-1-5

2. 运球技术的练习方法

(1)一人一球,原地做高、低运球,侧身做体前换手变向运球、运球转身等练习。

(2)一人一球,做侧身体前换手变向运球、运球转身突破障碍物等练习。

(五)持球突破

持球突破是持球队员运用脚步动作与运球技术相结合,达到超越对手的一种进攻技术。

1. 持球突破技术

(1)交叉步持球突破。(以右脚做中枢脚为例)两脚左右开立,两膝弯曲,两手持球于胸腹间。突破时,左脚前脚掌内侧用力蹬地,上体向右转移,左肩向前下压,左脚向右侧前方跨出,在右脚离地前,运球在左脚的右侧前方,右脚迅速蹬地跨步超越对手。动作要点:转体、侧肩、加速(见图 12-1-6)。

图 12-1-6

(2)顺步持球突破。以左脚做中枢脚为例。两脚左右开立,两膝弯曲,两手持球于胸腹间。突破时右脚向右前方跨出一步,同时向右转体侧肩,重心前移,右手运球,左脚前脚掌用力蹬地向右前方跨出(见图 12-1-7)。动作要点:转体、侧肩、加速。

图 12-1-7

2. 持球突破技术的练习方法

(1)二人一球,一攻一守做持球突破练习。

(2)原地持球突破练习,掌握交叉步突破和同侧步突破的动作方法。

（3）向前、侧方抛球,然后做跳步接球突破练习。

(六)防守对手

防守对手,是指队员在防守时,为了阻挠和破坏对手的进攻,达到夺球反攻的目的所采取的各种专门动作方法的总称。

1. 防守无球队员

在篮球比赛中,防守队员大部分时间是防守无球队员,防守无球队员的主要任务是不让或少让对手在有效攻击区内接到球。尽可能抢断传自己对手或穿越自己防守区域的球。

（1）防守无球队员的基本要求。

①防守队员必须随时占据"人球兼顾"的位置。

②及时堵卡对手的传球移动路线。随时做好抢断传给对手球的准备。

（2）防守无球队员基本位置选择。防守队员要根据对手、球篮、球的位置和距离,以及对手的身高、速度、进攻特点、战术需要和自己的防守能力来确定防守位置和距离。防守外围无球队员时,应站在对手与球篮之间偏向有球一侧的位置上。防守篮下高大中锋时,应根据实际情况和战术需要采用贴近对手一侧或绕前、绕后的防守。

（3）防守无球队员的移动。比赛中,无球队员不断向各个方向移动,静止站立是极短暂的。因此,对无球队员的防守大部分时间是在移动中进行的。在移动防守过程中,经常采取的移动步法有各种滑步、撤步、上步、转身、侧身跑等,并且都是在变化中运用的,其目的是积极抢占有利位置,不让对手在有威胁的位置上接到球。

2. 防守有球队员

进攻队员一旦接到球,防守者要及时调整与对手的位置和距离。根据对手不同的进攻位置和特点,采用有所侧重的防守方法。

（1）防投篮。一只手轻贴对手身体,一只手抬起,扰乱对手的投球注意力,必要时跳起盖帽,但不要轻易就起跳。

（2）防突破。身体保持好重心,稍微与对手拉开距离,一手向前平伸,全力注意对手的移动及时封住对手的突破路线。

（3）防运球。与防守突破一样,当防守时多前后移动,做抢球的动作,给对手压力。

3. 防守对手的练习方法

（1）半场四攻四守、半场二攻二、三攻三。

（2）半场一对一攻防练习。

三、篮球战术

篮球战术是指在篮球比赛中两人之间有目的、有组织、协调行动的简单攻守配合方法。战术基础配合包括进攻战术基础配合和防守战术基础配合两个部分。

(一)进攻战术基础配合

进攻战术基础配合包括传切配合、突分配合、策应配合和掩护配合。

1. 传切配合

传切配合包括一传一切和空切配合。在配合过程中,切入队员的动作要突然,要利用速度和假动作摆脱防守,持球队员则要有攻击性,能够以投篮和突破动作吸引防守队员的注意力,以便能及时、准确地用不同的传球方式从防守空隙中将球传给切入的同伴。

(1) ④传球给⑤后利用速度和假动作摆脱❹的防守,切入篮下接⑤的回传球上篮。⑤接球前,用假动作摆脱防守,接球后做投篮或突破的动作吸引❺的防守,并及时将球传给切入的④上篮(见图12-1-8)。

(2) ④传球给上移接球的⑤,⑤接球后以假动作吸引防守❺,此时另一侧⑥做假动作摆脱❻,空切篮下接⑤传球上篮,⑤去冲抢篮板球(见图12-1-9)。

2. 突分配合

进攻队员持球或运球突破,遇到对方协防时,及时将球传给插入防守空隙地带接应的同伴,这种突破中根据情况及时传球的配合叫突分配合。突分配合主要用于对方采用缩小盯人和松动盯人防守战术,而己方外围投篮又不准的情况下使用。

(1) ④运球突破❹的防守,⑤上移补防,④将球传给插入篮下的⑤,⑤立即投篮,如遇❺的回防,由于已抢占篮下有利位置,应该强攻(见图12-1-10)。

(2) ④传球给⑤,⑤突破❺进入篮下,❻进行补防,⑤可将球传给从不同方向插入的⑥,⑥接到⑤的分球后立即投篮,如遇到❻的回防,争取强攻(见图12-1-11)。

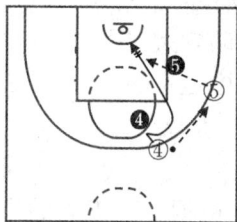 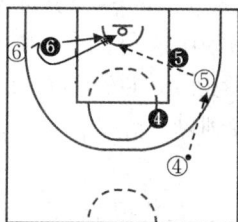 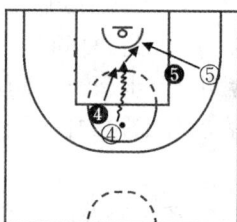 

图12-1-8　　　　图12-1-9　　　　图12-1-10　　　　图12-1-11

图例说明:(下同进攻队员④;防守队员④·;持球队员④.;无球移动➡;传球路线--▸;运球路线〜〜〜;投篮⟶;掩护⊢;夹击⌃)

3. 策应配合

策应配合是内线队员背对或侧对球篮接球,并作为进攻的枢纽,与同伴的切入、急停跳投等技术相结合,以摆脱防守传给外线同伴投篮的一种配合形式。

(1) ④传球给插上策应的⑤,④用假动作摆脱❹的防守插入篮下要球,⑤可视情况将球回传④或自己运球进攻篮下,或转身跳投(见图12-1-12)。

(2) ④传球给插上策应的⑤后切入篮下要球或抢篮板球,⑤接球后准备进攻❺,❻此时去补防④,⑤将球传给出现更好机会的⑥进攻投篮(见图12-1-13)。

图12-1-12　策应配合示意图　　　　图12-1-13　策应配合示意图

4. 掩护配合

掩护是进攻队员利用合理的技术动作,用自己的身体挡住同伴防守队员的移动路线,使防守同伴的队员被阻挡,同伴借此摆脱防守,从而创造一种有效的进攻配合。根据掩护者的不同位置和掩护方向,掩护可分为前掩护、侧掩护和后掩护。

(1)前掩护。⑥传球给⑤,先向左做要球的假动作,然后快速向篮下插去,如❻也随之插向篮下,则利用❹和④做掩护,到限制区外接球;⑤接到⑥传球后,见❻从限制区内跑出要球,则传球给❻,这时❻借④前掩护接球跳投(见图12-1-14)。

(2)侧掩护。⑥传球给⑤,先向右做假动作,然后向左插去,到❺左侧停住,给⑤做侧掩护,⑤借⑥的掩护快速从❺的左侧运球上篮(见图12-1-15)。

(3)后掩护。⑥传球给⑤,④提上给⑤做后掩护,⑤借④掩护从❺右侧运球上篮(见图12-1-16)。

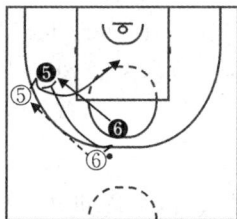

图 12-1-14　前掩护投篮示意图　　图 12-1-15　侧掩护示意图　　图 12-1-16　后掩护示意图

(二)防守战术基础配合

防守战术基础配合包括:抢过配合、穿过配合、绕过配合、交换防守配合。

1. 抢过配合

防守者在掩护队员临近自己时,要积极向前跨出一步,贴近自己的防守对手,从掩护者前面抢过去,继续防住自己的对手。防守掩护队员的同伴,要及时呼应,并配合行动,以备补防。抢过时,要贴近进攻者,迅速抢前一步的动作要及时、突然、有力。发现对方掩护,一定要提醒同伴。要选择好有利协防的位置,密切注意两名进攻者的行动,及时做好补防(见图12-1-17)。

2. 穿过配合

当进攻队员进行掩护时,防守去做掩护的队员要及时提醒同伴并主动后撤一步,让同伴及时从自己和掩护队员之间穿过,以便继续防守各自的对手。防掩护的队员及时提醒同伴并主动让路,穿过队员要迅速穿过,并调整防守位置和距离(见图12-1-18)。

3. 绕过配合

当进攻队员进行掩护时,防守作掩护的队员主动贴近对手,让同伴从自己的身旁绕过,继续防住各自的对手。防掩护者要及时提醒同伴,并贴近自己的对手,绕过队员要及时调整位置和距离,继续防住对手(见图12-1-19)。

4. 交换配合

防守队员之间及时地呼应交换自己所防守的对手。交换防守时,防守掩护者的队员要主动发出换人信号,二人准备换人。防守队员要到位交换,及时换防。运用交换防守后,应在适当时机再换防,以免在个人防守力量对比上失衡(见图12-1-20)。

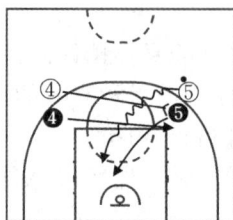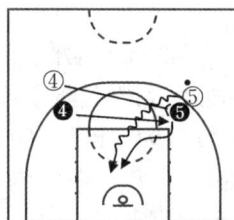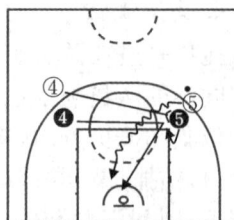

图12-1-17   图12-1-18   图12-1-19   图12-1-20

(三)快攻与防守快攻

1. 快攻战术

快攻战术是由防守转入进攻时,全队以最快的速度、最短的时间,乘对方防守立足未稳,力争造成人数上或位置上的优势,或创造以多打少或无人防守或人数相等的有利攻击时机,果断而合理地进行快速攻击的一种进攻战术。快攻在组织形式上分为长传快攻、短传结合运球快攻、运球突破快攻三种。

2. 防守快攻战术

(1)全队首先要积极防守,保持攻守平衡,进攻投篮后既要有人积极拼抢篮板球,又要有人迅速退守。

(2)积极封截和破坏对方的一传接应,抢占对方习惯的接应点并堵截接应队员,堵截、干扰、延误对方的推进速度。

(3)要具有积极拼抢的意识,当对方形成快攻时,应快速退守,在以少防多的情况下,大胆出击,赢得时间和力量上的均衡。

(4)要随机变换防守战术,在失去球后,立即采取前场紧逼防守,退回后场,采用半场人盯人防守,使对方不适应,破坏其快攻。

四、篮球竞赛规则简介

(一)五人制篮球基本规则一

1. 比赛方法

一个队五人,其中一人为队长,候补球员最多七人,但可依主办单位要求而增加人数。比赛分四节,每节各10 min,美国职业篮球(以后简称美职篮)为12 min,每节之间休息5 min,美职篮为130 s,中场休息10 min,美职篮为15 min。另外,美职篮中在第4节和加时赛之间和任何加时赛之间休息100 s。比赛结束两队积分相同时,则举行延长赛5 min,若5 min后比分仍相同,则再次进行5 min延长赛,直至比出胜负为止。

2. 得分种类

球投进篮筐经裁判认可后,便算得分。3分线内侧投入可得2分;3分线外侧投入可得3分,罚球投进得1分。

3. 进行方式

比赛开始由两队各推出一名跳球员至中央跳球区,由主审裁判抛球双方跳球,开始比赛。

4. 选手替换

每次替换选手要在 20 s 内完成,替换次数则不限定。交换选手的时间选在有人犯规、争球、叫暂停等。裁判可暂时中止球赛的计时。

5. 罚球

每名球员各有 4 次被允许犯规的机会,第 5 次即犯满退场(美职篮中为 6 次)。且不能在同一场比赛中再度上场。罚球要站在罚球线后,从裁判手中接过球后 10 s 内要投篮。在投篮后,球触到篮筐前均不能踩越罚球线。

6. 违例

(1)普通违例:如带球走步、两次运球(双带)、脚踢球(脚球)或以拳击球。

(2)跳球违例:跳球球员以外的人不可在跳球者触到球之前进入中央跳球区。

(二)三人篮球规则

1. 场地

标准的半个篮球场地(14 m×15 m),或按半场比例适当缩小(长度减 2 m,宽度减 1 m),地面坚实,场地界线外有 1.5~2 m 的安全地带。如图 12-1-21 所示。

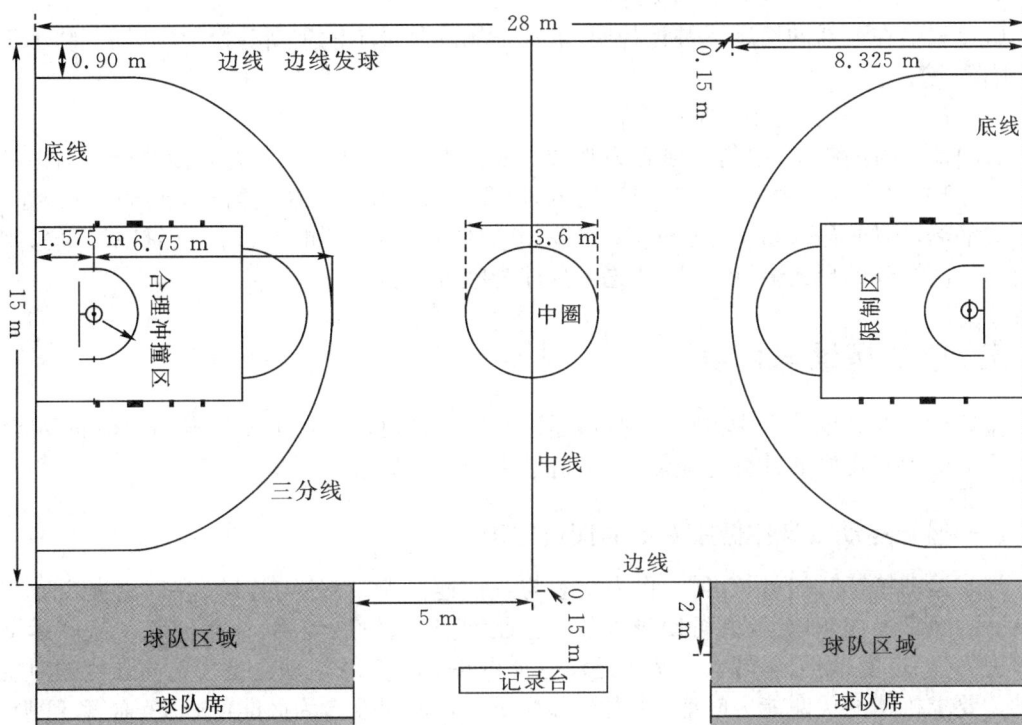

标准篮球场地图

图 12-1-21

2. 除下列特殊规则外,比赛均按照最新国际篮球规则执行。

(1)比赛办法。双方报名为 5 人,上场队员为 3 人。每队必须有两套深浅不同颜色且号码清晰的比赛服装(深色:蓝、绿、黑,浅色:红、黄、白)。

(2)比赛时间。比赛分 2 节进行,每一节比赛用时 10 min,全场比赛总共 20 min。比赛进行到 8 min 时计时员各宣布一次时间。10 min 内双方都不得暂停(遇有球员受伤,裁判员有权暂停比赛 1 min)。一节结束之后休息 3 min 再进行下节比赛。

(3)比赛开始,双方以掷硬币的形式选定发球权。

(4)比赛开始和投篮命中后,均在发球区(中圈弧线后)掷球入场算做发球。

(5)每次投篮命中后,由对方发球。所有犯规、违例及界外球均在发球区发球,发球队员必须将球传给队友,不能直接投篮或运球,否则处以违例。

(6)防守队员断球或抢到篮板球后,必须迅速将球运(传)出 3 分线外,方可组织反攻,否则判违例。

(7)24 s 违例的规则改为 20 s。

(8)双方争球时,争球队员分别站在罚球线上跳球。

(9)比赛中,每个队员允许 3 次犯规,第 4 次犯规罚出场。任何队员被判夺权犯规,则取消该队比赛资格。

(10)每个队累计犯规达 5 次后,该队出现第 6 次以后的侵人犯规由对方执行两次罚球。前 5 次犯规中,凡对正在做投篮动作的队员犯规:如投中,记录得分和对方个人及全队犯规次数,不追加罚球,由对方发球;如投篮不中,则判给攻方 1 次罚球,罚中得 1 分,并由攻方继续发球,如罚不中,仍由攻方继续发球。

(11)只能在死球的情况下进行替换,被换下场的队员不能重新替换上场(场上队员不足 3 人时除外)。

(12)比赛中,队长是场上唯一发言人。

(13)比赛时间终了,以得分多者为胜方。如出现平局,初赛及复赛阶段执行一对一的依次罚球,只要出现某队领先 1 分时即为胜方,比赛结束。如果在决赛阶段,比赛时间终了,双方打成平局,则加赛 3 min,发球权仍以掷硬币的形式决定。如果加时赛仍打成平局,则以一对一依次罚球的形式决胜,某队领先 1 分即为胜方,比赛结束。

五、篮球运动与健身

篮球运动在高校体育中占重要地位,通过篮球运动可以促进大学生身心的全面发展,培养其运动能力和良好的社会适应能力,增进学生的身心健康。

(一)篮球运动对身体健康发展的促进作用

篮球运动持续时间可长可短,但需要参与者快速奔跑、突然与连续起跳、敏捷反应与力量抗衡。经常参加篮球运动,可使身体各部分肌肉坚实、发展匀称、体格健壮。篮球运动可以促进力量、速度、耐力、弹跳、灵敏等运动素质的提高。篮球运动也是一项高强度的对抗性运动。要求机体的代谢能力旺盛,体内能源物质的转换快速。因而能使心脏、血管、呼吸、消化等器官的功能增强,促进机体内各系统的工作能力提高。如果经常参加篮球运动,在篮球运动过程中经常变换技术动作,对提高神经中枢的灵活性、提高神经中枢协调支配各器官的能力,具有很好的作用。

(二)篮球运动对心理健康发展的促进作用

篮球运动不仅是技术与身体的对抗,还是意志与智慧的较量,篮球比赛也是一场心理交锋。运动员的智慧、胆略、意志、活力与创造力,决定着比赛的成败和运动水平。在篮球运动中,学生通过多种感知觉的参与可以发展其运动记忆,经过长期的学习可形成运动技能的动力定型和高度的自动化。这有利于学生在快速、复杂的情况下做出迅速、正确的判断。而且通过篮球比赛,学生的个性、自信心、情绪控制、意志力、进取心、自我束缚能力都会有很好的发展。

(三)篮球运动对社会适应能力的培养作用

篮球运动对培养大学生集体主义精神有积极作用。学生之间团结合作、相互协同、默契配合,一切为集体,一切为大局,才能保证比赛的胜利。学生通过和同伴的相互合作,共同完成篮球的技、战术学习过程,共同体验胜利的喜悦和失败的痛苦,有助于拉近学生与学生之间的关系,建立良好的群体关系。

第二节 排球

一、排球运动概述

(一)排球运动的起源

排球运动于 19 世纪末始于美国。1895 年,美国马萨诸塞州霍利奥克市基督教男子青年会体育干事威廉·摩根认为当时流行的篮球运动过于激烈,于是创造了一种比较温和的、老少皆宜的室内游戏。1896 年,美国普林菲尔德市立学校的艾特·哈尔斯戴特博士把摩根游戏起名为"volleyball",并沿用至今。排球比赛是两队各 6 人,每球得分制,25 分为一局,正式比赛为 5 局 3 胜制。

(二)中国排球运动的发展

20 世纪 80 年代,中国女排以技术全面、攻守兼备、高快结合、快速多变的战术称雄世界,连续夺得世界杯(1981 年、1985 年)、世锦赛(1982 年、1986 年)、奥运会(1984 年)冠军,成就世界上第一个"五连冠",开创了女子排球运动的新纪元。90 年代,具有"黑色橡胶人"之称的古巴女排,以得天独厚的体型、超人的弹跳,凶猛的网上攻势,又一次刮起了加勒比海黑旋风。目前世界排球正朝着全面、高度、快速、多变、创新方向发展。

中国女排在经历了 80 年代的腾飞期之后,又经历了下滑期-中兴期-低谷期-重生,期间多次在国际大赛中获得冠军荣耀,中国女排是中国三大球项目中唯一夺得过世界冠军的队伍,截至 2020 年,中国女排共获得了 10 次世界冠军,成就了"10 冠王"的称号。

二、排球基本技术

排球的基本技术分为六大项:准备姿势和移动、发球、垫球、传球、扣球、拦网。

(一)准备姿势和移动

1. 准备姿势

两脚开立,略比肩宽,脚尖适当内扣,脚后跟抬起,膝关节弯曲,上体前倾,重心在两脚掌之间,两臂自然弯曲置于胸腹之间,两眼注视来球。有稍蹲姿势、半蹲姿势和深蹲姿势三种(见图 12-2-1)。

图 12-2-1

2. 移动

(1)并步和滑步。并步是近球一侧的脚向来球方向跨出一步,另一侧脚迅速有力地蹬地,并迅速并上做好接球的准备姿势;连续的并步为滑步。当来球距离身体一步左右时可采用并步移动。当来球与身体的距离较远,用并步无法接近来球时,可采用滑步(见图 12-2-2)。

④   ②   ③   ①

图 12-2-2

(2)跨步和跨跳步。跨步动作用于来球较低的情况,向移动方向跨出一大步,深屈膝,上体前倾(见图 12-2-3)。跨步可向前、向侧或向侧前方。跨步过程中有跳跃腾空即为跨跳步。

图 12-2-3

(3)交叉步。向右侧交叉步移动时,上体稍向右转,左脚从右脚前向右交叉迈出一步,然后右脚再向右侧方向跨出一大步,同时重心移至右脚,身体转向来球方向,保持击球前的姿势(见图 12-2-4)。

④   ③   ②   ①

图 12-2-4

（4）跑步。跑步移动经常与交叉步、跨步等结合起来用。

3. 练习方法

根据手势徒手进行左右滑步移动、前后跨步跳步、远距离的跑步练习。

（二）发球

1. 下手发球

（1）正面下手发球。面对球网站立，左脚在前（以右手发球为例），两膝稍弯屈，上体前倾，左手持球于腹前下方将球平稳抛起在腹前右侧，离手高度 30 cm 左右。在抛球同时，右臂由后向前加速挥臂，用全掌或掌根击球的后下方（见图 12-2-5）。

①   ②   ③   ④   ⑤   ⑥

图 12-2-5

（2）侧面下手发球：队员左肩对着球网（以右手击球为例），两脚左右开立，约与肩同宽，两膝微屈，上体稍前倾，重心落在两脚之间。左手在抛球的同时（30 cm 高左右），右臂引向侧后方，利用右脚蹬地、转体的力量，带动手臂向前摆动，重心随之移向左腿，在腹前用掌根击球的后下方，击球后随即入场（见图 12-2-6）。

⑦   ⑧   ⑨   ⑩   ⑪

图 12-2-6

2. 正面上手发球

发球时(以右手发球为例),左手将球抛至右肩前上方,高度适中。在抛球的同时,右臂屈肘抬起并后引,肘关节与肩部齐平,手掌自然张开,呈勺形,上体稍向右侧转动,抬头,挺胸,展腹,身体重心移至左脚。击球时,五指自然分开,利用蹬地、转体、收腹,带动手臂加速挥动,击球点在右肩前上方,以全手掌击球的后中下部。手臂要充分伸直,手掌和手腕要迅速、明显地做推压动作,使球向前呈上旋飞行(见图12-2-7)。

图 12-2-7

3. 练习方法

(1)抛球练习。体会抛球的位置、高度和引臂的连贯动作。

(2)击固定球和吊球练习。一人双手持球置于腹前或者头上,另一人做挥臂击球练习;将球吊在空中,练习挥臂击球。

(三)垫球

1. 正面垫球

一种是叠指法:两手手指上下重叠,掌根紧靠,合掌互握,两拇指朝前相对平行靠压在上面一手的中指第二指节上。两臂伸直夹紧,注意手掌部分不能相叠;另一种是抱拳法:两手抱拳互握,两拇指平行朝前,两掌根和两前臂外旋紧靠,手腕下压,使前臂形成一个垫击平面(见图12-2-8)。正面双手垫球的击球点一般应尽量保持在腰腹前的一臂距离,以两小臂腕关节以上 10 cm 左右桡骨内侧平面击球为宜(见图12-2-9)。

图 12-2-8

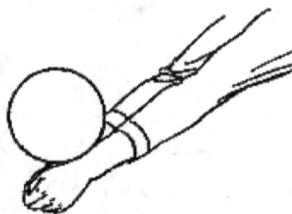

图 12-2-9

正面双手垫球是在准备姿势的基础上,把来球保持在腹部的正前方,两臂插入球下并对准来球,利用蹬腿,腰腹发力和提肩抬臂的协调动作,以两前臂所组成的平面击球的后下方,同时身体重心伴随击球动作前移,将球向前上方垫出(见图12-2-10)。

图 12-2-10

2. 侧面垫球

在接发球或防守时,身体来不及移动正对
来球,则用双手在身体两侧垫击球的技术动作,
为体侧垫球(见图 12-2-11)。

3. 练习方法

(1)徒手模仿练习、自垫球;对墙进行连续
传、垫球。

图 12-2-11

(2)2 人一组,一抛一垫或对垫练习;3 人一组,两人抛球,另一人移动垫球练习。

(四)传球

传球是排球运动的基础技术之一,主要用于衔接防守和进攻。传球主要有正面传球、背
传球和侧向传球等。

1. 正面上手传球

触球时,两手自然张开成半球形,使手指与球吻合,手腕稍后仰,拇指相对成一字型,击
球部位一般在球的后下方(见图 12-2-12)。传球时用拇指内侧,食指全部,中指的二、三
指节触球,无名指和小指在球的两侧辅助控制出球方向,两肘适当分开,自然下垂。击球点
应保持在额前上方约一球远,充分利用蹬地、伸膝、伸臂,从脸前向前上方主动迎击来球(见
图 12-2-13)。

2. 练习方法

徒手模仿传球动作,自传练习。两人一组,一抛一传,对传练习。两人一组,移动传球练习。

图 12-2-12

图 12-2-13

三、排球基本战术

排球基本战术是指队员在比赛中,根据排球的规则要求和排球运动规律,以及双方当时

的情况,合理运用技术,所采用的有意识、有目的、有组织的个人和集体配合行动。包括阵容配备、进攻阵型与进攻战术、拦网战术和接发球战术。

(一)阵容配备

在排球比赛中常用的有"四二"配备和"五一"配备。

1."四二"配备

"四二"配备即 4 个进攻队员和 2 个二传队员。4 个进攻队员中有 2 个是主攻队员,2 个是副攻队员。他们都站在对角位置上。这种配备方法主要在初学和一般水平的队伍中采用较多(见图 12-2-14)。

优点:前排每一轮总能保持一名二传和两名攻手,便于组织"中一二""边一二"进攻,战术配合稳定。缺点:前排进攻点相对较少,隐蔽性差。

2."五一"配备

"五一"配备即 5 个进攻队员和 1 个二传队员。其目的是加强进攻的拦网的力量,为了弥补在主要二传队员来不及传球时所出现的被动局面,可以在二传队员的位置上,配备一名有进攻能力的接应二传队员(见图 12-2-15)。这种配备方法目前在水平较高的队中被普遍采用。

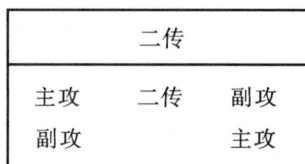

二传		
主攻	二传	副攻
副攻		主攻

―		
攻手	二传	攻手
		二传
攻手	攻手	

图 12-2-14(四二配备)　　　　　图 12-2-15(五一配备)

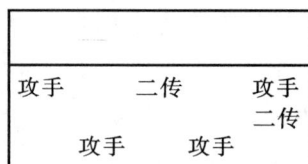

优点:加强了拦网和前排的进攻力量,使全队只需要适应一个二传,有利于配合,统一指挥,使战术富于变化。缺点:当二传轮到前排,有三轮次前排只有两个进攻队员,进攻点过于暴露,影响前排进攻威力。

(二)进攻阵型与进攻战术打法

1. 进攻阵型主要有"中一二""边一二"和后排插上三种形式

(1)"中一二"进攻战术阵形:3 号位队员作二传,将球传给 4、2 号位队员进攻的组织形式。其优点是一传向网中 3 号位垫球比较容易,因而有利于组成进攻,适合初学者采用;缺点是战术变化少,对方容易识破进攻意图(见图 12-2-16)。

(2)"边一二"进攻战术阵形:2 号位队员作二传,将球传给 3、4 号位队员进攻的组织形式。其优点是右手扣球者在 3、4 号位扣球比较顺手,战术变化较多。缺点是 5 号位接一传时,向 2 号位垫球距离较远;一传垫到 4 号位时,二传传球较为困难(见图 12-2-17)。

(3)后排插上。由后排队员插到前排 2、3 号位之间担任二传,将球传给前排 3 名队员或后排队员进攻的组织形式,有 1、5、6 号位插上,这是现代排球战术的主要形式,为一般强队所普遍采用(见图 12-2-18)。

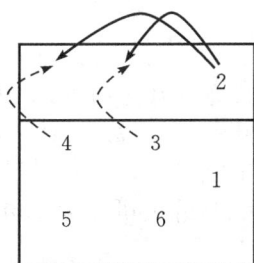

图 12-2-16(中一二)　　图 12-2-17(边一二)　　图 12-2-18

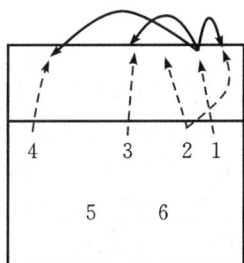

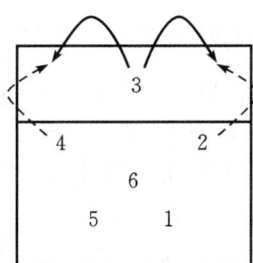

2. 进攻战术打法

进攻战术打法是指二传队员与扣球队员之间所组织的各种进攻配合,包括强攻、快攻和两次球进攻及其转移三种基本打法。每种打法中又有若干不同战术配合。而所有这些打法又都可以在"中一二""边一二"和"插上"三种进攻战术阵形中具体运用。

四、排球竞赛规则简介

软式排球与室内六人制排球、气排球竞赛规则的异同。

(一)比赛用球

软式排球由柔软的橡胶制成,圆周:成人组 60～67 cm,青少年组 63～65 cm;重量:成人组 220～240 g,青少年组 200～220 g。比赛用球的弹性标准是在 2 m 高处自由落下反弹高度不低于 50 cm。室内排球球用皮制,圆周 65～67 cm,重量 260～280 g,比赛用球的弹性标准在 2 m 高处自由落下反弹高度不低于 100 cm。气排球由软塑料制成,圆周 74～76 cm,比普通排球圆周长 15～18 cm,重量 120～140 g,比普通排球轻 100～150 g,比赛用球的弹性标准在 2 m 高处自由落下反弹高度不低于 100 cm。

(二)比赛球网

软式排球球网高度为男子 2.35 m、女子 2.20 m,青少年组球网高度可适当降低;室内排球球网高度为男子 2.43 m、女子 2.24 m;气排球男子球网高度 2.1 m、女子球网高度 1.9 m、混合球网 2.0 m。

(三)比赛区域(包括比赛场区和无障碍区)

软式排球 A 制为比赛场区为长 16 m、宽 9 m 的长方形,其四周至少 3 m 宽的无障碍区,从地面向上至少 7 m 高的无障碍空间,B 制为比赛场区为长 18 m、宽 9 m 的长方形,其四周至少有 3 m 宽的无障碍区,从地面向上至少有 7 m 高的无障碍空间;室内排球非正式比赛的场地面积与软式排球(B)制一致,国际比赛场地的面积与软式排球(B)制一致,但无障碍区至少宽 5 m,端线外至少宽 8 m,上空无障碍空间至少高 12.5 m,且地面要求较高,室内温度与照明要求较高;气排球比赛场区为长 12 m、宽 6 m 的长方形,其四周至少有 2～3 m宽的无障碍区,从地面向上至少有 7 m 高的无障碍空间。

(四)队的组成和服装号码

软式排球一个队由 8 名队员组成,A 制上场队员 4 名,B 制上场队员 6 名,可设 1 名教练员,1 名领队,队员上衣号码序号为 1～12 号;室内排球一个队最多有 12 名队员组成,1 名教练员,1 名助理教练员,1 名训练员和 1 名医生,队员上衣号码序号为 1～18 号;气排球一个队由 10 人组成,其中有 1 名领队,1 名教练员,8 名运动员,领队、教练员可兼运动员,队员服装要统一,上衣前后须有号码,序号为 1～10 号。

(五)比赛方法

排球都为每球得分制,软式排球和气排球为三局两胜制,室内排球为五局三胜制;软式排球、室内排球都是先得 25 分同时超过对方 2 分为胜一局,气排球是先得 21 分同时超过对方 2 分为胜一局,决胜局都是先得 15 分同时超过对方 2 分的队获胜。

(六)上场阵容与场上位置

软式排球上场阵容 A 制是场上必须始终保持 4 名队员进行比赛,B 制是场上必须始终保持 6 名队员进行比赛,场上位置 A 制是 1 号位为后排队员,2、3、4 号位为前排队员,B 制是 1、5、6 号位为后排队员,2、3、4 号位为前排队员,前后排队员位置不能颠倒,同排队员位置不能交叉(发球队员除外);室内排球与软式排球 B 制阵容和场上位置相同;气排球四人制比赛队员位置是 2 号位(右)、3 号位(左)为前排队员,1 号位(右)、4 号位(左)为后排队员;五人制气排球比赛队员位置是 2 号位(右)、3 号位(中)、4 号位(左)为前排队员,1 号位(右)、5 号位(左)为后排队员。

(七)替换

软式排球每一局每队最多可替换 4 人次,可同时替换一人或多人;室内排球每队每局比赛最多可以请求 6 人次的换人;气排球每局比赛每队有 6 人次换人。

五、排球运动与健身

(一)改善生理健康状况

经常参加排球训练,可以提高个人协调、力量、耐力、速度、弹跳、灵敏和柔韧等身体素质和运动能力,改善人体中枢神经系统和内脏器官的机能。排球运动技术动作有发球、垫球、传球、扣球、拦网等,战术机动灵活,姿势变化多端,每个运动员要掌握全面的和多样性的动作技巧,使身体的各部分得到充分的锻炼。特别是手臂、手腕、腰部、腿部的肌肉能得到均匀地发展,力量逐渐增强,身体更加机动灵活。排球运动对神经系统的锻炼作用也很显著,尤其在比赛时,场上情况千变万化,运动员的注意力必须高度集中,以便根据场上的变化采取相应的措施,运动员多次根据对方的情况,从相对安静的较低位置,突然做出剧烈的动作,这不仅锻炼了神经系统的反应能力,同时也加强了心脏、肺脏的生理功能。

(二)促进心理健康

排球运动可以培养运动员机智、果断、沉着、冷静的心理素质,团结战斗的集体主义精神,锻炼胜不骄、败不馁、勇猛顽强,克服困难,坚持到底等良好作风。排球比赛需要队员之间相互理解、相互支持、默契配合、机智灵活和顽强拼搏,能培养人的合作和竞争意识、团结协作的精神。

(三)增强社会适应能力

排球运动是个集体性项目,参与该运动也是一种人际交往的过程;场上的变化可以培养人瞬时的应变能力;技术动作和变化组合能培养人的创造思维能力。这些都是增强社会适应能力的关键。

第三节 足球

一、足球运动概述

足球运动是以脚支配球为主,两个队互相进行攻守对抗的一项体育运动项目,被誉为"世界第一运动"。足球比赛是以脚为主、除手和臂以外的身体其他部位支配球(守门员在本方罚球区内和队员掷界外球时除外),在长方形的、平坦的、两端各有一个球门的场地上两队相互攻守、激烈对抗,以射门进球多少决定胜负的球类运动项目。足球具有激烈对抗、技战术复杂和体能消耗大等特点。古代足球起源于中国,虽然起源时间推断不一,但古代足球起源于中国是世界公认的。现代足球运动起源于英国,该运动兴起后,通过英国的海员、士兵、商人、工程师、牧师等传播到欧洲大陆和世界各地。

1900 年的第 2 届奥运会,足球被列为正式比赛项目,但它不允许职业运动员参加。1904 年,英国、法国、荷兰、比利时、西班牙、瑞典和瑞士七个国家的足球协会在法国成立了国际足球联合会。1930 年起,每 4 年举办一次世界足球锦标赛(又称世界杯足球赛),比赛取消了对职业运动员的限制。

二、足球基本技术

(一)踢球

踢球主要用于传球和射门。

1. 脚内侧踢球

动作方法:踢球时,直线助跑,支撑脚踏在球的侧方 15 cm 左右,膝关节微屈,踢球腿以髋关节为轴屈膝后摆,前摆时膝外展,脚尖微翘,脚掌与地面平行,以脚内侧正对出球方向,击球的后中部,击球后、脚随球前摆(见图 12 - 3 - 1、图 12 - 3 - 2)。

图 12 - 3 - 1   图 12 - 3 - 2

2. 脚背正面踢球

动作方法:直线助跑,最后一步较大,支撑脚踏在球的侧方约 15 cm,脚尖正对出球方向并微屈膝;踢球脚在支撑脚前跨的同时屈膝后摆,在支撑脚落地的同时,踢球腿以髋关节为轴,大腿带动小腿前摆,当膝关节摆到接近球的正上方时,小腿爆发式前摆、脚跟提起,脚背绷直,脚趾扣紧,以脚背正面击球的后中部,踢球腿随球继续提膝前摆。该脚法主要踢定位球、反弹球、空中球及倒勾球等(见图 12-3-3)。

图 12-3-3

3. 脚背内侧踢球

动作方法:斜线助跑,助跑方向与出球方向一般呈 45°角。支撑脚踏在球的侧后方约 25 cm处,脚尖指向出球方向,身体稍向支撑脚一侧倾斜。在支撑脚着地的同时,踢球腿以髋关节为轴屈膝前摆。当身体转向出球方向、膝关节摆到球的内侧正上方的瞬间,小腿加速前摆,脚尖稍外转,脚面绷直,脚趾扣紧,脚尖斜下指,以脚背内侧踢球的后中部。击球后踢球腿随势前摆(见图 12-3-4)。

图 12-3-4

4. 脚背外侧踢球

动作方法:该动作方法基本与脚背正面踢球相同。只是触球时,脚尖内斜下指,以脚背外侧踢球的后中部。

5. 练习方法

(1)一人脚底踩球,另一人做原地或上一步的踢球练习。

(2)对网或者足球墙踢球练习;两人相距 6～8 m 传球,方向踢准。

(二)接停球

1. 脚内侧接球

动作要领:接球时支撑脚正对来球,膝微屈;停球腿屈膝外转并前迎,脚尖微翘。当脚与球接触前的瞬间开始做相应的引撤缓冲或推、切压变向动作,将球控制在衔接下一个动作所需要的位置上(见图 12-3-5、图 12-3-6、图 12-3-7)。

图 12-3-5　　　　　　　　　图 12-3-6　　　图 12-3-7

2. 脚底停球

动作方法:支撑脚站位于球的侧后方,屈膝,脚尖正对来球;停球脚提起,脚尖勾翘略高于球,脚后跟低于前脚掌,踝关节自然放松,用脚前掌触压球的中上部(见图 12-3-8、图 12-3-9)。

图 12-3-8　　　　　　　　　图 12-3-9

3. 脚背正面接球

动作方法:接球前判断好球的落点,正对来球,停球脚提起迎球,以脚背正面触球的底部。当脚背触球的瞬间,下撤缓冲,位球落在体前需要的位置上(见图 12-3-10)。

图 12-3-10

4. 胸部停球

动作方法:齐胸的平直球多用于收胸接球,当胸部触球的刹那,迅速收胸收腹缓冲来球力量。高于胸部的弧线来球多用挺胸接法,其准备姿势同收胸法,只是重心稍偏后,上体略有后仰,当胸部触球的瞬间,展腹挺胸、蹬地上挺,使球上弹落在所需要的位置上(见图 12-3-11、12-3-12)。

图 12 - 3 - 11   图 12 - 3 - 12

5. 练习方法

(1)停地滚球练习。可将人分成两组,面对面或纵队站立,相距 15～20 m。

(2)停反弹球练习。自己向上抛(踢)球、向足球墙上抛或者踢球,然后迎上去停反弹球;两人一组踢有一定弧度的抛物线下落球,另一人迎上停反弹球。

(3)停空中球练习。自抛自停凌空球、两人互抛互停空中球、相互传高球停空中球练习等。

(三)运控球

1. 脚背正面运球

动作方法:跑动自然放松,上体稍前倾,步幅不宜大。运球脚提起时,膝关节弯曲、脚跟提起,脚尖下指,在迈步前伸着地前,用脚背正面推拨球的后中部,推球后自然落步。

2. 脚背外侧运球

动作方法:该动作方法与脚背正面运球相近,只是运球脚提起时,脚尖稍内转,用脚背外侧推拨球前进(见图 12 - 3 - 13)。

图 12 - 3 - 13

3. 脚内侧运球

动作方法:运球时,支撑脚踏在球的侧前方,上体稍前倾并向有球一侧转身,运球脚提起脚尖外转,用脚内侧推球前进(见图 12 - 3 - 14)。

图 12 - 3 - 14

运球和控球时常用的动作有:拨球、拉球,扣球、挑球和捅球等。在熟练掌握运球方法的基础上,配以控球动作便可进行运球过人。

4. 练习方法

(1)单脚内侧外侧拨球练习。用一只脚内外侧连续拨球前进。

(2)脚外侧拨踩停球。先使用一只脚外侧向侧前方拨球,再用拨球脚将球踩住,之后再换另一只脚做相同的动作。

(3)脚外侧拨球绕桩。

(4)正脚背轻推脚底向后拉。双脚正脚背向前连续推三次球之后,在第四次触球时换做脚底踩球向后拉。

(四)头顶球

1. 原地前额正面顶球

动作方法:身体正对来球,两腿前后开立,微屈膝,上体稍后仰,重心落在后脚上,两臂自然张开,收紧下颌,注视来球。当球运行到身体垂直部位前的瞬间,蹬地、前摆上体,收腹、甩头,用前额正面顶球的后中部。顶球后身体应随球前移(见图 12 - 3 - 15)。

图 12 - 3 - 15

2. 跳起前额正面顶球

动作方法:起跳前判断准来球的落点,用双脚或单脚奋力向上跳起,跳起后身体后仰成背弓形。当球与身体垂直时,迅速收腹折体,前屈甩头,在最高点将球顶出。顶球后应屈膝降重心缓冲落地(见图 12 - 3 - 16)。

图 12 - 3 - 16

3. 练习方法

(1)单人对墙顶球练习。自己将球向上抛出,掌握好落点,将球顶向墙壁。

(2)双人练习。距离 10 m 一人抛球一人顶球练习、距离稍近互相顶球练习。

(3)助跑起跳顶球练习。一人将球抛向队友,然后迅速向两侧跑动,队友通过助跑将球顶向跑到侧边球员脚下。

(4)顶半高吊球。将球吊起固定在一定高度,先练习顶固定球,等熟练后再练习顶摆动的球。

三、足球基本战术

(一)个人进攻战术

个人进攻战术是局部进攻战术和全队进攻战术的基础。个人进攻战术水平的高低直接影响着局部和全队进攻战术的质量,同时,个人进攻战术必须服从局部和全队进攻战术。

(二)局部进攻战术

局部进攻战术是指在进攻中两名或几名队员之间的配合行动,其目的是把各种传球、运球和跑动的组合在一起,再局部突破对方的防线。局部配合的基本形成有:传切配合、交叉掩护配合、二过一战术配合和三过二战术配合。

(三)整体进攻战术

整体进攻战术是指为完成进攻任务所采用的全局性的进攻配合方法。一次完整的整体进攻由发动(开始)阶段、发展阶段和结束阶段构成。发动阶段(开始阶段):当一支球队获得控球权即进入了发动阶段。开始进攻的方式有两种:一种是快速攻击,另一种是逐步推进。当获得控球时,对方未能及时进行攻守转换,防守队员未能完全回到防守位置时,应采用快速攻击的进攻配合。在现代足球中,快速攻击的配合是得分的重要手段。当获得控球权时,如果对方退守较快或后防较稳固时,则应采取逐步推进的配合方式,放慢进攻节奏,寻找对方的弱点进行攻击。

(四)整体防守战术

整体防守战术是指全队所采取的防守战术。整体防守战术方法有:区域盯人防守、人盯人防守和混合盯人防守。

1. 区域盯人防守

由攻转守时,根据场上队员位置的分工和职责,每名防守队员负责防守一定的区域,一旦进攻队员进入该区域时,就进行积极的防守,限制对方的进攻活动,当该队员离开时,就不再进行盯防。区域盯人防守较节省体能。但是,进攻队员可以随意交叉换位,容易造成局部地区以多攻少的局面,不利于防守。并且采用这种防守战术时,在不同区域的结合部容易出现盯人混乱,形成漏洞。目前,在比赛中较少采用这种防守战术。

2. 人盯人防守

每名防守队员都有明确的防守对象,当由攻转守时,就盯住该队员,无论对手在场上的什么位置,无论对手是否控制球。人盯人防守的优点是分工明确、责任具体、盯防效果较好。其缺点是:体能消耗大和防守队形容易被拉乱。一旦对手突破,很难形成有效的保护和补位。因此,目前较少单纯地采用人盯人防守战术。

3. 混合盯人防守

混合盯人防守是区域盯人防守和人盯人防守相结合的防守方法。混合盯人防守是目前足球比赛中最常采用的防守战术。它集中了人盯人防守和区域盯人防守的优点。混合盯人防守是对控球队员及控球队员所在局部区域进行紧逼盯人,而对距球远的其他进攻队员进行区域防守,同时,针对对手的情况,对特别有威胁的进攻队员使用专人进行盯防。

四、足球竞赛规则简介

(一)比赛场地

(1)球场:球场必须是长方形,在长 90～120 m,宽 45～90 m 范围内均可。国际比赛的长度范围为长 100～110 m,宽 64～75 m,基层比赛场地可因地制宜,但边线必须长于球门线。场内各区域尺寸不变。

(2)边线:当球的整体从地面或空中全部越过边线为界外球。比赛中,除裁判员和助理裁判员外,任何人未经允许不得擅自出入此线。

(3)球门线:球出球门线后,是以角球或是球门球恢复比赛。球门线两门柱间的球门线长 7.32 m,从地面到球门横木下沿是 2.44 m。

(4)中线:开球时,双方队员的限制线;队员在本方半场内无越位犯规。

(5)角球弧:踢角球时,球必须放定在角球弧内。

(6)罚球点:罚球点球时,球必须放定在该点上并向前踢出。

(7)中点:开球时,球必须放在该点上并向前踢出。

(8)中圈:开球时,守方队员须站在中圈以外的本方半场内。

(9)罚球弧:罚球点球时,除主罚队员和守门员外,其他队员应退到此弧以外。

(10)球门:门框直径不超过 12 cm,两立柱内沿相距 7.32 m,横梁下沿垂直地面距离为 2.44 m,立柱与横梁直径应相等。

(二)球

足球用皮革或其他适当的材料制成,周长在 68～70 cm,比赛开始时不少于 410 g 且不多于 450 g,压力在 58.8～107.9 kPa(世界杯一般采用 88.2 kPa)。比赛用球由裁判员审定,正式的比赛应有备用球,目前多采用 10 个备用球。比赛中球发生破裂或损坏,裁判员应停止比赛,更换球后在球所在停止比赛时的地点坠球恢复比赛,如已成死球则发球恢复比赛。

(三)队员人数

(1)足球比赛有 5 人制、7 人制和 11 人制,其中一人必须为守门员。

(2)正式比赛提名替补队员为 7 人,但最多可以替换 3 人,位置不限。被换下场的队员不可以在本场比赛中重新上场。

(3)场上队员与守门员互换位置前要通知裁判员,在死球时互换,并且服装颜色必须符合规定,场下替补队员替换时,也应通知裁判员,在死球时从中线处先下后上进行替换。

(4)开赛前被罚令出场的队员可以由替补队员替补,并不算一次换人,但不得再增加替补队员名额。比赛开始后(包括死球或中场休息时)被罚令出场的队员不得被替补。凡被提名的替补队员无论何时被罚令出场,均不得替换。

(5)踢球点球决胜负时,守门员受伤可以由合法的替补队员名单中任意一名队员进行替补,除此之外,一律不得替换。

(四)比赛时间

正式的比赛时间为 90 min,上、下半场各 45 min,除经裁判员同意外中场休息不得超过 15 min,如规程规定有加时赛,则再进行 30 min 的决胜期比赛,每半场 15 min,中间立即交换场地不再休息。如果采用"金球制胜"法,则在 30 min 内,先进球队为胜,比赛立即结束。若决胜期双方仍平局,则以踢点球方式决胜负。

(五)比赛开始和重新开始

(1)通过掷币,猜中队选择场区,另一队开球。

(2)将球放在中点上开球时,当球被踢并向前移动时比赛即为开始。球未向前移动或球动之前队员越过中线或防守队员进入中圈,则重新开球。

(3)开球队员不得连踢。

(4)开球可以直接射入对方球门得分。

(5)比赛中因规则中没有提到的原因而停止比赛后,应用坠球恢复比赛。如果坠球时,遇球未着地前,队员触球、犯规,球破裂、球漏气或着地后未能触及任何人而出界,均应重新坠球。

(六)计胜方法

(1)当球的整体从球门柱间及横木下越过球门线,而此前未违反竞赛规则,即为进球得分。

(2)判断球是否进门应根据球的位置,而不是以守门员接球或队员触球时所站的位置来决定。

(3)如有观众进场,企图阻止球入门,但未触及球而球进门,应算进一球。如触及或妨碍比赛,裁判员应停止比赛,坠球恢复比赛。

(4)罚点球时,在球到球门线前,遇外来因素干扰,应重罚。如已触及守门员、门框弹回场内,又被外来因素触及,则坠球恢复比赛。

(5)其决胜方法和计分方法应在规程中规定。

(七)越位

1. 处于越位位置的条件

(1)该队员在对方半场内。

(2)该队员较球更接近于对方球门线。

(3)在该队员与对方球门线之间,对方队员不足两人。

上述三个条件中,若缺少任何一条,队员均不属于越位位置。

2. 不是越位犯规

处于越位位置的队员,直接接到同队队员的球门球,界外球和角球时,没有越位犯规。

裁判员如果判罚越位犯规以后,由对方在犯规发生地点踢间接任意球恢复比赛。

(八)犯规与不正当行为

足球比赛对抗性强,又允许身体接触与碰撞,裁判员要准确掌握规则精神,善于识别和区分合理动作犯规、勇猛顽强与动作粗野、良好风格与不正当行为;坚持严格执法,把判罚重点放在对人不对球、不正当行为及报复行为上。

1. 直接任意球和球点球判罚

直接任意球:可以直接射入对方球门得分(直接射入本方球门,不算进球,应由对方踢角球)。裁判员认为,队员违犯下列规定中的任何一项,由对方罚直接任意球,防守队员在本方罚球区内违犯其中任何一项规定者,应被判罚"点球":

踢或企图踢对方球员、绊摔或企图绊摔对方球员、跳向对方球员、冲撞对方球员、打或企图打对方球员、推对方球员、抢截球时于触球前触及对方球员、拉扯对方球员、向对方球员吐唾沫、故意手球(不包括守门员在本方罚球区)。

2. 间接任意球的判罚

间接任意球:不能直接射门得分,必须经场上其他队员触及后进入球门内才算进一球(直接射入对方球门,由对方踢球门球)。

(1)如守门员在本方罚球区内违反下列4种犯规中的任何一种,都将判给对方踢间接任意球。

①守门员用手控制球后,在发出球之前持球超过6 s;②在发出球之后未经其他队员触及,再次用手触球;③用手或臂部位触及同队队员故意用脚传给他的球;④用手触及同队队员直接掷入的界外球。

(2)裁判员认为,队员有下列情况任何一种的:

①动作具有危险性;②阻挡对方队员;③阻挡对方守门员从其手中发球;④违反规则第十二条以前未提及的任何其他犯规,而停止比赛被警告或罚令出场。

另外,如果队员在比赛中被判有开球、球门球、角球、界外球、任意球、点球连踢、越位犯规,也将在犯规地点以间接任意球恢复比赛。

踢任意球时应注意在犯规地点罚球、踢球时必须将球放稳、罚任意球时对方球员距球至少9.15 m。

3. 纪律制裁

裁判员对队员进行纪律制裁的方式包括警告和罚令出场。

(1)可警告的犯规(黄牌)

①犯有非体育道德行为;②以言语或行动表示异议;③持续违反规则;④延误比赛重新开始;⑤当以角球或任意球重新开始比赛时,不退出规定距离9.15 m;⑥未得到裁判员许可进入或重新进入比赛场地;⑦未得到裁判员许可故意离开比赛场地。

(2)罚令出场的犯规(红牌)

①严重犯规;②暴力行为;③向对方或其他任何人吐唾沫;④用故意手球破坏对方的进

球或明显的进球得分机会;⑤用可判为任意球或点球的犯规破坏对方向本方移动着的明显进球得分机会;⑥使用无礼的、侮辱的或辱骂性语言及行动;⑦在同一场比赛中得到第二次警告。

此外,比赛中如果守门员在本方罚球区内用球掷击或企图掷击对方队员,将被判罚点球。

五、足球运动与健身

(1)磨炼意志、培养竞争意识和团队协作的精神。足球是对抗性很强的集体竞赛项目,在这个既需要激烈竞争,又需要团结协作的环境中,个人的意志品质和竞争意识会得到磨炼,同时有利于培养积极向上、勇于拼搏、不怕困难、吃苦耐劳的精神。

(2)锻炼思维和应变能力。足球比赛中情况瞬息万变,错综复杂,对运动员的思维、观察、判断、反应等能力的要求较高。经过长期的足球训练,思维会更敏捷,判断能力会更准确,视野会更开阔,意志也会更顽强。对社会环境的适应能力和竞争能力等整体综合素质能得到发展和提高。

(3)强健体魄,增进健康。足球运动是全面锻炼和健全体魄的良好手段,是全民健身活动中一项行之有效的体育运动项目。经常从事足球运动,可以提高人们的力量、速度、灵敏、耐力、柔韧等身体素质,并能增强人体的心血管系统、呼吸系统等内脏器官的功能,从而促进人体的健康。据测定,一名优秀足球运动员的肺活量比正常人要多 2000~3500 mL。长期进行足球活动,可以改善中枢神经系统对心血管系统的调节功能,增强迷走神经的紧张性,降低动脉血压。

(4)缓解压力、陶冶情操,使身心获得欢愉与释怀。一场足球训练或比赛过后,除了锻炼了身体,大汗淋漓的状态还会让参与者的身心得到放松,积压在身体中的有害能量将随着训练或比赛释放出来,使参与者能够以良好的心态面对接下来的生活及学习。积极的运动会让我们的身体产生一种有益于身心的物质,也就是被称为"快乐激素"的"内啡肽",通过运动,身体会大量产生这种元素,让自己感到轻松愉快。

第四节　乒乓球

一、乒乓球运动概述

(一)乒乓球起源

乒乓球起源于英国,"乒乓球"一名因其打击时发出"Ping Pong"的声音而得名。1926年,在德国柏林举行了国际乒乓球邀请赛。后被追认为是第一届世界乒乓球锦标赛。

乒乓球包括进攻、对抗和防守。比赛分团体、单打、双打等数种;2001 年 9 月 1 日前以21 分为一局,现以 11 分为一局,采用五局三胜(团体)或七局四胜制(单项)。

(二)乒乓球运动在中国的发展历程

1959 年容国团获得世乒赛单打冠军,这是新中国的第一个世界冠军,也在我国掀起了乒乓球热,乒乓球由此开始一步步成为国球。

1961 年世乒赛在北京举办,中国队取得了好成绩,男团五虎将勇夺男团冠军。团体冠军最能体现一个国家乒乓球实力。1961 年、1963 年、1965 年中国连续三次获得世乒赛团体冠军,而且出现了乒乓球界的传奇人物庄则栋,他也连续三次获得世乒赛单打冠军,同时获得了圣勃莱德杯的复制杯。只有连续三次或者不连续四次获得单打冠军,才能获得世乒赛奖杯的复制杯。

中国队至此开始长盛不衰,中间可能会有几年的低谷但都会很快重登巅峰,相对的低谷就是 1989 年以瓦尔德内尔、佩尔森为代表的瑞典队的崛起,中国队陷入低谷,整个 80 年代末 90 年代初,中国队都在与世界强队竞争,直到 1995 年世乒赛中国队重夺男团冠军,中国队正式走出低谷,中国乒乓球重登巅峰,成为世界绝对强队,变得不可战胜。第 32 届奥运会中国乒乓球队获得 4 金。

二、乒乓球基本技术

(一)握拍方法

1. 直拍握拍法

拍前以食指第二指节和拇指第一指节扣拍,拇指与食指之间的距离要适中;拍后:其他三指自然弯曲,中指第一指节贴于拍的背面(见图 12 - 4 - 1)。

图 12 - 4 - 1

2. 横拍握拍法

中指、无名指和小指自然地握住拍柄,拇指在球拍的正面轻贴在中指旁边,食指自然伸直,斜放于球拍的背面。浅握时,虎口轻微贴拍,深握时,虎口紧贴球拍(见图 12 - 4 - 2)。

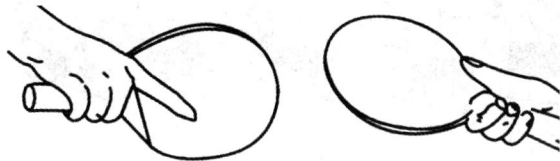

图 12 - 4 - 2

(二)发球技术

(1)反手平击发球:站位左半台离台 30 cm,右脚稍前身体略向左转,左手掌心托球,右手持拍于身体左侧。持球手轻轻向上抛球,同时持拍手向后引拍,上臂自然靠近身体右侧,待球下落低于球网时,持拍手以肘关节发力,由左后向右前挥拍击球中部,拍面稍前倾,第一落点在本台中区(见图 12-4-3)。

图 12-4-3

(2)正手平击发球:站位中近台偏右左脚稍前,身体稍右转,球向上抛起,持拍手由右后向前挥动。其余同反手平击发球(见图 12-4-4)。

图 12-4-4

(三)推挡球技术

1. 挡球

(1)特点与运用:球速慢,力量轻,动作较简单,初学者容易掌握。它可以帮助初学者熟悉球性,认识乒乓球的击球规律,提高控制球的能力。

(2)要点:①挡球是推挡球技术的基础,初学者应形成正确的动作手法。②引拍时,上臂应靠近身体。③前臂前伸近球,手腕手指调节拍形,食指用力,拇指放松(见图 12-4-5)。

图 12-4-5

2. 快推

(1)特点与运用:快推的特点是站位近,动作小,借力还击,速度快,线路变化多。适用于回击一般的拉球、推挡球和中等力量的攻球;在相持中能发挥回球速度快的优势,推压两大角或袭击对方空档,为自己的进攻创造条件。它是推挡球最常用的一项技术。

(2)要点:①击球前靠近身体,前臂适当后撤引起。②在前臂向前推送的过程中,完成外旋动作。③转腕动作不宜过大,关键是时机要恰当。

3. 练习方法

对墙推挡球练习;左方直线和左方斜线对推练习;左推右挡练习;推挡变线,结合加力或减力综合练习。

(四)攻球技术

1. 正手快攻

(1)特点与运用。站位近、动作小、出手快,借来球的反弹力还击,与落点变化相结合,可调动对方为扣杀创造条件,是近台快攻打法的一项主要技术。

(2)动作要领。手臂自然弯曲并作内旋使拍面稍前倾,前臂横摆引至身体右侧后方。右脚稍用力蹬地,髋关节略向前转动,腰向左转,上臂带动前臂快速向左前方挥动迎球。当来球跳至上升期(或高点期),拍面稍前倾击球中上部,触球瞬间前臂迅速收缩,向前打为主、略带摩擦,手腕辅助发力。并可借助手腕调节拍面角度、改变击球部位来变化回球的落点(见图 12 - 4 - 6)。

直拍正手攻   横拍正手攻

图 12 - 4 - 6

2. 正手快点

(1)特点作用。动作小、出手快、线路活,回球带有突击性。用于进攻台内球,以打破对方的小球控制,在前三板中争取更多的主动。

(2)动作要领。站位靠近球台,右方大角度来球时上右脚,中间或偏左方向来球时上左脚。手臂自然弯曲迎前,前臂伸向台内,根据来球旋转程度手臂相应地作内旋或外旋调整拍面角度。当来球跳至高点时触球:来球下旋强时,拍面稍后仰,击球中下部,前臂、手腕向前上方发力;下旋弱时,拍面垂直,击球中部,前臂、手腕向前为主,适当向上用力;来球上旋时,拍面稍前倾,击球中上部,直接向前用力(见图 12 - 4 - 7)。

图 12 - 4 - 7

3. 反手快拨

(1)特点作用。动作小、出手快、线路活,借来球反弹力量还击。具有一定的速度和力量,但突然性和攻击性不足,多为横拍选手用以对付强烈的上旋来球、直拍推挡或反手进攻。

(2)动作要领。两脚平行开立,站位较近。手臂自然弯曲并作外旋使拍面前倾,手腕内收和屈,将球拍引至腹前偏左的位置。当来球跳至上升期,前臂加速挥动并外旋,手腕迅速前伸和外展,拍面稍前倾击球中上部,借来球反弹力量向右前方拨回来球(见图 12-4-8)。

图 12-4-8

4. 正手扣杀

(1)特点作用。动作较大、出手较快、力量重、攻击性强,是还击正手位半高球的有效方法,也是得分的重要手段之一。

(2)动作要领。击球前左脚稍前,站位远近根据来球长短而定。肘关节保持 120°~130° 弯曲,并作内旋使拍面稍前倾,腰、髋向右后方转动,将球拍引至身体右后方,适当加大引拍距离,便于加速和发力。击球时,借腰、髋左转及腿的蹬力,带动手臂向前迎球。当来球跳至高点时,上臂带动前臂同时加速向左前下方发力,拍面前倾击球中上部,撞击为主,略带摩擦(近网球除外)。来球不转或带上旋时,球拍位置应略高于来球。击球后,手臂随势向左前方挥动并迅速还原(见图 12-4-9)。

图 12-4-9

5. 正手弧圈球

两脚开立,左脚在前,右脚稍后,收腹、含胸、屈膝,身体稍前倾,重心落在两脚之间。腰、髋略向右转动,重心置于右脚掌略靠前外侧,右肩略下沉,左肩自然转向来球方向,右腿屈膝程度加大,腰腹部收住,保持一定的紧张状态。用腰控制上臂,前臂自然下垂,球拍经腹前向右斜后下方移动,通常引至身体右侧腰部下方稍后处,转腰的速度快于拉手(见图 12-4-10)。

图 12 - 4 - 10

6. 练习方法

两人一组斜线(对角)对拉练习;两人一组,一削一拉练习。

(五)搓球技术

1. 慢搓

(1)特点、作用。动作较大、速度较慢,主动发力回击,因此有利于增强回球的下旋强度,是学习其他搓球技术的基础。

(2)动作要领。①正手慢搓:手臂外旋使拍面后仰,前臂向右后上方引拍,当来球跳至下降前期,前臂带动手腕加速向前下方用力摩擦球,触球中下部。②反手慢搓:与正手相同,但方向相反(见图 12 - 4 - 11)。

图 12 - 4 - 11

2. 快搓

(1)特点、作用。动作较小、速度较快,且有一定的旋转,与其他搓球技术结合,能主动改变击球节奏,为力争主动创造条件。

(2)动作要领。①正手快搓:肘部自然弯曲,手臂外旋使拍面角度稍后仰,后引动作较小。当来球跳至上升期,利用上臂前送的力量,前臂与手腕配合,借力结合发力,触球中下部并向前下方用力摩擦(见图 12 - 4 - 12)。②反手快搓:与正手基本相同,但方向相反(见图 12 - 4 - 13)。

图 12 - 4 - 12

图 12 - 4 - 13

3. 练习方法

摆臂模仿练习;对教学练习板墙自抛自击;接下旋发球。

(六)削球技术

1. 远削

(1)特点、作用。动作较大、球速较慢、弧线长、击球点低,以旋转变化为主,配合落点变化。主要用于在远台回接旋转强烈的弧圈球,是削球运动员最基本的入门技术。

(2)动作要领。①正手远削:两脚分开,右脚稍后,身体略向右转,手臂向右后上方移动,前臂提起,球拍上举。当来球跳至下降后期,随着身体的向左转动,上臂带动前臂同时向左前下方用力,拍面后仰,触球中下部,手腕有一摩擦球的动作(见图 12 - 4 - 14)。②反手远削:基本同正手削球,但方向相反。反手削球因受身体的限制,引拍动作要有节奏(见图 12 - 4 - 15)。

图 12 - 4 - 14

图 12 - 4 - 15

2. 近削

(1)特点、作用。站位较近、动作较小、击球点高、回球速度快、配合落点变化可调动对方,伺机反攻或直接得分。主要在对手拉球旋转不强或攻球力量不大时使用。

(2)动作要领。①正手近削:与远削相同处不再复述。与远削动作不同之处有,向上引拍为主,拍形近似垂直或稍稍后仰,整个动作以向下为主,略带向前向左,在来球的上升后期或高点期触球的中下部(比远削偏中部),动作速度比远削要快(见图 12-4-16)。②反手近削:与正手近削相同,但方向相反,引拍动作应适当加快,否则有来不及的感觉(见图 12-4-17)。

图 12-4-16

图 12-4-17

3. 练习方法

两人一组,攻削、对削练习;两人一组,发(发不同旋转球和不转球)削练习;拉(拉弧圈球)削练习。

三、乒乓球基本战术

(一)发球抢攻战术

发球抢攻战术是我国直板快攻打法的"杀手锏",是力争主动、先发制人的主要战术。各种类型打法的运动员都普遍采用发球抢攻来抢占每个回合的上风。发球战术运用的效果主要取决于发球的质量和第三板进攻的能力。常用的发球抢攻战术,主要有以下几种:正手发转与不转、侧身正手(高抛或低抛)发左侧上(下)旋球、反手发右侧上(下)旋球、反手发急球或急下旋球、下蹲式发球。

(二)接发球战术

接发球战术与发球抢攻战术同样重要,在某种意义上讲,接发球水平的高低可以反映运动员的实战能力以及各项基本技术的应用程度。常用的接发球战术有:稳健保守法;接发球抢攻;盯住对方的弱点处,寻找突破口;控制接发球的落点;正手侧身接发球。

(三)搓攻战术

搓攻战术是进攻型打法的辅助战术之一,主要利用搓球旋转的变化和落点的变化为抢攻创造机会。这一战术在基层比赛中被普遍采用。搓攻战术也是削球型打法争取主动的主要战术之一。常用的搓球战术有:慢搓与快搓结合、转与不转结合、搓球变线、搓球控制落点、搓中突击、搓中变推或抢攻。

(四)对攻战术

对攻战术是进攻型打法在相持阶段常用的一项重要战术。快攻类打法主要依靠反手推挡(或反手攻球)和正手攻球(或正手拉弧圈球)的技术,充分发挥快速多变的特点来调动对方。常用的对攻战术有以下几种:紧逼对方反手,伺机抢攻或侧身抢攻和抢拉;压左突右;调右压左;攻两大角;攻追身球;变化击球节奏,加力推和减力挡结合;发力攻、拉与轻打轻拉结合,也可造成对手的被动局面;改变球的旋转性质,如加力推后、推下旋;正手攻球后,退至中远台削一板对方往往来不及反应,可直接得分或创造机会球。

(五)拉攻战术

拉攻战术是以攻为主的选手对付削球的主要战术。为了发挥拉攻的战术效果,首先要具备连续拉的能力,并有线路、落点、旋转、轻重等变化,其次要有拉中突击和连续扣杀的能力。常用的拉攻战术主要有:拉反手后,侧身突击斜线或中路追身球;拉中路杀两角或拉两角杀中路;拉一角或杀另一角;拉吊结合,伺机突击;拉搓结合;稳拉为主,伺机突击。

(六)削中反攻战术

我国乒坛名将陈新华以及第 43 届世乒赛男单冠丁松成功地运用削中反攻的战术创造了辉煌,令欧洲选手手足失措,无以应对。这种战术主要靠稳健的削球,限制对方的进攻能力,为自己的反攻创造有利条件。常用的削中反攻战术主要有:削转与不转球,伺机反攻;削长短球,伺机反攻;逼两大角,伺机反攻;交叉削两大角,突击对方弱点;削、挡、攻结合,伺机强攻。

(七)弧圈球战术

由于弧圈球战术把速度和旋转有效地结合起来,稳健性好,适应性强,许多著名选手已用它替代攻球或扣杀,常用的战术如下:发球抢攻;接发球果断上手;相持中的战术运用。

四、乒乓球竞赛规则简介

(一)乒乓球发球

(1)选择发球、接发球和场地的权力应通过选择硬币的正反面来决定。选对者可以选择先发球或先接发球,或选择先在某一方。

(2)当一方运动员选择了先发球或先接发球或选择了场地后,另一方运动员应有另一个选择的权力。在每获得 2 分之后接发球方即成为发球方,依此类推,直到该局比赛结束,或者直至双方比分都达到 10 分实行轮换发球法,这时发球和接发球次序仍然不变,而且每人只轮发一分球。

(3)一局中在某一方位比赛的一方,在该场的下一局应换到另一方位。单打决胜局中当有一方满 5 分时应交换方位。

(二)发球、接发球次序和方位的错误处理

(1)裁判员一旦发现发球、接发球次序错误应立即暂停比赛,并按该场比赛开始时确立的次序,根据场上的比分由应该发球或接发球的运动员发球或接发球;在双打中,则按发现错误时那一局中首先有发球权的一方所确立的次序继续进行比赛。

(2)裁判员一旦发现运动员应交换方位而未交换时,应立即暂停比赛,并按该场比赛开始时确立的次序,根据场上比分纠正运动员所站的方位后再继续比赛。在任何情况下,发现错误之前的所有得分均有效。

(3)当发球者发出的球触碰到网,叫"擦网",裁判应令发球者重新发球,若连续擦网两次则是犯规,计分者给予扣分。

(三)合法还击

对方发球或还击后,本方运动员必须击球,使球直接越过或绕过球网装置。或触及球网装置后,再触及对方台区。凡属上述情况,均为合法还击。

(四)重发球

不予判分的回合,出现下列情况应判重发球。

(1)如果发球员发出的球,在越过或绕过球网装置时触及球网装置,此后成为合法发球或被接发球员或其同伴阻挡。

(2)如果发球员或同伴未准备好时球已发出,而且接发球员或其同伴均没有企图击球。

(3)由于发生了运动员无法控制的干扰,如灯光熄灭等原因,而使运动员未能合法发球、合法还击或未能遵守规则。(运动员与同伴相撞或者被挡板绊倒而未能合法回击,则不能判重发球。)

(4)裁判员或副裁判员宣布的暂停比赛。例如:①由于要纠正发球、接发球次序或方位错误;②由于要实行轮换发球法;③由于警告或处罚运动员;④由于比赛环境受到干扰以致该回合结果有可能受到影响(例如外界球进入赛场或者是足以使运动员大吃一惊的突然喧闹)。

(五)判一分

回合中出现重发球以外的下列情况,应判失一分:

未能合法发球、未能合法还击、阻挡、连续两次击球(如执拍手的拇指和球拍连续击球)、除发球外,球触及本方台区后再次触及本方比赛台面、用不符合规定的拍面击球、双打中,除发球或接发球外运动员未能按正确的次序击球、裁判员判罚分和其他已列举的违例现象。

(六)一局比赛

在一局比赛中,先得 11 分的一方为胜方;比分出现 10 平后,先多得 2 分的一方为胜方。

(七)一场比赛

(1)一场比赛应采用三局两胜制或五局三胜制。

(2)一场比赛应连续进行,但在局与局之间,任何一名运动员都有权要求不超过两分钟的休息时间。

五、乒乓球运动与健身

乒乓球球小速度快,变化多,趣味性强,设备简单,不受年龄性别和身体条件的限制,比较容易开展和普及,集健身、竞技、娱乐于一体,深受众人的喜爱,其健身价值如下。

(一)可以有效地提高人的身体素质

长期参加乒乓球运动,随着水平的不断提高,活动范围的加大,运动量也不断加大,这不仅相应地提高了速度素质、力量素质和身体的灵活性、协调性,而且还使肌肉发达、结实、健壮,关节更加灵活稳固。

(二)可以调节改善神经系统灵活性

打乒乓球时,球在空中飞行的速度是很快的,正手攻球只需 0.15 s 就可到达对方台面。在这样短暂的时间内,要求运动员对高速运动的来球方向、旋转、力量、落点等进行全面观察,迅速判断,并及时采取对策,快速移动步法,调整击球的位置与拍面角度,进行合理地还击,而这一切活动都是在大脑指挥下进行的。因此经常从事乒乓球练习,可大大提高神经系统的反应速度。

(三)可以改善心血管和呼吸系统的功能

经常参加乒乓球运动,能使心血管系统的结构和机能得到改善,心肌变得发达有力,心容量加大,脉搏输出量增多。一般健康成年男子安静时心率在 65~75 次/min,成年女子为 75~85 次/min;而受过乒乓球训练的运动员,安静时,男子心率为 55~65 次/min,女子为 70 次/min 左右。

(四)可以提高心理素质

乒乓球是竞技运动,由于激烈的竞争,成功和失败的条件经常转换,参赛者情绪状态也非常复杂,参赛者经受这些变幻莫测、胜负难料的激烈竞争的锻炼,体验了种种情绪。同时,在比赛中要对对方战术意图进行揣摩,把握自己的战术应用,因此使练习者的心理素质得到了很好的锻炼。

(五)可以促进交流,增加友谊

通过参加乒乓球运动,可以相互交流经验,切磋球技,达到相互学习、共同提高、建立良好的人际关系的目的。

(六)可以使人心情舒畅,精神愉快

乒乓球运动是一种高尚的文化娱乐活动,能使人们在精神上得到一种乐趣和享受,具有锻炼身体、磨炼意志、调节心情的作用,是一个减压的好途径。不管学习还是工作,人们每天都或多或少有点压抑,打球能使大脑的兴奋与抑制过程合理交替,避免神经系统过度紧张。

(七)预防治疗近视和颈腰椎疾病

打乒乓球时眼球不停地转动,眼部肌肉得到了锻炼,眼神经机能提高,因而能消除或减轻眼睛疲劳,起到预防治疗近视的作用;打球时手臂要不断挥拍,腰部转动配合,颈肩和腰椎得到了锻炼,从而起到了预防和治疗颈肩腰椎的作用。

(八)可健脑益智

乒乓球的球体小,速度快,攻防转换迅速,技术打法丰富多样,既要考虑技术的发挥,又要考虑战术的运用。乒乓球运动中要求大脑快速紧张地思考,这样可以促进大脑的血液循环,供给大脑充分的能量,具有很好的健脑功能。

(九)可提高协调性

乒乓球运动既要有一定的爆发力,又要有动作的高度精确,要做到眼到、手到和步伐到,提高了身体的协调和平衡能力。

总之,乒乓球运动简单、方便、有趣、锻炼全面、运动量合适,综合锻炼效果好,能对肢体、心肺、反应、灵敏、协调及大脑起到很好的锻炼作用。

第五节　羽毛球

一、羽毛球运动概述

羽毛球是最流行的运动之一。它能够吸引各个年龄和各种技术层次的男女,在室内或室外都可以进行。羽毛球不能弹起,在不落地的情况下才能玩,因此比赛节奏快,需要快速反应和一定程度的体能。羽毛球运动的参与者还需要了解和重视它在社交、娱乐与心理三个方面的好处。

现代羽毛球运动起源于英国。1873年,在英国格拉斯哥郡的伯明顿镇有一位叫鲍弗特的公爵,在他的领地开游园会时,有几个从印度回来的退役军官就向大家介绍了一种隔网用拍子来回击打毽球的游戏,人们对此产生了浓厚的兴趣。因这项活动极富趣味性,很快就在上层社会社交场上风行开来。"伯明顿"(Badminton)即成为英文羽毛球的名字。1893年,英国14个羽毛球俱乐部组成羽毛球协会,即全英公开赛的前身。自1992年起,羽毛球成为奥运会的正式比赛项目。

男子羽毛球团体赛汤姆斯杯和女子羽毛球团体赛尤伯杯是世界最著名的羽毛球团体赛事。这两项赛事同期同地举办,每两年举办一次,且均在偶数年举办。球员们在奇数年争夺

世界锦标赛冠军,在偶数年争夺汤姆斯杯与尤伯杯。世界混合团体锦标赛(又称苏迪曼杯),1989年在印度尼西亚首都雅加达开始举办,其地位与世界个人锦标赛相当。世界超级系列赛包含了全球主要的巡回赛事。球员参加每项巡回赛可赢得积分并进行累计,年底积分最多的球员可受邀参加超级系列赛总决赛。

二、羽毛球基本技术

羽毛球运动的基本技术分为两大类:一是基本手法,二是基本步法。基本手法又分为握拍、发球、接发球和击球四个部分。

(一)基本手法

1. 握拍技术

羽毛球的握拍技术分为正手握拍和反手握拍,但握拍方法不是一成不变的,可视具体情况而调整握拍。

(1)正手握拍法。虎口对着拍柄窄面的小棱边,拇指和食指贴在拍柄的两个宽面上,食指和中指稍分开,中指、无名指和小指并拢握住拍柄,掌心不要紧贴,拍面基本与地面垂直(见图12-5-1)。正手发球、右场区各种击球及左场区头顶击球等,一般都采用这种握法(以右手握拍者为例)。

(2)反手握拍法。在正手握拍的基础上,拇指和食指将拍柄稍向外转,拇指顶点在拍柄内侧的宽面上或内侧棱上,中指、无名指和小指并拢握住拍柄,柄端靠近小指根部,使掌心留有空隙。球拍斜侧向身体左侧,拍面稍后仰(见图12-5-2)。

图12-5-1　　　　　　　图12-5-2

2. 发球技术

发球时,必须在腰部以下触球,而且拍杆的指向必须朝下,否则视为发球违例。击球前,整个拍头必须清楚地位于持拍手的任意部位下方。每个回合开始时都要使用低手发球将球发出,因此可以说这是一种最重要的击球。发球大致可分为正手部分和反手部分。一般来说,发高远球、发平球、发网前球的技术,均可以用正手发球和反手发球的技术来进行,而发高远球,则普遍采用正手发球法。基本的发球技术有:发高远球、发平球和发网前球。

(1)发高远球。发高远球,即把球发得又高又远、发到对方后场的发球。球飞行至弧线的最高点时,垂直下落到对方的端线附近。高远球的距离远、弧度大,使对方的回球很难带有威胁性,可为己方创造有利条件。

正手发高远球步骤见图12-5-3。

①于中场侧身站立,两脚自然分开,与肩同宽;左脚在前,与中线平行,右脚在后,脚尖向

右,重心在右脚上。

②左手持球,抬至胸前,右手握拍,自然后举于身体右后侧,双眼注视前方。

③左手自然将球松开,使球垂直下落,右手从后方自下而上画半弧,引拍,同时转体,重心跟随前移。

④击球时击球点在身体右前下方,上臂带动前臂内旋,展腕、屈指发力,用正拍面将球击出。

图 12 - 5 - 3

(2)发平高球时,动作过程大致与发高远球相同,只是在击球的一刹那,前臂加速带动手腕向前上方挥动,拍面要向前上方倾斜,以向前用力为主。注意发出球的弧线以对方伸拍击不着球的高度为宜,并应落到对方场区底线(见图 12 - 5 - 4)。

(3)正手发平高球:姿势、动作和发正手高远球一样,只是发力方向和击球点不同,高平球时球运行的抛物线不大,使球迅速地越过对方场区空中而落到底线附近(见图 12 - 5 - 5)。

图 12 - 5 - 4

图 12 - 5 - 5

(4)正手发网前球:发网前球就是把球发到对方发球区内的前发球线附近,球拍触球时,拍面从右向左斜切击球,使球刚好越网而过,落在对方前发球线附近(见图 12 - 5 - 6)。

图 12 - 5 - 6

(5)反手发网前球:反手发网前球就是运用反手发球技术把球发至对方发球区内前发球线附近,击球时球拍由后向前推送击球,是球运行的弧线最高点略高于网顶,球拍触球时,拍面呈切削式击球,使球落到对方场区的前发球线附近。

反手发网前球步骤如图 12-5-7 所示。

①两脚可前后开立,也可左右开立,与肩同宽。前后开立时,可左脚在前,也可右脚在前,重心在前脚上。

②反手握拍,前臂抬起,拍子呈倾斜状。

③左手食指、拇指、中指轻捏羽毛球的羽毛边缘,将球置于球拍前面,手臂准备向前推拍。注意此时球的高度不要超过腰部的高度。

④左手放球,同时右手向后短暂引拍,然后向前推拍,手指、手腕用力,球拍呈横向切削式将球击出。

图 12-5-7

(6)反手发平球:反手发平球与发正手球的球路、角度、落点一样。发球时,球拍的挥动方向也与反手发网前球一样,只是在击球的一刹那,手腕有弹性地击球,将球击到双打后发球线以内的区域。

3. 接发球技术

接发球站位有单打站位和双打站位两种:单打站位一般是在离发球线 1.5 m 处。站在右发球区靠近中线的位置;在左发球区则站在中间的位置。一般双脚前后站立,收腹含胸,身体重心放在前脚上,后脚脚跟稍抬起。身体半侧向球网,球拍举在身前,双眼注视对方(见图 12-5-8)。

双打站位由于双打发球区比单打发球区短 0.76 m,接发球时要站在靠近前发球线的地方。双打接发球准备姿势和单打姿势基本相同。只是身体前倾较大,身体重心可前可后,球拍举得高些,在球飞行到网上最高点时击球,争取主动。

图 12-5-8

4. 击球技术

羽毛球击球技术方法包括前场击球技术、中场击球技术和后场击球技术,每一种技术又可分为正手或反手击球法。依据战术球路的需要,又可击出直线球和斜线球。

(1)前场击球技术主要包含放网前球、扑球、搓球、勾球、挑球。前场球的飞行距离短,落地快;打出好的前场球,可以使对手猝不及防,从而直接得分,或者为己方的下一步行动创造更好的机会。因此,练就好的前场技术十分重要。

(2)中场击球技术主要包含挡直线网前球、挡斜线网前球、抽球。中场击球技术,主要用于接对方的杀球,基本技术有挡网前球、抽球等。学习接杀球时,速度要快,手腕要灵活。

(3)后场击球技术主要包含高远球、吊球、劈吊、杀球。后场击球技术在羽毛球技术中是非常重要的一部分,它关乎羽毛球比赛的结果。因此,后场击球技术需要学习者重点把握。

(二)步法

羽毛球步法是一项很重要的基本技术,它和手法相辅相成,取长补短,不可分割。没有正确的步法,必然会影响各种击球技术的完成。而在比赛中如没有快速、准确的到位步法,手法就会失去其尖锐性与威胁性,所以学习和掌握熟练的、快速而准确的步法是打好羽毛球、提高运动水平的重要环节。

1. 基本步法

根据场上移动的方向和场区的位置,通常将羽毛球步法划分:一是上网步法;二是后场步法;三是中场步法。根据动作的结构,羽毛球步法在实践中由以下一些基本步法组成:跨步、垫步、蹬步、并步、交叉步、蹬跳步。

(1)跨步:指向击球点迈出较大步幅的移动方法。通常在上网步法的最后一步时使用。

(2)垫步:在移动到最后一步,与击球点尚有较短的一段距离时,用另一脚再加一小步的移动方法。这一种步法比较轻捷、灵巧,不但能使移动的步数比较经济,而且,还能保持移动中身体重心的稳定和有利于协助击球动作的完成。

(3)蹬步:以一脚为轴,另一脚作向后或向前蹬转步。

(4)并步:离击球点方向远侧的一个脚,向前一个脚垫一小步,同时前脚在其尚未落地时,又马上向前跨出的一种移动方法。这种步法较多地运用在上网、接杀球和正手后退突击扣杀时。

(5)交叉步:侧对击球点方向,两脚采用前、后交叉的移动方法。这种步法的步幅较大,移动中身体重心比较稳定。

2. 上网步法

配合前场击球使用的步法。上网步法整体上要注意以下三点:①向前的冲力不要太大,否则身体会失去平衡;②到达击球位置时,前脚脚尖应朝着边线方向,这有利于借冲力向前滑步;③击球后迅速退回中心起始位置,可采用跨步、垫步、交叉步等。

(1)正手蹬跨步上网法

一般在来球距离较近时使用。使用一步,也就是蹬跨步上网。

①两脚开立准备。屈膝下蹲,将重心放低,右手正手握拍举起。

②判断来球后,双脚前脚掌触地启动,左脚蹬地。

③右脚借力向右前方迈出一大步,左脚稍稍跟进,脚尖拖地,以缓冲身体向右前方的冲力。

(2)正手交叉步上网法

①两脚开立准备。屈膝下蹲,将重心放低,右手正手握拍举起。

②双脚迅速蹬地发力,左脚向身体右前方来球方向迈出一步。

③右脚再向来球方向跨出一大步,脚掌外展,脚跟着地,稳住重心。

三、羽毛球基本战术

羽毛球战术是指运动员在比赛中为表现出高超的竞技水平和战胜对手而采取的计谋和

行动。在羽毛球比赛中,双方都想要控制对手,力争主动。以己之长,克彼之短,抑彼之长,避己之短,控制与反控制的竞争是十分激烈的。能够根据不同对手的特点,采取相应变化的技术手段战而胜之,这便是战术的意义。

(一)单打战术

1. 右发球区发底线球

接发球员在右发球区接发球时,一般位于中线附近,发球员此时可以发后场球,飞行时间长,自己有充分的时间调整状态,准备下一次击球。

2. 左发球区发底线球

接发球员在左发球区接发球时,一般位于中线和边线的中间,发球员此时可以向对方后场发球,左右可靠近中线或边线,目的也是为自己获取时间,准备下一次击球。

3. 杀边线

将击球的重点放在杀边线上,左边边线和右边边线轮换,让对方不断地向左、向右低重心接球,耗费对方体力。

4. 拉斜线

将球分别击到对方的右后场(右前场)和左前场(左后场),而且最好是场地的边角,来回重复,使对方呈斜线来回跑动接球,耗费体力,进而导致对方回球质量差,陷入被动局面,为己方进攻创造机会。

5. 发球强攻

主要针对防守技术差或后场进攻能力较强的对手。发平快球,结合网前球,或发网前球,结合平快球,限制对方进攻,迫使对方打出高球,己方可趁机找出对方的空当,进行杀球或吊球,给自己创造制胜机会。

(二)双打战术

双打从发球开始就形成短兵相接的局面。由于进攻和防守都加强了,这就要求运动员技术更加全面,能攻善守,反应灵敏,特别是对发球、接发球、平抽、挡、封网、扑、连续扣杀、接杀挑高球及防守反击等诸多技术,要求更高。两名队员配合默契,相互信任,打法上攻守衔接及站位轮转协调一致,是打好双打的关键。

1. 攻人战术

攻人战术是双打中常用的一种战术,是以人为攻击目标。对付两名技术水平高低不一的对手时,一般都采用这种战术。用几种战术攻击对方一名队员,常能起到“集中优势兵力打歼灭战”的作用;如另一队员过来协助时,又会暴露出空档,可在其仓促接应、立足不稳时进行偷袭。

2. 攻中路战术

攻中路战术是把球打在防守方两人的中间。这种战术可以造成守方两人抢接一球或同时让球,彼此难于协调;限制对手在接杀球时挑大角度高球调动攻方;有利于攻方的封网,由于打对方中路,对方回球的角度也小,网前队员封网的难度就小了。

3. 攻直线战术

攻直线战术即杀球路线和落点均为直线，没有固定的目标和对象，只依靠杀球的力量和落点来取得得分效果。当对方的来球靠边线时，攻球的落点在边线上；当对方的来球在中间区时，就朝中路进攻。这个战术在使用上较易记住和贯彻。

四、羽毛球竞赛规则简介

(一)羽毛球场地标准尺寸(见图 12-5-9)

(1)羽毛球场地应是一个长方形，用宽 40 mm 的线画出。

(2)场地线的颜色最好是白色、黄色或其他容易辨别的颜色。

(3)所有的线都是它所界定区域的组成部分。

(4)从球场地面起，网柱高 1.55 m。

(5)网柱必须稳固地同地面垂直，并使球网保持紧拉状态。

(6)网柱应放置在双打的边线上。

(7)羽毛球球网应由深色优质的细绳编织成，网孔为均匀分布的方形，边长 15～20 mm。

(8)羽毛球球网上下宽 760 mm。

(9)绳索或钢丝须有足够的长度和强度，能牢固地拉紧并与网柱顶部取平。

(10)场地中央网高 1.524 m，双打边线处网高 1.55 m。

(11)球网的两端必须与网柱系紧，它们之间不应有空隙。

(12)长 13.40 m，双打宽 6.10 m，单打宽 5.18 m。

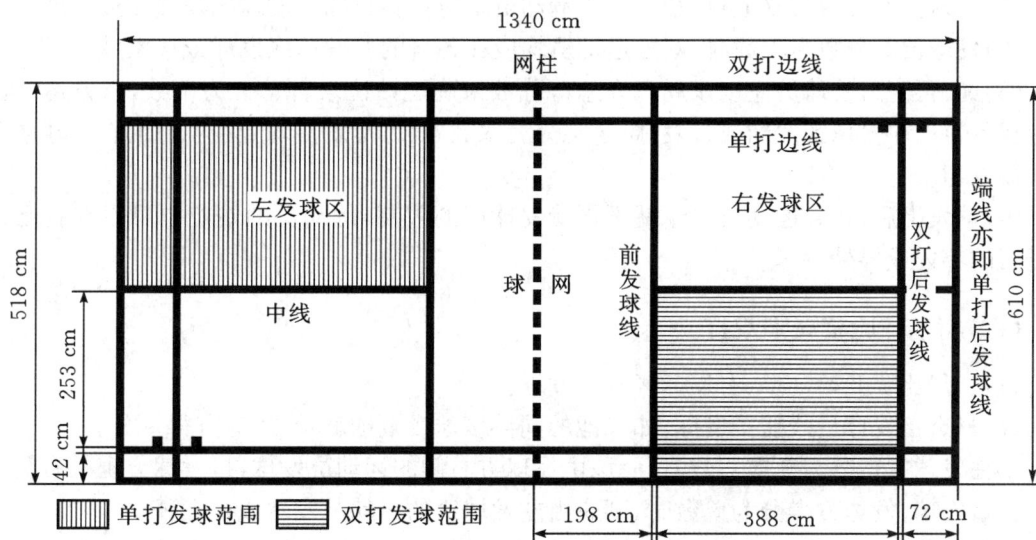

图 12-5-9

(二)羽毛球比赛规则定义

(1)运动员:参加羽毛球比赛的人。

(2)单打:双方各一名运动员进行的一场比赛。

(3)双打:双方各两名运动员进行的一场比赛。

(4)发球方:有发球权的一方。

(5)接发球方:发球的对方。

(三)羽毛球比赛规则计分

(1)21分制,3局2胜。

(2)每球得分制。

(3)每回合中,取胜的一方加1分。

(4)当双方均为20分时,领先对方2分的一方赢得该局比赛。

(5)当双方均为29分时,先取得30分的一方赢得该局比赛。

(6)一局比赛的获胜方在下一局率先发球。

(四)赛间休息与换边规则

(1)在一局比赛中,当领先的一方达到11分时,双方有60 s休息时间。

(2)在两局比赛间,双方有2 min的休息时间。

(3)在决胜局的中,当领先的一方达到11分时,双方交换场地。

(五)羽毛球比赛规则单打

(1)发球员的分数为0或双数时,双方运动员均应在各自的右发球区发球或接发球。

(2)发球员的分数为单数时,双方运动员均应在各自的左发球区发球或接发球。

(3)如"再赛",发球员应以该局双方总得分数来确定站位。若总分为单数,双方运动员均应在各自的左发球区发球或接发球;若总分为双数,双方运动员均应在各自的右发球区发球或接发球。

(4)球发出后,双方运动员击球就不再受发球区的限制,运动员的站位也可以在自己这方场区的界内或界外。

(六)羽毛球比赛规则双打

(1)一局比赛开始,应从右发球区开始发球。

(2)只有接发球员才能接发球;如果他的同伴接球或被球触及,发球方得一分。

①在发球方得分为0或双数时,应该由发球方右侧的运动员发球,接发球方也是右侧的运动员接发球;发球方得分为单数时,则应由左发球区的运动员发球或接发球。

②每局开始首先接发球的运动员,在该局本方得分为0或双数时,都必须在右发球区接发球或发球;得分为单数时,则应在左发球区接发球或发球。

③发球方的非发球运动员和接发球方的非接发球运动员站在另一发球区内。

(3)任何一局的接发球方得一分时,接着由接发球方运动员之一发球,如此交换发球权。

注意,交换发球权时双方4位运动员都不需要变换站位。

(4)运动员不得有发球错误和接发球的错误,或在同一局比赛中有两次发球。

(5)一局胜方的任一运动员可在下一局先发球,负方中任一运动员可先接发球。

(6)球发出后,双方运动员击球就不再受发球区的限制,运动员的站位也可以在自己这方场区的界内或界外。

(七)合法发球

(1)一旦发球员和接发球员做好准备,任何一方都不得延误发球。发球时发球员球拍的拍头做完后摆,任何迟滞都是延误发球。

(2)发球员和接发球员,应站在斜对角的发球区内,脚不得触及发球区和接发球区的界线。

(3)从发球开始,至发球结束前,发球员和接发球员的两脚,都必须有一部分与场地的地面接触,不得移动。

(4)发球员的球拍,应首先击中球托。

(5)发球员的球拍击中球的瞬间,整个球应低于发球员的腰部。

(6)发球员的球拍击中球的瞬间,球拍杆应指向下方。

(7)发球开始后,发球员必须连续向前挥拍,直至将球发出。

(8)发出的球向上飞行过网,如果未被拦截,球应落在规定的接发球区内(即落在线上或界内)。

(9)发球员发球时,应击中球。

(八)违例

1. 发球违例

(1)未将球发在相应的区域内。

(2)球挂在网上或停在网顶。

(3)球过网后挂在网上。

(4)双打时,接发球员的同伴接到球或被球触及。

2. 比赛进行中违例

(1)球落在场地界线外。

(2)球从网孔或网下穿过。

(3)球未从网上方越过。

(4)球触及天花板或四周墙壁。

(5)球触及运动员的身体或衣服。

(6)球触及场地外其他物体或人。

(7)球被击时停滞在球拍上,紧接着被拖带抛出。

(8)球在一个回合中被同一方队员多次击中。

(9)运动员的球拍、身体或衣服,触及球网或球网的支撑物。

(10)过网击球(击球时,球拍与球的最初接触点在击球者网这一方,而后球拍随球过网的情况除外)。

第十三章　操舞类运动

第一节　第九套广播体操

一、第九套广播体操基本动作

预备节:原地踏步(8拍×2)。第一节:伸展运动(8拍×4)。第二节:扩胸运动(8拍×4)。第三节:踢腿运动(8拍×4)。第四节:体侧运动(8拍×4)。第五节:体转运动(8拍×4)。第六节:全身运动(8拍×4)。第七节:跳跃运动(8拍×4)。第八节:整理运动(8拍×2)。深呼吸(8拍×1)

二、第九套广播体操全套动作

预备节　原地踏步(2×8)

预备姿势,两脚立正,手臂垂直于体侧,抬头挺胸,眼看前方。

口令至原地踏步时,半握拳。

第一拍,左脚向下踏步,右脚抬起,膝盖向前,脚尖离地 10~15 cm,同时,左臂前摆至身体中线,右臂后摆,第二拍与第一拍动作相同,方向相反(见图 13-1-1)。

预备　　　1　　　　　　2

图 13-1-1

第一节　伸展运动(4×8)

第一拍,左脚向侧一步,与肩同宽,同时两臂侧平举,掌心向下,头向左转 90°。

第二拍,右脚并于左脚,两腿微屈成半蹲,同时含胸,两臂屈肘竖于胸前,两手握拳,拳心相对,低头 45°。

第三拍,两腿伸直,同时两臂侧上举,拳心相对,抬头45°。

第四拍,两臂经体侧(掌心向下)向下还原成站立姿势。

第五至第八拍同第一至第四拍,动作相同,方向相反(出右脚,头向右转)。第二至第四个八拍动作同第一个八拍(见图13-1-2)。

图13-1-2

作用:加入头部的左右转,对长期伏案工作学习的锻炼者有较好的缓解作用,可以有效地改善头部血液循环、减轻颈椎疾病的症状。

第二节 扩胸运动(4×8)

第一拍,左脚向前一步成前弓步,同时两手握拳,两臂经前举至侧举向后扩胸一次,拳眼向上。

第二拍,两脚以前脚掌为轴向右转体90°成分腿直立,同时两臂经交叉前举(左臂在上,拳心向下)屈臂向后扩胸一次。

第三拍,两脚以前脚掌为轴向左转体90°成前弓步,同时两臂经交叉前举(左臂在上,拳眼向上)至侧举向后扩胸一次。

第四拍,收左脚还原成站立姿势。

第五至第八拍同第一至第四拍,动作相同,方向相反。第二至第四个八拍同第一个八拍(见图13-1-3)。

图13-1-3

作用:双臂向后扩胸、挺胸动作,锻炼背部肌肉、加强背部的力量。

第三节 踢腿运动(4×8)

第一拍,左腿侧踢45°,同时两臂侧平举,掌心向下。

第二拍,左腿并于右腿,屈膝半蹲,同时两臂至体侧,掌心向内。

第三拍,左腿向后踢,脚尖离地10～20 cm,同时两臂经前摆至侧平举,掌心相对,抬头45°。

第四拍,两臂经前至体侧,还原成站立姿势。

第五至第八拍同第一至第四拍,动作相同,方向相反。第二至第四个八拍同第一个八拍(见图 13 - 1 - 4)。

图 13 - 1 - 4

作用:采用了侧踢和后踢,利于腰部、臀部及腿后部肌群的锻炼,预防臀部下垂。

第四节　体侧运动(4×8)

第一拍,左脚向侧一步,比肩稍宽,同时左臂侧平举,右臂胸前平屈,掌心向下。

第二拍,上体向左侧屈 45°,同时左手叉腰,右臂由下经侧摆至上举,掌心向内。

第三拍,左脚并于右脚,屈膝半蹲,同时左臂伸直经侧摆至上举,掌心向内,右臂经侧还原至体侧。

第四拍,两腿伸直,同时左臂经侧向下还原至站立姿势。

第五至第八拍同第一至第四拍,动作相同,方向相反。第二至四个八拍同第一个八拍(见图 13 - 1 - 5)。

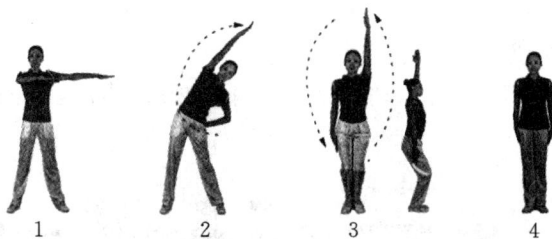

图 13 - 1 - 5

作用:锻炼身体两侧不常用到的腰肌。

第五节　体转运动(4×8)

第一拍,左脚向侧一步,比肩稍宽,同时两臂侧平举,掌心向下。

第二拍,下体保持第一拍姿势,上体向左转 45°,同时两手胸前击掌两次。

第三拍,上体向右转 180°,同时两臂伸至侧上举,掌心向内。

第四拍,上体向左转 90°,左脚还原成立正姿势,同时,两臂经侧还原至体侧。

第五至第八拍同第一至第四拍,动作相同,方向相反。第二至第四个八拍同第一个八拍(见图 13 - 1 - 6)。

图 13-1-6

作用:增加了一个击掌动作,增强了广播体操的活力,激发了锻炼者的兴趣。

第六节　全身运动(4×8)

第一拍,左脚向侧一步,比肩稍宽,同时两臂经侧摆至上举交叉,掌心向前,抬头,眼看手。

第二拍,上体前屈,同时两臂经侧摆至体前交叉,掌心向内,眼看手。

第三拍,左脚并于右脚成全蹲,同时两手扶膝(两肘向外,虎口向内,手指相对),低头45°。

第四拍,还原成站立姿势。

第五至第八拍同第一至第四拍,动作相同,方向相反(出右脚做)。第二至第四个八拍同第一个八拍(见图13-1-7)。

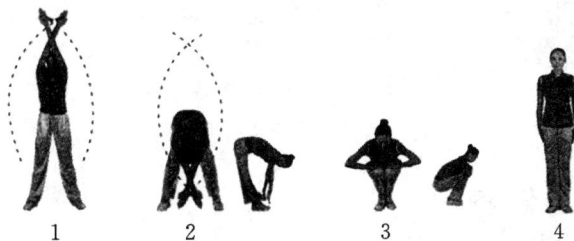

图 13-1-7

作用:全身各关节参与,幅度最大,体现出动作的动与静、高与低的结合,使全身得到了充分、全面的锻炼。

第七节　跳跃运动(4×8)

第一拍,跳成左脚成前弓步(前腿全脚着地、后腿前脚掌着地),同时两手叉腰,虎口向上。

第二拍,跳成并腿站立(稍屈膝)。

第三拍,跳成右脚在前的前弓步。

第四拍,跳成并腿站立(稍屈膝)。

第五拍,跳成分腿站立(稍屈膝),脚尖微微向外膝盖向脚尖方向缓冲,同时两臂侧平举,掌心向下。

第六拍,跳成并腿站立(稍屈膝),同时两臂至体侧。

第七至第八拍同第五至第六拍,动作方向相同。第二至第四个八拍同第一个八拍(见图13-1-8)。

图 13 - 1 - 8

作用:两次弓步跳、两次开合跳,强度增加、增强心肺功能。

第八节　整理运动(4×8)

第一至第四拍,左脚开始做原地踏步,两臂前后摆动,第四拍成站立。

第五、六拍,左脚向侧一步,与肩同宽,同时两臂经侧至侧平举,掌心相对,抬头 45°。

第七、第八拍,收左脚,同时手臂经体侧还原成站立姿势。

第二至第四个八拍同第一个八拍,但方向相反(换右脚开始做)。(见图 13 - 1 - 9)

图 13 - 1 - 9

三、广播体操与健身

广播体操是采用徒手的形式进行的身体活动,不受场地器材的影响,其动作可以刚劲有力,也可以柔和优美,是适合多种人群练习的体育健身的项目。从第九套广播体操练习部位看,延续了以往广播体操全面锻炼身体的原则,预备节、伸展运动、扩胸运动、踢腿运动、体侧运动、体转运动、腹背运动、跳跃运动、整理运动分别从远端到近端,从头颈、上肢、躯干到下肢以及全身运动;动作方向有左、右、前、后;动作参有力量、速度、柔韧、协调、灵活等变化因素,经常坚持广播体操练习,可使头颈、躯干和四肢灵活,动作变得有力、协调,练就良好身体姿态,其对增强神经系统,促进血液循环,加速新陈代谢,消除工作疲劳,振奋精神等有积极的作用。

尽管广播体操不能与专项运动相比,但其参与运动的部位全面,其健身的安全性和广泛的群众性是其他专项运动不能相提并论的。

第二节 健美操

一、健美操概述

(一)健美操概念

健美操是在音乐伴奏下,以身体练习为基本手段、以有氧运动为基础,以健、力、美为特征,融体操、音乐、舞蹈于一体,以达到增进健康、塑造形体和娱乐目的的一项体育运动。

健美操起源于传统的有氧健身运动,是有氧运动的一种,它通常采用徒手或轻器械进行练习,是在有氧供应充足的情况下,以人体有氧系统提供能量的一种运动形式,其运动特征是持续一定时间的、中低强度的全身性运动,主要锻炼练习者的心肺功能,是有氧耐力素质的基础。

健美操的特征是音乐伴奏、有氧运动、操化动作和节奏鲜明。

(二)健美操分类

1. 健身性健美操

健身性健美操按练习形式可分为徒手健美操、器械健美操和特殊场地健美操三大类。

健身性健美操练习的主要目的是锻炼身体、增强体质、保持健康。具体是可以提高心肺功能,具有改善身体有氧代谢能力,塑造美好身材,培养良好气质形象,保持肌肉外形,防止肌肉退化等功能。

2. 竞技性健美操

竞技性健美操是在健身性健美操的基础上发展起来的,其主要目的是"竞技比赛",属于高水平竞技范畴,竞技性健美操以成套动作作为形式,在成套动作中必须展示连续的动作组合、柔韧性、力量与七种基本步伐的综合使用并结合难度动作的完美完成。动作设计上严格避免重复动作和对称性动作。

3. 表演性健美操

表演性健美操的主要练习目的是"表演",是事先编排好的、专为表演而设计的成套健美操,时间一般为2~5分钟。表演性健美操的动作较健身性健美操动作复杂,音乐速度可快可慢,动作较少重复,也不一定是对称性的,参与人数不限,并可在成套动作中加入队形变化和集体配合的动作。表演者可以利用轻器械,还可以采用一些风格化的舞蹈动作,以达到烘托气氛、感染观众、增加表演效果的目的。

(三)健美操运动的功能

1. 对内脏器官的功能

长期坚持健美操运动,可以使心肌增厚,心脏容量增大,血管弹性增强,进而提高心脏的功能,使心搏有力,心排血量增加,改善自身循环,从而提高全身供养能力。

经常从事健美操锻炼,能使人呼吸强壮有力,吸气时胸廓充分扩展,使更多的肺泡张开而吸入更多氧气;呼气时胸廓尽量压缩,排出更多的二氧化碳。

经常从事健美操锻炼,还可提高人体消化系统的机能,改善肾脏的血液供应,提高肾脏排除代谢废物的能力,从而提高人体对疾病的防御能力及抵抗能力。

2. 对肌肉、骨骼系统的功能

经常从事健美操锻炼,还可提高关节灵活性,增强肌肉和结缔组织的弹性。经常进行健美操锻炼,会改善骨骼的血液循环及代谢,使骨外层的密质增厚,骨质更加坚固,从而提高了抗折断、弯曲、压拉、扭转的能力。经常从事健美操锻炼,还可加强关节的韧性,提高关节的弹性和灵活性。

3. 对塑形健美的功能

健美操的独到之处,是它可以对身体比例的均衡产生积极影响,特别是能增加胸背肌肉的体积,消除腰腹部沉积的多余脂肪,使体态变得丰满、线条优美、秀丽动人。此外,通过经常性正确的形体训练,能矫正不正确的身体姿势,培养正确端庄的体态,使锻炼者的形体和举止风度都发生良好的变化。

4. 对心理状态的调节功能

健美操作为一项体育运动,其动作优美、协调,能全面锻炼身体,同时其又有节奏强烈的音乐伴奏,是缓解精神压力的一剂良药。在轻松优美的健美操锻炼中,练习者的注意力从烦恼的事情上转移开,忘掉失意与压抑,尽情享受健美操运动带来的欢乐,获得愉快的心情。

5. 对神经系统的功能

健美操是在中枢神经系统的支配调节下进行的,反过来,通过健美操锻炼也能提高中枢神经系统的机能水平。它能够提高神经过程的强度,集中能力、均衡能力和灵活性,使人的视野开阔,感觉敏锐,分析综合能力增强,生命力旺盛。

二、健美操基本动作

(一)基本手型

健美操基本手型是从芭蕾舞、现代舞、迪斯科、爵士舞中吸收和发展而来的,常用的手型有:并掌、开掌、立掌、花掌、拳和指。

(二)基本步法

基本步法是健美操动作中最小的单元,是健美操练习的一个重要部分,通过基本步法的练习,能培养练习者的协调性、韵律感。

健美操基本步法根据人体运动时对地面的冲击力大小分为低冲击力步法、高冲击力步法和无冲击力步法三大类。

1. 低冲击力步法

第一类:踏步类

动作描述:此类动作两脚一次抬起,在下落时膝、踝关节有弹性地缓冲。

动作变化:踏步(march)、走步(walk)、一字步(easy walk)、V字步(v-step)、漫步(mambo)。

第二类:点地类

动作描述:此类动作两腿有弹性地伸屈,点地时,主力腿稍屈,另一腿伸直(脚尖或脚跟点地)。

动作变化:脚尖前点地、脚尖后点地、脚尖侧点地、脚跟前点地。

第三类:迈步类

动作描述:此类动作是一脚先迈出一步,同时移动身体重心,另一脚点地、并步或抬起的动作。

动作变化:并步、迈步点地、迈步屈腿、迈步吸腿、侧交叉步、迈步弹踢。

第四类:单脚抬起类

动作描述:此类动作支撑腿有控制地稍屈膝弹动,另一腿以各种形式抬起,同时收腹、立腰。

动作变化:吸腿、踢腿、弹踢、后屈腿。

2. 高冲击力步法

第一类:迈步跳起类

动作描述:此类动作是指一脚迈出,重心移动,跳起,单脚或双脚落地。

动作变化:并步跳、迈步吸腿跳、迈步后屈腿跳。

第二类:双脚起跳类

动作描述:此类动作是指双脚起跳、双脚落地的动作。

动作变化:并腿纵跳、分腿半蹲跳、开合跳、并腿滑雪跳、弓步跳。

第三类:单腿起跳类

动作描述:此类动作是指先抬起一腿、另一腿跳起的动作。

动作变化:吸腿跳、后屈腿跳、弹踢腿跳、摆腿跳。

第四类:后踢腿跑类

动作描述:此类动作是指两腿依次蹬地离开地面,轻快跑跳。

动作变化:后踢腿跑、侧并小跳(小马跳)。

3. 无冲击力步法

动作描述:此类动作是指两腿始终接触地面的动作。

动作变化:弹动、半蹲、弓步、提踵。

(三)手臂动作

健美操手臂动作是由举、屈伸、摆、绕、绕环等动作组成的,正确、规范的手臂姿势对整个身体姿态的完善及动作的艺术风格起着重要的作用。健美操手臂动作主要包括:前举、前上举、前下举、侧举、侧上举、侧下举、上举、下举、后下举、胸前屈、胸前平屈、肩上屈、肩下屈、头后屈、单臂绕和双臂绕。

三、健美操套路练习

健美操套路练习,目前在高校教学中通常采用的是《健美操大众锻炼标准》,具体包括:

成人一级动作、成人二级动作、成人三级动作、成人四级动作、成人五级动作和成人六级动作等。级别越大,动作难度越大、音乐节奏相对也越快。在教学中,要根据学生的身体素质以及健美操基础水平来选择。通常情况下,无基础学生,学习成人一级、二级动作。对于提高班学生,以成人三级动作教学为主。

四、健美操与健身

(一)姿态练习

所谓姿态,是指一个人在静止或活动过程中所表现的身体姿态,突出反映了一个人的气质和风度。基本姿态训练有以下内容。

1. 站立姿态训练

站立姿势是健美操最简单也是最基本的动作姿态,它是所有专项动作的基础。健美操站立姿态的要求是:躯干挺拔、抬头挺胸、沉肩、控制躯干的稳定性、臀部内收上提、下肢并拢且肌肉收紧,表现出气宇轩昂、富有朝气的良好气质和形态。

颈部练习。颈部自然挺直,下颌微收,眼睛平视前方,头部保持正直。

肩部练习。将两肩垂直向上耸起,直到两肩有酸痛感后再把两肩用力下垂,反复练习。

臀部练习。两脚并拢站立,躯干保持直立。脚掌用力下压,臀部和大腿肌肉用力收紧,并略微向上提髋。

腹部练习。在收紧臀部的同时,使腹部尽量用力向内收紧,并用力向上提气,促使身体向上挺拔,坚持片刻,然后放松。

背靠墙站立练习。两脚并拢,同时头、肩胛骨和臀部贴紧墙壁,足跟离墙3 cm左右。注意用胸式呼吸,在提气中做此动作。做此练习时,双腿夹紧,收腹挺胸,立腰立背,紧臀,肩胛骨下旋,同时双肩下沉,下颌略回收,头向上顶,背部呈一平面。

2. 上肢姿态训练

手臂的表现力通过手臂的线条、力度的变化以及由静到动的节奏形式体现。在训练中应强调上肢动作力度、幅度和控制能力,让运动员体会正确的上臂肌肉感觉,动作发力方法和发力顺序。

手臂基本位置包括前、后、上、下侧等。

两臂前举练习。两臂由下举向前绕至前举,两臂间距与肩同宽,五指并拢或分开,掌心相对或向上、向下、握拳等。

两臂上举练习。两臂经前绕至上举,双臂间距与肩同宽。

两臂侧举练习。两臂经侧绕至侧举,与地面平行,掌心向上或向下。

两臂后举练习。两臂经前向后绕至后下举,手臂尽量向后,臂距与肩同宽。

两臂前下举练习。两臂经前绕至与前举夹角为45°的位置。

两臂胸前平屈练习。两臂屈肘至胸前,大小臂都与地面平行,前臂平行于额状轴,且距胸10 cm左右。

(二)动作力度练习

动作力度,是运动员在完成动作的过程中,肌肉快速用力以及动作变化的速度和动作熟练程度的外在表现,它是运动员长期从事健美操运动而形成的一种特殊的专门化的运动知觉。力度感是保证运动技术质量的关键内容之一。健美操要求动作刚劲有力,积极快速,力度感强。无论上肢、下肢动作,都要求有明显的"制动"表现,以充分表现动作力度。

运动员需要通过反复多次且有效的练习和亲身体验,尽可能早地把注意力集中在运动感觉,而不是视觉、听觉上,这样才能建立起准确的力度感。具体的训练方法如下。

语言刺激法:在做动作的过程中,教师通过"用力""控制""制动"等语言的强化给练习者以刺激,使神经系统和肌肉运动系统协调一致。

对抗练习法:一人练习,另一位练习者使其两臂受阻或动作减慢,使练习者感受肌肉对抗的感觉。

负重练习法:练习者持适宜重量的哑铃在规定的时间内完成一定次数的屈、伸、举、绕环等动作,并依次类推到其他动作中,进而提高肌肉运动感觉。

(三)拉伸练习

拉伸运动分为主动拉伸和被动拉伸。主动拉伸就是指主要依靠收缩肌肉的力量,而不是其他外力使动作保持在某一个特定的位置上,好处是可以增加动作的柔韧性和收缩肌肉的力量。被动拉伸就是指利用自身的体重或者是器械使肢体保持一定的伸展位置。例如,将腿举起,然后在手的帮助下保持一定的姿势,或者是放在台阶上保持一定的姿势。被动性拉伸是一种缓慢的、放松性的拉伸,是一种在运动结束后放松。

(四)基本动作练习方法

基本动作是基本步法和上肢动作两部分组成的,其中基本步法是组成动作中最小的单位,在不熟悉脚步动作时,双手叉腰,先练习脚下步法,熟练之后,再练习组合动作,配合简单的手臂动作和音乐节奏,用于日常的锻炼身体需要。

第三节　健身操舞

一、健身操舞概述

健身操舞一词主要来源于健身操和舞蹈的结合,起初以广场舞的形式展示,广场舞由于步伐简单易学,节奏明快,同时对场地设施的依赖性也不高,深受群众喜欢。而后,人们发现,可以加入艺术性强的元素,形成了现在所谓的健身操舞,"操和舞不一样,操一定是操化动作多,横平竖直,它有它的轨迹。舞更多具备舞蹈功能,艺术性更强,展示艺术表现力。舞更加优美,更加丰富。"由健身操和舞蹈的结合,便形成了健身操舞,健身操舞老少皆宜,对参与者技能要求也相对于其他运动项目而言,是比较低的,开展活动时对器材、场地的要求也很低。健身操舞简单易学,又能满足老百姓的健身要求。健身操舞的特征:健身性、表演性、简单易学,容易普及,适合全民健身需要等。从分类上,根据我国健身操舞比赛设项来看,可以分为徒手广场健身操、徒手广场健身舞、轻器械广场健身操和轻器械广场健身舞。从比赛角度,有规定动作和自选动作可以选择。截至 2017 年,我国共举行六届全国性全民健身操舞大赛。

二、健身操舞基本动作

(一)手位动作(见图 13 - 3 - 1)

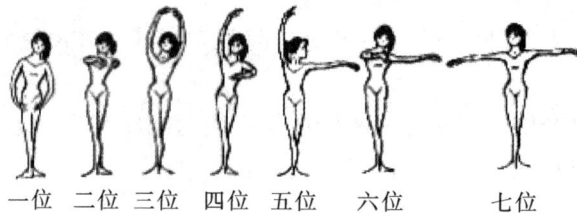

一位 二位 三位 四位 五位 六位 七位

图 13 - 3 - 1

(二)脚位动作(见图 13 - 3 - 2)

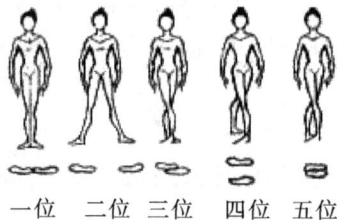

一位 二位 三位 四位 五位

图 13 - 3 - 2

(三)基本步法

1. 柔软步

动作要领:由绷脚伸出,前脚掌落地并迅速过渡到全脚掌,同时身体中心及时移至前脚(重心在前),两臂自然摆动,要求:自然连贯。

2. 足尖步

动作要领:基本上同柔软步,但是要求尽量立踵,步幅较小,身体重心要平稳。易犯错误:重心起伏大,耸肩。

3. 弹簧步

动作要领:基本上同柔软步,但是要求落地的同时膝盖有弹性地弯曲,身体重心有节奏地像波浪起伏,要求:从脚尖过渡到全脚掌,步幅较小,身体重心平稳,易犯错误:弹性不足,动作僵硬。

4. 踏步类(同健美操)

动作描述:此类动作两脚一次抬起,在下落时膝、踝关节有弹性地缓冲。

动作变化:踏步(march)、走步(walk)、一字步(easy walk)、V 字步(v-step)、漫步(mambo)。

5. 点地类(同健美操)

动作描述:此类动作两腿有弹性地伸屈,点地时,主力腿稍屈,另一腿伸直(脚尖或脚跟点地)。

动作变化:脚尖前点地、脚尖后点地、脚尖侧点地、脚跟前点地。

6. 迈步类(同健美操)

动作描述:此类动作是一脚先迈出一步,同时移动身体重心,另一脚点地、并步或抬起的动作。

动作变化:并步、迈步点地、迈步屈腿、迈步吸腿、侧交叉步、迈步弹踢。

7. 单脚抬起类(同健美操)

动作描述:此类动作支撑腿有控制地稍屈膝弹动,另一腿以各种形式抬起,同时收腹、立腰。

动作变化:吸腿、踢腿、弹踢、后屈腿。

三、健身操舞套路练习

(一)健身操舞《小苹果》的套路练习

第一组动作

第一个 8 拍:1~3 拍,顶右胯并脚点地,同时甩手腕(见图 13-3-3);4 拍双脚并拢,双手击掌;5~8 拍,同 1~4 拍,方向相反。(见图 13-3-4)

第二个 8 拍:同第一个 8 拍。

图 13-3-3   图 13-3-4

第二组动作

第一个 8 拍:

1~4 拍,脚下从右脚点地开始,内点一次,外点一次,内外内分腿,手臂动作,左手臂由左向内向上向外做弧形旋转两次(见图 13-3-5),第 4 拍手臂放下;5~8 拍,换左脚点地开始,手臂换右手向内向外画弧形线路旋转两次,第 8 拍手臂放下(见图 13-3-6)。

第二个 8 拍:

1 拍剁右脚,2 拍剁左脚,3 拍剁右脚,4 拍剁左脚,手臂握拳随拍做下砸动作,右一次,左一次,再右一次,再左一次(见图 13 - 3 - 7)。

5~8 拍,双腿分开双膝弹动,双手握拳拳眼朝上,手臂侧平打开,做抖动肩膀动作(见图 13 - 3 - 8)。

图 13 - 3 - 5　　　　图 13 - 3 - 6　　　　图 13 - 3 - 7　　　　图 13 - 3 - 8

第三组动作

第一个 8 拍:

1~4 拍,原地踏步,从右脚开始,手臂随身体自然摆动;5~6 拍,脚下还是做踏步动作,5 拍时右手臂向右侧平举,掌心朝下,左手臂自然下垂(见图 13 - 3 - 9);6 拍左手臂向左侧平举,掌心朝下,右手臂自然下垂(见图 13 - 3 - 10);7 拍,双脚并拢下蹲,双手握拳拳心相对,拳眼向内,曲臂,低头含胸;8 拍双脚跳起,双手臂向上冲拳(见图 13 - 3 - 11)。

图 13 - 3 - 9　　　　图 13 - 3 - 10　　　　图 13 - 3 - 11

第二、第三、第四 8 拍同第一个 8 拍。

第四组动作:由两部分组成

第一部分:有四个 8 拍,动作如下。

第一个 8 拍:1~4 拍,单并步,右脚开始,1 拍右手前平举,掌心朝上,左手臂自然下垂(见图 13 - 3 - 12),2 拍两手臂自然下垂;3 拍左手臂前平举,掌心朝上,右手臂自然下垂;4 拍两手臂自然下垂。

5~6 双腿分开弹动,手臂握拳胸前环绕(见图 13 - 3 - 13);7~8 拍,手臂做抖动肩膀动作,两手臂向两侧方向打开,掌心朝下(见图 13 - 3 - 14)。

第二个 8 拍:1~2 拍,左腿点地做弹动,右手臂握拳做曲臂抖动(见图 13 - 3 - 15),3~4 拍换左腿,动作一样(见图 13 - 3 - 16);5~8 拍同 1~4 拍。

图 13 - 3 - 12　　　13 - 3 - 13　　　图 13 - 3 - 14　　　图 13 - 3 - 15　　　13 - 3 - 16

第三个 8 拍:1～4 拍,双并步,右脚开始,1 拍手臂握拳上举曲臂,两个拳心相对,右转90°,如图 13 - 5 - 17,同样动作,左转 90°,3～4 拍手臂动作同 1～2 拍。5～8 拍,双并步,左脚开始,右手臂垂左肩膀,左手臂自然下垂,共四拍,垂四次。(见图 13 - 5 - 18)

第四个 8 拍:1～4 拍,双并步,右脚开始,1 拍左手臂曲臂上举,拳心朝内,右手臂直臂侧平举拳心朝下(见图 13 - 3 - 19);2 拍右手臂曲臂上举,拳心朝内,左手臂直臂侧平举拳心朝下;3～4 拍,手臂动作同 1～2 拍。

5～6 拍,双脚原地跳跃一次,手臂打开至身体两侧,掌心朝下,7～8 拍,原地做抖肩动作(见图 13 - 3 - 20)。

图 13 - 3 - 17　　　图 13 - 3 - 18　　　图 13 - 3 - 19　　　图 13 - 3 - 20

第二部分:四个 8 拍,动作如下。

第一、第二个 8 拍动作同第一部分的第一、第二个 8 拍;

第三个 8 拍:1～4 拍,双并步,右脚开始,1 拍手臂握拳上举曲臂,拳心相对,右转90°,如图 13 - 3 - 21 所示,同样动作,左转 90°,3～4 拍手臂动作同 1～2 拍。5～8 拍,双并步,左脚开始,手臂动作:双手掌心朝上,由下向上走弧形线动作(见图 13 - 3 - 22)。

第四个 8 拍:1～4 拍,双并步,右脚开始,1 拍左手臂前平举曲臂动作,掌心朝内,右手臂直臂侧平举,立掌朝外(见图 13 - 3 - 23);2 拍右手臂前平举曲臂动作,掌心朝内,左手臂直臂侧平举立掌,掌心朝外;3～4 拍,手臂动作动 1～2 拍。5～8 拍,原地踏步,手臂由胸前交叉由内而外向两侧打开(见图 13 - 3 - 24)。

图 13-3-21　　　　图 13-3-22　　　　图 13-3-23　　　　图 13-3-24

第五组动作:结束动作

第一个 8 拍:1～8 拍,腿上动作均是双腿分开,马步下蹲。手臂动作:1 拍右上方 45°方向,伸右手臂,掌心向内(见图 13-3-25),2 拍还原,掌心相对,侧举曲臂打开,如图 13-3-26 所示;3 拍左上方 45 度方向,伸左手臂,掌心向内(见图 13-3-27),4 拍和 2 拍动作一样。5 拍右手臂向右侧方向侧平打开,掌心朝下,6 拍和 2 拍动作一样,7 拍,右手臂向身体左侧平举,掌心朝下(见图 13-3-28),8 拍还原。

第二个 8 拍:动作同第一个 8 拍,最后结束动作,8 拍和 7 拍动作一样,作为结束定型动作(见图 13-3-29)。

图 13-3-25　　　图 13-3-26　　　图 13-3-27　　　图 13-3-28　　　图 13-3-29

(二)健身操舞《倍儿爽》的套路练习

第一组动作

第一个 8 拍:1～2 拍左腿弹动,双手向上推(见图 13-3-30),3～4 拍原地跳跃(见图 13-3-31),5～6 拍换右腿弹动,方向相反,7～8 拍同 3～4 拍。

第二个 8 拍:1～4 拍,左膝弯,左腿颤动,向左转圈 360°,手臂撑开,左手臂向下 45°,右手臂向上 45°,手掌均为立掌(见图 13-3-32)。5～8 拍,双腿分开,原地颤动,双手握拳,5 拍左手冲拳,右手握拳胸前平屈(见图 13-3-33)。6 拍右手冲拳,左手握拳胸前平屈,7～8 拍同 5～6 拍。

第三个 8 拍同第一个 8 拍,动作相同,但方向相反。

第四个 8 拍同第二个 8 拍,动作相同,但方向相反。

图 13 - 3 - 30　　　　图 13 - 3 - 31　　　　图 13 - 3 - 32　　　　图 13 - 3 - 33

第二组动作

1～2 拍,双腿依次分开,手臂向两侧侧平举,如图 13 - 3 - 34 所示,3～4 拍,双腿依次并拢,双手握拳于胸前。过渡动作。

第一个 8 拍:1～8 拍,双腿分开,分别向两边做顶胯练习。双手手指相连,随着顶胯做波浪形摆动(见图 13 - 3 - 35、图 13 - 3 - 36)。

第二个 8 拍:动作同第一个 8 拍。

第三个 8 拍:1～2 拍,右脚吸腿,左手握拳于胸前朝上,右手握拳下垂(见图 13 - 3 - 37),3～4 拍,左腿吸腿,右手握拳于胸前朝上,左手握拳下垂(见图 13 - 3 - 38)。5～6 拍同 1～2 拍,7～8 拍同 3～4 拍。

第四个 8 拍:同第三个 8 拍。

图 13 - 3 - 34　　　图 13 - 3 - 35　　　图 13 - 3 - 36　　　图 13 - 3 - 37　　　图 13 - 3 - 38

第五个 8 拍:1～2 拍左脚向右前方向做迈步,左手随身体做向前推掌动作,右手叉腰(见图 13 - 3 - 39)。3～4 拍左脚向左后方做迈步,左手随身体做向后下方握拳动作,右手叉腰(见图 13 - 3 - 40)。5～6 拍同 1～2 拍,7～8 拍左脚向左方向做恰恰步,双手侧平打开(见图 13 - 3 - 41)。

第六个 8 拍:动作同第五个 8 拍,但是方向相反。

第七、第八个 8 拍:同第五、第六个 8 拍。

图 13 - 3 - 39   图 13 - 3 - 40   图 13 - 3 - 41

第三组动作

第一个 8 拍:1~4 拍,左脚向左前方 45°方向做跑跳步,手臂随身体自然摆动。

5~8 拍,双腿原地弹动,5 拍出左臂向上,掌心向内,6 拍出右臂向上,掌心向内,7~8 拍双手击掌两次。

第二个 8 拍:动作同第一个 8 拍,但方向相反。第三、第四个 8 拍:同第一、第二个 8 拍。

(三)健身操舞《中国美》套路练习

第一组动作:右边一个 8 拍,左脚原地做垫地动作,右腿后踢动作,右手臂斜上举 45°,左手臂侧平举(见图 13 - 3 - 42)。左边一个 8 拍,动作同右边,方向相反。

第二组动作:1~2 右前方 45°方向转体,左脚向左侧腿一步(见图 13 - 3 - 43)。3~4 拍,左脚向右上一步,同时右手臂上举,左手臂侧平举(见图 13 - 3 - 44),重复做两个 8 拍。

第三个 8 拍:左右扭胯(见图 13 - 3 - 45)。第四个 8 拍:向右画圆形走一圈(见图 13 - 3 - 46)。

图 13 - 3 - 42   图 13 - 3 - 43   图 13 - 3 - 44   图 13 - 3 - 45   图 13 - 3 - 46

第三组动作:第一个 8 拍,左脚开始恰恰,1~2 拍(见图 13 - 3 - 47)。3~4 拍(见图 13 - 3 - 48)。5~8 拍同 1~4 拍。

第二个 8 拍:1 拍双脚依次向侧迈开,两手臂向两次打开,掌心朝外,五指分开(见图 13 - 3 - 49)。2 拍双脚并拢,双臂曲臂握拳于胸前(见图 13 - 3 - 50)。3 拍双脚依次向侧迈开,双臂握拳直臂上举(见图 13 - 3 - 51)。4 拍同 2 拍。5~8 拍同 1~4 拍。

图 13 - 3 - 47　　　图 13 - 3 - 48　　　　　图 13 - 3 - 49　　　　　图 13 - 3 - 50　　　图 13 - 3 - 51

第三个 8 拍:1～2 拍左脚向后恰恰,手臂击掌后右手在前下 45°方向,左手在后上 45°方向伸出,立掌(见图 13 - 3 - 52)。3～4 拍右脚向后恰恰,手臂击掌后左手在前下 45 度方向,右手在后上 45°方向伸出,立掌(见图 13 - 3 - 53),5～8 拍同 1～4 拍。

第四个 8 拍:十字步两次,左脚开始走,手臂随身体自然摆动(见图 13 - 3 - 54)。

图 13 - 3 - 52　　　　　　　图 13 - 3 - 53　　　　　　　　图 13 - 3 - 54

第四组动作

第一个 8 拍:1 拍左脚侧点地面(见图 13 - 5 - 55)。2 拍右脚侧点地(见图 13 - 3 - 56)。3～4 拍左脚侧点地后停住不动,如 5～8 拍同 1～4 拍动作。第二个 8 拍同第 1 个 8 拍。接过渡动作,双腿原地弹动 4 拍。

第三个 8 拍:1 拍左脚剁地(见图 13 - 3 - 57)。2 拍还原,3～4 拍同 1～2 拍,剁右脚(见图 13 - 3 - 58)。5～8 拍,左脚跺地两次,手臂全部做提拉动作。第四至第六个 8 拍:动作全部同第三个 8 拍,方向相反。

图 13 - 3 - 55　　　　图 13 - 3 - 56　　　　图 13 - 3 - 57　　　　图 13 - 3 - 58

三、健身操舞与健身

(一) 健美操舞健身的总体学习方法和流程

健身操舞从大类上看,属于操和舞蹈的结合,在日常的锻炼中,需要先从基本步法开始学起,然后学习手臂动作,按组合学习,同时多听音乐,跟着节奏练习。主要是自练方法,首先是通过录像带、光盘、图解等资料所提供的动作进行模仿,在教练授课过程中,练习者边观察、边模仿练习,加深记忆,熟练动作,最后强化练习,在反复多次自练的基础上,熟练比较复杂多变的成组动作,通过自我强化训练,巩固技能,掌握动作技巧。也可以跟着广场上锻炼人群一起学习与锻炼,健身操舞在日常的身体锻炼中比较常见。

动作设计上要遵守符合强身健体和人体艺术造型的规律,在编排动作时,不仅要考虑到对身体各个部位的影响与发展力量、柔韧、协调、灵敏以及持久力等各种素质的练习,而且还应在运动形态上有舞蹈造型美、外形美的特点。

(二) 健身操舞的力量素质练习的主要方法

根据以上力量训练方法,采取以下发展前臂、上臂、肩、胸、臂、腰、臀、大腿、小腿等肌肉群力量的各种手段。

第一部分:上肢和肩带力量练习

(1)推撑力量一般练习:利用体操凳进行的一般俯卧撑,推倒立,双杠屈伸,站立推举杠铃、仰卧推举杠铃、俯身提拉杠铃,持哑铃的手臂练习包括前上举、侧上举俯身上举、腕屈伸等。

(2)直臂支撑力量一般练习:脚位置放高的仰撑、侧撑、俯撑以及靠倒立静力练习,爬倒立、双杠支撑和摆动、双杠支撑移动、鞍马支撑移动。

(3)支撑动作练习:后举腿支撑、分腿支撑、背水平支撑、直角分腿支撑、直角分腿并腿、高直角支撑、支撑转体等。

(4)托举力量:推举杠铃并顶举一定时间。

(5)拉引力量:引体向上,爬绳等。

第二部分:躯干力量练习

(1)腹肌力量

各种仰卧收腹练习:起坐、举腿、两头起、举腿绕环。

各种悬垂收腹练习:举腿、举腿绕环、起上体。

各种快速踢腿练习:扶肋木前踢腿、原地和移向前高踢腿跑跳。

(2)背肌力量

在高位上的俯卧抬上体、两头起背肌、摆腿。

扶肋木的快速后踢腿、原地和移动向后高踢腿跑跳。

(3)侧腰肌力量

侧卧起上体、仰卧体转起坐。

扶肋木的快速后踢腿、原地和移动的向侧高踢腿跑跳。

（4）躯干控制力量

仰卧，脚和肩背分别置于体操凳上，身体伸直保持一定时间。腹部可负重。

俯卧，脚和前臂分别置于体操凳上，身体伸直保持一定时间。背部可负重。

直角支撑、高直角支撑、背水平支撑下的躯干控制力量练习。

第三部分：下肢力量

（1）弹跳力

一般练习：连续深蹲跳练习、连续蹬跳 10～20 m、跳短绳、跳台阶、连续起踵。以上练习可负重、单腿和双腿做，跳绳和跳台阶还可两腿交替做。

大跳动作练习：各种连续双腿和双腿起跳的大跳步包括纵跳、团身跳、分腿跳、屈体跳、横劈叉跳、总劈叉体、转体跳、交换腿跳、前跨跳、侧跨跳等。各种跑跳和高踢腿组合练习，可负重做。

（2）落地缓冲力量。落地缓冲力量主要是采用负重半蹲起和静止负重半蹲的交替退让练习，可肩扛杠铃或同伴，练习时并行开立，膝稍内扣，上体直立，下蹲到半蹲姿势（膝关节角度约为135°），保持一定时间，然后直立。

（3）控制力量。控制力量练习采用扶肋木和不扶肋木的前、侧、后搬腿和空腿，前屈后控腿平衡等练习，可负重做。

（三）拉伸练习方法参照第十章第一节健美操健身中的拉伸方法

第四节 体育舞蹈

体育舞蹈，又称"国际标准舞"，由社交舞转化而来，是体育与艺术高度结合的一项体育项目，是融体育、音乐、艺术为一体，以身体运动的舞蹈化为基本内容，以双人配合为主要运动形式的娱乐型体育运动项目。在高校开设体育舞蹈健身课程，对于提高大学生文化品位和交际能力、丰富文化生活、增进身心健康、培养高雅气质、陶冶情操等方面都具有较高的价值和意义。

一、体育舞蹈概述

（一）体育舞蹈的发展过程

体育舞蹈源于欧美传统的宫廷舞、交际舞和各种民间土风舞，后经不断地发展演变及体育舞蹈权威人士的统一整理规划而日益成熟完善，逐渐形成现在的体育舞蹈。体育舞蹈同艺术、体育、音乐和舞蹈于一体，被人们誉为"健"与"美"相结合的典范。它作为一种艺术形式的体育运动，不仅具有独特的竞技观赏性，同时还具有强烈的艺术感染力。

14世纪至15世纪，交谊舞在意大利出现，16世纪末传入法国。1768年，法国巴黎出现了世界第一家交谊舞厅，由此开始，交谊舞流行至欧美各国，成为人们一种普遍的社交方式。后来经过不断的提炼、加工，吸取各种舞蹈的成果和精华，甚至借鉴体操、花样划水的一些动作，逐渐严谨和发展，形成了当今流行的交谊舞。

经历一百多年的发展，"社交舞"从"社交"发展为"竞技"，将单一的舞种发展为摩登舞和拉丁舞两大体系中的十个舞种,并在 1940 年成立了"英国皇家舞蹈教师协会"。英国皇家舞蹈教师协会对原"舞种""舞步""舞姿"等进行规范整理,制定了有关舞蹈理论、技巧、音乐、服饰等竞技的标准,公布为"国际标准交谊舞舞厅舞"(简称"国标舞"),为世界各国所遵循。英国的黑池甚至成了"国标舞"的比赛圣地。

1959 年,国际交谊舞理事会制定了规则。1960 年,拉丁舞正式成为世界锦标赛比赛项目。1964 年,国际标准舞又增加新的表演和项目——团体舞,从此,国际标准舞发展为三种形式的舞蹈,为标准舞、拉丁舞、团体舞。目前,世界各国将国际标准舞易名为"体育舞蹈"。"国际舞蹈运动总会"于 1997 年 9 月 4 日正式成为国际奥林匹克委员会会员,2000 年成为悉尼奥运会表演项目,2008 年成为奥运会正式比赛项目。

体育舞蹈在 1986 年传入我国。1989 年,中国舞蹈家协会正式成立了"中国国际标准舞总会",后改名为"中国国际标准舞学会",从 1987 年开始,全国每年至少举办一次全国性的体育舞蹈锦标赛,迄今已举办过十多届,至于各种邀请赛及地区赛则数不胜数。

(二)体育舞蹈特点

体育舞蹈是由属于文艺范畴的舞蹈演变而来的体育项目,它兼有文艺和体育的特点,是介于文艺和体育之间的边缘项目,是以竞赛为目的的,具有自娱性和表演观赏性的竞技舞蹈。具有以下三个特点。

(1)严格的规范性:规范性首先表现在体育舞蹈是一个完整的舞蹈系统,如同西方芭蕾舞一样,它是经过数百年历史的锤炼,几代人的加工而成的;其次表现在技术的规范性上,舞步动作严格到多一分嫌过,少一点欠火。

(2)表演观赏性:体育舞蹈融舞蹈、音乐、服装、体态美于一体,既有观赏的价值又有健身参与的可能,被认为是一种"真正的艺术"。

(3)体育性:体育性一方面体现在竞技性,即比赛成绩,拿冠军,为国争光;另一方面表现在锻炼价值上,从 20 世纪 60 年代至今,许多科研人员对体育舞蹈者的生理和心理做过研究,通过对人体能量代谢、能量消耗和心率变化的测定,显示出:华尔兹和探戈的能量代谢为 7.57,高于网球的 7.30;体育舞蹈的最高心率为:女子 197 次/分,男子 210 次/分。可见,体育舞蹈引起人的生理变化是明显的,它是陶冶情操、锻炼体魄的一种极好形式。

(三)体育舞蹈的分类及特点

体育舞蹈按其对社会的作用分为两大类:大众体育舞蹈和竞技体育舞蹈,竞技体育舞蹈又分为标准舞、拉丁舞和集体舞三类。

1. 标准舞(摩登舞)

(1)华尔兹(Waltz):又称圆舞,是标准舞种历史最悠久,生命力最强的舞蹈形式。起源于德国,音乐节奏为 3/4 拍,音乐速度每分钟 30～32 小节,音乐的基本节奏为蓬(强)嚓(弱)嚓(弱)。该舞种特点为舞姿雍容华贵,高雅大方,舞步委婉流畅,周旋轻飘,起伏跌宕,具有"舞中之王"的美誉。华尔兹的基本技术主要有升降、摆荡、倾斜、反身等技术。

(2)探戈(Tango):起源于阿根廷,有"舞中之王"之称。音乐节奏为 2/4 拍,音乐速度每分钟 30～34 小节,音乐的基本节奏为慢、慢、快快、慢。该舞种特点为舞姿刚劲顿挫,潇洒奔放,舞步节奏爽快流畅,动静交织,无升降、摆荡。该舞站位要求细腻严谨,其脚法有全脚掌、脚内侧、前脚掌内侧、脚跟、脚尖等;头部要求快速左右闪动,目光左右闪视,同时配合上身的转动是该舞种的另一独特的特点。

(3)狐步舞(Slow Foxtrot):起源于美国黑人舞蹈,音乐节奏为 4/4 拍,音乐速度每分钟 28～30 小节,音乐的基本节奏为慢、快快、慢。该舞种特点为舞姿平稳大方,温柔从容,舞步悠闲轻松,富有流动感,给人一种轻松愉悦的感觉,犹如与狐狸跑步般不慌不忙。其脚法几乎与华尔兹相同,上身随着升降而沿 S 形路线左右转动,下降过程中身体不做转动,上升过程开始转动,以此来保持身体的平衡。

(4)快步舞(Quick Step):起源于美国,音乐节奏为 4/4 拍,音乐速度每分钟 50～52 小节,音乐的基本节奏为慢、慢、快快、慢。该舞种特点为舞姿轻松欢快,舞步跳跃转动,灵活动人,是一种欢快娱乐的舞蹈。快步脚上及身体上的技术融入了华尔兹、探戈和狐步的舞蹈精华所在,使其成为在节奏上最具魅力的舞蹈。

(5)维也纳华尔兹(Viennese Waltz):起源于奥地利,音乐节奏为 3/4 拍,音乐速度每分钟 50～60 小节,音乐的基本节奏为蓬(强)嚓(弱)嚓(弱)。该舞种特点为舞姿华丽优雅,舞步不多,以不停旋转为主,动作舒展大方、连绵起伏、节奏鲜明、潇洒流畅,深受人们所喜爱。

2. 拉丁舞

(1)伦巴(Rumba):起源于古巴,音乐节奏为 4/4 拍,音乐速度每分钟 27～31 小节,音乐的基本节奏为蓬、嚓嚓、蓬嚓、蓬嚓。该舞种特点为舞姿柔媚动人,甜美含蓄,舞步涓涓柔美。伦巴是表现爱情的舞蹈,被誉为"拉丁舞之魂"。

(2)恰恰恰(Cha - Cha - Cha):起源于墨西哥,音乐节奏为 4/4 拍,音乐速度每分钟 32～34 小节,音乐的基本节奏为嚓、蓬蓬嚓、嚓嚓蓬蓬嚓。该舞种特点为舞姿花哨利落,舞步欢快爽朗。

(3)桑巴(Samba):起源于巴西,由巴西的摇摆桑巴舞演变而来的。音乐节奏 4/2 拍,音乐速度每分钟 48～56 小节,音乐的基本节奏为慢快慢、慢、快、慢。该舞种特点为舞姿活泼动人,甜美生动,舞步风吹摇曳。

(4)牛仔舞(Jive):起源于美国,音乐节奏为 4/4 拍,音乐速度每分钟 44 小节,音乐的基本节奏为每一拍一步。该舞种特点为舞姿豪放、开朗,舞步自由多变,节奏快捷。

(5)斗牛舞(Paso Doble):起源于西班牙,音乐节奏为 4/2 拍,音乐速度每分钟 60～62 小节,音乐的基本节奏为每一拍一步。该舞种特点为舞姿威猛激昂,刚劲有力,舞步坚定、悍厉。

3. 集体舞

集体舞:标准舞(5 个舞种),拉丁舞(5 个舞种)。大众体育舞蹈又称为交谊舞,或称舞厅舞,包括时下流行时尚的舞种。

二、体育舞蹈术语

(一)体育舞蹈基本名词

(1)舞场:指整个舞蹈表演的所在区域。国际标准舞的比赛是在室内平整光滑的场地进行,长度为 23 m,宽度为 15 m。舞者在长方形的场地沿逆时针方向前进,跳完 23 m 长度线为 A 线,再转入 15 m 的 B 线,再依次转入 A 线和 B 线为一周(见图 13 - 4 - 1)。

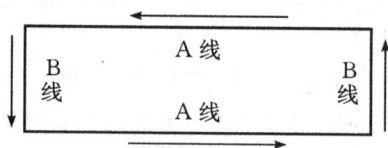

图 13 - 4 - 1 体育舞蹈比赛场地图示

(2)舞程线:指选手在跳舞时,为了更好地展现各种舞步,防止和避免舞者在跳舞时彼此碰撞,选手必须按照逆时针方向前进、行步的一种路线。

(3)方位:指在一个舞步刚开始或结束时,双脚在舞池中所指的方向,并非身体所面对的方向。

在体育舞蹈路线中,规定了 8 条线,指向 8 个方位,8 条线则指示着舞蹈者每个舞步的行进方向(见图 13 - 4 - 2)。

1 为面对舞程线;2 为面对斜墙壁;3 为面对墙壁;4 为面对斜中央;5 为背对舞程线;6 为背对斜墙壁;7 为面对中央;8 为面对斜中央。

(4)转度:指身体向左向右旋转,旋转一周为 360°,1/8 周为 45°,1/4 周为 90°,3/8 周为 135°,1/2 周为 180°,5/8 周为 225°,3/4 周为 270°,7/8 周为 315°(见图 13 - 4 - 3)。

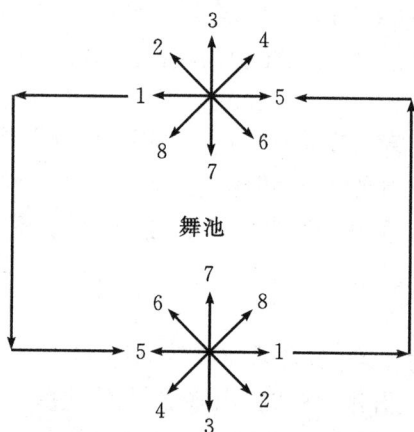

图 13 - 4 - 2 体育舞蹈方位图

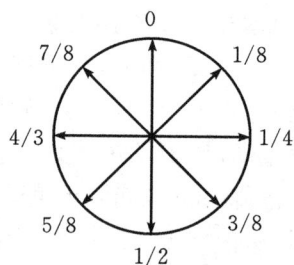

图 13 - 4 - 3 体育舞蹈转度图

(5)节奏:通常指以一定规律的节拍反复出现、赋予音乐独有的特色。

(6)速度:这里指音乐的速度,即每一分钟内所演奏的小节总数。

(7)组合:两个或两个以上的步伐连接形成组合。

(8)套路:由若干个组合串编成一套的完整的舞蹈。

(二)体育舞蹈舞姿

(1)基本舞姿:指舞蹈者的姿态,是跳体育舞蹈者身体各部位规定的姿势。

(2)闭式舞姿:男女舞伴面对面,男士左手握住女士右手,男士右手放于女士左肩胛骨下方,女士左手将虎口放于男士右上臂三角肌中央;女士身体向男士右侧微偏,上体稍后倾。

(3)并进舞姿:又称"侧行舞姿"或"P.P.位舞姿",两人的身体面向同一个方向,男士右侧与女士的左侧紧贴。

(4)外侧舞姿:又称反身位舞姿,男士走在女士身旁跳舞的姿态。多用于探戈舞中。

并肩位:男女舞伴,男士左肩与女士右肩相并,或男士右肩与女士左肩相并成为并肩位。

影子位:男女舞伴,同时面对一个方向,重叠站立。女士多数在前。

(5)反身动作:一侧前进或后退时,另一侧肩和胯位向后或前送,使身体与舞步形成反向配合的身体动作。

(6)反身动作位置:在身体不转动的情况下,一脚在身前或身后形成交叉,以保证两人身体维持胯部贴位姿态的身体动作位置叫反身动作位置。常用于外侧舞伴姿态,侧行位置姿态的舞步中。

(7)摆荡动作:像钟摆一样的身体摆动动作。

(8)升降动作:指身体重心的上下起伏。由足踝部上顶,足踵离地,膝盖上升,屈膝下降,保持优美姿态。基本规律是降-升-升。

(9)倾斜动作:指身体的倾斜,身体向一侧拉长,但始终保持挺拔向上。

(三)体育舞蹈舞步

(1)基本舞步:构成一种特定舞蹈的基调舞步型。

(2)常步:也称为走步,可分为前进步和后退步。做左前进步时,首先脚跟着地,过渡到前脚掌,后过渡到脚趾,身体重心过度至前进腿上。后退步时,首先脚尖着地,过渡到前脚掌、后过渡到脚跟,重心过度至后退腿上。例如:华尔兹。

(3)横步:分为左、右横步两种。左横步,左脚向左侧迈步,右脚用前脚掌向左脚内侧靠拢,重心也由迈出的左脚移至靠拢的右腿上。右侧横步,与左侧横步方向相反。例如:伦巴。

(4)并步:分为前、后、侧三种。以前并步为例:左脚向前迈步,右脚前脚掌在左脚内侧点地,重心仍在左腿上。例如:快四。

(5)滑步:指在第二步双脚并拢的三步组成的舞步。

(6)蹲踏步:前进暂时受阻的舞步,重心停留于一脚超过一拍。

(7)脚跟转:向后迈出的脚的脚跟转。在动作过程中并上的脚必须与主力脚平行,旋转结束时身体重心移动至并上的脚。

(8)脚跟轴转:不变重心的单脚跟旋转。

(9)锁步:两脚前后交叉的舞步。

(10)轴转:一脚脚掌旋转,另一脚处于前或后的反身动作位置。

(11)开式转:第三步不并靠而是超越第二步的旋转。

(12)逗留步:身体运动或旋转受阻时的部分舞步,双脚几乎静止不动。

(13)准线:指双脚的位置或双脚所指的方向与房间的关系。

(14)平衡:舞蹈中身体重心的平均分配。

三、体育舞蹈舞种及跳法

(一)体育舞蹈基本舞步

1.华尔兹基本舞步

准备姿势:闭式舞姿

(1)左足并换步(动作与足迹图见图 13-4-4)

男士:左脚前进一步;右脚经左脚内侧横步(右脚落点稍前);左脚并于右脚,重心在左脚上。

女士:右脚后退一步;左脚经右脚内侧横步(稍后);右脚并于左脚,重心在右脚。

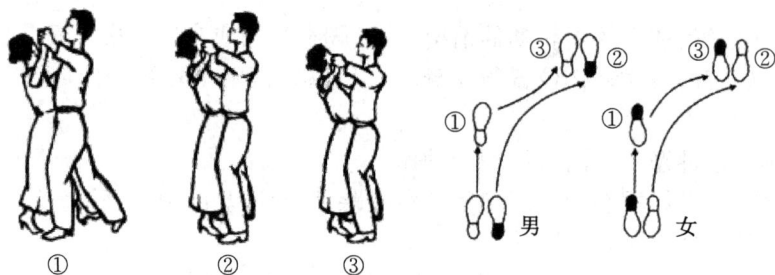

图 13-4-4

(2)右转体(动作与足迹图见图 13-4-5)

男士:右脚前进一步;左脚经右脚内侧横步,并向右转体 90°;右脚并于左脚,继续向右转体 45°,重心落于右脚;左脚后退一步;右脚经左脚内侧横步,身体右转 135°;左脚并于右脚,重心落于左脚。

女士:左脚后退一步;右脚经左脚内侧横步,并向右侧转体 135°;左脚并于右脚,重心至左脚;右脚前进一步;左脚经右脚内侧横步,身体右转 90°;右脚并于左脚,继续右转 45°,重心落于右脚。

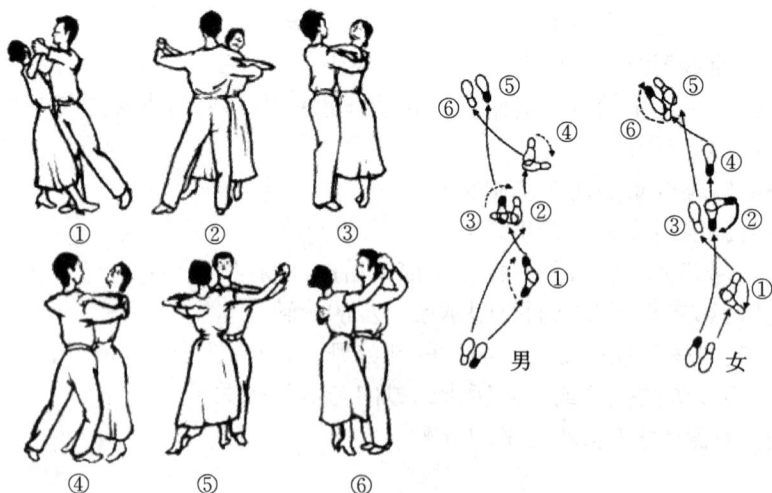

图 13-4-5

(3)右足并换步:动作同左足并换步,方向不同,男士右脚前进,女士左脚后退(动作与足迹图见图 13-4-6)。

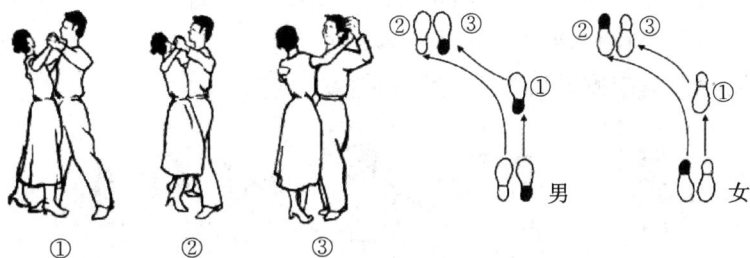

图 13 - 4 - 6

（4）左转体：动作与右转体相同，方向不同，男士左脚前进并向左转体，女士右脚后退并向左转体（动作与足迹图见图 13 - 4 - 7）。

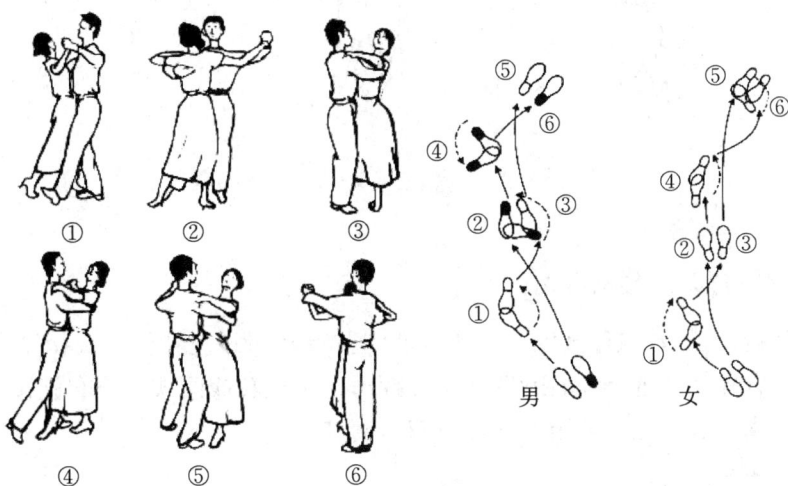

图 13 - 4 - 7

2. 伦巴基本舞步

基本舞姿：闭式舞姿；单手相握的开始舞姿（动作与足迹图见图 13 - 4 - 8）。

（1）左右基本步（即为腿部在左右移动位置上髋部的摆动）

男士：左脚前进一步，重心前移，髋部向左侧前摆；重心后移，髋部向右侧后摆；左脚收于右脚内侧并向左侧一步；右脚向后退一步，重心后移，髋部向右侧后摆；重心前移；右脚收于左脚内侧并向右侧一步。

女士：右脚向后退一步，重心后移，髋部向右侧后摆；重心前移；右脚收于左脚内侧并向右侧一步；左脚前进一步，重心前移，髋部向左侧前摆；重心后移，髋部向右侧后摆；左脚收于右脚内侧并向左侧一步。

（2）前后基本步（即为腿部在前后移动位置上髋部的摆动）

男士：左脚前进一步，重心前移，髋部向左前摆；重心后移，髋部向右侧后摆；左脚经右脚内侧后退一步，重心在左脚；右脚后退一步，重心后移，髋部向右后摆；重心前移，髋部向左前摆；右脚经左脚内侧向前迈一步，中心在右脚。

女士:右脚向后一步,重心后移,髋部向右后摆动;重心前移,髋部向左前摆动;右脚经左脚内侧向前迈一步,重心在右脚;左脚向前一步;重心前移,髋部向左前摆动;重心后移,髋部向右后摆动;左脚经右脚内侧向后迈步,重心在左脚。

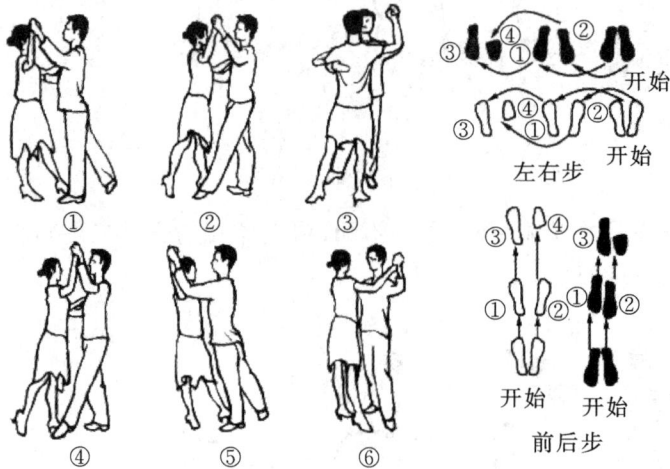

图 13-4-8

(二)大众体育舞蹈套路练习

慢三套路:直行至开式位→侧行左转接外侧左转→闭式左转经盘旋接至退成影子位→左外侧行进→右外侧行进→女右旋转散+经探海接坐旋转成闭式位→右旋转至开式位→迂回步接切克造型→右外侧旋转至开式位→双人套花结束。

1. 直行至开式位

男士:左脚前进;右脚前进并左转45°;左脚前进。

女士:右脚后退;左脚后退并右转45°;右脚前进。

2. 侧行左转

男士:右脚前进;左脚前进;右脚前进。

女士:左脚前进;右脚后退并向左后转90°;左脚后退。

3. 外侧左转

男士:左脚前进;右脚后退并向左转45°;左脚后退右转45°。

女士:右脚后退;左脚前进并向右转45°;右脚前进左转45°。

4. 左外侧行进

男士:左脚前进右转45°;右脚前进左转90°;左脚并于右脚。

女士:左脚前进右转45°;右脚前进左转90°;左脚并于右脚。

5. 右外侧行进

男士:右脚前进左转45°;左脚前进右转90°;右脚并于左脚。

女士:右脚前进左转45°;左脚前进右转90°;右脚并于左脚。

6. 探海

男士：左脚在前，右脚在后的弓步造型。

女士：右脚在前，左脚在后的弓步造型。

7. 迂回步

男士：右脚前进；左脚前进左转 45°；右脚横步；左脚沿右脚后退，左转 45°；右脚横步左转 180°；左脚横步成 P. P 位舞姿。

女士：左脚前进；右脚前进左转 135°；左脚横步。右脚外侧前进左转 45°；左脚横步左转 90°；右脚经左脚横步成 P. P 位舞姿。

8. 切克造型

男士：右脚前进；左脚前进；右脚从外侧迈至左脚后侧，两腿膝盖叠加，左膝盖在前。

女士：左脚前进；右脚前进；左脚从外侧迈至右脚后侧并左转 45°，两腿膝盖叠加，右膝盖在前。

9. 双人套花

（1）男士转圈

男士：右脚前进；左脚前进并左前转 90°；右脚并左脚。

女士：左脚前进；右脚前进；左脚并右脚。

（2）女士转圈

男士：左脚前进；右脚前进；左脚并右脚。

女士：右脚前进；左脚前进并左前转 90°；右脚并左脚。

快四套路：直进步→前进换向步接右左→外侧前进转步→右外侧后退步成开式位接外侧右转成闭式位→右旋转步→左旋转步（连续）至分式位→水兵步接双手拉握分式位换位→臂下右（左）转换位。

1. 直进步

男士：左脚前进；右脚前进；左脚前进；右脚向左脚并步。

女士：右脚后退；左脚后退；右脚后退；左脚向右脚并步。

2. 前进换向步

男士：左脚向左前 45°前进；右脚前进；左脚前进并向左转 90°；右脚并于左脚。

女士：右脚向右后 45°后退；左脚后退；右脚后退并向右转 90°；左脚并于右脚。

3. 右左外侧后退转步

男士：左脚向左后 45°后退；右脚后退；左脚后退并向左转 90°；右脚并于左脚。

女士：右脚向右前 45°前进；左脚前进；右脚前进并向右转 90°；左脚并于右脚。

4. 右旋转步

男士：左脚后退；右脚后退并向右后转 90°；左脚前进并向左前转 90°；右脚并于左脚。

女士：右脚前进；左脚前进并向左前转 90°；右脚后退并向右后转 90°；左脚并于右脚。

5. 左旋转步与右动作相同，男士进，女士退。

男士：左脚前进；右脚前进并向右前转 90°；左脚后退并向左后转 90°；右脚并于左脚。

女士:右脚后退;左脚后退并向左后转 90°;右脚前进并向右前转 90°;左脚并于右脚。

6. 水兵步

男士:左脚前进;右脚前进;左脚前进;右脚并于左脚。

女士:右脚前进;左脚前进;右脚前进;左脚并于右脚。

7. 双手拉握分式位换位

男士:左脚前进并左转 45°;右脚前进并左转 45°;左脚后退并向左后转 45°;右脚并于左脚。

女士:右脚前进并右转 45°;左脚前进并右转 45°;右脚后退并向右前转 45°;左脚并于右脚。

8. 臂下右(左)转换位

男士:左脚前进;右脚前进并向左前转 45°;左脚后退并转 45°;右脚并于左脚。

女士:右脚前进;左脚后退并向右后转 45°;右脚前进 45°;左脚并于右脚。

四、体育舞蹈与健身

体育舞蹈运动是一项新兴的体育项目,是体育和舞蹈的结合,是大众健身和体育竞技的结合,具有运动与艺术的双重性。体育舞蹈极富群众娱乐健身性质。

(一)体育舞蹈的健身功能

(1)体育舞蹈对提高心肺功能的促进作用:进行体育舞蹈练习时,人体处于运动状态,可令心跳由每分钟 80 次升到 120 次,有些甚至更高,它的功效等同于任何体力训练或有氧运动,心肌收缩力加强,心排血增加,血流加快,呼吸加深,加快,对心肺系统是一种很好的锻炼。

(2)体育舞蹈对提高肌肉力量的促进作用:肌肉中有着丰富的毛细血管。在进行体育舞蹈锻炼时,由于肌纤维的主动收缩与放松,肌肉内毛细血管大量开放,这可使肌肉获得更多血液供应,带来更多氧气和养料,使肌肉内代谢过程大大加强,结果使肌纤维内的蛋白质增加,肌纤维逐渐粗壮,肌肉内功能物质含量增加,肌肉的结缔组织弹性改善,使肌腱弹性、韧性加强。

(3)体育舞蹈对柔韧性的促进作用:体育舞蹈中大量的动作,如基本姿态、倾斜、反身及造型,都以身体不同部位的线条延伸来展示人的形体美。这些主动延伸的动作给关节周围组织的肌肉、肌腱、韧带施加有节奏的牵拉,这种牵拉极大地提高人体的柔韧性。另外体育舞蹈动作使肌肉温度升高,新陈代谢加强,供血增多,肌肉的黏滞性减少,肌肉的弹性和伸展性提高,柔韧性也得以增加。

(4)体育舞蹈对脊柱方面的作用:无论是拉丁舞还是摩登舞都要求垂直、挺拔,因此经常练习体育舞蹈,弯曲的脊椎可以归正,腰椎间盘突出可以得到预防和治疗。

(5)体育舞蹈对关节的好处:据医学报道,避免早期关节炎与治疗关节不适的最好方法是适度使用关节,跳体育舞蹈可使全身各关节如颈、肩、肘、髋、膝、踝等都能得有效的锻炼。

(二)体育舞蹈与心理健康

体育舞蹈使学生在有音乐和舞蹈的运动过程中产生良好的情绪与情感体验,能增强学生的审美能力。

(三)体育舞蹈与社会适应

体育舞蹈竞赛能提高参与者对遭遇挫折和失败的适应性,可以改善自我意识水平和社交能力。

第五节 瑜伽

一、瑜伽起源

瑜伽起源于 5000 年前的印度,现流行于世界,是东方最古老的健身术之一。古代的印度信徒发展了瑜伽体系,因为他们深信通过运动身体和调控呼吸,完全可以控制心智和情感,保持身体长久的健康。瑜伽是一种身体、呼吸与心灵相联动的运动。

二、瑜伽动作

(一)瑜伽的呼吸

1. 腹式呼吸

仰望、静坐、站立均可练习,可将右手轻放于肚脐上,吸气时把空气从鼻吸入经肺部送到腹部,当吸气正确时手随腹部抬起,吸气越深腹部升起越高,随着腹部扩张,横膈膜向下降,呼气腹部向内朝脊柱方向收拢,凭着尽量收缩腹部的动作,把所有废气从肺部完全呼出。横膈膜自然向上升。

2. 胸式呼吸

仰望、静坐、站立均可练习,可将双手轻放于肋骨两侧,慢慢吸气时,把气体吸入胸部区域,胸骨、肋骨向外扩张,腹部应保持平坦。当你吸气量加深时,腹部应向内收紧。呼气时,缓慢地把肺部浊气排出体外,肋骨和胸骨恢复原位。

3. 完全式呼吸

完全式呼吸就是把腹式呼吸和胸式呼吸结合在一起完成的正确自然呼吸。每次吸气,先用腹式呼吸的方式让气息充满肺部下叶,然后衔接胸式呼吸,使肺叶的中上部也打开,也就是吸气时先使腹部扩张,然后使胸部肋骨扩张,呼气时先是胸部肋骨回落,然后再使腹部收缩回落。

4. 喉呼吸

喉呼吸是在呼吸时喉部在放松的情况下刺激声带,伴随吸气时发出的"sa"的声音,而呼气时发出"ha"的声音。

5. 呼吸法与体位法结合的基本原则

(1)呼吸和体式是相互渗透的灵活运用最为关键,只有深刻理解和掌握才能活用。

(2)动作是顺地心引力方向呼气,反之吸气。

(3)要是胸腔扩大时吸气,反之呼气。

(4)需要增强力量时吸气,反之呼气。

(5)身体扭转前吸气。

(6)不知该吸还是该呼时采用相同程度频度的呼吸。

(7)不当的屏息和呼吸会造成身体伤害。

(8)动作必须结合呼吸。

(二)健身瑜伽体式

2016 年,由国家体育总局社会体育指导中心、全国瑜伽运动推广委员会审定的 2016《健身瑜伽 108 式体位标准》正式推广。

1. 健身瑜伽拜日式

拜日式的 12 动作,左边代表 12 个小时,右边代表 12 个小时,整个拜日式坐下来给你一天 24 小时的精力(见图 13-5-1)。

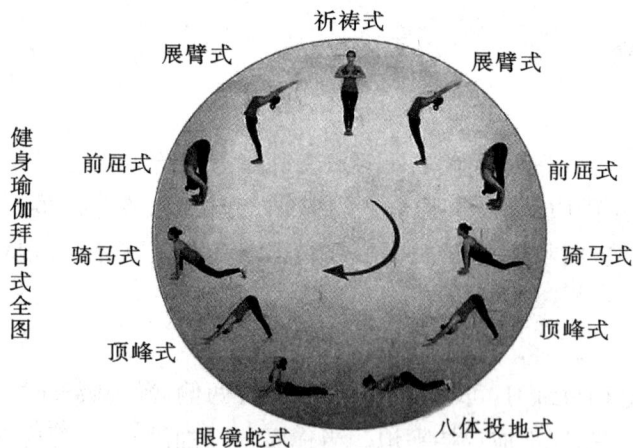

图 13-5-1

(1)祈祷式。动作:双脚自然并拢身体直立双肩放松,目视前方双手合十胸前自然呼吸。功效:集中可宁静思绪。

(2)展臂式。动作:保持双腿伸直不弯曲,伸长缓慢吸气,将双手上举过头顶伸直手肘呼气,脊椎向后缓慢弯曲到极限位置。功效:伸展腹部脏器,促进消化,消除多余脂肪,开阔肺叶,使手臂和肩膀得到充分锻炼。

(3)前屈式。动作:慢慢呼气,双臂带动身体向前弯伸保持双腿伸直不要弯曲,双手掌尽量按在地面上,上身尽量靠近双腿。功效:预防胃病,促进消化,缓解便秘,柔软脊柱,加强肌神经。

(4)骑马式。动作:双手控制力量,抬头微曲双膝,将右脚向后一大步,脚尖点地,呼气放松膝盖、脚背,随着吸气,髋部下压。功效:按摩腹部器官,改善其活动功能,打开髋部,加强两腿肌肉,增强平衡力。

(5)顶峰式。动作:呼气,双脚踩向垫面,伸直双腿,重心后移脚跟,踩向地面,臀部抬至最高点。功效:与前一姿势反方向弯曲脊柱,有助于脊柱柔软和脊神经供血。

(6)八体投地式。动作:屈双手肘,将胸部放于两手之间的地面(下颌或前额点地)。手肘内收夹紧身体,肩胛骨内收,脚尖依然保持回钩。将身体力量均匀地放于(双手、双膝、双脚、胸部、下颌)八个支点上,保持均匀的呼吸。功效:内脏倒置,促进内脏自我按摩和自愈,加强肠道蠕动。强化身体协调能力。血液会流向双肩胛骨区域和胸部,对于喉轮和胸轮有刺激作用,同时加强双臂,双腿的力量。

(7)眼镜蛇式。动作:再次吸气头部带动身体向前向上伸直手肘,大腿耻骨尽量贴于地面,颈部向上仰起带动脊椎后卷。功效:这个姿势对胃病包括消化不良和便秘非常有用,锻炼脊椎让脊神经焕发活力。

(8)顶峰式;(9)骑马式;(10)前屈式;(11)展臂式;(12)祈祷式;(8)~(12)重复。

2. 健身瑜伽拜月式。(见图 13 - 5 - 2)

(1)祈祷式。动作:双脚自然并拢,身体直立双肩放松,目视前方双手合十胸前自然呼吸。功效:集中可宁静思绪。

(2)展臂式。动作:保持双腿伸直不弯曲,伸长缓慢吸气,将双手上举过头顶伸直手肘呼气,脊椎向后缓慢弯曲到极限位置。功效:伸展腹部脏器,促进消化,消除多余脂肪,开阔肺叶,使手臂和肩膀得到充分锻炼。

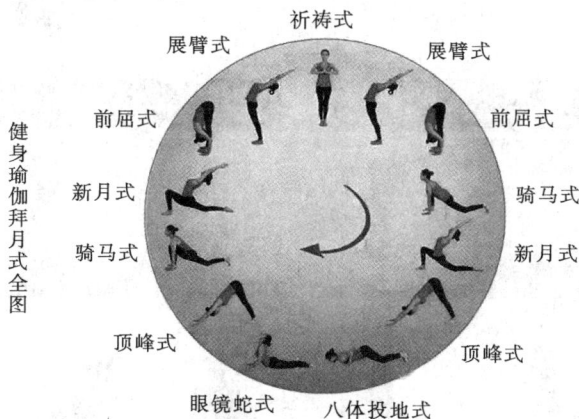

图 13 - 5 - 2

(3)前屈式。动作:慢慢呼气,双臂带动身体向前弯伸保持双腿伸直不要弯曲,双手掌尽量按在地面上,上身尽量靠近双腿。功效:预防胃病促进消化,缓解便秘,柔软脊柱,加强肌神经。

(4)骑马式。动作:双手控制力量,抬头微曲双膝,将右脚向后一大步,脚尖点地,呼气放松膝盖、脚背,随着吸气,髋部下压。功效:按摩腹部器官,改善其活动功能,打开髋部,加强两腿肌肉,增强平衡力。

(5)新月式。动作:起跑式基础上,身体向上伸展,双手置于髋部。左脚紧压地面,右脚伸直向前靠,髋部摆正。保持 2～3 次呼吸的时间。吸气,双臂上举过头顶,贴紧双耳,扩张肩部和胸部,手臂伸直带动身体向上,继续延伸脊柱,稳固双脚,下沉小腹。右腿膝盖着地,扩展左右髋部。自然呼吸,眼镜看向前方,保持身体稳定。继续吸气,双臂带动上身往后仰,髋部、腿部保持不动,体会脊椎后侧的挤压感。功效:可以有效强化双脚、脚腕、小腿、膝部和大腿的力量,增强肌肉耐力,锻炼练习者的意志力;增强循环系统的功能,增加肺活量;提高身体的平衡控制能力;舒展髋部和肩部,纠正各种不良体态,使身体变得更轻盈。

(6)顶峰式。动作:呼气,双脚踩向垫面,伸直双腿,重心后移脚跟,踩向地面,臀部抬至最高点。功效:与前一姿势反方向弯曲脊柱,有助于脊柱柔软和脊神经供血。

(7)八体投地式。动作:屈双手肘,将胸部放于两手之间的地面(下颌或前额点地)。手肘内收夹紧身体,肩胛骨内收,脚尖依然保持回钩。将身体力量均匀地放于(双手、双膝、双脚、胸部、下颌)八个支点上,保持均匀呼吸。功效:内脏倒置,促进内脏自我按摩和自愈,加强肠道蠕动。强化身体协调能力。血液会流向双肩胛骨区域和胸部,对于喉轮和胸轮有刺激作用,同时加强双臂,双腿的力量。

(8)眼镜蛇式。动作:再次吸气,头部带动身体向前向上伸直手肘,大腿耻骨尽量贴于地面,颈部向上仰起带动脊椎后卷。功效:这个姿势对胃病包括消化不良和便秘非常有用,锻炼脊椎让脊神经焕发活力。

(9)顶峰式;(10)骑马式;(11)新月式;(12)前屈式;(13)展臂式;(14)祈祷式;(9)～(14)重复。

3. 全国健身瑜伽 108 式体位标准

全国健身瑜伽体位标准(一):第一级 24 式(见图 13-5-3)

1-01 大拜式　1-02 单腿背部伸展　1-03 双腿背部伸展　1-04 锁腿　1-05 展背　1-06 人面狮身
1-07 桥式　1-08 简易蝗虫　1-09 风吹树　1-10 折椅　1-11 幻椅　1-12 简易扭脊
1-13 仰卧据背　1-14 树式　1-15 摩天　1-16 简易堂　1-17 骑马　1-18 斜板
1-19 上伸腿　1-20 鱼戏　1-21 猫伸展　1-22 摇摆　1-23 仰卧放松　1-24 动物放松功

图 13-5-3

全国健身瑜伽体位标准（二）：第二级 24 式（见图 13－5－4）

2－01　增延脊柱伸展	2－02　束角	2－03　站立前屈伸展	2－04　新月	2－05　蝗虫	2－06　蛇伸展
2－07　眼镜蛇	2－08　三角伸展	2－09　侧角伸展	2－10　战士一式	2－11　战士二式	2－12　简易鸽
2－14　扭脊	2－14　半莲花扭脊	2－15　半三角扭转	2－16　顶峰	2－17　半舰	2－18　金刚坐
2－19　至善坐	2－20　半莲花坐	2－21　蝴蝶	2－22　虎式	2－23　八体投地	2－24　反斜板

图 13－5－4

全国健身瑜伽体位标准（三）：第三级 24 式（见图 13－5－5）

3－01　花环	3－02　双角	3－03　圣哲玛里琪一式	3－04　鱼式	3－05　上犬	3－06　骆驼
3－07　号式	3－08　直角扭转	3－09　加强扭脊	3－10　三角扭转	3－11　侧角扭转	3－12　犁式
3－13　肩倒立	3－14　船式	3－15　战士三式	3－16－2　鸟王	3－17　舞蹈	3－18　直立抓趾平衡
3－19　鹤神	3－20　侧板	3－21　半月	3－22　英雄坐	3－23　牛面	3－24　侧倒

图 13－5－5

全国健身瑜伽体位标准(四):第四级 24 式(见图 13 - 5 - 6)

4-01 半莲花背部伸展	4-02 坐角	4-03 龟式	4-04 玛里琪二式	4-05 单腿脊柱前屈伸展	4-06 卧英雄
4-07 全莲花鱼式	4-08 轮式	4-09 单手鸽王	4-10 双手鸽王	4-11 扭头触膝	4-12 神猴(哈奴曼)
4-13 全莲花肩倒立	4-14 头肘倒立	4-15 身腿结合	4-16 侧斜板单腿伸展	4-17 站立锁腿	4-18 趾尖式
4-19 八曲式	4-20 单手蛇	4-21 秋千	4-22 单腿格拉威亚	4-23 全莲花坐	4-24 全姿单朋绕头

图 13 - 5 - 6

全国健身瑜伽体位标准(五):第五级(选修)12 式(见图 13 - 5 - 7)

| 5-01 双腿绕头合掌 | 5-02 全眼睛蛇 | 5-03 头手倒立 | 5-04 单腿站立平衡 | 5-05 蝎子 | 5-06 起飞 |
| 5-07 孔雀 | 5-08 莲花孔雀 | 5-09 舞王 | 5-10 公鸡式 | 5-11 站立单腿绕头 | 5-12 闭莲式 |

图 13 - 5 - 7

三、瑜伽练习原则

(一)瑜伽练习的最佳时间:黎明和傍晚。

清晨身体僵硬,练习会有些困难,但是早晨精神振作,随着时间推移,精神警醒,可以帮助练习者更好地开始一天的工作;傍晚身体比早晨灵活,练习体式更容易、可以轻松消除一天的疲劳和紧张,使练习者更平静、平和。

(二)瑜伽练习的环境

练习环境应安静,温度应适宜。如果是在室内练习,应先通风换气,保证空气清新,以便静心和集中注意力。

(三)瑜伽练习的服装要求

宽松、柔软、舒展,容易撑拉的服装,严禁穿紧身内衣练习。在允许的环境中,赤脚练习最好。但是如果太冷可以穿袜子直到身体暖和。不佩带任何饰品。

(四)瑜伽练习前的心理提示

将瑜伽当作令人快乐的事,放松心情,愉快的练习。不要一味追求高难度动作,不要强迫自己在短时间内达到演示者的水平。

(五)瑜伽练习的注意事项

(1)练习中要集中注意力,用心体会身体,伸展时所产生的感觉,将意识放在自己动作的感觉上。

(2)一定要在极限的边缘温和地伸展身体,不要用力牵扯。

(3)如果练习和练习完之后发生抽筋或肌肉痉挛或某处感觉特别绷紧,要加以按摩。

(4)练习中出现体力不支或身体颤抖应立即收功还原,不要过于坚持。

(5)用鼻子呼吸,另行规定除外,有助于气脉运行。

(6)在每个练习中,动作应缓慢,步骤分明,不要匆忙做完,不要使身体出现失控状态。

(7)年龄较大或者颈、背有严重损伤的人,应先征询医生的意见才决定是否做瑜伽练习。

(8)光脚练习,穿宽松有弹性的衣服,去除一切束缚。光脚(防滑,促进血液循环)。

(9)饭后如吃太饱,在饭后 3～4 小时后开始,一般饭后 1～2 小时,流食半小时后方可练习瑜伽。

(10)练习结束后 45 分钟后洗澡,1 小时后吃饭(不绝对,半小时或 45 分钟均可)。

(11)练习瑜伽不能代替医疗治疗。

(12)女性生理周期应根据自己体能做适当练习,但应避免倒立,伸展和挤压腹部的动作。

(13)练习时不要攀比,依自己的情况而定。

(14)产妇顺产的百天后根据自己的情况练习瑜伽,剖腹产半年后根据自己的情况练习瑜伽。

五、瑜伽与健身

瑜伽练习,通过瑜伽呼吸法、体位法、冥想和放松术等的练习,可达到舒展筋骨,轻松身心、健美形体、通畅经络的独特效果。瑜伽练习可以让做完器械后的肌肉放松下来;可以改善人的体形,使之变得更为匀称;可以安静神经,有利于减少疲劳感等。瑜伽的独特作用就是能让人在不知不觉中保持优雅的身形、轻盈灵动的姿态,从而塑造自然、健康的身体。实践证明,有针对性地进行瑜伽练习,对塑造身体各个部位的完美体形具有良好的效果。

第六节　排舞

一、排舞运动概述

排舞(line dance)是一项音乐和固定舞步融合在一起,一人或多人通过风格各异的舞步循环,来愉悦身心的国际性体育运动。具有各国民间舞蹈的多元文化魅力,排舞已经风靡世界,受到不同国籍、性别及年龄人们的喜爱。它对培养学生的音乐素养、提高其身体素质、了解世界文化、培养礼仪行为有重要的意义。

(一)排舞运动的起源

排舞最早萌芽于美国西部乡村民间社交舞。它来源于各国的民间舞蹈,是在古老的民间舞的基础上发展演变而成的。十一二世纪,欧洲一些国家将一些民间舞蹈加以提炼和规范,形成了"宫廷舞",高雅繁杂,专供贵族习跳和欣赏,是贵族的特权。法国大革命后,宫廷解体,"宫廷舞"也进入了平民社会,成为社会中人人可舞的社交舞。

19 世纪初,由于美国的崛起,原来流行在欧洲的社交舞随着欧洲移民而传入美国。到了 20 世纪 50 年代,当时美国的很多电视台都播放了带有排舞特征的舞蹈节目,这些电视台的舞蹈节目主持人也帮助传播了早期的排舞概念。20 世纪 70 年代,随着多媒体音响技术的发明,迪斯科音乐再度在美国兴起,在迪斯科的舞台上,今天被称为"排舞"的舞蹈形式出现了。20 世纪 80 年代早期,随着西部乡村音乐在美国的大流行,为配合西部乡村音乐的传播,作为今天被接受的现代排舞真正诞生了。在 1980 年,一个叫吉姆的美国人根据西部乡村舞曲编排了一支排舞。这个起源于 20 世纪 40 年代大乐队音乐风格的排舞,是第一个被知晓的有设计编排舞步动作的排舞。

排舞绝不是仅仅与乡村音乐紧密相连,这一时期,还有许多排舞是配合当时一些其他流行音乐,例如摇滚音乐、流行歌曲和节奏布鲁斯曲风的音乐。

(二)我国排舞运动的兴起与发展

2008 年 8 月 8 日早晨 8 点 08 分,在天安门广场,800 名排舞爱好者身着奥运五环颜色 T 恤组成五个方阵,伴随着奥运主题歌曲《永远的朋友》We Are Ready,表演了具有中国特色的时尚"排舞",以表达对北京奥运会的祝福。此次活动主要目的是借助奥林匹克精神的感染力和北京奥运会的魅力,在 29 届奥运会开幕式当天,展示风靡全球的排舞运动。本次活动的成功举办,对我国排舞运动的开展具有里程碑意义。

2013 年,全国排舞运动推广中心成立,首届"舞动中国—排舞联赛"总决赛开幕。2014 年总决赛上,由 13 个国家、13 个省、41 个城市、20 个民族的 25703 人创造了"最大规模的排舞"吉尼斯世界纪录。2015 年排舞总决赛首次融入排舞嘉年华因素,国际排舞大师现场互动教学,至 2017 年排舞总决赛"排舞科学论文报告会"首次举办,进一步推进了排舞的发展。2018 年,"中国杯"国际排舞公开赛首次举办,更具国际化的赛制,让优秀队伍直通"世界舞台",代表中国,闪耀五大洲。2019 年,排舞在我国的进一步创新发展加入了民族、曳步舞两大舞蹈风格,总决赛开幕式上排舞八大风格首次亮相,特教组首次进入竞赛单元,成为关注的焦点。2020 年首次采用线上线下结合的竞赛方式,通过各界媒体平台直播,排舞爱好者累计观看直播数量达上千万次。

二、排舞运动的分类和特点

(一)排舞运动的分类

1. 按照舞步组合结构分类

按照舞步组合结构可分为四大类。

(1)完整型排舞:不断重复固定的舞步组合。这种类型的排舞,无论是舞步动作,还是方向变化都较为简单,因此多数属于初级水平的排舞。

(2)组合型排舞:由两个或更多的舞步组合构成,而且每一舞步组合的节拍数不一定相同。这种类型的排舞,并不按照一定的规律进行循环,有些组合重复,有些组合并不一定进行重复。

(3)间奏型排舞:在固定的舞步组合外,还有一个或多个不一定相同的间奏舞步。间奏舞步一般不超过一个八拍。属于中等难度级别的排舞。

(4)表演型排舞:这种类型的排舞,舞步较复杂,并且没有固定的舞步组合,属于最高难度级别的排舞。

2. 按照舞步组合变化的方向分类

按照舞步组合变化的方向可分为四大类。

(1)一个方向的排舞:面向十二点一个方向跳完所有的舞步组合。

(2)两个方向的排舞:舞步组合结束后在相反方向又开始重复这一舞步组合。即面向十二点的舞步组合结束后,面向六点又开始重复这一舞步组合。

(3)三个方向的排舞:出现在间奏型排舞中。每完成一次舞步组合,都会按顺时针(或逆时针)进行变化,在第三次舞步组合结束后,由于音乐节奏的关系又会回到舞蹈的初始方向。

(4)四个方向的排舞:每完成一次舞步组合,都在一个新的方向开始动作。一般按顺时针方向变化,也可以逆时针方向进行变化。

3. 按照音乐和舞蹈的风格分类

表 13 - 6 - 1　按照音乐和舞蹈的风格可分为八大类

分类	说明	种类
升降起伏类 (rise and fall)	一种运用升降和摆荡动作的舞蹈,强调重心的升降起伏	华尔兹(waltz)
		维也纳华尔兹(viennese waltz)
		狐步舞(foxtrot)
		快步舞(quickstep)

分类	说明	种类
律动/轻松活泼类 (pulse/Lilt)	一种运用脉冲运动的舞蹈,强调重心律动的舞种	波尔卡(polka)
		东海岸摇摆(ECS)
		牛仔(jive)
		桑巴(samba)
平滑类 (smooth)	一种用平滑动作跳的舞蹈,强调重心平移的舞种	西海岸摇摆(WCS)
		夜总会(nightclub)
		探戈(tango)
古巴类 (cuban)	一种运用古巴动作的舞蹈,强调髋部运动的舞种	恰恰(Cha Cha)
		伦巴(Rumba)
		曼波(Mambo)
街舞类/放克类 (Street/Funky)	一种展示步法和身体动作的舞蹈,强调手臂和腿部的弯曲、身体的拉升和抖动的舞种	嘻哈(Hip Hop)
		霹雳舞(Breaking)
		机械舞(Popping)
		爵士(Jazz)
		锁舞(Locking)
舞台/新颖类 (Stage/Novelty)	一种展示步法和身体的舞蹈,或同于百老汇、舞台秀的舞种	现代(Modern)
		抒情(Lyrical)
		芭蕾(Ballet)
民族舞类 (folk dance)	泛指产生并流传于民间、受民俗文化制约,即兴表演但风格相对稳定,以自娱为主要功能的舞蹈形式	藏族
		蒙古族
		维吾尔族
		秧歌等
曳步舞类(shuffle dance)	一种以舞步变化为主要内容,一人或多人同时进行的健身舞蹈	—

(二) 排舞运动的特点

排舞运动能够迅速传播,相比其他健身项目,有其自身的独特价值和个性特点。

(1)文化的传承性与创新性。文化的传承与创新是文化发展的重要基础,从最初的方块舞、圆音舞、宫廷舞到现在的东方舞、爵士舞、街舞,再到现在流行的排舞,充分体现了排舞对舞蹈文化、民族文化、音乐文化、体育文化的继承、发展和创新。在多元文化交融与碰撞的背景下,逐渐形成了个性鲜明的排舞风格,而每一种风格也展现了不同地区和民族的文化风采。

(2)舞步的统一性与独特性。排舞是一项音乐和固定舞步融合在一起,根据不同的音乐元素来表现不同舞种风格特点的健身运动,排舞最突出的特点就是全世界每首曲目都有对应的舞谱,舞步完全统一,并且每个舞步都有独特的名称和节拍数,但对身体及手臂动作并无统一要求。

(3)音乐风格的流行性与时尚性。随着时代的发展,排舞融入了越来越多流行的舞蹈和音乐元素,特色的风格、多彩的旋律以及明朗的节奏等都具有丰富的艺术变现力,在多种舞蹈和音乐元素的不断组合、变化和创新之下形成了如今排舞曲目多元的风格与艺术特点。

(4)舞蹈元素的包容性与多样性。排舞作为一种国际性的健身舞蹈最早起源于西方国家,它的包容性极强,吸收了爱尔兰舞蹈、街舞、爵士舞、恰恰、牛仔、现代舞、华尔兹、拉丁舞等多种舞蹈元素,具有一定创编水平的排舞爱好者,通过多样的舞蹈元素进行组合与创新,结合自身特点,创编出各具特色的作品。由于全世界不同种族、地域环境的差异和民俗民风、人文历史等诸多因素的影响,排舞运动形成了多样的舞种风格,每种风格下都包含了相应特点的舞蹈种类,因此受到各年龄层次的追捧和喜爱。

(5)大众健身的艺术性与国际性。以艺术审美的方式进行娱乐和健身,提高人的艺术修养和意志品质,能够给排舞爱好者带来极大的美的享受。在信息化时代,排舞已成为一种国际化的舞蹈,风靡世界,全世界的排舞爱好者能够在国际排舞官方推广平台上进行交流学习,现成为不同国家、地区,男女老少都可以参与其中的一项具有自娱性、表演性和观赏性的健身舞蹈。

三、排舞运动基本术语及分类

排舞术语是排舞理论和技术等方面的专门用语。它以简明、扼要的词汇,准确而又形象地反映出排舞的舞步形式和技术特征。排舞术语是在排舞的演变和发展过程中不断完善的,它来自排舞实践又指导排舞实践,是排舞教学、交流不可缺少的工具。

(一)动作方向术语

动作方向是指人体或人体某一部分运动的指向或位置。为了正确地辨别身体方向和检查动作旋转的角度,方便理解和记忆套路动作,国际排舞协会规定以时钟的方向作为运动方向。

(1)时钟 12:00 钟方向:人体直立时胸部所对的方向。

(2)时钟 3:00 钟方向:人体直立时右肩所对的方向。

(3)时钟 9:00 钟方向:人体直立时左肩所对的方向。

(4)时钟 6:00 钟方向:人体直立时背部所对的方向。

(5)顺时针方向:按时钟的 12:00、3:00、6:00、9:00 钟方向依次完成动作的方法。

(6)逆时针方向:按时钟的 12:00、9:00、6:00、3:00 钟方向依次完成动作的方法。

(二)排舞动作术语(Standing Step)

表 13-6-2 排舞动作术语

刷地/Brush/Scuff	退/Back	击掌/Clap	交叉/Cross	拖布/Drag
扇步/Heel Grind	进/Forward	轻弹小腿/Flick	跟弹/Heel Bounce	跟点/Heel Dig
跟磨/Heel Grind	跟开/Heel Split	跟拍/Heel Tap	顶髋/Hip Bump	抬/吸起/Hitch
停顿/Hold/Freeze	勾提/Hook	单足跳/Hop	跳/Jump	踢/Kick
提起/Lift	锁步/Lock	弓步/Lunge	点/Point	快速(进/出)/Pop(In/Out)
滚动/Roll	颤膝/Shaking knee	抖肩/Shimmy	滑冰步/Skate	滑步/Slide
重踏/Stomp	摇摆/Sway	扫步/Sweep	旋步/Swivel	踢踏步/Tap
触点/Touch	并步/Together	转/Turn	扭转/Twist	—

(三)排舞步伐术语(Traveling Step)(部分步伐)(见 13-6-3)

表 13-6-3 排舞步伐术语

编号	舞步名称	节拍	基本类型	舞步描述
1	跳 jump	1	双脚跳 jump	双脚同时起跳,双脚落地
			爵士跳 jazz jump	单脚起跳,双脚落地
		12	开合跳 jump jack	1. 双脚起跳,分开落地;2. 双脚起跳,并脚落地
2	扇形步 fan	12	脚尖扇形步 toe fan	1. 单脚尖向外(向内)平展;2. 脚尖还原
				1. 双脚尖向外(向内)平展;2. 脚尖还原
			脚跟扇形步 heel fan	1. 单脚跟向外(向内)平展;2. 脚跟还原
				1. 双脚跟向外(向内)平展;2. 脚跟还原
3	摇摆 rock	12	前摇摆 rock forward	1. 右脚前进;2. 重心回左脚
			后摇摆 rock back	1. 右脚后退;2. 重心回左脚
			左/右摇摆 L/R cock	1. 右脚向右一步;2. 重心回左脚
6	恰恰步 cha cha cha Shuffle chasse	1&2	左/右恰恰 L/R chasse	1. 右脚向右一步 & 左脚并步;2. 右脚向右一步

续表

编号	舞步名称	节拍	基本类型	舞步描述
7	海岸步 coaster step	1&2	左/右海岸步 L/R coaster step	1.右脚后退 & 左脚并步；2.右脚前进
			反向海岸步 reverse coaster	1.右脚前进 & 左脚并步；2.右脚后退
			海岸交叉步 coaster cross	1.右脚后退 & 左脚并步；2.右脚前交叉
8	踢换脚 kick ball change	1&2	踢换脚 kick ball change	1.右脚踢 & 右脚还原；2.左脚原地踏（点、侧点、前交叉等）
			踢侧开 kick out out	1.右脚踢 & 右脚向右一步；2.左脚向左一步
9	曼波步 mambo step	1&2	前曼波 forward mambo	1.右脚前进 & 重心回左脚；2.右脚并步
			后曼波 back mambo	1.右脚后退 & 重心回左脚；2.右脚并步
			左/右曼波 L/R mambo	1.右脚向右一步 & 重心回左脚；2.右脚并步
			曼波交叉步 mambo cross	1.右脚向右一步 & 重心回左脚；2.右脚前交叉
10	水手步 sailor step	1&2	左/右水手步 L/R sailor step	1.右脚后交叉 & 左脚左踏；2.右脚右踏
			水手交叉步 sailor cross	1.右脚后交叉 & 左脚左踏；2.右脚前交叉

(四)排舞转体术语(Turning Step)(见表13-6-4)

表13-6-4　排舞转体术语

编号	舞步名称	节拍	基本类型	舞步描述
1	定轴转 pivot turn	12	1/4 定轴转 Pivot 1/4 turn	1.右脚前进；2.左转90°重心移到左脚
			1/2 定轴转 Pivot 1/2 turn	1.右脚前进；2.左转180°重心移到左脚
			3/4 定轴转 Pivot 3/4 turn	1.右脚前进；2.左转270°重心移到左脚
2	交叉转 cross unwind turn	12	左/右叉转 L/R cross unwind turn	1.右脚前交叉；2.左转180°～360°
3	藤转 rolling vine	1—4	左/右藤转 L/R rolling vine	1.右转 1/4 右脚进；2. 右转 1/2 左脚退；3. 右转 1/4 右脚向右一步；4.右脚并脚（点、刷等）
4	蒙特利转 monterey turn	1—4	1/4 蒙特利转 monterey 1/4 turn	1.右脚侧点；2.右脚 1/4 右脚并步；3.左脚侧点；4.左脚并步
			1/2 蒙特利转 monterey 1/2 turn	1.右脚侧点；2.右脚 1/2 右脚并步；3.左脚侧点；4.左脚并步

续表

编号	舞步名称	节拍	基本类型	舞步描述
5	划桨转 paddle turn	1—4	1/4 划桨转 paddle 1/4 turn	1. 右脚掌前点地，重心在左脚；2. 左转 1/8 重心放左脚；3. 右脚掌前点地，重心在左脚；4. 左转1/8重心放左脚
			1/2 划桨转 paddle 1/2 turn	1. 右脚进；2. 左转 1/4 重心放左脚；3. 右脚进；4. 左转 1/4 重心放左脚
6	三连步转 triple	1&2	三步转 180°～360° triple 180°～360° turn	根据节拍，可以用右—左—右脚或左—右—左脚进行不同方向，不同角度的转动
7	全转 full turn	12	左/右全转 L/R fwd. full turn	1. 右转 180°左脚进；2. 右转 180°右脚进
8	螺旋转 spiral turn	12	左/右螺旋转 L/R spiral turn	1. 右脚前进，以右脚为轴；2. 左脚 360°重心在右脚

第十四章　民族传统体育

第一节　武术套路

一、武术简介

中国武术是中国传统文化的重要一环,是我国民族体育的主要内容之一,是几千年来我国人民用以锻炼身体和自卫的一种方法。

中国武术的起源可以追溯到原始社会。当时的人类用棍棒等工具与野兽搏斗,逐渐积累一些攻防经验。商代产生的田猎被视为武术训练的重要手段。

二、五步拳

五步拳:弓步冲拳—弹腿冲拳—马步架打—歇步盖冲拳—提膝仆步穿掌—虚步挑掌。

(1)预备姿势:并步抱拳,两脚并拢,双手抱拳抱于腰间(见图14-1-1)。

(2)弓步冲拳:成左弓步,左手向左平搂收回腰间抱拳;冲右拳。目视前方(见图14-1-2)。

(3)弹腿冲拳:重心前移,右腿向前弹踢,同时冲左拳,收右拳。目视前方(见图14-1-3)。

(4)马步架打:右脚落地,向左转体90°,下蹲成马步,同时左拳变掌,屈臂上架,冲右拳;目视右方(见图14-1-4)。

图14-1-1　　　　图14-1-2　　　　图14-1-3　　　　图14-1-4

(5)歇步盖冲拳:左脚向右脚后插一步,同时右拳变掌向左下盖,掌外沿向前,身体左转

90°,收左拳;目视右掌(见图14-1-5);上动不停,两腿屈膝下蹲成歇步,同时冲左拳,收右拳;目视左拳(见图14-1-6)。

(6)提膝扑步穿掌:两腿起立,身体左转。随即左拳变掌,顺势收至右腋下;右拳变掌,由左手背上穿出,手心向上。同时左腿屈膝提起,目视右手(见图14-1-7)。上动不停,左脚落地成仆步;左手掌指朝前,沿左腿内侧穿至左脚面。目视左掌(见图14-1-8)。

图14-1-5　　　　图14-1-6　　　　图14-1-7　　　　图14-1-8

(7)虚步挑掌:左腿屈膝前弓,右脚前上成右虚步。同时左手向后画弧成勾手,右手顺右腿外侧向上挑掌。目视前方(见图14-1-9)。

(8)并步抱拳:左脚向右脚靠拢成并步。同时左勾手和右掌变拳,回收抱于腰间。目视前方(见图14-1-10)。

图14-1-9　　　　　　　　图14-1-10

三、少年拳(第二套)动作图解

预备式:两脚并拢直立,两手握拳屈肘抱于腰侧,两肩后展,拳心向上,下颌微收,头向左转,目视左前方(见图14-1-11)。

(一)抡臂砸拳

(1)左脚向左跨一步,以前脚掌着地,上体右转,左拳变掌向右前下方伸出,掌心向下(见图14-1-12)。

(2)上动不停,向左后方转体180°,同时左手向上、向左、向下绕环屈臂外旋,使掌心向上置于腹前;右手向右后、向上抡起下砸,以拳背砸击左掌心作响,同时右腿屈膝提起,在砸拳的同时下踩震脚成并步半蹲,上体稍前倾。目视前下方(见图14-1-13)。

图 14 - 1 - 11　　　　　　图 14 - 1 - 12　　　　　　图 14 - 1 - 13

(二)望月平衡

右脚后撤一步起立,同时右拳变掌,两手左右分开上摆,左手在头左斜上方抖腕亮掌;右手至右侧平举部位抖腕成立掌,掌心向右;左腿屈膝,小腿向上提贴于右膝窝,脚面向下。眼随左掌转动,在抖腕亮掌的同时向右转头。目向右平视(见图 14 - 1 - 14)。

(三)跃步冲拳

(1)上体左转前倾,左腿向前提起,左手向左下后摆至体后;右手以掌背向左下后挂至左膝外侧,掌心均向内,目视左下方(见图 14 - 1 - 15)。

(2)左脚向前落步,右腿屈膝向前上提,左脚随即蹬地向前跃出,两臂向前向上绕环摆动,目视右掌(见图 14 - 1 - 16)。

图 14 - 1 - 14　　　　　　图 14 - 1 - 15　　　　　　图 14 - 1 - 16

(3)右脚落地全蹲,左脚随即落地向前伸直平铺地面成仆步;两臂同时继续由上向右、向下绕环,右掌变拳收抱于右腰侧;左掌屈臂成立掌停于右胸前(见图 14 - 1 - 17)。目视前方。

(4)左掌经左脚面向外横搂,同时重心前移,右腿蹬直成左弓步;左掌变拳收抱于腰侧,右拳向前冲出,拳心向下。目视右拳(见图 14 - 1 - 18)。

(四)弹踢冲拳

重心移至左腿,右腿屈膝提起,在膝盖接近水平时,脚面绷平猛力向前弹踢;右掌收抱于腰侧,左拳向前冲出,拳心向下(见图 14 - 1 - 19)。目向前平视。

(五)马步横打

右脚向前落步,脚尖内扣,左拳收抱于腰侧,右拳臂内旋向右后伸出,在向左转体 90°成马步的同时,向前平摆横打(见图 14-1-20)。目视右拳前方。

图 14-1-17　　　　图 14-1-18　　　　图 14-1-19　　　　图 14-1-20

(六)并步搂手

右脚向左脚并拢下蹲,右拳变掌直接向右小腿外侧下搂,至右小腿旁变勾手继续后摆停于体侧后方,勾尖向上(图 14-1-21)。目视右方。

(七)弓步推掌

上体向左转体 90°,左脚前上一步成左弓步;同时右勾变拳收抱于腰侧左拳变掌向前推出,掌心向前,目视前方(图 14-1-22)。

(八)搂手勾踢

(1)右拳变掌经后下直臂向上、向前绕环落于左腕上交叉,同时重心移至左腿(见图 14-1-23)。

(2)上动不停,两臂向下后摆分掌搂手,至体侧后反臂成勾手,勾尖向上,同时右脚尖上勾,脚跟擦地,向左斜前方踢出。身体随之半面向左转(见图 14-1-24)。目视左前方。

图 14-1-21　　　　图 14-1-22　　　　　图 14-1-23　　　　图 14-1-24

(九)缠腕冲拳

(1)两勾手变掌前摆于腹前,左手抓握右手腕,右腿屈膝,小腿自然下垂(见图 14-1-25)。

(2)上动不停,右手翻掌缠腕,在向右转体的同时臂外旋用力屈肘后拉于右腰侧抱拳,右脚跺地震脚下蹲,左腿屈膝提起。

(3)左脚向左侧跨一大步,右脚蹬地随之滑动,两腿下蹲成马步,同时左手变拳经左腰侧向左冲出,拳眼向上(见图 14-1-26)。目视左掌前方。

(十)转身劈掌

(1)右脚蹬地屈膝上提向右转体90°,随身体直立两拳变掌直接上举,在头前上方以右手背击左掌心作响,目视前方(见图14-1-27)。

(2)上动不停,继续向右后转体180°,右脚向前落步成右弓步,同时左掌变拳收抱于腰侧,右掌下劈成侧立掌,小指一侧向前(图14-1-28)。目视前方。

图14-1-25　　　　图14-1-26　　　　图14-1-27　　　　图14-1-28

(十一)砸拳侧踹

(1)右脚蹬地屈膝上提,重心移至左腿并向左转体90°,成提膝直立姿势;同时左拳变掌置于腹前,掌心向上,右掌变拳上举至头前上方,在右脚下踩震脚成并步下蹲的同时,以拳背砸击左掌作响。目视右拳前下方(见图14-1-29)。

(2)右腿直立,左腿屈膝上提,脚尖上勾,以脚跟向左下方踹出与膝盖同高,上体稍向右倾斜;同时左掌变拳收抱于腰侧,右拳上举横架于头前斜上方,拳心向上(见图14-1-30)。目视左方。

(十二)撩拳收抱

(1)左脚向左落地并向左转体90°成左弓步;右拳由上、向后、向下,以拳面撩出停于左膝前上方;左拳变掌拍击右拳背作响(见图14-1-31)。目视右拳。

(2)左脚蹬地起立向右转体90°;两臂上举,两手变掌于头前上方交叉,掌心向前。目视前方(见图14-1-32)。

(3)上动不停,左脚收回与右脚并拢,两掌变拳左右分开后,屈肘收抱于腰侧。头向左转,目视左前方(见图14-1-33)。

(4)还原成立正姿势,目视前方(见图14-1-34)。

图14-1-29　　　图14-1-30　　　　图14-1-31　　　　图14-1-32　　　图14-1-33　　　图14-1-34

四、初级长拳第三路

(一)预备动作

1. 预备式

两脚并步站立,两臂垂于身体两侧,五指并拢贴靠腿外侧,眼向前视(见图14-1-35)。
要点:头要端正,颏微收,挺胸,塌腰,收腹。

2. 虚步亮掌

(1)退步砍掌。右脚向右后方撤步成左弓步。右掌向右、左上、向前画弧,掌心向上;左臂屈肘,左掌提至腰侧,掌心向上;目视右掌(见图14-1-36)。

(2)后移穿掌。右腿微屈,重心后移。左掌经胸前从右臂上向前穿出伸直;右臂屈肘,右掌收至腰侧,掌心向上;目视左掌(见图14-1-37)。

(3)转头亮掌。重心继续后移,左脚稍向右移,脚尖点地,成左虚步。左臂内旋向左、向后画弧成勾手,勾尖向上;右手继续向后、向右、向前上画弧,屈肘抖腕,在头前上方成亮拳(即横掌),掌心向前,掌指向左;目视左方(见图14-1-38)。

图14-1-35   图14-1-36   图14-1-37   图14-1-38

要点:并步后挺胸、塌腰。对拳、并步、转头要同时完成;三个动作必须连贯,成虚步时,重心落于右腿上,右大腿与地面平行,左腿微屈,脚尖点地。

3. 并步对拳

(1)提膝亮掌。右腿蹬直,左腿提膝,脚尖里扣,上肢姿势不变(见图14-1-39)。

(2)上步穿掌。左脚向前落步,重心前移,左臂屈肘,左勾手变掌经左肋前伸;右臂外旋向前下落于左掌右侧,两掌同高,掌心均向上(见图14-1-40)。

(3)上步后摆掌。右脚向前上一步,两臂下垂后摆(见图14-1-41)。

(4)并步转头对拳。左脚向右脚并步,两臂向外向上经胸前屈肘下按,两掌变拳,拳心向下,停于小腹前,目视左侧(见图14-1-42)。

要点:并步后挺胸、塌腰。对拳、并步、转头要同时完成。

图 14 - 1 - 39　　　　图 14 - 1 - 40　　　　图 14 - 1 - 41　　　　图 14 - 1 - 42

(二)第一段

1. 弓步冲拳

(1)上步格挡。左脚向左上一步,脚尖向斜前方;右腿微屈,成半马步。左臂向上向左格打,拳眼向后,拳与肩同高;右拳收至腰侧,拳心向上,目视左拳(见图 14 - 1 - 43)。

(2)蹬地冲拳。右腿蹬直成左弓步。左拳收至腰侧,拳心向上,右拳向前冲出,高与肩平,拳眼向上,目视右拳(见图 14 - 1 - 44)。

要点:成弓步时,右腿充分蹬直,脚跟不要离地。冲拳时,尽量转腰顺肩。

2. 弹腿冲拳

重心前移至左腿,右腿屈膝提起,脚面绷直,猛力向前弹出伸直,高与腰平。右拳收至腰侧,左拳向前冲出,目视前方(见图 14 - 1 - 45)。

要点:支撑腿可微屈,弹出的腿要用爆发力,力点达于脚尖。

3. 马步冲拳

右脚向前落步,脚尖里扣,上体左转。左拳收至腰侧,两腿下蹲成马步;右拳向前冲出,目视右拳(见图 14 - 1 - 46)。

要点:成马步时,大腿要平,两脚平行,脚跟外蹬,挺胸、塌腰。

图 14 - 1 - 43　　　　图 14 - 1 - 44　　　　图 14 - 1 - 45　　　　图 14 - 1 - 46

4. 弓步冲拳

(1)转体格挡。上体右转90°,右脚尖外撇向斜前方,成半马步。右臂屈肘向右格挡,拳眼向后,目视右拳(见图 14 - 1 - 47)。

(2)蹬地冲拳。左腿蹬直成右弓步,右拳收至腰侧;左拳向前冲出,目视左拳(见图 14 - 1 - 48)。

要点:与本节的弓步冲拳相同,唯左右相反。

5. 弹腿冲拳

重心前移至右腿,左腿屈膝提起,脚面绷直,猛力向前伸直弹出,高与腰平。左拳收至腰侧,右拳向前冲出,目视前方(见图 14-1-49)。

要点:与本节的弹腿冲拳相同。

图 14-1-47　　　　　图 14-1-48　　　　　图 14-1-49

6. 大跃步前穿

(1)收腿挂掌。左腿屈膝,右拳变掌内旋,以手背向下挂至左膝外侧,上体前倾,目视右手(见图 14-1-50)。

(2)上步后摆掌。左脚向前落步,两腿微屈,右掌继续向后挂,左拳变掌,向后向下伸直,目视右掌(见图 14-1-51)。

(3)跃步上摆掌。右腿屈膝向前提起,左腿立即猛力蹬地前跃出,两掌向前向上画弧摆起,目视左掌(见图 14-1-52)。

(4)仆步抱拳。右腿落地全蹲,左腿随即落地向前铲出成仆步,右掌变拳抱于腰侧,左掌由上向右、向下画弧成立掌,停于右胸前,目视左脚(见图 14-1-53)。

要点:跃步要远,落地要轻,落地后立即接做下一个动作。

图 14-1-50　　　　图 14-1-51　　　　图 14-1-52　　　　图 14-1-53

7. 弓步击掌

右腿猛力蹬直成左弓步。左掌经左脚面向后画弧至身后成勾手,左臂伸直,勾尖向上,右拳由腰侧变掌向前推出,掌指向上,掌外侧向前,目视右掌。(图 14-1-54)

8. 马步架掌

(1)转体穿掌。重心移至两腿中间,左脚脚尖里扣成马步,上体右转。右臂向左侧平摆,稍屈肘;同时左勾手变掌由后经左腰侧从右臂内向前上穿出,掌心均朝上,目视左手(图 14-1-55)。

(2)转头亮掌。右掌立于左胸前,左臂向左上屈肘抖腕亮掌于头部左上方,掌心向前,头部右转,目视右方(图 14-1-56)。

要点:亮掌抖腕和转头同时,发力干脆;马步同前。

图 14 - 1 - 54　　　　图 14 - 1 - 55　　　　图 14 - 1 - 56

(三)第二段

1. 虚步栽拳

(1)提膝转体。右脚蹬地,屈膝提起;左腿伸直,以前脚掌为轴向右后转体180°。右掌由左胸前向下经右腿外侧向后画弧成勾手;左臂随体转动并外旋,使掌心朝右,目视右手(见图 14 - 1 - 57)。

(2)虚步栽拳。右脚向右落地,重心移至右腿上,下蹲成左虚步,左掌变拳下落于左膝上,拳眼向里,拳心向后;右勾手变拳,屈肘向上架于头右上方,拳心向前,目视左方(见图 14 - 1 - 58)。

2. 提膝穿掌

(1)转头盖掌。右腿稍伸直。右拳变掌收至腰侧、掌心向上,左拳变掌由下向左向上画弧盖压于头上方,掌心向前(见图 14 - 1 - 59)。

(2)提膝穿掌。右腿蹬直,左腿屈膝提起,脚尖内扣。右掌从腰侧经左臂内向右前上方穿出,掌心向上,左掌收至右胸前成立掌,目视右掌(见图 14 - 1 - 60)。

要点:支撑腿与右臂充分伸直。

3. 仆步穿掌

右腿全蹲,左腿向左后方铲出成左仆步。右臂不动,左掌由右胸前向下经左腿内侧,向左脚面穿出,目随左掌转视(见图 14 - 1 - 61)。

图 14 - 1 - 57　　图 14 - 1 - 58　　　图 14 - 1 - 59　　　图 14 - 1 - 60　　　图 14 - 1 - 61

4. 虚步挑掌

(1)弓步前穿。右腿蹬直,重心前移至左腿,成左弓步。右掌稍下降,左掌随重心前移向前挑起(见图 14 - 1 - 62)。

(2)虚步前挑。右脚向左前方上步,左腿半蹲,成右虚步。身体随上步左转180°。在右脚上步的同时,左掌由前向上向后画弧成立掌,右掌由后向下向前上挑起成立掌,指尖与眼平,目视右掌(见图 14 - 1 - 63)。

要点:上步要快,虚步要稳。

5. 马步击掌

(1)捋手抱拳。右脚落实,脚尖外撇,重心稍升高并右移,左掌变拳收至腰侧;右掌俯掌向外捋手(见图 14 - 1 - 64)。

(2)上步横击。左脚向前上一步,以右脚为轴向右后转体 180°,两腿下蹲成马步。左拳变掌从右臂上成立掌向左侧击出;右掌变拳收至腰侧,目视左掌(见图 14 - 1 - 65)。

图 14 - 1 - 62　　　　图 14 - 1 - 63　　　　图 14 - 1 - 64　　　　图 14 - 1 - 65

要点:右手做捋手时,先使臂稍内旋、腕伸直,手掌向下向外转,接着臂外旋,掌心经下向上翻转,同时抓握成拳。收拳和击掌动作要同时进行。

6. 叉步双摆掌

(1)转头下摆掌。重心稍右移,同时两掌向下向右摆,掌指均向上,目视右掌(见图 14 - 1 - 66)。

(2)叉步上摆掌。右脚向左腿后插步,前脚掌着地。两臂继续由右向上向左摆,停于身体左侧,均成立掌,右掌停于左肘窝处,目随双掌转视(见图 14 - 1 - 67)。

要点:两臂要画立圆,幅度要大,摆掌与后插步配合一致。

7. 弓步击掌

(1)转身按掌。两腿不动,左掌收至腰侧,掌心向上;右掌向上向右画弧,掌心向下(见图 14 - 1 - 68)。

图 14 - 1 - 66　　　　图 14 - 1 - 67　　　　图 14 - 1 - 68

(2)退步击掌。左腿后撤一步,成右弓步。右掌向下向后伸直摆动,成勾手,勾尖向上;左掌成立掌向前推出,目视左掌(见图 14 - 1 - 69)。

8. 转身踢腿马步盘肘

(1)转身抡臂。两脚以前脚掌为轴向左后转体 180°,在转体的同时,左臂向上向前画半立圆,右臂向下向后画半圆(见图 14 - 1 - 70)。

(2)顺势抢臂。上动不停,两脚不动,右臂由后向上向前画半立圆,左臂由前向下向后画半立圆(见图14-1-71)。

图14-1-69　　　　　图14-1-70　　　　　图14-1-71

(3)亮掌正踢腿。上动不停,重心移至左脚,右臂向下成反臂勾手,勾尖向上;左臂向上成亮掌,掌心向前上方,右腿伸直,脚尖勾起,向额前踢(见图14-1-72)。

(4)落步拧身。右脚向前落地,脚尖里扣。右手不动,左臂屈肘下落至胸前,左掌心向下,目视左掌(见图14-1-73)。

(5)马步盘肘。上体左转90°,两腿下蹲成马步。同时左掌向前向左平捋变拳收至腰侧,右勾手变拳,右臂伸直,由体后向右向前平摆,至体前时屈肘,肘尖向前,高与肩平,拳心向下,目视肘尖(见图14-1-74)。

要点:两臂抢动时要画立圆,动作连贯。盘肘时要快速有力,右肩前顺。

(四)第三段

1.歇步抢砸拳

(1)转头抢拳。重心稍升高,右脚尖外撇。右臂由胸前向上向右抢直;左拳向下向左,使臂抢直,目视右拳(见图14-1-75)。

图14-1-72　　　　图14-1-73　　　　图14-1-74　　　　图14-1-75

(2)转体抢摆。上动不停,两脚以前脚掌为轴,向右后转体180°,右臂向下向后抢摆,左臂向上向前随身体转动(见图14-1-76)。

(3)歇步砸拳。紧接上动,两腿全蹲成歇步。左臂随身体下蹲向下平砸,拳心向上,臂部微屈;右臂伸直向上举起,目视左拳(见图14-1-77)。

要点:抢臂动作要连贯完成,画成立圆。歇步要两腿交叉全蹲,左腿大、小腿靠紧,臀部贴于左小腿外侧,膝关节在右小腿外侧,脚跟提起,右脚尖外撇,全脚着地。

2.仆步亮掌

(1)回身横击掌。左脚由右腿后抽出前上一步,左腿蹬直,右腿半蹲,成右弓步。上体微向右转。左拳收至腰侧,右拳变掌向下经胸前向右横击掌(见图14-1-78)。

(2)提膝穿掌。右脚蹬地屈膝提起,上体右转。左拳变掌从右掌上向前穿出,掌心向上,右掌平收至左肘下(见图14-1-79)。

图14-1-76   图14-1-77   图14-1-78   图14-1-79

(3)仆步亮掌。右脚向右落步,屈膝全蹲,左腿伸直,成仆步。左掌向下向后画弧成勾手,勾尖向上,右掌向右向上画弧微屈,抖腕成亮掌,掌心向前。头随右手转动,至亮掌时,目视左方(图14-1-80)。

要点:仆步时左腿充分伸直,脚尖里扣,右腿全蹲,两脚掌全部着地。上体挺胸塌腰,稍左转。

3. 弓步劈拳

(1)上步搂手。右腿蹬地立起;左腿收回并向左前方上步。右掌变拳收至腰侧,左勾手变掌由下向前上经胸前向左做搂手(见图14-1-81)。

(2)上步挥摆。右腿经左腿前方向左绕上一步,左腿蹬直成右弓步。左手向左平搂后再向前挥摆,虎口朝前(见图14-1-82)。

(3)弓步劈拳。在左手平搂的同时,右拳向后平摆,然后再向前向上做抡劈拳,拳高与耳平,拳心向上,左掌外旋接扶右前臂,目视右拳(见图14-1-83)。

图14-1-80   图14-1-81   图14-1-82   图14-1-83

要点:左右脚上步稍带弧形。

4. 换跳步弓步冲拳

(1)缩身挂掌。重心后移,右脚稍向后移动;右拳变掌臂内旋以掌背向下画弧挂至右膝内侧;左掌背贴靠右肘外侧,掌指向前,目视右掌(见图14-1-84)。

(2)提膝拧身。右腿自然上抬,上体稍向左扭转;右掌挂至体左侧,左掌伸向右腋下,目随右掌转视(见图14-1-85)。

(3)震脚按掌。右脚以全脚掌用力向下震踩,与此同时,左脚急速离地抬起。右手由左向上向前搂盖而后变拳收至腰侧,左掌伸直向下、向上、向前屈肘下按,掌心向下。上体右转,目视左掌(见图 14 - 1 - 86)。

(4)弓步冲拳。左脚向前落步,右腿蹬直成左弓步。右拳从左手手背上向前冲出,拳高与肩平,拳眼向上;左掌藏于右腋下,掌背贴靠腋窝,目视右拳(见图 14 - 1 - 87)。

要点:换跳步动作要连贯、协调。震脚时腿要弯曲,全脚掌着地,左脚离地不要过高。

图 14 - 1 - 84　　　　图 14 - 1 - 85　　　　图 14 - 1 - 86　　　　图 14 - 1 - 87

5. 马步冲拳

上体右转 90°,重心移至两腿中间,成马步。右拳收至腰侧,左掌变拳向左冲出,拳眼向上,目视左拳(见图 14 - 1 - 88)。

6. 弓步下冲拳

右脚蹬直,左腿弯屈,上体稍向左转,成左弓步。左拳变掌向下经体前向上架于头左上方,掌心向上,右拳自腰侧向左前斜下方冲出,拳眼向上,目视右拳(见图 14 - 1 - 89)。

7. 叉步亮掌侧踹腿

(1)十字交叉。上体稍右转。左掌由头上下落于右手腕上,右拳变掌,两手交叉成十字,目视双手(见图 14 - 1 - 90)。

(2)叉步亮掌。右脚蹬地并向左腿后插步,以前脚掌着地。左掌由体前向下向后画弧成勾手,勾尖向上,右掌由前向右向上画弧抖腕亮掌,掌心向前,目视左侧(见图 14 - 1 - 91)。

图 14 - 1 - 88　　　　图 14 - 1 - 89　　　　图 14 - 1 - 90　　　　图 14 - 1 - 91

(3)侧踹腿。重心移至右腿,左腿屈膝提起,向左上方猛力踹出。上肢姿势不变,目视左侧(见图 14 - 1 - 92)。

要点:插步时上体稍向右倾斜,腿、臂的动作要一致。侧踹高度不能低于腰,大腿内旋,着力点在脚跟。

8. 虚步挑拳

(1)落步左挑拳。左脚在左侧落地,右掌变拳稍后移,左勾手变拳由体后向左上挑,拳背向上(见图 14 - 1 - 93)。

(2)提膝前挂拳。上体左转 180°,微含胸前俯;左拳继续向前向上画弧上挑,右拳向下向前画弧挂至右膝外侧,同时右膝提起,目视右拳(见图 14 - 1 - 94)。

(3)虚步右挑拳。右脚向左前方上步,脚尖点地,重心落于左脚,左腿下蹲成右虚步。左拳向后画弧收至腰侧,拳心向上,右拳向前屈臂挑出,拳眼斜向上,拳与肩同高,目视右拳(见图14-1-95)。

图14-1-92   图14-1-93   图14-1-94   图14-1-95

(五)第四段

1. 弓步顶肘

(1)缩身下挂。重心升高,右脚踏实。右臂内旋向下直臂画弧以拳背下挂至右膝内侧,左拳不变,目视前下方(见图14-1-96)。

(2)提膝摆臂。左腿蹬直,右腿屈膝上抬,上体右转。左拳变掌,右拳不变,两臂向前向上画弧摆起,目随右拳转视(见图14-1-97)。

(3)跳换步一。左脚蹬地起跳,身体腾空,两臂继续画弧至头上方(见图14-1-98)。

(4)跳换步二。右脚先落地,右腿屈膝,左脚向前落步,以前脚掌着地。同时两臂向右向下屈肘停于右胸前,右拳变掌,左掌变拳,右掌心贴靠左拳面(见图14-1-99)。

(5)弓步顶肘。左脚向左上一步,左腿屈膝,右腿蹬直成左弓步。右掌推左拳,以左肘尖向左顶出,高与肩平,目视前方(见图14-1-100)。

要点:交换步时不要过高,但要快。两臂抢摆时要成圆弧。

图14-1-96   图14-1-97   图14-1-98   图14-1-99   图14-1-100

2. 转身左拍脚

(1)转身抢臂。以两脚前脚掌为轴向右后转体180°。随着转体,右臂向上、向右、向下画弧抢摆,同时左拳变掌向下、向后、向前上抢摆(见图14-1-101)。

(2)左拍脚。左腿伸直向前上踢起,脚面绷平。左掌变拳收至腰侧,右掌由体后向上向前拍击左脚面,目视右手(见图14-1-102)。

要点:右掌拍脚时手掌稍横过来,拍脚要准而响亮。

3. 右拍脚

(1)左掌后摆。左脚向前落地,左拳变掌向下向后摆,右掌变拳收至腰侧,拳心向上(见

图 14 - 1 - 103）。

（2）右拍脚。右腿伸直向前上踢起，脚面绷平。左拳变掌由后向上向前拍击右脚面。目视左手（见图 14 - 1 - 104）。

要点：与本节的转身左拍脚相同。

| 图 14 - 1 - 101 | 图 14 - 1 - 102 | 图 14 - 1 - 103 | 图 14 - 1 - 104 |

4. 腾空飞脚

（1）落脚上步。右脚落地，上肢姿势保持不变（见图 14 - 1 - 105）。

（2）起跳击掌。左脚向前摆起，右脚猛力蹬地跳起，左腿屈膝继续前上摆。同时右拳变掌向前向上摆起，左掌先上摆而后下降拍击右掌背（见图 14 - 1 - 106）。

（3）空中拍脚。右腿继续上摆，脚面绷平。右手拍击右脚面，左掌由体前向后上举，目视右手（见图 14 - 1 - 107）。

要点：蹬地要向上，不要太向前冲，左膝尽量上提。击响要在腾空时完成，右臂伸直成水平。

| 图 14 - 1 - 105 | 图 14 - 1 - 106 | 图 14 - 1 - 107 | 图 14 - 1 - 108 |

5. 歇步下冲拳

（1）半马步按掌。左、右脚先后相继落地。左掌变拳收至腰侧，目视右手（见图 14 - 1 - 108）。

（2）歇步下冲拳。身体右转 90°，两腿全蹲成歇步，右掌抓握、外旋变拳收至腰侧；左拳由腰侧向前下方冲出，拳心向下，目视左拳（见图 14 - 1 - 109）。

6. 仆步抡劈拳

（1）站起抡臂。重心升高，右臂由腰侧向体后伸直，左臂随身体重心升高向上摆起，目随左拳（见图 14 - 1 - 110）。

（2）提膝转体。以右脚前脚掌为轴，左腿屈膝提起，上体左转 270°。左拳由前向后下画立圆一周；右拳由后向下向前上画立圆一周（见图 14 - 1 - 111）。

（3）仆步劈拳。左腿向后落一步，屈膝全蹲，右腿伸直，脚尖里扣成右仆步。右拳由上向下抡劈,拳眼向上;左拳后上举,拳眼向上,目视右拳(见图14-1-112)。

要点:抡臂时一定要画立圆。

图14-1-109　　　　图14-1-110　　　　图14-1-111　　　　图14-1-112

7. 提膝挑掌

(1)弓步抡臂。重心前移成右弓步,同时右拳变掌由下向上抡摆,左拳变掌稍下落,右掌心向左,左掌心向右(见图14-1-113)。

(2)提膝挑掌。左、右臂在垂直面上由前向后各画立圆一周。右臂伸直停于头上,掌心向左,掌指向上,左臂伸直停于身后成反勾手。同时右腿屈膝提起,左腿挺膝伸直独立,目视前方(见图14-1-114)。

要点:抡臂时要画立圆。

图14-1-113　　　　图14-1-114　　　　图14-1-115　　　　图14-1-116

8. 提膝劈掌弓步冲拳

(1)提膝劈掌。下肢不动,右掌由上向下猛劈伸直,停于右小腿内侧,用力点在小指一侧;左勾手变掌,屈臂向前停于右上臂内侧,掌心向左,目视右掌(见图14-1-115)。

(2)退步搂手。右脚向右后落地;身体右转90°。同时左掌变拳收至腰侧,右臂内旋向右画弧做劈掌(见图14-1-116)。

(3)弓步冲拳。上动不停,左腿蹬直成右弓步。右手抓握变拳收至腰侧,左拳由腰侧向左前方冲出,目视左拳(见图14-1-117)。

(六)结束动作

1. 虚步亮掌

(1)扣膝抱掌。右脚扣于左膝后,两拳变掌,两臂右上左下屈肘交叉于体左前,目视右掌(见图14-1-118)。

(2)退步舞花。右脚向右后落步,重心后移,右腿半蹲,上体稍右转。同时右掌向上、向右、向下画弧停于左腋下;左掌向左、向上画弧停于右臂上与左胸前,两掌心左下右上,目视左掌(见图 14 - 1 - 119)。

（3）虚步亮掌。左脚尖稍向右移,右腿下蹲成左虚步。左臂伸直向左、向后画弧成反勾手;右臂伸直向下、向右、向上画弧抖腕亮掌,掌心向前,目视左方(见图 14 - 1 - 120)。

图 14 - 1 - 117 图 14 - 1 - 118 图 14 - 1 - 119 14 - 1 - 120

2. 并步对拳

（1）退步穿掌。左腿后撤一步,同时两掌从两腰侧向前穿出伸直,掌心向上(见图 14 - 1 - 121)。

（2）退步后摆掌。右腿后撤一步,同时两臂分别向体后下摆(见图 14 - 1 - 122)。

（3）并步转头对拳。左脚后退半步向右脚并拢。两臂由后向上经体前屈臂下按,两掌变拳,停于腹前,拳心向下,拳面相对,目视左方(见图 14 - 1 - 123)。

3. 还原

两臂自然下垂,目视正前方(见图 14 - 1 - 124)。

图 14 - 1 - 121 图 14 - 1 - 122 图 14 - 1 - 123 图 14 - 1 - 124

五、武术与健身

（一）外在的健身作用

中华民族千百年的习武实践和多年的科学研究,都说明武术对身体有着多方面的良好影响,经常练习能收到"壮内强外"的效果。例如长拳类套路,包括屈伸、回环、跳跃、平衡、翻腾、跌扑等动作,通过内在神情的贯注和呼吸的配合可以让人体各个器官积极参与,尤其是坚持基本功训练,能起到加强人体肌肉力量,提高肌肉、韧带的伸展性的效果,加大关节运动幅度,也能有效地提高柔韧性。而散打对抗中的判断、起动、躲闪格挡或快速还击等对人体的反应速度、力量、灵巧、耐力都有良好的促进作用。太极拳和许多武术一样,注重调息运气和意念活动,长期练习对治疗多种慢性疾病和调节人体内环境平衡均有良好的医疗保健作用。

(二)提高防身自卫能力

武术以技击动作为主要内容,通过练拳习武,不仅可以增强体质,还可以学习一定的攻防格斗技术,掌握防身自卫的知识和方法,提高人体的灵活性和对外意识的应变自卫能力。

(三)培养道德情操的教育作用

武术在长期的发展中,继承和发扬了中华民族重礼仪、讲道德的优秀传统。"习武以德为先",说明武术练习历来十分重视武德教育。尚武崇德的精神可以培养青少年尊师重道,讲理守信、宽以待人、严于律己等良好的心理素质和高尚的道德情操。同时,武术的练习,特别是追求技艺提高的过程中,需要吃苦耐劳、坚持不懈的精神,这不仅能培养学生坚韧不拔、自强不息的意志品质,也是一种修身养性的重要手段,有益于人的全面发展。

(四)娱乐观赏,丰富文化生活

武术运动具有很高的观赏价值:套路运动具有动迅静定的节奏美;踢、打、摔、拿、跌巧妙结合的方法美;内外合一、形神兼备的和谐美也引人入胜。搏斗对抗中双方激烈的争夺,精湛的攻防技巧,敢打敢拼的斗志,都可以给人一种美的享受和精神上的激励。群众性的武术活动研究"以武会友",即通过习武的共同爱好,可以切磋技艺、扩大交往、交流思想、增进友谊,丰富人民群众的业余文化生活。

第二节　太极

一、太极概述

太极拳是一项集健身、疾病预防和武术于一体的体育项目,它是中华武术拳种中最为普及的拳种之一,是一种传统的养生术,它汇集了我国古代保健体育之精华,是宝贵的民族文化遗产。早期曾被称为"绵拳""十三式""软手"等,清乾隆年间,山西民间武术家王宗岳用《周子全书》中阴阳太极的哲理来解释拳义,写成《太极拳论》,太极拳这个名称才确定下来,"太极"一词源自《周易》,含有至高、至极、绝对、唯一的意思。

二、十二式简化太极拳

1.起势

身体自然直立,两脚开立,与肩同宽,脚尖向前;两臂自然下垂,两手放在大腿外侧;目视前方(见图 14－2－1)。两臂慢慢向前平举,两手高与肩平,与肩同宽;手心向下(见图 14－2－2,图 4－2－3)。上体保持正直,两腿屈膝下蹲;同时,两掌慢慢下按,两肘下垂与两膝相对;目视前方(见图 14－2－4)。

图 14-2-1   图 14-2-2   图 14-2-3   图 14-2-4

2. 左右野马分鬃

（1）上体微向右转，身体重心移到右腿上；同时右臂向上画弧到胸前平屈，手心向下，左手经体前向右下画弧到腹前，手心向上，两手心相对呈抱球状；左脚随左手动作收到右脚内侧，脚尖点地；眼看右手（见图 14-2-5、图 14-2-6）。

（2）上体微向左转，左脚向左前方迈出，脚跟先着地，落实后，右腿自然伸直，左膝前屈，成左弓步；同时，上体继续向左转前移，左右手随转体慢慢分别向左上右下分开，左手高与眼平（手心斜向上），肘微屈下垂；右手落在右胯旁，肘也微屈，手心向下，指尖朝前；眼看左手（见图 14-2-7、图 14-2-8、图 14-2-9）。

图 14-2-5   图 14-2-6   图 14-2-7   图 14-2-8   图 14-2-9

3. 白鹤亮翅

（1）上体微向左转，重心移至左腿，右脚跟进半步；同时左手向内旋翻，掌心向下，左臂平屈胸前，右手外旋向左上画弧至腹前，手心向上，与左手呈抱球状；眼看左手（见图 14-2-10）。

（2）右脚跟进半步，上体后坐，身体重心移至右腿，上体先向右转，面向右前方，眼看右手；然后左脚稍向前移，脚尖点地，成左虚步，同时，上体再微向左转正，面向前方，两手随转体慢慢向右上左下分开，右手上提停于右额前，手心向左后方，左手下按至左胯前，手心向下，指尖向前；眼平视前方（见图 14-2-11、图 14-2-12）。

图 14-2-10   图 14-2-11   图 14-2-12

4. 左右搂膝拗步

(1)右手从体前下落,由下向后上方画弧至右肩外侧;肘微屈,手与耳同高,手心斜向上,左手由左下向上、向右下方画弧至右胸前,手心斜向下;同时,上体先微向左再向右转,左脚收至右脚内侧,脚尖点地;目视右手(见图 14-2-13、图 14-2-14、图 14-2-15)。

(2)上体左转,左脚向前(偏左)迈出成左弓步;同时,右手屈回由耳倒向前推出,高与鼻尖平,左手向下由左膝前搂过落于左胯旁,指尖向前;目视右手手指(见图 14-2-16、图 14-2-17)。

图 14-2-13　　　图 14-2-14　　　图 14-2-15　　　图 14-2-16　　　图 14-2-17

5. 手挥琵琶

右脚跟进半步,上体后坐,身体重心转至右腿,上体半面向右转,左脚略提起稍向前移,变成左虚步,脚跟着地,脚尖翘起,膝部微屈;同时,左手由左下向上挑掌,高与鼻平,掌心向右,臂微屈;右手收回置于左肘内侧,掌心向左;目视左手食指(见图 14-2-18、图 14-2-19、图 14-2-20)。

图 14-2-18　　　　图 14-2-19　　　　图 14-2-20

6. 进步搬拦捶

(1)上体稍左转,右脚向前迈步,脚尖外撇,同时右掌随转体向下(变拳)经左胸前向前翻转撤出,拳心向上,左掌向下、向左收于左胯旁(见图 14-2-21)。

(2)重心前移,上体右转,左脚经右脚内侧向前上一步,脚跟落地,同时右前臂内旋,右拳向右画弧至腰间,左掌由左向前画弧拦于体前(见图 14-2-22)。

(3)左腿前弓成左弓步,同时右拳向前打出,拳眼向上,高与胸平,左手附于右前臂里侧。眼视右拳(见图 14-2-23、图 14-2-24)。

图 14 - 2 - 21　　　　图 14 - 2 - 22　　　　图 14 - 2 - 23　　　　图 14 - 2 - 24

7. 如封似闭

（1）左手由右腕下向前伸出，右拳变掌，两手手心逐渐翻转向上并慢慢分开回收；同时身体后坐，左脚尖翘起，身体重心移至右腿。眼视前方（见图 14 - 2 - 25、图 14 - 2 - 26、图 14 - 2 - 27）。

（2）两手在胸前翻掌，向下经腹前再向上、向前推出；腕部与肩平，手心向前；同时左腿前弓成左弓步。眼视前方（见图 14 - 2 - 28、图 14 - 2 - 29、图 14 - 2 - 30）。

图 14 - 2 - 25　　　　　图 14 - 2 - 26　　　　　图 14 - 2 - 27

图 14 - 2 - 28　　　　　图 14 - 2 - 29　　　　　图 14 - 2 - 30

8. 右云手

（1）重心后移，右脚尖外撇，脚尖朝前，左脚尖内扣，身体右转重心移向右腿；同时右掌经面前向右画弧至身体右侧；左掌向下经腹前画弧（见图 14 - 2 - 31）。

（2）上体继续右转；右掌画到身体右侧，前臂内旋，掌心转向外，左掌向上画弧至右肩前，掌心向内；同时左脚向右脚并步，两脚相距 10～20 cm，脚尖向前。目视右掌（见图 14 - 2 - 32、图 14 - 2 - 33）。

（3）上体左转，重心移向左腿；左掌经面前向左画弧，右掌经腹前向左，同时画立圆，两掌运至身体左侧时，右掌心向内（见图 14 - 2 - 34）。

图 14 - 2 - 31　　　图 14 - 2 - 32　　　图 14 - 2 - 33　　　图 14 - 2 - 34

9. 单鞭

(1)左掌随之变勾手,右掌向上画弧至右肩前;右脚收于左脚内侧,目视左勾手。身体重心落于左腿上,右脚轻轻抬起(见图 14 - 2 - 35)。

(2)上体右转,右脚向右前方迈出,重心前移成右弓步;右掌随转体慢慢翻掌并向前立掌推出,掌心向前目视右掌(见图 14 - 2 - 36、图 14 - 2 - 37)。

图 14 - 2 - 35　　　　图 14 - 2 - 36　　　　图 14 - 2 - 37

10. 下势独立

(1)重心后移成左弓步,随后左腿屈膝下蹲,右腿向下伸直成右仆步,同时右掌随身体重心移动向左画弧下落,再顺右腿内侧向前穿出;掌心向外,眼看右手(见图 11 - 2 - 38、图 14 - 2 - 39)。

(2)身体重心前移右脚尖外撇,右腿前弓,左脚尖内扣,上体微向右转并向前起身;同时右臂继续向前穿出,掌心向左;左勾手下落,勾尖向上成右弓步(见图 14 - 2 - 40)。

(3)右腿支撑,左腿慢慢提起屈膝成独立步,同时左勾手变掌,并由后下方顺左腿外侧向前弧形摆出,屈臂立于左腿上方肘膝相对。掌心向右(见图 14 - 2 - 41、图 14 - 2 - 42)。

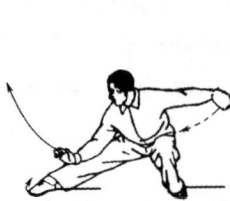

图 14 - 2 - 38　　　图 14 - 2 - 39　　　图 14 - 2 - 40　　　图 14 - 2 - 41　图 14 - 2 - 42

11. 揽雀尾

(1)身体微左转,左脚向前落地,脚尖外撇,右脚跟离地,两脚屈膝成半蹲式;右脚收到左脚内侧,脚尖点地;同时两掌相对在左胸前成抱球状。眼看左掌(见图14-2-43、图14-2-44)。

(2)右脚向右前方迈出成右弓步,同时右臂向前方架出,左手向左下落放于左胯旁(见图14-2-45、图14-2-46)。

(3)身体微向右转,右掌随即前伸翻掌向下,左手翻掌向上,经腹前向上、向前伸至左前臂下方,然后两手下将,随即上体左转,重心后移至左腿。两掌经腹前向左后上方画弧,右掌画至左胸前(见图14-2-47、图14-2-48)。

(4)上体微右转,左臂屈肘折回,左掌指根部附于右手腕内侧,两掌棚于胸前慢慢向前挤出,同时身体重心逐渐前移成右弓步(见图14-2-49、图14-2-50、图14-2-51)。

(5)两手左右分开,与肩同宽,掌心向下,随身体重心后移,右脚尖翘起,同时两手屈肘回收至腹前(见图14-2-52、图14-2-53)。

(6)身体重心前移成右弓步,同时两掌向前、向上按出,掌心向前(见图14-2-54)。

图14-2-43　　图14-2-44　　图14-2-45　　图14-2-46　　图14-2-47　　图14-2-48

图14-2-49　　图14-2-50　　图14-2-51　　图14-2-52　图14-2-53　　图14-2-54

12. 收势

(1)重心左移,上体左转右脚尖内扣;左脚尖外撇,同时左掌随身体左转经面前向左平摆,右掌向右撑开(见图14-2-55)。

(2)重心右移,左脚尖内扣,随即向右收回成开立步;同时两掌向下经腹前向上画弧交叉合抱于胸前。左掌在外右掌在内;两臂同时内旋,两掌分开与肩同宽,掌心向下,两掌慢慢下落至两腿外侧,上体自然正直,眼看前方;左脚收至右脚旁,两脚并拢,脚尖向前,眼看前方(见图14-2-56、图14-2-57、图14-2-58)。

图 14-2-55   图 14-2-56   图 14-2-57   图 14-2-58

三、三十二式太极剑

(一)左手持剑法

左手自然舒展开,虎口部位对准剑的护手处,然后拇指由护手上方向下,中指、无名指和小指由护手下面向上,两者相对握住护手(由于护手的形式不同,拇指也可以从下向上握),食指伸直贴附于剑把之上,剑身平贴于左臂后侧。

要点:手要紧握剑,不得使剑刃触及身体。

(二)右手持剑法

右手自然舒展开,虎口对准剑的"上刃"(剑面竖直成立剑时,在上的一侧剑刃称为上刃),然后拇指和食指靠近护手将剑把握紧,其他三指可松握,以拇指的根节和小指外沿的掌根部位控制剑的活动。另一种持剑法是,以中指、无名指和拇指握住剑把,食指和小指松握。当遇到某些需要增加剑锋弹力和灵活性的动作时,食指则贴于护手上,以控制剑活动准确性。后一种持剑法也称活把剑。

要点:握剑的松紧程度,以能将剑刺平,劈平为宜。

(三)剑指

在练剑的时候,不持剑的手一般都保持成"剑指"姿势,即把食指和中指尽量伸直,无名指和小指屈握,然后用拇指压在无名指和小指指甲上。

(四)三十二式太极剑套路图解和教学

1. 预备式

身体正直,两脚开立,与肩同宽,脚尖向前;两臂自然垂于身体两侧,左手持剑,剑尖向上,剑身竖直;眼平视前方(见图14-2-59)。

2. 起势

右手握成剑指,两臂慢慢向前平举,高与肩平,手心向下;平视前方。

要点:两臂上起时,不要用力,两手宽度不超过两肩。剑身在左臂下要平,剑尖不可下垂。

上体略向右转,身体重心移于右腿,屈膝下蹲,然后再向左转体,左腿提起向左侧前方迈出,成左弓步;左手持剑随即经体前向左下方搂出,停于左胯旁,剑立于左臂后,剑尖向上;同时右手剑指下落转成手掌心向上,由右后方屈肘上举经耳旁随转动方向向前指出,高与眼平;先向右看,然后向前看右剑指。

左臂屈肘上提,左手持剑(手心向下)经胸前从右手上穿出,右剑指翻转(手心向上),并慢慢下落撤至右后方(手心仍向上),两臂向外展平,身体右转;右腿提起向前横落,脚尖外撇,两腿交叉,膝部弯屈,左脚跟离地,身体稍向下坐,成半坐盘势;向后看右手。

右脚和左手持剑的位置不动,左脚前进一步,成左弓步;同时身体向左扭转,右手剑指随之经头部右上方向前落于剑把之上,准备接剑;平视前方(见图14-2-60、图14-2-61、图14-2-62)。

图14-2-59　　　　　图14-2-60　　　　　图14-2-61　　　　　图14-2-62

(五)第一组

1. 并步点剑

左手食指向中指一侧靠拢,右手松开剑指,虎口对着护手,将剑接换过,并使剑在身体左侧画一立圆,然后剑尖向前下点,剑尖略向下垂,右臂要平直;左手变成剑指,附于右手腕部;右脚前进向左脚靠拢并齐,脚尖向前,身体略向下蹲;目注剑尖(见图14-2-63、图14-2-64)。

2. 独立反刺

右脚向右后方撤一步,随即身体右后转,然后左脚收至右脚内侧,脚尖点地,同时右手持剑经体前下方撤至右后方,右腕翻转,剑尖上挑;左手剑指随剑回撤,停于右肩旁;眼看剑尖。上体左转,左膝提起,成独立式,脚尖下垂;同时右手渐渐上举,使剑经头部前上方向前刺出(拇指向下,作反手立剑),剑尖略低,力注剑尖;左手剑指则经下颏处随转体向前指出,高与眼平;目注剑指(见图14-2-65、图14-2-66)。

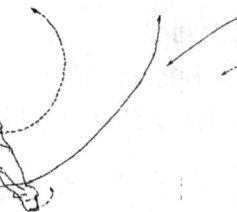

图14-2-63　　　　　图14-2-64　　　　　图14-2-65　　　　　图14-2-66

3. 仆步横扫

上体右后转,剑随转体向右后方劈下,右臂与剑平直,左剑指落于右手腕部;转体的同时,右膝前弓,左腿向左横落撤步,膝部伸直;眼看剑尖。身体向左转,左手剑指经体前顺左肋反插,向后、向左上方画弧举起至左额前上方,手心斜向上;右手持剑翻掌,手心向上,使剑由下向左上方平扫,力在剑刃中部,剑高与胸平;在转体的同时,右膝弯屈成半仆步,此式不停,接着身体重心逐渐前移,左脚尖外撇,左腿屈膝,右脚尖里扣,右腿自然伸直,变成左弓步;眼看剑尖(见图 14 - 2 - 67、图 14 - 2 - 68)。

4. 向右平带

右腿提起经左腿内侧向右前方跨出一步,成右弓步;右手剑向前引伸,然后翻转手心向下,将剑向右斜方慢慢回带、屈肘,右手带至右肋前方,力在右剑刃,剑尖略高于手;左手剑指下落附于右手腕部;眼看剑尖(见图 14 - 2 - 69)。

5. 向左平带

右手剑向前引伸,并慢慢翻掌将剑向左斜方回带,屈肘握剑手带至左肋前方,力在左剑刃,左手剑指经体前左肋向左上方画弧举起至左额上方,手心斜向上;同时,左脚经右腿内侧向左前方迈出一步成左弓步;目注剑尖(见图 14 - 2 - 70)。

图 14 - 2 - 67　　　　　图 14 - 2 - 68　　　　　图 14 - 2 - 69　　　　　图 14 - 2 - 70

6. 独立抡劈

右脚前进到左脚内侧,脚尖着地;左手从头部左上方落至右腕部。然后身体左转,右手抽剑由前向下、向后画弧,经身体左下方旋臂翻腕上举,向前下方正手立剑劈下,力在剑下刃;左手剑指则由身体左侧向下、向后转至左额上方,掌心斜向上;在抡劈剑的同时,右脚前进一步,左腿屈膝提起,成独立步,眼看剑尖(见图 14 - 2 - 71、图 14 - 2 - 72)。

7. 退步回抽

左脚向后落下,屈膝,右脚随之撤回半步,脚尖点地,成右虚步;右手剑抽回,剑把靠近左肋旁边,手心向里,剑面与身体平行,剑尖斜向上,左手剑指下落附于剑把上;眼看剑尖(见图 14 - 2 - 73)。

8. 独立上刺

身体微向右转,面向前方,右脚向前一步,左腿屈膝提起,成独立步;同时,右手剑向前上方刺出(手心向上),力注剑尖,剑尖高与眼平;左手仍附在右手腕部;眼看剑尖(见图 14 - 2 - 74)。

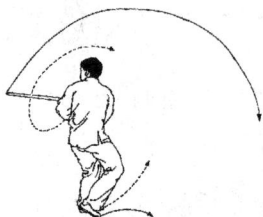 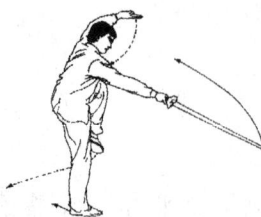  

图 14 - 2 - 71　　　　　图 14 - 2 - 72　　　　　图 14 - 2 - 73　　　　　图 14 - 2 - 74

(六)第二组

1. 虚步下截

左脚向左后方落步,右脚随即微向后撤,脚尖点地,成右虚步;同时,右手剑先随身体左转再随身体右转经体前向右、向下按(截),力注剑刃,剑尖略下垂,高与膝平;左剑指由左后方绕行至左额上方(掌心斜向上);眼平视右前方(见图14-2-75)。

2. 左弓步刺

右脚向右后方回撤一步,左脚收至右脚内侧后再向左前方迈出,成左弓步,面向左前方。同时,右手剑随身体转动经面前向后、向下抽卷,再向左前方刺出,手心向上,力注剑尖;左手剑指向右、向下落,经体前再向左、向上绕行至左额上方,手心斜向上,臂要撑圆;眼看剑尖(见图14-2-76)。

图14-2-75　　　　　　　　　　图14-2-76

3. 转身斜带

身体重心后移,左脚尖里扣,上体右转,随后身体重心又移至左脚上,右腿提起,贴在左腿内侧;同时,右手剑收回横置胸前,掌心仍向上;左剑指在右手腕部;眼看左方。上式不停,向右后方转体,右脚向右侧方迈出,成右弓步;同时右手剑随转体翻腕,掌心向下并向身体右侧外带(剑尖略高),力在剑刃外侧;左剑指仍附于右手腕部;眼看剑尖(见图14-2-77、图14-2-78)。

4. 缩身斜带

左腿提起后再向原位置落下,重心移于左腿,右脚撤到左脚内侧,脚尖点地,同时,右手翻掌手心向上,并使剑向左侧回带(剑尖略高),力在剑刃外侧;左手剑指随即由体前向下反插,再向后、向上绕行画弧重落于右手腕部;眼看剑尖(见图14-2-79、图14-2-80)。

图14-2-77　　　　　　图14-2-78　　　　　　图14-2-79　　　　　　图14-2-80

5. 提膝捧剑

右脚后退一步,左脚也微向后撤,脚尖着地;同时两手平行分开,手心都向下,剑身斜置于身体右侧,剑尖位于体前,左剑指置于身体左侧。左脚略向前进,右膝向前提起成独立式;同时右手剑把与左手(剑指变掌)在胸前相合,左手捧托在右手背下,两臂微屈,剑在胸前,剑身直刺前方,剑尖略高;眼看前方(见图14-2-81)。

6.跳步平刺

右脚向前落下,重心前移,然后右脚尖用力蹬地,左脚随即前进一步踏实,右脚在左脚将要落地时,迅速向左腿内侧收拢(脚不落地);同时,两手捧剑先微向回收,紧接着随右脚落地,再直向前伸刺,然后随左脚落地两手分开撒回身体两侧,两手手心都向下,左手再变剑指;眼看前方。右脚再向前上一步,成右弓步;同时,右手剑向前平刺(手心向上),力注剑尖;左手剑指由左后方上举,绕至左额上方,手心斜向上;眼看剑尖(见图14-2-82、图14-2-83)。

图14-2-81　　　　　　图14-2-82　　　　　　图14-2-83

7.左虚步撩

重心后移至左腿上,上体左转,右脚回收再向前垫步,脚尖外撇,再向右转体,重心前移至右腿,左脚随即前进一步,脚尖着地,成左虚步;同时,右手剑随身体转动经左上方向后、向下、立剑向前撩出(前臂内旋,手心向外),力在剑刃前部,剑把停于头前,剑尖略低;左手剑指在上体左转时即下落附于右腕部,随右手绕转;眼看前方(见图14-2-84)。

8.右弓步撩

身体先向右转,右手剑由上向后绕环,掌心向外,左剑指随剑绕行附于右臂内侧;随之左脚向前垫步,右脚继而前进一步,成右弓步;右手剑随着上右步由下向前立剑撩出(前臂外旋,手心向外),剑与肩平,剑尖略低,力在剑刃前部;左剑指则由下向上绕行至左额上方,手心斜向上;眼看前方(见图14-2-85)。

图14-2-84　　　　　　　　　图14-2-85

(七)第三组

1.转身回抽

身体左转,重心后移,右脚尖里扣,左脚尖稍外展,右腿蹬直,成侧弓步;同时,右手将剑柄收引到胸前,剑身平直,剑尖向右后,左手剑指仍附于右腕上;然后身体再向左转,随转体右手剑向左前方劈下,力在剑刃(剑身要平),左手剑指附于右腕部;眼看剑尖。重心后移至右腿,右膝稍屈,左脚回撤,脚尖点地,成左虚步;同时,右手剑抽回至身体右侧(剑尖略低);左剑指收回再经胸前、下颌处向前指出,高与眼齐;眼看剑指(见图14-2-86、图14-2-87)。

2. 并步平刺

左脚略向左移,右脚靠拢左脚成并步,面向前方,身体直立;同时左剑指向左转并向右下方画弧,反转变掌捧托在右手下,然后双手捧剑向前平刺,手心向上,力注剑尖,高与胸平;眼看前方(见图14-2-88)。

  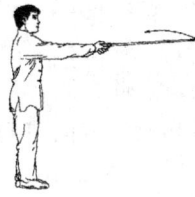

图14-2-86　　　　　　　图14-2-87　　　　　　　图14-2-88

3. 左弓步拦

右手剑翻腕后抽,随身体右转,由前向右转动,再随身体左转,经右后方向下、向左前方托起拦出,力在剑刃,剑身与头平,前臂外旋,手心斜向里;左剑指则向右、向下、向上绕行,停于左额上方,手心斜向上;在身体左转时,左脚向左前方进一步,左腿屈膝,成左弓步;眼先随剑视右后方,最后平视前方(见图14-2-89)。

4. 右弓步拦

身体重心微向后移,左脚尖外撇,身体先向左转再向右转;在转体的同时,右脚经左侧向右前方进一步,成右弓步;右手剑由左后方画一整圆向右前托起拦出(前臂内旋,手心向外),力在剑刃,剑身与头平;左剑指附于右手腕部;眼看前方(见图14-2-90)。

5. 左弓步拦

身体重心微向后移,左脚尖外撇,其余动作及要点与前"右弓步拦"相同,只是方向左右相反。右手剑拦出时,右臂外旋,手心斜向内(见图14-2-91)。

图14-2-89　　　　　　　图14-2-90　　　　　　　图14-2-91

6. 进步反刺

身体向右转,右脚向前横落盖步,脚尖外撇,左脚跟离地成半坐盘势;同时,右手剑剑尖下落,左剑指下落到右腕部,然后剑向后方立剑刺出,左剑指向前方指出,手心向下,两臂伸平,右手手心向体前;眼看剑尖。身体左转,左脚前进一步,成左弓步;同时,右前臂向上弯屈,剑尖向上挑挂,继而向前刺出(前臂内旋,手心向外,成反立剑),力注剑尖,剑尖略低;左手剑指附于右腕部;眼看剑尖(见图 14 - 2 - 92)。

7. 反身回劈

身体重心先移至右腿,左脚尖里扣,然后再移到左腿上;右腿提起收回(不停),身体右后转,右脚随即向前迈出成右弓步,面向中线右前方;同时,右手剑随转体由上向右后方劈下,力在剑刃;左手剑指由体前经左下方转在左额上方,手心斜向上;眼看剑尖(见图 14 - 2 - 93)。

8. 虚步点剑

左脚提起,上体左转,左脚向起势方向垫步,脚尖外撇,随即右脚提起落在左脚前,脚尖点地,成右虚步;同时,右手剑随转体画弧上举向前下方点出,右臂平直。剑尖下垂,力注剑尖;左剑指下落经身体左侧向上画弧,在体前与右手相合,附于右腕部;眼看剑尖。

要点:点剑时,腕部用力,使力量达于剑尖。点剑与右脚落地要协调一致。身体保持正直。虚步和点剑方向与起势方向相同(见图 14 - 2 - 94)。

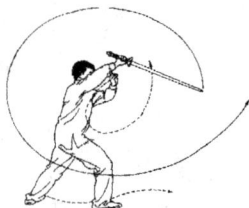  

图 14 - 2 - 92   图 14 - 2 - 93   图 14 - 2 - 94

(八)第四组

1. 独立平托

右脚向左腿的左后方倒插步。两脚以脚掌为轴向右转体(仍成面向前方),随即左膝提起成右独立步;在转体的同时,剑由体前先向左、向下绕环,然后随向右转体动作向右上方托起,剑身略平,稍高于头,力在剑刃上侧;左剑指仍附于右腕部;眼看前方。

要点:撤右腿时,右脚掌先落地,然后再以脚掌为轴向右转体。身体不要前俯后仰。提膝和向上托剑动作要一致,右腿自然伸直(见图 14 - 2 - 95)。

2. 弓步挂劈

左脚向前横落,身体左转,两腿交叉成半坐盘式,右脚跟离地,同时,右手剑向身体左后方穿挂,剑尖向后;左剑指仍附右腕上;眼向后看剑尖。右手剑由左侧翻腕向上再向前劈下,剑身要平,力在剑刃;左剑指则经左后方上绕至左额上方,手心斜向上;同时,右脚向前进一步,成右弓步;眼向前看剑尖。

要点:身体要先向左转再向右转。视线随剑移动(见图 14 - 2 - 96)。

3. 虚步抡劈

重心略后移,身体右转,右脚尖外撇,左脚跟离地成交叉步;同时,右手剑由右侧下方向后方反手撩平,左剑指落于右肩前;眼向后反看剑尖。左脚向前垫一步,脚尖外撇,身体左转,随即右脚前进一步,脚尖着地,成右虚步;同时,右手剑由右后翻臂上举再向前劈下,剑尖与膝同高,力在剑刃;左剑指自右肩前下落经体前向左上画圆再落于右前臂内侧;眼看前下方。

要点:以上两上分解动作要连贯,中间不要停顿(见图14-2-97)。

图14-2-95　　　　　　图14-2-96　　　　　　图14-2-97

4. 撤步反击

上体右转,右脚提起向右后方撤一大步,左脚跟外转,左腿蹬直,成右侧弓步;同时,右手剑向后上方斜削击出,力在剑刃前端,手心斜向上,剑尖斜向上,高与头平;左剑指向左下方分开平展,剑指略低于肩,手心向下;眼看剑尖(见图14-2-98)。

5. 进步平刺

身体微向右后转,左脚提起贴靠于右腿内侧;同时右手翻掌向下,剑身收回于右肩前,剑尖斜向左前;左剑指向上画弧落在右肩前;眼看前方。身体向左后转,左脚垫步,脚尖外撇,继而右脚前进一步,成右弓步;同时,右手剑随转体动作向前方刺出,力贯剑尖,手心向上;左剑指经体前顺左肋反插,向后再向左、向上、画弧至左额上方,手心斜向上;眼看剑尖(见图14-2-99)。

6. 丁步回抽

重心后移,右脚撤至左脚内侧,脚尖点地,成右丁步;同时,右手剑屈肘回抽(手心向里),剑把置于左肋部,剑身斜立,剑尖斜向上,剑面与身体平行;左剑指落于剑把之上;眼看剑尖(见图14-2-100)。

图14-2-98　　　　　　图14-2-99　　　　　　图14-2-100

7. 旋转平抹

右脚提起向前落步外摆(两脚成八字形);同时上体稍右转,右手翻掌向下,剑身横置胸前。重心移于右腿,上体继续右转,左脚随即向右脚前扣步两脚尖斜相对(成内八字形),然后以左脚掌为轴向右后转身,右脚随转体向中线侧方后撤一步,左脚随之稍后收,脚尖点地,成左虚步;同时,右手剑随转体由左向右平抹,力在剑刃外侧,然后在变左虚步的同时,两手向左右分开,置于两胯旁,手心都向下,剑身斜置身体右侧,剑尖位于体前;身体恢复起势方向,眼平看前方(见图14-2-101、图14-2-102)。

8. 弓步直刺

左脚向前进半步,成左弓步;同时,右手剑立剑平直向前刺出,高与胸平,力注剑尖;左剑指附在右手腕部;眼看前方(见图14-2-103、图14-2-104)。

图14-2-101　　　　图14-2-102　　　　图14-2-103　　　　图14-2-104

(九)收势

1. 后坐接剑

重心后移,上体右转,同时右手持剑屈臂后引至右侧,手心向内;左剑指随右手屈臂回收,并变掌附于剑柄,准备接剑,眼看剑柄。

2. 上步收势

身体左转,重心前移,右脚向前跟步,与左脚平行成开立步;同时左手接剑上举,经体前垂落于身体左侧;右手变成剑指向下、向后画弧上举,再向前、向下落于身体右侧,眼看前方。

3. 并步还原

左脚向右脚并拢,还原成预备势姿势(见图14-2-105、图14-2-106)。

图14-2-105　　　　图14-2-106

四、太极与健身

(一)对神经系统的影响

练习太极拳,要求"心静、体松、意专",这对大脑活动有良好的训练作用。练习太极拳时,需要"完整一气",由眼神到上肢、躯干、下肢,上下照顾毫不散乱,前后连贯,绵绵不断,同时由于动作的某些部分比较复杂,需要有良好的支配和平衡能力,因此需要大脑在紧张的活动下完成,这也间接地对中枢神经系统起到训练的作用,从而使中枢神经系统保持兴奋,其他部位处于抑制休息状态、人体疲劳消除加快。

(二)增强心脏功能、改善微循环系统,扩大肺活量,提高气体交换能力

持久锻炼,内气得以流通,周身放松,使微循环功能加强,有利于毛细血管内外的物质交

换,促进组织对氧的利用率,减少肌酸的蓄积,减轻疲劳,益于疾病的恢复,特别是对慢性冠心病、高脂血症、动脉硬化症都有较好的防治作用。

(三)强健肌肉,改善骨的理化特性,畅通经络,有利于营卫气血的通行

太极拳的运动方式是,一动无有不动。从内气的畅通到外形的变化,从五脏六腑到四肢百骸,都寓"动"中。顺逆缠丝的螺旋运动及上下相随。对老年人关节病(关节僵硬,行走坐起不便,足膝萎软,屈伸无力、骨质增生)有良好的预防作用。

第三节 五禽戏

一、五禽戏的由来

古人认为一些动物能够长寿,与其动作有着直接关系,于是人们模仿这些动物的神态和动作创造出一些舞蹈作为强身健体之用。汉代名医华佗,总结前人的经验,创编了"五禽戏",模仿虎、鹿、熊、猿、鸟五种动物的动作。由于这五种动物的生活习性不同,生存环境、活动方式各异,其动作、神态或雄劲豪迈、或轻捷灵敏、或沉稳厚重、或变化万端、或独立高飞。五禽戏将它们的不同特点集于一身,成为一套完整的锻炼方法。

二、五禽戏的健身功效

国家体育总局编排的五禽戏叫"健身气功五禽戏",与华佗的五禽戏有所区别。简化五禽戏,每戏分两个动作,分别为虎举、虎扑;鹿抵、鹿奔;熊运、熊晃;猿提、猿摘;鸟伸、鸟飞。每种动作都是左右对称、各做1次,并配合气息调理。

三、五禽戏技术动作讲解

习练健身气功•五禽戏,必须从"仿生导引"的特点出发,按照"形神俱似、心静体松、刚柔相济、气贯周身、以形导气、呼吸柔和、引伸肢体、优美大方"进行规范与要求。按照健身气功"五禽戏"的习练顺序,下面对每一戏的习练要求按照动作规范、精神劲力、呼吸配合、易犯错误等方面依次展开论述。

(一)起势调息

1. 动作规范

左脚开立,与肩同宽;两手上捧至约与胸同高;下按至身体两侧。

重点在"向膻中穴引气调息",其调息前的节分点在"两手上捧至约与膈肌同高",从膈肌开始,两手继续上捧,同时两臂内旋,掌心向膻中穴引气。调息的核心锻炼目的是将好的气息引入体内,使周身放松,进入练功状态。

2. 精神劲力

宁静心神,调整呼吸,内安五脏,端正身形,从精神与肢体上做好练功前的准备。

(二)虎戏

1. 虎举

(1)动作规范

手型。首先五指充分展开;然后手指第一、二关节弯曲,掌心外凸,成虎爪(见图14-3-1);随后手臂内旋,小指先弯曲,其余四指依次弯曲握紧拳。应把握的重点是:手型三个环节变化要先后分明,变化清晰。握拳要紧,松开要慢。

运行路线。两手在体前上下反复举起落下,运行路线基本上保持在同一垂直线上。握拳由下向上至肩前时,松开变掌,举至头顶,掌指充分展开上撑;再握拳下落至肩前时,松开变掌,按至腹前,掌指充分展开下按。

头颈、胸腹动作。眼睛跟随双手上下注视,牵动头部向上抬起和向前低落;双手上举至头顶时,胸腹充分展开向上,下按至腹前时,含胸松腹(见图14-3-2)。

图14-3-1

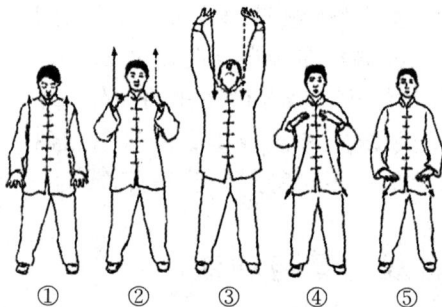

① ② ③ ④ ⑤

图14-3-2

(2)精神劲力

两手运行路线、劲力、意念转换可以分成四个阶段:由下向上至肩前,如双手提起铁桶,用内劲缓缓向上;至头顶上方,如托举千斤之鼎,用内劲缓缓上托;由头顶落至肩前,如紧握双环下拉,有引体向上之势;由肩前下落至腹前,如按水中浮球,用内劲缓缓向下。

2. 虎扑

(1)动作规范

手型。当双手上提或在体前画弧时,一般都是手握空拳,这时五指弯曲,大拇指指腹压在食指上;而当手臂充分向前伸出或下扑到尽点时,展开空拳,手指第一、二关节弯曲,掌心外凸,成虎爪。

上肢运行路线。第一次立圆,双手上提至胸前,向前上方伸出,手臂伸直,要与地面平行,此时双手尽量前伸,稍停片刻,然后下按于两膝外侧,掌心朝下;第二次立圆,双手运行要求连贯圆活,最后下扑置于前腿的膝部两侧,虎爪刚劲有力,力达指尖。

下肢步型变换。双手向前上方伸出时,两膝伸直,牵拉大腿后群肌肉;双手下按,两腿屈膝成马步;双手上提,带动两膝伸直;身体重心移向一腿时,屈膝,另一腿再前伸,后跟轻轻着地,成虚步。

身体躯干轴心作用。两臂向前水平伸出,上体前俯,与地面平行,手、肩、臀要在一直线上,抬头,眼视前方,双手尽量前伸,臀部后引,塌腰,使整个身体充分伸展,形成"长引腰"的动作;屈膝下蹲,收腹含胸,再伸膝、送髋、挺腹、后仰,动作连贯流畅,使脊柱形成由折叠到展开的蠕动,同时双手下按上提与之配合协调(见图 14 - 3 - 3)。

图 14 - 3 - 3

(2)精神劲力

双手体前画弧,为脊柱所牵动。第一次画立圆时,双手前伸,臀部后引,意念注于腰部;随后双手下按、上提、再前伸,实际上是由脊柱折叠和展开的变化所带动的,此时双手下按,意念拱背、收腹,牵拉督脉,双手上提,伸背挺腹,伸展任脉,有利于气血沿任督两脉运行;双手下按,意想猛虎抓扑猎物,力大无穷,气势恢宏。

(三)鹿戏

1. 鹿抵

(1)动作规范

手型变化。"鹿角"是"鹿戏"的一个基本手型。做"鹿角"时,要求五指伸直展开,然后将中指和无名指弯曲扣紧,拇指用力外张,食指和小指伸直(见图 14 - 3 - 4)。

图 14 - 3 - 4

上肢运行路线。两手空握拳,两臂向身体右侧立圆摆起,摆至与肩同高,此时右臂伸直,拳心向下,左臂屈肘,拳心向里,置于右肩前;随着出步转体下视,空拳逐渐松开变"鹿角",两臂随之画平圆,向左后方摆出,左臂屈肘后摆,肘抵左腰侧,左腕背伸向后,右臂微屈向右后方摆出,横于头前,右腕背伸,手指朝后。两小臂在身体右侧保持上下平行。再两臂在体前直臂向上、向右画弧回摆,与肩同高时,鹿角变握空拳,继续画弧下落还原,换做右式。

下肢步型变换。首先两膝微屈,重心移至右腿,此时左腿提起,向左前方画弧迈出,落在原左脚位置的前方,随着身体重心的前移,左腿脚尖外撇踏实,膝弯屈前顶,右膝伸直,脚跟蹬地;再左脚按原路线轻轻收回还原,换做右式。

以腰为轴带动。两手右摆时,身体顺势右转,左脚画弧迈步,脚跟着地,再向左后转体,两臂随之,转至极点,向左侧屈,左腰侧压紧,右腰侧充分伸展,并眼视后腿脚跟,以加大拧腰旋转侧屈的幅度(见图14-3-5)。

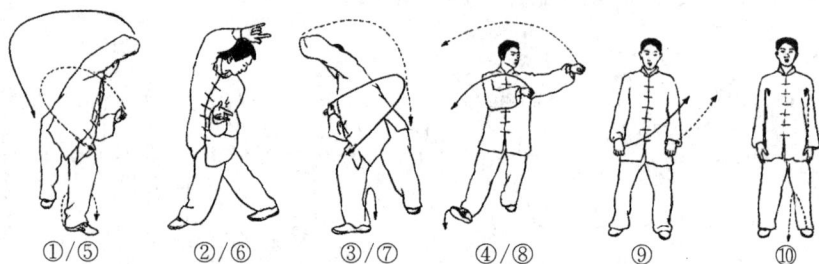

①/⑤   ②/⑥   ③/⑦   ④/⑧   ⑨   ⑩

图14-3-5

(2)精神劲力

两臂摆动,意在两手,两眼随之;拧腰转体侧屈,腰部一侧压紧,意在挤压按摩脏腑,另一侧伸展,意在拔长肩背。意想两鹿犄角相抵,斗智较力,互不相让。

2. 鹿奔

(1)动作规范

上肢运行路线。两手握空拳上提,向前画半个立圆,两臂平举,扣腕(即握空拳快速向下屈腕),然后两臂内旋前伸,拳变"鹿角",再"鹿角"变握空拳,两臂下落,还原,完成向下的半个立圆。

下肢步型变换。提腿时,大腿略高于水平后再伸膝前迈,落步要小,不宜太大,后跟着地要轻,两脚之间与肩同宽,重心前移,前腿屈膝,后腿蹬直,成弓步,重心落在两腿之间;再重心后移,前腿伸直,脚掌不离地,后腿弯曲支持体重;然后重心前移,还原成弓步;待身体重心移至后腿,前腿才收回至体侧。鹿奔左右式转换时,脚下还有一个换跳步动作,以模拟鹿奔跑时,步伐之间的变换。收回脚脚尖先轻轻点地下落,再过渡到全脚掌着地,同时另一只脚脚跟提起,再过渡到脚尖离地。

躯干两张"弓"。两臂向前伸出,成弓步时,身体正直放松,眼平视前方;重心后坐时,上体要收腹含胸,两臂内旋,使背部形成一张水平"横弓";同时,低头前伸,眼视前下方,胸内含、背后拱、腹收缩、臀内敛前送,使脊柱形成一张垂直"竖弓";然后还原成弓步,身体正直放松,眼平视前方(见图14-3-6)。

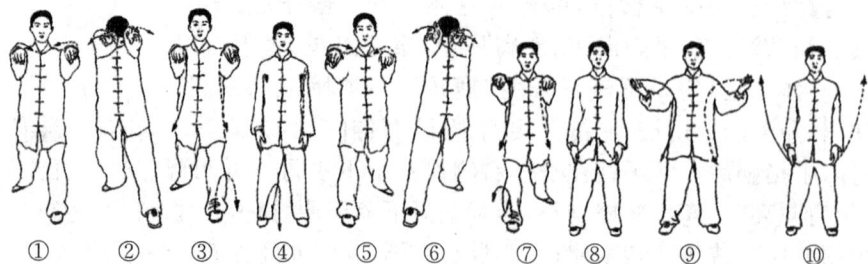

①   ②   ③   ④   ⑤   ⑥   ⑦   ⑧   ⑨   ⑩

图14-3-6

(2)精神劲力

两手向前画弧,提腿前迈成弓步,这时意念在于下扣的手腕,意想鹿在奔跑时,鹿蹄上下翻飞;随后两臂内旋回收,拱背,收腹,牵拉督脉,像鹿奔跑之前蓄势待发,此时,应意守胸部膻中穴和背部命门穴,膻中穴内收,命门穴后凸;在动作衔接处,意念脚步的换跳,一脚下落,一脚提起,意想鹿的轻盈与敏捷。

(四)熊戏

1. 熊运

(1)动作规范

上肢运行路线。"熊戏"动作的手形是"熊掌"(见图 14-3-7):拇指压在食指指端上,其余四指并拢弯曲,虎口撑圆。整个"熊戏",手形基本上没有变化。起始,两臂自然下垂,髋关节固定,全身放松,身体重量压于腹部。然后两手成"熊掌",虎口相对,放在脐下丹田之上,虚附于体表,随着腰腹部的运动,被动地围绕肚脐做先顺时针后逆时针的画圆运动。

图 14-3-7

腰部运行路线。相对固定腰、胯位置,身体摇晃时,意念在做立圆摇转,向上摇晃时,提胸收腹,充分伸展腰、腹,向下摇晃时,含胸收腹,挤压脾、胃、肝等中焦区域的内脏器官(见图 14-3-8)。

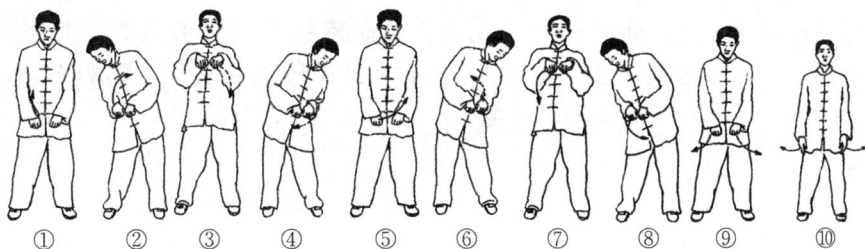

图 14-3-8

(2)精神劲力

全身放松,犹如熊垂手而立,沉稳安详;腰胯固定,转腰运腹,意在挤压按摩脏腑:向下挤压时,沉胸实腹,拔长背部,打开督脉;向上提拉时,提胸收腹,身体拉长,打开任脉;向侧挤压时,侧屈压实,按摩一侧脏腑。意想熊饱食之后,独自嬉戏,转腰摩腹,憨厚喜人。

2. 熊晃

(1)动作规范

上肢运行路线。以左式动作为例,提髋时,两手自然下垂,然后左腿屈膝前落,左侧手臂随着身体的前进自然向前摆动,手臂位于身体的前方;而后重心后坐,右侧肩部下沉,手臂旋外,徐徐前移,同时左肩带动整个手臂回收;最后左肩下沉前摆,手心朝外,右肩回收,右手自然稍上抬回收下落。

下肢运行路线。"熊晃"动作需要向前左右进步,以左式动作为例。提拉左髋,然后左腿屈膝,放松自然下落,脚底发出钝响,全身重量压于左脚,左腿并顺势前弓,后腿撑直,身体重心位于左腿;然后重心后移,后腿弯曲,前腿蹬直;再后重心前移,右腿蹬直,左腿弯曲,屈膝前顶。

腰部运行路线。提拉髋关节时,一侧腰部要收紧,屈膝下落时,同侧腰部要放松,一紧一松,锻炼腰部深层肌肉(见图 14-3-9)。

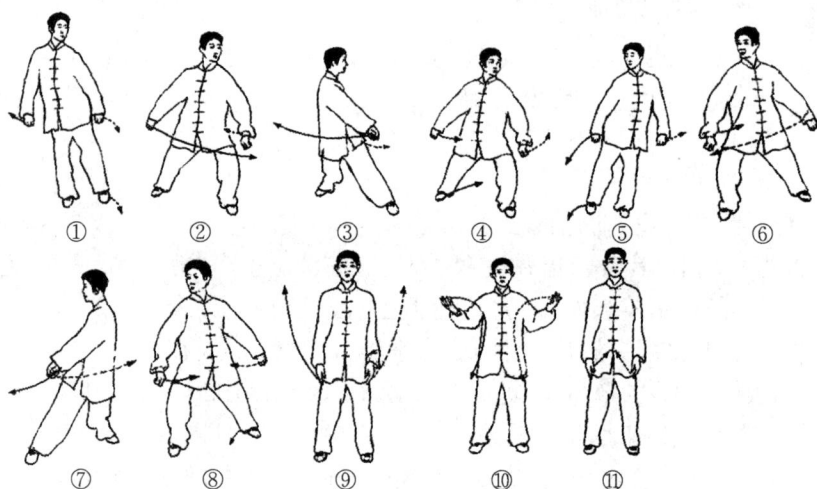

① ② ③ ④ ⑤ ⑥

⑦ ⑧ ⑨ ⑩ ⑪

图 14-3-9

（2）精神劲力

熊拙而不笨,神韵沉着,林中漫行,进退有方。提髋上步,意在锻炼腰胯肌肉;落地有声,放松肢体,且具熊之拙朴威猛气势。前靠后坐,意在挤压按摩腰腹部内侧脏腑,沉肩前靠,犹如熊横肩前移,屈膝后坐,正如熊闪身后退。

（五）猿戏

1. 猿提

（1）动作规范

手形变化。手掌在腹前要稍外展,手指伸直分开,接着要有一个速度稍快的屈腕撮拢捏紧的动作,意在增强神经——肌肉反应的灵敏性。勾手在胸前要慢慢地变成掌,然后轻轻下按。应把握的重点是:"掌"和"猿钩"之间的变换。

上肢运行路线。身体放松,两手在体前,手指伸直分开,再屈腕撮拢捏紧成"猿钩"(见图 14-3-10),两手上提至胸,两肩上耸内扣,两肘下垂,虎口相对,然后肩部放松下沉,勾手变掌,缓缓下按至腹前。应把握的重点是:上肢运行可以分为上升和下降两个过程,两臂的提起、下落都要循着一条直线,速度要均匀。

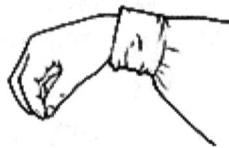

图 14-3-10

头部、身体和下肢的运行路线。两掌上提至胸,两肩上耸,收腹提肛,同时脚跟提起,待头向一侧转动再转正后,两肩下沉,松腹落肛,脚跟着地。头部的运行路线是由中间向左(或右)巡视 90°,然后转正。应把握的重点是:身体运行主要集中在提肛上,提肛收腹,头往上顶,然后落肛松腹,全身放松下落。路线是垂直于地面的一条直线。脚的变化主要是提踵,下落,也是沿着一条直线在进行运动(见图 14-3-11)。

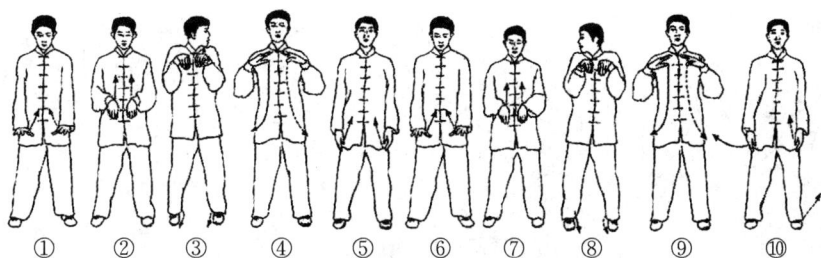

图 14-3-11

（2）精神劲力

猿猴机警敏捷，灵巧过人，闻听风吹草动，全身蓄势待发，提爪胸前，团胛缩肩，脚踵离地，左右逡巡，直欲奔去；发觉一场虚惊时，于是肢体放松，脚步落实，利爪下按，神态安详。缩颈、耸肩、团胸时，挤压胸腔和颈部血管；伸颈、沉肩、松腹时，扩大胸腔体积，按摩心脏，改善脑部供血；提踵直立，增强腿部力量，提高平衡能力。

2. 猿摘

（1）动作规范

手形变化。掌变勾手是摘桃动作，勾手变握固是握桃动作，握固变掌是托桃动作。应把握的重点是：猿提动作的手形在掌、钩和握固三者之间进行变换，掌变勾手时动作要稍快，其余变换可以徐徐进行。

上肢运行路线。动作起始，左腿后撤，左手成勾手放于腰间，勾尖朝后，右手前伸，掌心向下，自然放松，意为猿猴伸展肢体，预备活动；接着右手掌心向下向后，在体前画弧后摆，并向上摆至头侧，与太阳穴同高，掌心向内，意为猿猴摆动手臂，配合身体左顾右盼；其次掌心向下，手臂伸直下按，意为猿猴抓住树枝；接着手臂在体前画弧，右摆至身体右侧，同时左臂伸开，勾手变掌，从后侧向上、向前、向右伸展，然后两掌同时扣腕、捏拢成勾手，意为猿猴荡过树枝，伸展手臂，握住鲜桃；然后左手变为握固，曲肘回收，右手向下、向左摆动，边摆边由勾手变掌，意为摘下鲜桃，握紧回收；最后左手掌心向上、虎口朝后，屈肘置于身体左侧，右手掌心向上，虚托于左肘之下，意为掌托鲜桃。

下肢运行路线。动作开始，左腿向左后方撤出、右腿屈膝成弓步；然后重心后移至左腿，右脚脚尖翘起成虚步，接着右脚轻轻抬起落于左脚脚前掌右侧，左右相距约有一横脚宽；接着右脚向右前方伸出，脚跟着地，继而过渡到全脚掌着地，重心随之移到右腿，同时慢慢由屈膝变为伸直，并变为脚尖点地；然后左脚落实，左腿屈膝后坐，重心置于左腿，同时右脚脚前掌翘起成虚步，接着抬起回收，放于左脚右侧，相距同肩宽。

头部和身体的运行路线。动作开始，随着撤步，身体朝向右前方，接着身体转向左前方，目随手动，头部从注视右前方，慢慢地转向左后方，然后再转向右前上方；然后低头看手，身体转动90°，同时头部跟着身体一起运动，转向右前方；最后身体转正，头部转向右，注视左手（见图14-3-12）。

（2）精神劲力

密林之中，果树之上，一只猿猴，精神饱满，灵机无限，左顾右盼，寻找果实，忽而发现远处树叶掩映之处藏着一枚鲜艳的蜜桃，于是按掌抓住身旁的树枝，借力一荡，猱身而上，舒展肢体，扣腕摘果，摘桃在手，屈身后坐，手托鲜桃，注目细看。

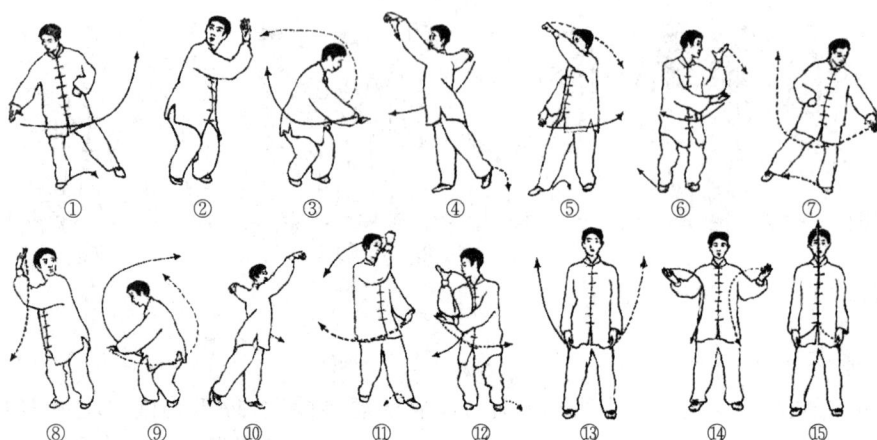

图 14-3-12

(六)鸟戏

1. 鸟伸

(1)动作规范。

手形变化。腹前两掌五指并拢,上下相叠,上升至头顶,再下落至腹前时,手形如一,没有变化;接着手掌各自由体前伸向两体侧后方时,掌变鸟翅,手腕上翘,掌心向上(见图 14-3-13)。

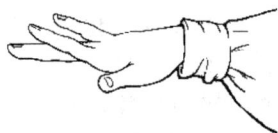

图 14-3-13

上肢运行路线。两臂上抬、前伸,于腹前相交于手腕部,手腕与两肩成三角形;两臂上抬,两肩上提,至头顶前上方,手腕水平,三角形维持不变;两肩放松,两臂下落至腹前时,两臂伸向身体后侧方,肘关节自然伸直;然后两臂放松,由后向体前画弧,在腹前再相交于手腕部。

下肢运行路线。腹前两掌重叠时,两腿微屈;然后两腿直立,臀部上翘;接着两腿放松,敛臀、屈膝,身体重心放在一条腿上,另一条腿提起,内收后伸,膝盖挺直,脚背朝下;最后后伸腿屈膝前落,在支撑腿侧向一旁下落,与肩同宽,呈屈膝状,接下一动作。

躯干运行路线。动作伊始,含胸收腹敛臀;当两手伸至头顶时,挺胸塌腰撅臀;继而两手下落,身体复原;当提腿后伸时,挺胸塌腰,身体成反弓状;腿下落时,身体再恢复到含胸收腹敛臀的状态(见图 14-3-14)。

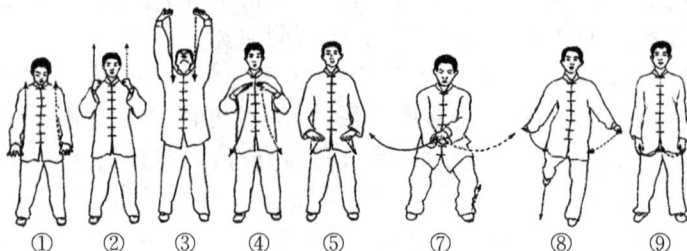

图 14-3-14

(2)精神劲力。

朝霞初露,仙鹤初醒,引翅前伸,上举下按,欲冲入云霄,但残梦未消,于是拔长腰臀、伸展肌体,以解困乏;抬足伸颈,引吭而歌,挺胸举翅,迎风而立,形有青松之挺拔,神有泰山之沉稳,意有仙鹤之轻灵,劲有冲天之无穷。

2. 鸟飞

(1)动作规范。

手形变化。两手在腹前时,手心相对,如抱球状;两手在头顶上方时,手背相向,手腕部靠近,两手形状如喇叭口。应把握的重点是:鸟飞的手形变化还是在掌和鸟翅之间进行。凡两臂上举的动作,手形皆为鸟翅,而手臂下落时,鸟翅变为掌。整个动作过程,两手运动如抱球,注意两手在头上时如喇叭口的形状。

上肢运行路线。两臂由腹前向两侧抬起,沉肩、坠肘、屈腕至比两肩略高时,坐腕舒指,两臂下落直至腹前;然后重复刚才动作,但到比肩略高时不停,直至头顶上方,再放松下落。应把握的重点是:上肢运行路线比较简单,基本是按照"起—落—起—落"为一个动作周期进行循环。

下肢运行路线。首先两腿微屈,一腿提膝至大腿水平,脚尖自然下垂,另一腿自然站立;然后提膝腿下落,脚前掌点地于支撑脚一侧,身体重心位于支撑脚上;接着提膝腿脚尖离地,提至大腿水平,脚尖自然下垂,而支撑腿继续站立支撑;最后提膝腿下落至支撑脚侧,与肩同宽,两腿微屈,准备下一动作。

(2)精神劲力。

屈膝独立,铁爪生根于地,翅膀上下翻飞,或平举,或高举,起落之间,两翅括八荒之清气,囊四方于胸中。呼吸之际,森罗万象,似含天地于其中,入为百道清泉流诸经络汇注丹田,出为如芝兰之气呵为朝霞化成瑞气。

(3)呼吸配合。

鸟飞动作同样遵循"提吸落呼、开吸合呼"的呼吸方式,两臂上提、两手张开时吸气,放松回落时呼气。上提时吸气展胸,实腹敛臀;下落时放松呼气,微含胸廓。

四、五禽戏的气韵

健身气功·五禽戏好学难精,好学的是动作,难精的是气韵,可气韵到底是什么呢? 又如何去表现它、丰富它呢?

"气韵"是中国美学中最有代表性的概念之一,表现了中国审美文化的诗性思维特征。

五禽戏属于仿生导引类的健身气功,通过模仿动物的形态和动作,内和五脏,外引气血,不唯形似、更求神似。在演练中如何表现出五禽的神态、神韵、劲力、协调等就成为判断水平高低的关键,而这些要素综合表现出来就是五禽戏的"气韵"。

气韵要生动,还要有内劲作支撑。"劲力"虽然经常连用,却有两种不同的属性,劲内含,力外显,劲为体,力为用,无劲动作则显得刚硬,有劲才能刚柔相济。比如熊晃动作,身体各部位的用力要协调配合,并特别注意一些小肌肉群的收缩用力,收和放、紧和松之间的时机要把握好,另外再配合呼吸、神情等,综合体现出来,才有熊"拙而不笨"的气韵。

第四节 八段锦

一、八段锦的由来

八段锦是中华民族悠久文化的组成部分,最早出现于宋代洪迈所著的《夷坚志》中,是我国传统的民族养生气功之一。作为一种简单易行的养生保健操法,因其歌诀易上口、健身效果显著而广泛流传于民间,至今已有几百年历史。虽然八段锦的功法只有八式,但流传至今已形成了不同流派,而且各自锻炼效果同样非常明显,说它是"不老的养生术"一点都不为过。

国家体育总局新编八段锦则是在传统八段锦基础上,遵循气功锻炼的固有规律,以中西医及相关现代科学理论为基础,对现代人各种多发疾病更有针对性,是适合现代人快节奏生活方式的一种简单便捷的养生功法。

二、八段锦的健身功效与特点

八段锦,其健身的原理,主要是通过疏通经络、调和气血、调理脏腑来达到健身、治病的目的。注重全身锻炼,并强调松紧结合、动静结合,有助于加强周身的血液循环,缓解局部肌肉的紧张状态。其运动强度和动作的编排次序符合运动学和生理学的规律,属于典型的有氧运动,可改善心肺功能、调节精神紧张状态,疏通经络、畅通气血。

八段锦流传至今,因其练习特点和作用而受到众多习练者的青睐。为了使初学者对八段锦有更为深入的认识,这里对其主要特点加以介绍。

舒展徐缓,自然连贯。舒展,是指练习时柔和大方,轻松自如,不僵硬,不拘束,姿态优美。徐缓是指练习时轻柔缓慢,虚实分明,不飘忽,不摇摆,重心稳定。自然是指动作路线都是符合人体关节自然弯曲的状态,带有弧度的走向,没有棱角,没有直线。连贯是指动作以脊椎带动四肢运动,周身相随,上下贯穿,姿势的转换衔接之间没有断点,动作的虚实变化之间没有停顿,如行云流水。

三、八段锦动作要领

(一)预备式

1. 动作学习

(1)两脚并步站立,两手自然下垂于体侧,立身中正;目视前方。

(2)左脚向左开步,双脚与肩同宽;目视前方。

(3)两臂内旋向两侧摆起,与髋同高,掌心向后;目视前方。

(4)接上动作。两腿膝关节稍屈;同时,两臂外旋,向前合抱于腹前呈圆弧形,与脐同高,掌心向内,两掌指间距约 10 cm;目视前方(见图 14 - 4 - 1)。

图 14 - 4 - 1

2. 动作要领

(1)头向上顶(百会穴上顶),下颌微收,舌抵上腭,嘴唇轻闭,沉肩坠肘,腋下虚掩,指尖相对;胸部宽舒,腹部松沉;收髋敛臀,命门穴放松,后背放平,上体中正,膝关节不超越脚尖,两脚平行站立。

(2)呼吸徐缓自然,气沉丹田,调息 6~9 次。

(3)意念集中,准备练功。

3. 动作功效

宁静心神,调整呼吸,内安五脏,端正身形,从精神与肢体上做好练功前的准备。

(二)第一式 两手托天理三焦

1. 动作学习

(1)两臂外旋微下落,两掌五指分开在腹前交叉,掌心向上;目视前方。

(2)上动不停。两腿徐缓挺膝伸直;同时,两掌上托至胸前,随之两臂内旋向上托起,掌心向上;抬头,目视两掌(见图14-4-2)。

(3)上动不停。两臂继续上托,肘关节伸直;同时,下颌内收,动作略停;目视前方。

(4)身体重心缓缓下降;两腿膝关节微屈;同时,十指慢慢分开,两臂分别向身体两侧下落,两掌捧于腹前,掌心向上;目视前方。

图14-4-2

本式托举、下落为一遍,共做六遍。

2. 动作要领

(1)两掌上托时,抬头看掌,下颌先向上助力,继续上举时缓慢用力,在下颌微收(有两拔颈感),配合两掌上撑,力在掌根,舒胸展体,两脚踏实,身体直立,臆想两手托起重物,略有停顿(停顿时闭气),保持伸拉。

(2)两掌下落时呼气,松腰沉髋,小腹放松,气沉丹田,沉肩坠肘,送腕舒指,上体中正。

3. 功效

通过两手交叉上托,缓慢用力,保持抻拉、可使"三焦"通畅、气血调和。通过拉长躯干与上肢各关节周围的肌肉、韧带及关节软组织,对防治肩部疾患、预防颈椎病等具有良好的作用。

(三)第二式 左右开弓似射雕

1. 动作练习

(1)接上式,身体重心右移;左脚向左侧开步站立,两腿膝关节自然伸直;同时,两掌向上交叉于胸前,左掌在外,两掌心向内;目视前方。

(2)上动不停。两腿徐缓屈膝半蹲成马步;同时,右掌屈指成"爪",向右拉至肩前;左掌成八字掌,左臂内旋,向左侧推出,与肩同高,坐腕,掌心相左,犹如拉弓射箭之势;动作略停;目视左掌方向(见图14-4-3)。

图14-4-3

(3)身体重心右移;同时,右手五指伸开成掌,向上、向右画弧,与肩同高,指尖朝上,掌心斜向前;左手指伸开成掌,掌心斜向后;目视右掌。

(4)上动不停。中心继续右移;左脚回收成并步站立;同时,两掌分别由两侧下落,捧于腹前,指尖相对,掌心向上;目视前方。

(5)动作五至动作八:同动作一至动作四,唯左右相反。

本式一左一右为一遍,共做三遍。

2. 动作要点

下蹲成马步时,两脚展开约一个半肩膀宽至两个肩宽,屈膝最大幅度是大腿呈蹲平状态,马步动作可根据自己身体条件选择适合的姿势强度。

开弓时两臂需端平。侧拉之勾弦掌五指要并拢屈紧,将手、肘端至与肩平;八字掌外撑则需沉肩坠肘,坐腕立掌,掌心涵空(由于五指扣紧促成的掌心内凹涵孔状)。

3. 动作功效

本式可以展肩扩胸,发展下肢肌肉力量,提高协调能力,同时有利于矫正驼背、含胸等不良姿势。

(四)第三式 调理脾胃须单举

1. 动作学习

(1)接上式,两腿徐缓挺膝伸直;同时,左掌上托,左臂外旋上穿经面前,随之臂内旋上举至头左上方,肘关节微屈,力达掌根,掌心向上。掌指向右;同时,右掌微上托,随之臂内旋下按至右髋旁,肘关节微屈,力达掌根,掌心向下,掌指向前,动作略停;目视前方。

(2)松腰沉髋,身体重心缓缓下降;两腿膝关节微屈;同时,左臂屈肘外旋,左掌经面前下落于腹前,掌心向上;右臂外旋,右掌向上捧于腹前,两掌指尖相对,相距约 10 cm,掌心向上;目视前方。

(3)动作三、四:同动作一、二,唯左右相反。

本式一左一右为一遍,共做 3～8 遍(见图 14-4-4)。

最后一动时,两腿膝关节微屈;同时,右臂屈肘,右掌下按于右髋旁,掌心向下,掌指向前。

图 14-4-4

2. 动作要点

两掌上撑下按时,吸气,两臂微屈,指尖指向要正确,力达掌根,对拉拔长,舒胸展体,拔长腰脊,屏气,动作略停。屈膝、落掌,重心下降时,气沉丹田,全身放松,成抱桩状态。

3. 动作功效

(1)通过两掌上下对撑,对脊柱起到静力牵张作用,动作时一松一紧挤压腹腔,对脾胃中焦肝胆起到按摩的作用,促进胆汁、胃液的分泌。

(2)可使上肢和肩胛关节及肌肉群、脊柱内各椎骨间的小关节及肌肉得到锻炼,从而增强脊柱的灵活性与稳定性,矫正身姿,有利于预防和治疗肩、颈疾病。

(五)第四式 五劳七伤往后瞧

1. 动作学习

(1)两腿徐缓挺膝伸直;同时,两臂伸直,掌心向后,指尖向下,目视前方。然后上动不停。两臂充分外旋,掌心向外;头向左后转,动作略停;目视左斜后方(见图 14-4-5)。

(2)松腰沉髋,身体重心缓缓下降;两腿膝关节微屈;同时,两臂内旋按于髋旁,掌心向下,指尖向前;目视前方。

图 14-4-5

（3）同动作一,唯左右相反。

（4）同动作二。

本式一左一右为一遍,共做3～8遍。

2.动作要点

（1）头向上顶,肩下沉,身体直立,吸气,收腹展胸,向后平转头但不转体,眼珠转瞪后瞧,小指领劲充分向外旋臂,两臂伸直,两肩后张,屏气后瞧,动作略停顿。

（2）最后一动时,两腿膝关节微屈;同时,两掌捧于腹前,指尖相对,掌心向上;目视前方。

（3）练习此式时注意头要向上顶,肩要向下沉;转头不转体,旋臂,两肩后张。

3.动作功效

（1）"五劳"指心、肝、脾、肺、肾五脏劳损;"七伤"指喜、怒、悲、忧、恐、惊、思七情伤害。本式动作通过上肢伸直外旋扭转的静力牵张作用,可以扩张牵拉胸腔、腹腔内的腑脏。

（2）本式动作中往后瞧的转头动作,可刺激颈部穴位,达到防治"五劳七伤"的目的。

（3）可增加颈部及肩关节周围参与运动肌群的收缩力,增加颈部运动幅度,活动眼肌,预防眼肌疲劳以及肩。同时,改善颈部及脑部血液循环,有助于解除中枢神经系统疲劳。

（六）第五式 摇头摆尾去心火

1.动作学习

（1）身体重心左移;右脚向右开步站立,两腿膝关节自然伸直;同时,两掌上托与胸同高时,两臂内旋,两掌继续上托至头上方,肘关节微屈,掌心向上,指尖相对;目视前方。

（2）上动不停。两腿徐缓屈膝半蹲成马步;同时,两臂向两侧下落,两掌扶于膝关节上方,肘关节微屈,小指侧向前;目视前方（见图14-4-6）。

图 14 - 4 - 6

（3）身体重心向上稍升起,而后右移;上体先向右倾,随之俯身;目视右脚。

（4）上动不停。身体重心左移;同时,上体由右向前、向左旋转;目视右脚。

（5）身体重心右移,成马步;同时,头向后摇,上体立起,随之下颌微收;目视前方。

（6）同动作三至动作五,唯左右相反。

（7）本式一左一右为一遍,共做3～8遍。做完3遍后,身体重心左移,右脚回收成开步站立,与肩同宽;同时,两掌向外经两侧上举,掌心相对;目视前方。随后松腰沉髋,身体重心缓缓下降。两腿膝关节微屈;同时屈肘,两掌经面前下按至腹前,掌心向下,指尖相对;目视前方。

2.动作要点

（1）上体侧倾时下颌不要有意内收或上仰,应保持身体不变,向下俯身时,微含胸,颈椎部肌肉尽量放松伸长。

（2）摇转时,脖颈与尾闾对拉伸长,加大旋转幅度。尾闾在做从一侧向前、向另一侧再向后的旋转时,头在做向一侧再向后的旋转,两者本不相同,需要练习者对绕法和速度进行协调,速度应柔和缓慢,动作要圆活连贯。

(3)当旋转到最后时马步下蹲,收髋敛臀,应与收下颌同步完成,上体中正。

3. 动作功效

(1)心火,即心热火旺的病症,属阳热内盛的病机。两腿下蹲,摆动尾闾,可刺激脊柱、督脉、足少阴肾经、膀胱经。摇头可刺激膀胱经与大椎穴,有疏经泄热的作用,有助于去除心火。

(2)在摇头摆尾的过程中,可使整个脊柱肌群参与收缩,既增加了颈、腰、髋的关节灵活性,又发展了该部位的肌力。

(3)尾闾位于脊椎骨的最下段,上连骶骨,下端游离,集聚了大量神经组织,摇摆尾闾就会刺激神经系统,使身心愉悦,舒心解郁,身体机能增强。

(七)第六式 两手攀足固肾腰

1. 动作学习

(1)接上式,两腿挺膝伸直站立;同时,两掌指尖向前,两臂向前、向上举起,肘关节伸直,掌心向前,目视前方。

(2)两臂外旋至掌心相对,屈肘,两掌下按于胸前,掌心向下,指尖相对;目视前方。

(3)上动不停。两臂外旋,两掌心向上,随之两掌掌指顺腋下向后插;目视前方。

(4)两掌心向内沿脊柱两侧向下摩运至臀部;随之上体前俯,两掌继续沿后腿向下摩运,经脚两侧置于脚面;抬头,动作略停;目视前下方。

(5)本式一上一下为一遍,共做6遍。做完6遍后,上体立起;同时,两臂向前、向上举起,肘关节伸直,掌心向前;目视前方(见图14-4-7)。

图14-4-7

2. 动作要点

两掌反穿摩运要适当用力,至脚背时松腰沉肩,两膝挺直,后背尽量下压,用腹部去贴大腿,向上起身时指尖领劲,要使手臂主动上举,带动上体立起,起动时动作要缓慢。

3. 动作功效

(1)通过前屈后伸可以刺激脊柱、督脉以及命门、阳关、委中等穴,有助于防治生殖泌尿系统方面的慢性病,达到固肾壮腰的目的。

(2)通过脊柱大幅度前屈后伸,可有效发展躯干前、后伸屈脊柱肌群的力量与伸展性,同时对腰部的肾、肾上腺、输尿管等器官有良好的牵拉、按摩作用,可以改善其功能,刺激其活动。

4. 习练建议

这一式的动作幅度最大,伸展性强,其重点动作是起身时要以臂带身,在起身时,要求两臂向前伸,体会那种把身体拉起来的感觉,如此反复练习。

(八)第七式 攒拳怒目增气力

1. 动作学习

(1)身体重心右移,左脚向左开步;两腿徐缓屈膝半蹲成马步;同时,两掌握固,抱于腰侧,拳眼朝上;目视前方。左拳缓慢用力向前冲出,与肩同高,拳眼朝上;瞪目,视左拳冲出方向。

(2)左臂内旋,左拳变掌,虎口朝下;目视左掌。左臂外旋,肘关节微屈;同时左掌向左缠绕,变掌心向上后握固;目视左拳。

(3)屈肘,回收左拳至腰侧,拳眼朝上;目视前方。

(4)同动作一至动作三,唯左右相反。

(5)本式一左一右为一遍,共做3~8遍。做完后,身体重心右移,左脚回收成并步站立;同时,两拳变掌,自然垂于体侧;目视前方。

2. 动作要领

(1)马步的高低可根据自己的腿部力量灵活掌握。

(2)练习此式时,冲拳要怒目瞪眼,注视冲出之拳,同时脚趾抓地,拧腰顺肩,力达拳面;拳回收时要旋腕,五指用力抓握。

3. 动作功效

(1)本式中的"怒目瞪眼"可刺激肝经,使肝血充盈,肝气疏泄。有强健筋骨的作用。

(2)两腿下蹲十趾抓地、双手攥拳、旋腕、手指逐节强力抓握等动作,可刺激手、足三阴三阳十二经脉的俞穴和督脉等;同时,使全身肌肉、经脉受到静力牵张刺激,长期锻炼可使全身筋肉结实,气力增加。

(九)第八式 背后七颠百病消

1. 动作学习

(1)两脚跟提起;头上顶,动作略停;目视前方。

(2)两脚跟下落,轻震地面;目视前方。

本式一起一落为一遍,共做7遍。

2. 动作要点

(1)上提时身体要微向前倾,十趾抓住地面,两腿并拢,提肛收腹,肩向下沉,百会穴上顶,略有停顿,掌握好平衡。

(2)脚跟下落时,咬实后槽牙,分两步向下震脚后跟。后脚跟要控制力量,下落一半高度;剩下高度再轻轻下震,同时沉肩舒臂、周身放松。

3. 动作功效

(1)颠足可刺激脊柱与督脉,使全身脏腑经络气血通畅,阴阳平衡。

(2)可发展小腿后群肌力,拉长足底肌肉、韧带,提高人体的平衡能力。

(3)落地震动可轻度刺激下肢及脊柱各关节,并使全身肌肉得到很好的放松复位,有助于肌肉代谢产物的排出,解除肌肉紧张。

(十)收式

1. 动作学习

(1)两臂内旋,向两侧摆起,与髋同高,掌心向后;目视前方(见图 14-4-8)。

(2)两臂屈肘,两掌相叠置于丹田处(男性左手在内,女性右手在内);目视前方。

(3)两臂自然下落,两掌轻贴于腿外侧;目视前方。

图 14-4-8

2. 动作要点

两掌内外劳宫相叠于丹田,周身放松,气沉丹田。

收功时要心平气和,举止稳重。收功后可适当做一些整理活动,如搓手浴面和肢体放松等。

3. 功理与作用

气息归元,放松肢体肌肉,愉悦心情,进一步巩固练功效果,逐渐恢复到练功前安静时的状态。

第五节　棋类

一、围棋

(一)围棋的概述

围棋也称"弈""弈棋"等。围棋起源于我国 4000 多年前的原始社会末期,中国古代文化艺术琴、棋、书、画中的棋,就是指围棋,它们伴随着儒、释、道思想和其他文化艺术,融通于绵绵几千年的中华文化史,自古有"尧造围棋,丹朱善之"之说。到春秋战国时期,民间已广泛流行围棋,当时的围棋名手弈秋被誉为我国棋类活动的祖师。围棋棋盘也由 13 道演变为 15 道、17 道。东汉时期有了我国现行的 19 道棋盘。南北朝是我国围棋发展的重要时期,今存最早的围棋论著《弈经》是北周时所著。围棋盛行于唐代,乾隆中期为鼎盛时期。

目前,围棋运动在亚洲广泛流行,在欧美各国也有很大发展。

(二)围棋的下法

围棋的棋盘是由 19 条横线和 19 条直线交叉组成的,共有 361 个交叉点。这 361 个交叉点分为两份,每方应得 $180\frac{1}{2}$ 个交叉点,这是区别胜败的标准。下子的目的就是要占据比 $180\frac{1}{2}$ 更多的交叉点,这样才能获胜;如果占不到 $180\frac{1}{2}$ 个交叉点,就算败;如果恰恰是

$180\frac{1}{2}$，即为和棋。对局时黑子先行。一局棋下完后计算胜败的方法是把一方的地域填满棋子，然后数一数看是否超过 $180\frac{1}{2}$ 子。

围棋可视下棋双方水平的情况，采用不同的方法。

(1)分先：指双方水平旗鼓相当，由双方轮流执黑先走。按规定黑棋先走，有一定的先手威力，应由执黑的贴出。所以黑所占的地必须超过了才能取胜。比如黑棋数出来有 185 个子，即黑胜子。而白方的地只要超过子即可获胜。

(2)让先：指水平略低的一方执黑先走，终局计算时不贴子。即各占 $180\frac{1}{2}$ 子为和棋，哪一方超过 $180\frac{1}{2}$ 子即可取胜。让子通常可视对方的水平差距情况让二子、三子、四子……九子。由水平低的一方执黑，先在"星位"放上数子，然后由白方开始下子。终局计算时，按让子数由黑方贴还二分之一的子数。

(三)棋子的活力

棋子在棋盘上是依赖"气"来生存的。"气"指棋子在棋盘上可以连接的交叉点，也是棋子的出路。

如图 14-5-1 所示：右上角的黑子，有两个交叉点和它的直线相接，因此它有两口气。左上角的黑子有三口气，而下边的黑子有四口气。从中我们可以看出，右上角的黑子，其活力最弱，左边的黑子，活力较弱，下边的黑子，由于四通八达，生命力旺盛。因此我们在下子时，尽量不要紧贴盘沿。

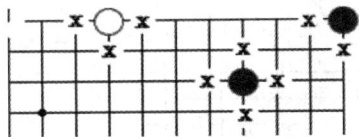

图 14-5-1

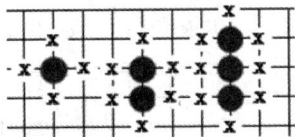

图 14-5-2

如图 14-5-2 所示：左边的黑子有四口气，中间连接在一起的两个黑子有六口气，而右边连接在一起的三个黑子有八口气。连接在一起的棋子越多，气也越多，生命力也就越强。因此我们在下棋时，要尽量地把棋子连接在一起。

如图 14-5-3 所示：同样是四个连接在一起的黑子，左边的四个黑棋有十口气，中间的黑棋只有九口气，而右边的黑棋仅有八口气，这是因为右边的四个黑子凝集在一起，互相之间把气堵塞住了；而中间的黑棋只有两子互相之间堵塞住一口气；左边的黑棋气口畅通，生命力最强。因此我们下子时也注意不要把棋子挤在一块，以免堵塞住棋子的气。

提子：就是把没有气的棋子从棋盘上拿掉。

如图 14-5-4 所示：黑子三面受围，只剩下一口气。白棋只要占据到 1 位，黑子就完全没有气了，进而要立即从棋盘上被提掉。无论一子或多少棋子连接在一起，如果没有了气，都须立即从棋盘上提掉。

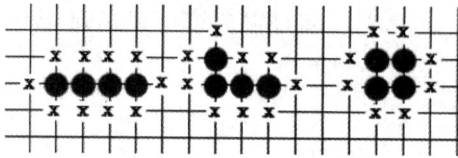

图 14 - 5 - 3

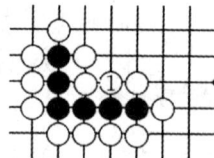

图 14 - 5 - 4

如图 14 - 5 - 5 所示:在×印处,周围都是白棋,对黑子而言×印处已经没有气,所以不能在×处下子。在围棋术语里,×印处被称为"禁区"。如果在没有气的交叉点上下子的同时能使对方也没有气,这种情况下非但可以下子,而且可以提掉对方的棋子。图 14 - 5 - 6 白子下在 1 位,虽然旁边没有气,但因为黑棋同时也没有气,因此非但可以在此处下子,而且可以把八个黑子提掉。

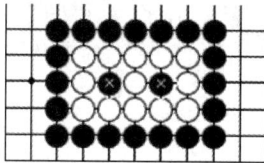

图 14 - 5 - 5

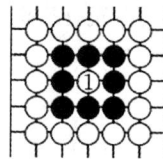

图 14 - 5 - 6

(四)围棋的基本技术

在介绍围棋的基本技术之前,先对围棋的棋具作简单介绍。围棋主要棋具有棋盘和棋子。围棋的棋盘也称"棋局""棋枰""棋枰"等。标准的围棋盘略呈长方形,棋盘上画有横竖 19 条平行直线,横线的等间距为 2.25～2.35 cm,纵线的等间距为 2.4～2.5 cm,盘面外侧留有 2 cm,横竖的 19 条平行直线构成 361 个交叉点(见图 14 - 5 - 7)。

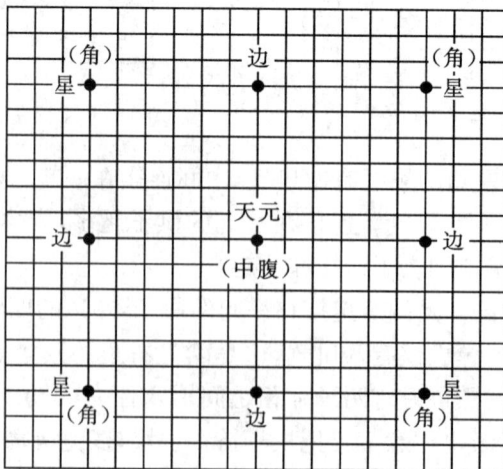

图 14 - 5 - 7

为了便于判定棋盘上各点的位置,横线用汉字依次编为一至十九路,竖线自左向右用阿拉伯数字依次编为 1～19 路。棋盘上有 9 个黑点,中间的黑点叫天元,四周的叫星,以星为参照,棋盘的各部分别称为右上角、右边、右下角、上边、下边、左上角、左边、左下角、中腹。
围棋的棋子分黑白两色,黑子为 181 枚,白子为 180 枚,黑子、白子加起来等同于棋盘上的
点数。

1.吃子技巧

(1)双吃

吃子练习:练习吃子时先照图 14-5-8 所示摆好,黑子先下。开始练习时,可定为吃三
个子为胜一局,随着水平的提高可定为吃五个子或更多的子为胜一局。

如图 14-5-9 所示,黑 1 打吃,白就不能在 A 位打吃黑子了。白如在 A 位打吃黑子,
那黑可下 B 位提白一子。

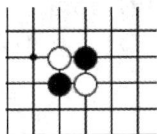
图 14-5-8

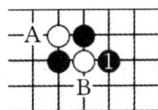
图 14-5-9

如图 14-5-10 所示,黑 1 打吃时,白 2 的正确下法是先保证自己的安全,然后再找机
会去吃黑子。

如图 14-5-11 所示,黑下 1 位可提白一子,白下△位也提黑 1 一子,这样吃来吃去的
现象在围棋中叫"劫"。围棋规则对此做了规定,当黑 1 提白一子之后,白不能立即回提,而
要隔一步才能回提,反过来,白如提掉黑 1 一子之后,黑也要隔一步才能回提。劫在围棋中
是一种特殊情况,利用打劫是一种复杂的战术。

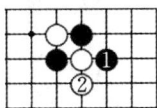
图 14-5-10

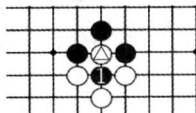
图 14-5-11

当我们下一个子之后,使对方的两个子或两部分子同时都被打吃,那么下的这就叫"双
吃"。

如图 14-5-12 所示中的黑 1 都叫双吃,打双吃后对方逃掉一边,我们可吃到另一边。

如图 14-5-13 所示黑 1 双吃,白 2 连,黑 3 提白一子。白 2 如在 3 位长,那黑 3 可下 2
位提白两子。

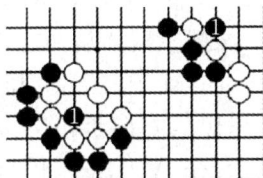
图 14-5-12

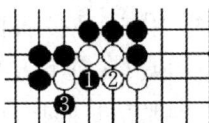
图 14-5-13

如图 14-5-14 所示,黑 1 打吃,白 2 长,这时黑 3 双吃,肯定能吃到两个白子。

如图 14-5-15 所示,黑 1 打吃,白 2 连,这时黑 3 刚好双吃。白 4 连回五子,黑 5 提掉

两个白子。

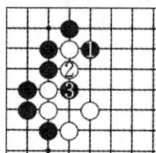 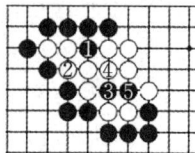

图 14-5-14　　　　　　图 14-5-15

(2)门吃、抱吃

①门吃。如图 14-5-16 所示,黑 1 打吃,白两子就无处躲藏了,白如硬在 A 位长,那就会损失更多。像这样两边各一个子如同一扇大门一样的吃子着法叫"门吃"。

如图 14-5-17 所示,黑 1 门吃三个白子是正确下法。如果白 2 长,黑 3 提白四个子,成为图 14-5-18 所示的形状。这时白可下 1 位回提一子,叫"提四还一"。

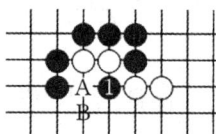 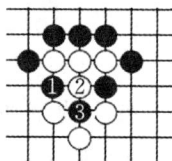 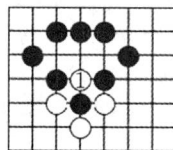

图 14-5-16　　　　　图 14-5-17　　　　　图 14-5-18

如图 14-5-19 所示,黑 1 打吃,白 2 连,这时黑 3 可门吃白五个子,大获全胜。

②抱吃。如图 14-5-20 所示,黑下 1 位即可吃住这一个白子。像黑 1 这样类似伸出一只手把对方子抱住的吃子着法叫"抱吃"。图 14-5-21 所示的黑 1 打吃,当白 2 长时,黑 6 即可抱吃白三个子。这样才能解救两个△号黑子。

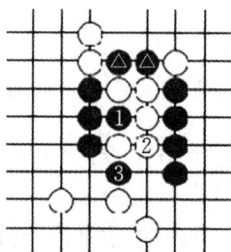 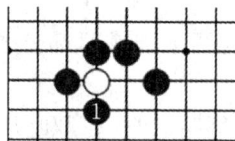 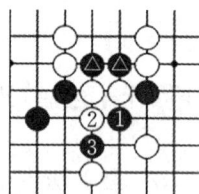

图 14-5-19　　　　　图 14-5-20　　　　　图 14-5-21

③征子。如图 14-5-22 所示,黑 1 打吃,白 2 长,黑 3 打吃,白 4 再长,黑 5 再打吃……如此打吃下去,一直到最后黑棋把白棋全部吃掉。像黑棋这样从两边连续打吃,使白棋始终只有一口气,直至最后把白棋全部吃掉的吃子着法,叫"征子",俗称"扭羊头"。

如图 14-5-23 所示,白在左下方有△子,如果黑仍吃白子扭羊头,当白被吃的子与△子连起来之后,就多了一口气,这时白即可进行反击,在 A、B、C 等位打黑子双吃,这样黑棋就溃不成军了。白在征子路线上的△子叫"接应子",当白有接应子时,黑棋就不能吃白征子了。

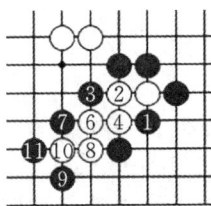

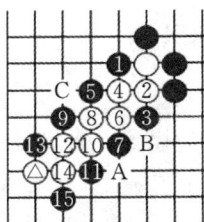

图 14 - 5 - 22　　　　　　　图 14 - 5 - 23

如图 14-5-24 所示,白在左下方有个接应子,黑 1、3、5 可向右下方吃白扭羊头,白左下方的接应子无能为力,只好眼巴巴地看着黑吃白子。吃征子有时只能向一个方向吃,有时能向两个方向吃,有时根据实际情况还可改变征子的方向。

如图 14-5-25 所示,下边有好几个白子,黑 1、3、5 连续打吃,至黑 11。黑可向左上方吃白征子。

如图 14-5-26 所示,上边两个白子已经被黑吃征子了。这时白在△位下一子,准备接应被征吃的白子,这个白子叫"引征"。黑棋应立即下 1 位把两个提掉。引证在实战中是一种战术,借引征可在其他地方得到便宜。

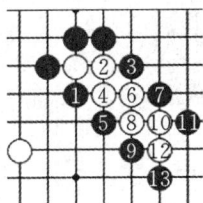

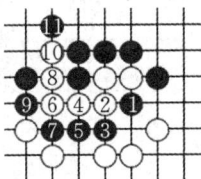

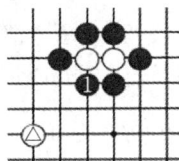

图 14 - 5 - 24　　　　　　图 14 - 5 - 25　　　　　图 14 - 5 - 26

二、中国象棋

(一)中国象棋概述

中国象棋在中国简称为象棋,是一种两人轮流走子,以将死或困毙对方将(帅)为胜的健智性体育娱乐项目。它棋具简单,老幼皆宜,在中国有着广泛的群众基础。

象棋于春秋战国时期就已出现,唐宋时期称为象戏,直到北宋后期才定型成如今的样式。古代流传至今的有关研究象棋的著书和棋谱,明清时期出版的最多,其中清朝王再越的《梅花谱》和张乔栋的《竹香斋象戏谱》等尤为著名。它们保全了我们祖先的很多宝贵经验,代表了当时我国象棋的最高研究水平,是我国象棋艺术中不可多得的文化瑰宝。

中华人民共和国成立以后,象棋得到了前所未有的发展。1956 年,象棋被列为国家体育运动项目,全国性的象棋比赛也开始出现,许多省、市、自治区还先后成立了协会、棋院、棋社、棋校等组织。

(二)象棋的基础知识

1. 棋盘

棋子活动的场所称为棋盘。如图 14 - 5 - 27 所示,棋盘呈长方形,由 9 条直线和 10 条横线相交而成。在棋盘上共有 90 个交叉点,棋子就摆在交叉点上。棋盘中部不画线的地方称为"河界",两端中部有斜线的地方称为"九宫"。为了便于学习和记录,棋盘中的 9 条直线白黑双方各从己方的右手边开数,白方用汉字一至九表示,黑方用阿拉伯数字 1~9 表示。

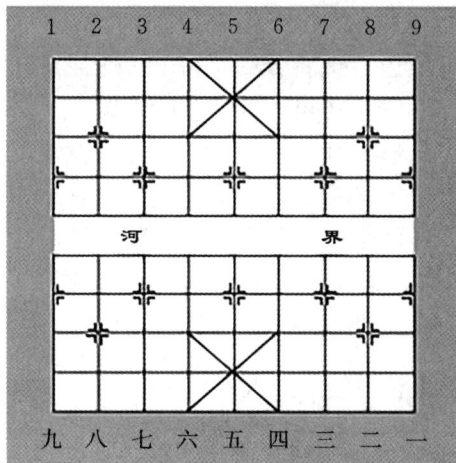

图 14 - 5 - 27

2. 棋子

全盘共有 32 个棋子,白黑双方各有 7 个兵种,16 个棋子。每方是帅(将)1 个,士(仕)、相(象)、车、马、炮各 2 个,兵(卒)5 个。棋子具体走法如下。

(1)帅、将:只能在九宫中行走,每次只能走一步。前进、后退、横走都可以。帅和将不准在同一直线上直接对面。

(2)士、仕:只能在九宫内行走,每次沿斜线走一步,可进可退。

(3)相、象:不能越过河界。每一着斜走两步,可进可退,俗称相(象)走田。当田字中心有别的棋子时,称塞相(象)眼,则不许走过去。

(4)马:每步走一直一斜,可进可退,俗称马走日。在马行进的方向上与马紧挨的位置有别的棋子,马不能跳过去,俗称绊马腿。如图 14 - 5 - 28 所示,白马不能吃黑车,而黑象也不能吃掉白方边线的兵。

(5)车:每一着可以直进、直退、横走,不限步数。

(6)炮:走法和车一样,只有在吃子时,中间需隔一子。

(7)兵、卒:未过河界前直行一步,过河界后,可以向前一步,也可以横着平一步,但兵(卒)无论过河与否,均不能后退。以上棋子的走法即为它的吃子方法,炮打隔子除外。棋子在棋盘上的原始位置如图 14 - 5 - 29 所示。

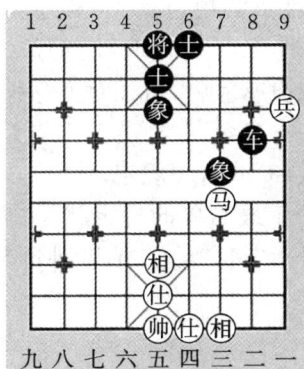

图 14-5-28

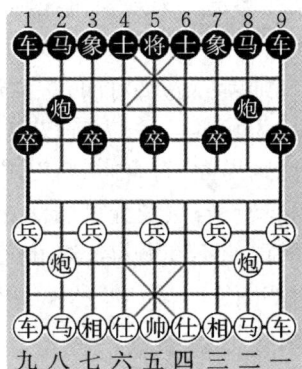

图 14-5-29

3. 常用术语

象棋的术语多种多样,它是人们通过无数实战提炼而成的。尽快掌握它们对于学习象棋很有帮助。

(1)将军:在对局中,一方棋子攻击对方的帅(将),并在下一着能将其吃掉,称为"将军",或简称"将"。

(2)应将:被对方将军时总要应将,不能任由对方吃去帅(将)。方法可以这样:①吃掉对方将军的棋子;②帅(将)躲开对方的进攻;③用自己的棋子挡在对方将军的棋子和自己帅(将)之间,也称垫将;④对方如果用炮将军,可拆散其炮架。

(3)将死:被将军方必须立即应将,如果无法应将,即被将死。

(4)困毙:轮到行棋的一方,无子可走,即被困毙。

(5)巡河:棋子在"河界"上己方横线上时,称为"巡河"。

(6)骑河:棋子在"河界"上对方横线时,称为"骑河"。

(7)肋道:棋盘中第四、第六两条竖线,一般称为"肋道"。

(8)兵林线(卒林线):棋盘中摆有兵或卒的那条横线。

(9)底线:棋盘两端的第一条横线。

⑩对局:两方下棋称"对局",也称"对弈"。

⑪全局:指整个一盘棋,从头到尾。

⑫局面:指对局中任意一个盘面上子力的定格。

⑬胜势:对局中一方优势很大,胜利在望。

⑭胜定:对局中一方无论在物质上和形势上都占有巨大优势,而另一方却无还手之力。

⑭绝杀:对局中一方下一步要将死对方,而对方又无法解救,称为"绝杀"。

⑯先手:一般指一方在下一手有明显的便宜可占或整体局面好走。

⑰优势:局势发展到一定程度,一方明显好下。

⑱均势:指双方势均力敌。

5. 简要规则

实际上象棋的规则还是比较复杂的,从某些方面来说,象棋的规则可以算作学术范畴。这也从一个侧面说明了象棋的博大精深。这里只给大家介绍一些简单的规则。

(1)胜负、和棋的确定。最新象棋规则中关于胜负的规定有 13 条之多。其中最常见的有这样 3 条,对局时一方出现下列情况之一,为输棋(负),对方取胜:①帅(将)被将死;②被困毙;③走棋后形成帅(将)直接对面,主动送吃,或没有应将,听任对方吃帅(将)。对局时出现下列情况之一时,为和棋:①一方提议做和,另一方表示同意;②双方均无取胜可能的简单局势;③棋局出现待判局面,符合"棋规"中"不变做和"的有关规定。

(2)关于走子和禁止着法及允许着法。其实象棋最简单的规定就是"摸子走子,落子无悔"。也就是平常所说的不许悔棋。禁止着法就是指"将""杀""捉"3 种情况,对局中是不允许单方面长将的。如图 14-5-30 所示,灰先。

①车五平六,将 4 平 5;

②车六平五,将 5 平 4。

本局中黑方下手车 8 进 3 即将死白方,白方无法解杀,无奈用车长将。这样是不行的,将到第六步,会被判负。

如图 14-5-31 所示,灰先。车六平八,将 5 平 4;车八平六,将 4 平 5。白方看到黑方下着要走车 9 平 8,形成绝杀,故用车一将一杀,白方要变着,不变判负。

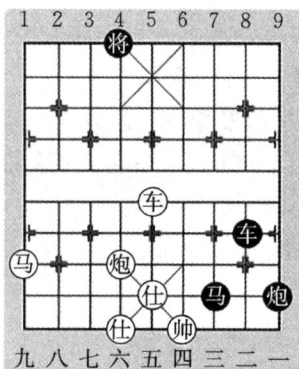
图 14-5-30

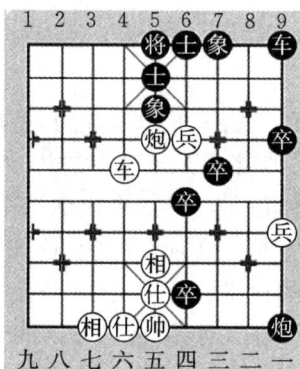
图 14-5-31

如图 14-5-32 所示,白先。马二进一,车 7 退 1;马一退二,车 7 进 1。白马长捉黑车,即使黑车 7 进 1 后有车 7 平 8 吃死白马的手段,白方也必须变着,不变判负。允许着法就是走出的着属闲着,不带攻击性,如兑、献、拦、跟等。

如图 14-5-33 所示,白先。

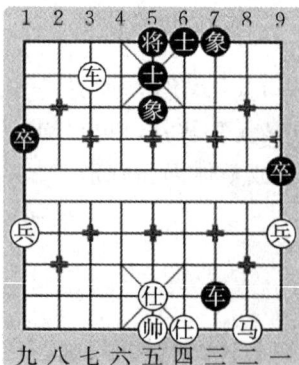
图 14-5-32

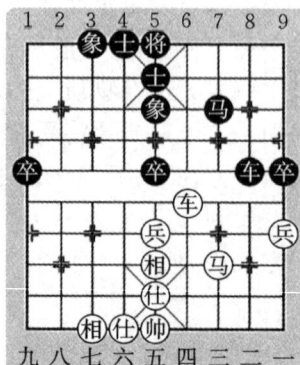
图 14-5-33

①车四平二,车 8 平 6

②车二平四,车 6 平 8

白方长兑黑车,双方不变做和。

三、五子棋

(一)五子棋的概述

1. 五子棋发展简史

五子棋亦称"连珠""串珠""连五子""五目碰""五目""五格"等。英文称之为"Gobang""mo-rphion""Renju"或"Five In A Row",日文又有"五石"等。五子棋起源于中国古代的黑白传统棋种,是中国民间非常熟知的一种古老棋。古代的五子棋的棋具与围棋相同。由于五子棋易学好懂,所以许多人都会下五子棋。

(二)五子棋的基础知识

1. 棋盘

五子棋的棋盘,是由纵、横各十五条直线交叉组成的。如果用围棋的棋盘代用时,在纵、横十五条线的范围内有效。想在方格纸或者笔记本的格子上下五子棋也可以,但是正规的对局只能使用专用的五子棋盘。(见图 14-5-34)。

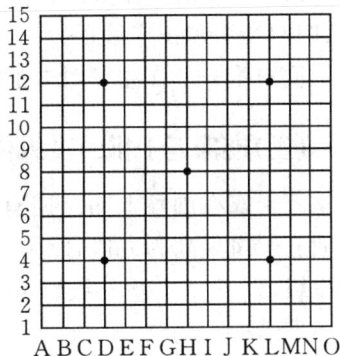

图 14-5-34

2. 棋子

棋子分黑子和白子。棋子的数量和对局没有直接的关系,我们认为棋盘的大小有限制而棋子的数量可以没有限制,如果把棋子摆满整个盘面,黑子是 113 个子,白子是 112 个子。通常,黑、白双方有 50~60 个子就足够使用了。

3. 基本下法

五子棋是由两个人在一盘棋上进行智力对抗的文体活动。其基本下法易学好懂。对局开始,黑先白后。执黑棋一方第 1 着必须落在"天元"点上,然后由执白棋的一方在黑棋周围的任意交叉点上落子(必须紧挨着黑子落子,直斜随意),黑方第 3 着要落在以"天元"为中心的 25 个交叉的空白点上,此后的各着棋没有限制,双方轮流落子,直到某一方首先在纵线、横线或斜线(暗线)上形成相连的五子或五子以上(只有白方可以连成五子以上),则该方就算获胜。但是,五子棋的一个特点,就是先行的一方优势很大,因此为了保证公平竞争,规则对黑方做了种种限制(将在"基本规则""术语释解"中介绍)。黑、白双方胜负的结果必须按照职业连珠(五子棋)的规则要求来决定。

4. 五子棋常用语

下五子棋时,不一定使用专用术语或语言。但是,如果要把对局的内容向他人转达时,知道一定的五子棋术语就方便多了。

先手——先手有两层意思,一是指先走子的执黑一方,二是指在对局过程中占主动地位并保持这种地位的攻击方。

后手——后手也有两层意思,一是指执白后走子的一方,二是指在对局过程中总是被动的受攻击的防守方。

五连——在棋盘的阳线或阴线任意一条线上,形成的五个同颜色的棋子不间隔地相连。

长连——在棋盘的阳线或阴线任意一条线上,形成的五个以上同颜色的棋子不间隔地相连。

四连——有两个点可以形成五连的四。

冲四——有一个点可以形成五连的四。

活三——走一着就可以形成活四的三。包括连活三和跳活三两种。

四四——一子落下同时形成两个或者两个以上的冲四或活四。

四三——一子落下同时形成一个冲四或活四,还有一个活三。

三三——一子落下同时形成两个或者两个以上的活三。

连冲——用连续冲四的手段攻击对方叫连冲。

禁手——对局中如果使用将被判负的行棋手段。禁手只对黑棋而言,禁手包括三三禁手、四四禁手和长连禁手。

反先手——在防守对方的活三或冲四时,自己同时形成了活三或冲四。

(三)连珠五子棋的段级位

五子棋在国际上同样拥有与围棋类似的段位。在段位以下又设定了 10 个级位标准。职业五子棋最高为九段,以下为八段、七段、六段、五段、四段、三段、二段和初段。级位最高为 1 级,以下分 2 级、3 级、4 级、5 级、6 级、7 级、8 级、9 级和 10 级。

第六节　毽球

一、毽球运动发展概述

毽球运动起源于中国民间传统的踢毽子运动,踢毽子是民间流传很广的体育游戏,至今已有数千年的历史。毽球是在中国传统文化毽子的基础上吸收现代体育元素的运动项目。毽球的最大特点是简便易学、男女皆宜、运动量和运动强度适中、锻炼价值大、场地要求小、健身效果明显,受到了大众的青睐。此外,无论在公园还是在社区,早晚都能见到很多群众在踢毽子、玩花毽。1984 年,毽球被列入正式开展的体育比赛后,毽球先后作为全国体育大会、全国少数民族运动会、农民运动会、大学生运动会、中学生运动会等综合性运动会的比赛项目。

随着国家实力的不断增强和国际地位的不断提高,中国毽球已经跨出国门,走向了世界。目前已经开展了毽球活动的国家和地区已达 21 个;世界毽球锦标赛已举办过六届;在国际毽球联合会与中国毽球协会的指导下,在 2011 年,第 26 届世界大学生运动会在深圳召开,使中国毽球传播到世界五大洲的 152 个国家和地区。

毽球对人们的身心健康极为有益。毽球主要是用下肢做接、落、跳、绕、踢等动作来完成的,可以使下肢的关节、肌肉、韧带都得到很大的锻炼,同时也可以使腰部得到锻炼。在跳踢时,不但要跳,腰部动作也很重要,上肢随同摆动,有时颈部也要运动。经常参加这项运动,不仅可使下肢肌肉、韧带富有弹性,提高关节灵活性,而且可使心、肺系统得到全面锻炼。

二、毽球基本技术

(一)准备姿势和脚步移动

1. 准备姿势和脚步移动技术的作用

准备姿势的作用是为及时移动和完成击球动作做好准备。准备姿势是完成发球、传球、扣球和拦网等各项击球技术的前提和基础。脚步移动的作用是为了及时接近球,调整人与球的位置关系,便于完成击球动作。

2. 准备姿势和脚步移动技术的动作方法

(1)准备姿势。准备姿势分左右开立式准备姿势和前后开立式准备姿势两种。

①左右开立式准备姿势。身体自然放松,两脚左右开立稍比肩宽;两脚尖稍内收,膝关节弯曲成半蹲;脚跟稍提起,身体重心稍前倾;两臂放松,自然弯曲,双手置于身体两侧;两眼注视来球,两脚始终保持微动。

②前后开立式准备姿势。身体放松,两脚前后自然开立;两脚尖稍内收,膝关节弯曲成半蹲;两臂放松,自然弯曲,双手置于身体两侧;两眼注视来球,两脚始终保持微动;脚跟稍提起,身体重心稍前倾。

(2)脚步移动。移动是从起动到制动之间的人体位移。移动速度是单位时间内人体位移的距离。移动的作用是及时地接近球,调整好人与球的关系,以便合理完成击球动作。迅速移动可以占据场上的有利位置,争取时间和空间。是否能及时地移动到位是完成技术的关键。毽球运动都是在人体移动中完成击球动作的,因此,移动速度的快慢直接影响到击球效果。

移动技术由起动、移动步法和制动三部分组成。毽球常用的脚步移动有并步与滑步、交叉步、跨步、跑步等。

①并步和滑步。当来球距离身体较近、弧线较高时,可采用并步和滑步;连续的并步就是滑步;并步和滑步主要用于完成传球、接球和拦网。

并步和滑步动作方法(以右并步和右滑步为例):面对来球,身体自然放松;重心偏向右脚,左脚前脚掌蹬地;右脚先向右迈出一步,左脚迅速跟上,落在右脚的左侧;右脚再向右迈出一步;左脚迅速跟上,落在右脚的左侧。

②交叉步。球距身体稍远,可采用交叉步移动。交叉步主要用于完成防守、一接、拦网等,交叉步分为左交叉、右交叉、后交叉步。

左交叉步、右交叉步动作方法(以左交叉步为例):面对来球,做好准备姿势;右脚蹬地,上体稍向右转,重心移到左脚;右脚从左脚前面向右迈出一步;左脚再迅速向右迈出一步落在右脚的左边。同时,身体向来球方向转动,做好击球前的准备姿势。

③跨步。当来球较低且身体较近时,可采用跨步。跨步可以向左、向右、向前和向侧方做移动。

动作方法(以左跨步为例):面对来球,做好准备姿势;右脚蹬地,左脚向左侧跨出一大步,同时屈膝;身体重心移至跨出的左脚上;右脚迅速跟上,两脚自然开立,重心在两脚中间。

(二)起球技术

1. 脚内侧起球

膝关节向外张,大腿向外转动,稍有上摆,不要过大,髋和膝关节放松,小腿向上摆,踢键时踝关节发力,脚放平,用内足弓部位踢球(见图 14 - 6 - 1)。在运用上主要多用在传接球方面,因此要想成为一名出色的球员,无论是一传手、二传手或是攻球手,都必须熟练,稳定地掌握好脚内侧球。

图 14 - 6 - 2

2. 脚外侧起球

要稍侧身,向体侧甩踢小腿,勾脚尖,用脚外侧踢球(见图 14 - 6 - 2)。注意想获得较低的托球点,必须使支撑脚做适当的弯曲。还要注意身体重心应放在支撑脚上。

3. 脚背起球

用脚背踢球,一般用正脚背,要注意绷脚尖和抖动脚腕发力击球(如图 14 - 6 - 3)。此踢球的技术是相对其他基本技术中难度较大的一种,主要动作要求不但要快,还要求有一定的准度,一旦抖动脚腕发力击球的节奏过快或过慢都会影响完成踢球的质量。

图 14 - 6 - 2

图 14 - 6 - 2

4. 触球

在身体膝关节以上部位的踢球都叫触球。但又可以分为大腿触踢球,腹部触踢球,胸部触踢球,头部触踢球。

（1）腿部触球。动作要领：触球腿大、小腿自然弯屈，当球下落到略低于髋部时，放松小腿，用大腿中下部（靠膝部）触球，使球上下运动。若稍调整触击球时大腿的角度，大腿向出球方向斜面相向，球向前上方击出。

动作的重点：大腿触踢球时，要注意抬大腿迎球，放松小腿，触球部位准确，摆动有力，用大腿正面前段击球。

（2）腹触球。动作要领：两脚自然开立（前后或左右），对准来球屈膝略向后蹲，稍含胸收腹，当腹部触球的一刹那稍挺腹，如来球过猛，也可不挺腹，使球轻轻弹出。

（3）胸触球。动作要领：两脚自然开立（前后或左右），两膝微屈，上体稍后仰，当球离胸前约 10 cm 时，两肩稍用力向后拉挺胸，同时双脚蹬地，身体挺起，用胸部触球。

（4）头触球。动作要领：两脚自然开立（前后或左右），身体稍后仰，两臂自然下垂（或屈肘于胸前），当球传到头前约 10 cm 处时，两脚蹬地，同时颈部稍紧张向前摆，用前额触球，使球向前上方运动。作为接发球使用或准备下一击球动作。

胸、腹、头触球的动作重点：注意触球时将腹部、胸部或头部要稍微向前去主动迎接球，并控制球落在自己的前方，然后用脚将球踢出。

（三）发球技术

发球动作一般有三种：脚内侧发球，脚正背发球，脚外侧发球。

发球是在比赛的开始，又是一项进攻技术，发球的时候可以采用盯人、找空、压后、吊前等手段发出各种战术球，以达到破坏对方组织进攻或直接得分的目的。

（1）抛球。要抛准、稳。将球垂直抛于体前，同时做到用力固定、高度固定、位置固定。

（2）击球。在正确抛球基础上，击球做到"两固定"：击球脚法固定、击球点固定。

（3）脚内侧发球。脚内侧发球特点是既稳又准，破坏性强。脚接触球的面积大，不易失误，踢球较准确，适宜发中/短距离的球，用以破坏对方一传。

动作要领：两脚前后站立，踢球脚在后，脚内侧发球的时候要抬大腿带小腿，用内足弓部位向前上方送髋推踢。异侧手臂外展摆臂，以维持身体平衡（见图 14-6-4）。

（4）脚正背发球。脚正背发球特点是平、快、准。这种发球，脚的摆幅较大，触球点准确，出球有力，落点易控制，动作简单，容易掌握。

动作要领：发球腿脚面绷紧，大腿带动小腿发力，用正脚背击球，抖动加力击出球。动作重点：要注意绷脚尖，用正脚背向前上方发力挑踢（见图 14-6-5）。

（5）脚外侧发球。脚外侧发球的特点是既快又狠，攻击力强。

动作要领：抬腿踝内转，外侧加力击出球（见图 14-6-6）。

图 14-6-4　　　　　　　　图 14-6-5　　　　　　　　图 14-6-6

(四)攻球技术

攻球技术是指将高于网沿的球直接攻入对方场区的一种击球动作。

1.头攻球技术

头攻球时,一般是从限制区外助跑起跳,靠腰部、颈部发力在空中用额头的正面、侧面或头发击球。特点是力量大,速度快,变向多,如果能熟练运用也能给对方防守带来一定难度(见图 14-6-7)。

图 14-6-7

2.踏球技术

脚踏球是向上抬腿后,向下发力,用前脚掌部位推压击球。脚踏攻球的特点是视野开阔、目的性强、球速快、变化多,既可以压踏前场,又可以推踏后场,还可以抹吊近网。由于脚踏球与倒勾球力量方面相比相对较弱,因此必须充分发挥其快、刁的特点,攻其不备才能给对方防守带来较大的威胁,令防守者防不胜防(见图 14-6-8)。

图 14-6-8

3.倒勾技术

倒勾攻球的要点是以大腿带动小腿向上摆动、加速发力。其特点是击球点高,球速快,力量大,易控制,变化多。在通常情况下,根据对方不同的阵性可攻出直线、斜线、外摆、内扫、轻吊和凌空等不同特性的球。能给对方造成很大的威胁。

(1)斜线攻球。可以用站位方向的变化和脚尖内扣来达到变线攻球的目的。

(2)外摆攻球。击球瞬间外翻脚腕,用转体和向外摆动腿来控制球的力量和落点(见图 14-6-9)。

图 14 - 6 - 9

（3）内扫攻球。应用脚尖部位或脚内侧向异侧腿前上方边转体边扫踢击球，内扫攻球时应用脚尖部位或脚内侧向异侧腿前上方边转体边扫踢击球（见图 14 - 6 - 10）。

图 14 - 6 - 10

（4）轻吊攻球。起跳动作要和发力倒勾攻球时一样，只是在击球瞬间改用前脚掌部位，将球轻轻推托过网（见图 14 - 6 - 11）。

图 14 - 6 - 11

（5）凌空攻球。凌空攻球是现有攻球技术中难度最大的一种，它要求运动员要有较好的制空能力、弹跳力与协调性，并且注意落地时运动员的自我保护（见图 14 - 6 - 12）。

图 14 - 6 - 12

除了以上几种攻球技术外,在长期的比赛锻炼中,在运动员的大胆创新下,不断涌现出一些新的进攻技术,如转身侧扫攻球、肩部压球,还有一些比较不正规的踏球进攻,如后摆侧踏等。虽然这些进攻技术在比赛中并不是主要的进攻手段;但由于其套路创新,动作隐蔽,令人难以适应。因此这些技术做为一种辅助进攻手段、突袭手段也给对手造成一定的威胁,在比赛中收到良好的效果。

(五)拦网技术

1. 拦网的重要性

拦网是毽球防守中非常重要的技术,是守方的第一道防线,是攻防转换的关键,有效的拦网对攻方是很大的打击,拦网具备进攻性,不拦网等于门户大开,所以必须拦网。

2. 人人都要参与拦网

拦网体力消耗很大,只靠主攻手拦网,往往会使主攻手体力急速下降,影响进攻威力,特别是以踏球为进攻手段的主攻手,拦网后防反中需要后撤拉开,二一配备的队伍往往不能组织有效的防反。二传也很难把调整球给后撤的主攻手传到位。对于对方的拉开球进攻,单一拦网往往跟不上,需要其他队员配合拦网。此外,在对方进攻威胁大或者判断出对方进攻路线时需要双人拦网。并是一定要大个子拦网,大个子固然有优势,但不是绝对的,关键看判断。小个子掌握时机和判断好线路同样能有效拦网。

3. 拦网起跳的时机

拦踏球跳起要晚,拦倒挂球跳起要早,远网球跳得要更晚些。因为前踏球的变化多、变化快,发力时间短,对方有很充足的时间观察防守站位攻球,所以起跳之前一定要判断出对方的攻球线路后再起跳,过早起跳容易被吊球或被躲避。倒挂时背对或侧对网,动作一旦做出变化的可能性比较小,所以既然判断出对方下球线路和动作趋势,就要起跳在空中等。而且倒挂攻球一般点比较高,起跳晚,容易在球速快的情况下,球从肩过。

4. 拦网绝对不能闭眼

初学者因为害怕打到眼睛,会闭眼,造成拦到球后不知道球弹到哪里,救不起来。所以要磨炼拦网人的意志,要勇敢,目视来球,密切观察对手的动作和球的线路,积极救被拦下的球。

5. 起跳不要过于用力

并不是跳得越高拦到球的概率越大,即使跳得再高也不一定拦到托吊的后场球,跳得低也不一定拦不到下压球,最好用中度力去跳,这样在跳起中能有更好地控制身体,抖动身体拦击球,也能在拦网后迅速下落救球。把所有的力量用在了向上跳上,身体往往就难以控制了。

6. 拦网的距离掌握

一是身体距离网一拳的距离起跳,身体在空中抖动扣压来球,一般为高大队员采用,或者能判断出对方攻球是下压球时采用,具有一定攻击性,防止离网远而未果。二是身体距离网较远的距离起跳,起跳后胸部不下压来球,而是向后倾斜,使球触胸后球在本方场地,一般为防守出色不愿意再次给对方进攻机会的队、个子比较小的队员、配合插上拦网队员和对方攻球点非常高的情况下采用。因此要在场上要根据对手的攻击力情况选择拦网的距网距离。

7. 拦网的移动

拦网队员要注视对手的击球动作,随时判断对手意图,一般原则是跟随球的转移在网前移动,如果对方二传不具备进攻能力,可以重点盯防对方主攻手,如果二传有进攻能力,一定要跟随球的移动,球到那里跟随到那里,随时准备起跳拦网。

四、毽球基本战术

(一)进攻战术

1.“一、二”配备

“一、二”阵容配备就是在三个上场队员当中有一个是主攻手,两个是二传手。运用此阵容配备时,主攻手一般不参与接发球,两个二传手交替接发球和做二传,这种战术的进攻特点是分工明确、稳而不乱,尤其适用于有高大主攻手善打中一二和两次攻等高举高打的打法。

2.“二、一”配备

“二、一”阵容配备是在上场三个队员有一个主攻手、一个副攻手和一个二传手。“二、一”阵容配备中,主攻手一般也可以不参加接发球,由副攻手、二传手互换接做二传。这种战术的特点是攻球变化多又可以互相掩护,适用于打交叉、插上、掩护等进攻战术。

3.“三、三”配备

“三、三”阵容配备就是在上场三个队员中三个都是攻球手又是二传手。“三、三”阵容配备场中队员接球站位一般呈倒三角形,任何一个队员接到球后随时都可以组织两人以上同时参与进攻的战术打法,这种阵容可以打出掩护、交叉战术,还可以打出快攻、背溜、双快一掩护等较复杂多变的战术进攻球。

(二)防守战术

1.“弧形防”

“弧形防”就是三名队员在中场成小弧形的站位防守。“弧形防”阵性是在对方的攻球威力不大时采用,这种区域联防的特点是防守视线清楚、分工明确,防守一般性攻球效果很好。

2."一拦二防"

"一拦二防"在场上三个队员中,一人在网前拦网,另两名队员分别在其两侧分区防守。"一拦二防"这种封线分防的特点是有两道防线,网上拦网封线路,网下中场防落点,拦防结合,利于反击。

3."二拦一防"

"二拦一防"阵型就是在场上三个队员有两人在网前拦网,另一名队员在其中后方防守。"二拦一防"这种封线补防的特点是网上拦网封线路,网下中场补空缺,具有明显的网上拦网优势。

4."拦一堵一防"

"拦一堵一防"阵型就是一人在网前拦网,一人在侧面往后堵击,另一人在中后场防守。"拦一堵一防"这种封堵联防阵型构成三道防线,它具有拦、堵、防结合,既可以互相补缺又可以灵活机动应变的特点,是目前比较理想的防守阵型。

五、毽球竞赛规则

(一)场地

1. 场地面积

比赛场地采用羽毛场双打场地,长 11.88 m,宽 6.1 m。场地上空 6 m 以内(由地面计算)、场地四周 2 m 以内不得有障碍物(见图 14-6-13)。

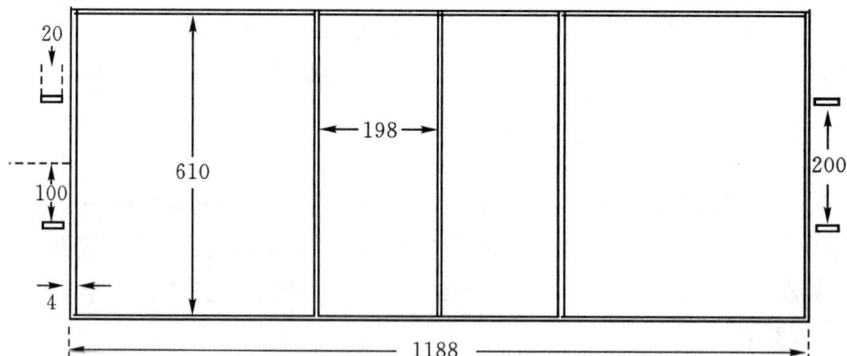

图 14-6-13(单位:cm)

2. 界线

比赛场地应按平面图画出清晰的界限,线宽 4 cm,线的宽度包括在场地面积之内。较长的两条边界叫边线,较短的叫端线。连接场地两边线的中点与端线平行的线叫中线。中线将场地分为均等的两个场区。在中线两侧各画一条与中线平行的线叫限制线(此线包括在限制区内)。中线至限制线的距离为 2 m。

3. 发球区

距两端线中点两侧各 1 m 处向场外各画一条长 20 cm 与端线垂直的短线叫发球区线

（此线不包括在发球区内）。发球区线向后无限延长的区域叫发球区。

(二)球网

1. 球网的规格

球网长 7 m,宽 76 cm,网孔 2 cm 见方。球网上沿缝有 4 cm 宽的双层白布,用绳穿起,将球网张挂在网柱上。球网必须挂在中线的垂直上空。球网为深绿色。网柱安在中线以外,距边线 50 cm 处(见图 14 - 6 - 14)。

2. 球网的高度

球网的中部顶端距地面垂直高度为 1.60 m(男子),1.50 m(女子)。网的两端距地面的垂直高度必须相等,两端的高度与中间的高度相差不得超过 2 cm(见图 14 - 6 - 14)。

3. 标志杆与标志带

在球网的两端,垂直于边线和中线交接处,各系有一条宽 4 cm,长 76 cm 的白色带子,叫标志带;在球网上连接标志带外侧应系有两根有韧性的杆,叫标志杆。两杆内侧相距 6 m。标志杆长 1.20 m,直径 1 cm,用玻璃纤维或类似的材料制成。标志杆应高出球网上沿 44 cm,并用鲜明对比的颜色画上 10 cm 长的格纹(见图 14 - 6 - 14)。

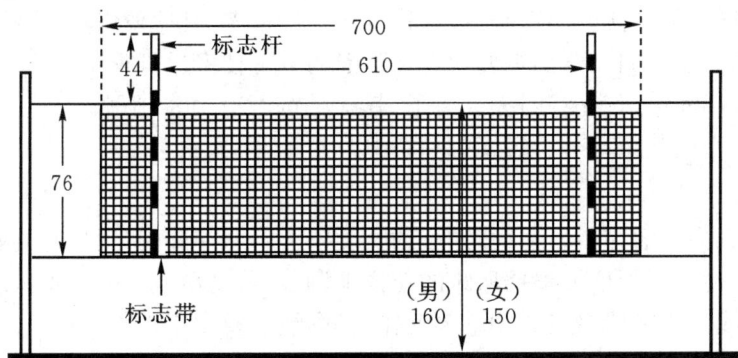

图 14 - 6 - 14(单位：cm)

(三)毽球

毽球由毽毛、毽垫等构成。毽毛为四支白色或彩色鹅羽成十字形插在毛管内,每支羽毛宽 3.20 ～3.50 cm。毽垫直径 3.80～4 cm,厚 1.30～1.50 cm。毛管高 2.50 cm。毽球的高度为 13～15 cm。毽球的重量为 13～15 g(见图 14 - 6 - 14)。

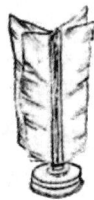

图 14 - 6 - 15

第七节　跳绳

一、跳绳运动概述

跳绳是我国民间流行的一项体育活动。我国古代有很多关于跳绳的记载,如唐代称跳绳为"透索",每年八月十五日以"透索"为戏。宋代称跳绳为"跳索"。明代的《帝京景物略》一书中称跳绳为"跳白索",并生动地描述了当时的跳绳活动:"童子引索略地,如白光轮,一童跳白光中,曰跳白索。"清朝的《有益游戏图说》一书也记载有跳绳活动,并称其为"绳飞",民国初年才改叫跳绳。

发展到现在,跳绳运动这一项目不论是在器材还是技术、规则等方面都得到了逐步完善和发展。喜爱这一运动的人越来越多,而为了更好地对这个项目进行组织和推广,世界各国先后成立了国际跳绳联盟、欧洲跳绳总会、中国跳绳网、中国香港跳绳总会、美国跳绳网等组织和网站。这些组织和网站的出现在一定程度上说明跳绳已经不是单纯的游戏,它也具备了作为一个独立的运动项目而存在的一些特征,这些组织和网站会定期举行一些比赛,为喜爱这项运动的朋友构建了一个舞台。

二、跳绳的方法

(一)跳绳运动的基本技术

跳绳运动的玩法,大致可以分为两种,即花样跳绳和竞技跳绳。其中,花样跳绳是指绳子可以不通过身体,从身体的两边绕过,这种跳法花样很多,且比较省力;竞技跳绳是指绳子必须前后通过脚底绕一周。下面主要就竞技跳绳的基本技术进行重点介绍。

跳绳的技术很简单,首先练习操纵绳子,其次是练习有节奏地跳跃,再次是将两者协调配合起来。根据绳的长短可分为短绳跳和长绳跳两种形式。

1. 短绳跳

(1)短绳的选择。短绳单人跳绳,绳子的长度以一脚踩在中间,腿伸直,两手握绳置于胸腰部的长度最合适。但长度要根据所跳的花样来调节,若是单人跳变为带人跳,则绳子要稍长些;若跳编花或双飞跳或多飞或蹲跳等动作时,则绳子要比正常长度短些。技术好的人喜欢用稍短些的绳子,因为短绳可以提高速度和难度而且省力。

(2)技术要点。

①抡绳。短绳跳时,正确抡绳很重要。初学者,可分几步练习抡绳。第一步,以肩为轴,大臂、小臂、手腕同时用力,手臂抡绳的幅度较大;第二步,抡绳的动作幅度逐渐减小,以两肘为轴,用前臂和手腕配合抡绳;第三步,仅用手腕动作摇绳,是最合理的动作,这样可以加快手腕摇绳的速度。

②跳跃方法和姿势。当绳摇至地面时双脚立即跳起,待绳通过双脚时,双脚自然落地,双脚落地时宜用脚前掌先着地,膝关节自然稍弯曲,起到缓冲过重震动力量的作用。双脚起跳后,身体姿势应自然放松,上体不应过于前倾。跳绳时呼吸要自然,要有意识地将呼吸和跳绳的节奏配合起来,进行有节奏地呼吸。

③短绳跳的技术。A. 单摇跳(或叫单飞或直飞):可分为正摇跳和反摇跳。正摇跳是指摇绳的方向由体后向前的跳法,摇绳一次跳一次。有正摇双脚跳,正摇单脚跳,正摇双脚交替跳,正摇一步、两步或三步跑跳,正摇前踢腿跳,正摇蹲跳,正摇后踢腿跳等。跳绳的花样可以根据自己的想象自由发挥和创造。反摇跳是指摇绳的方向由体前向后的跳法。反摇跳也有与正摇跳相对应的花样跳法。如图 14-7-1 所示。

正摇双脚跳　　　正摇单脚跳　　　　　正摇双脚交替跳

正摇两步跑跳　　　　　　　　正摇前踢腿跳

正摇蹲跳　　　　　正摇后踢腿跳　　　　反摇跳

图 14 - 7 - 1

B. 编花跳：指双手在体前交叉摇绳的跳法，可分为死花跳和活花跳。死花跳指双手始终交叉在两侧摇绳的跳法；活花跳指在跳的过程中，双手交叉和不交叉摇绳结合起来的跳法，比死花跳要复杂一些。如图 14 - 7 - 2 所示。

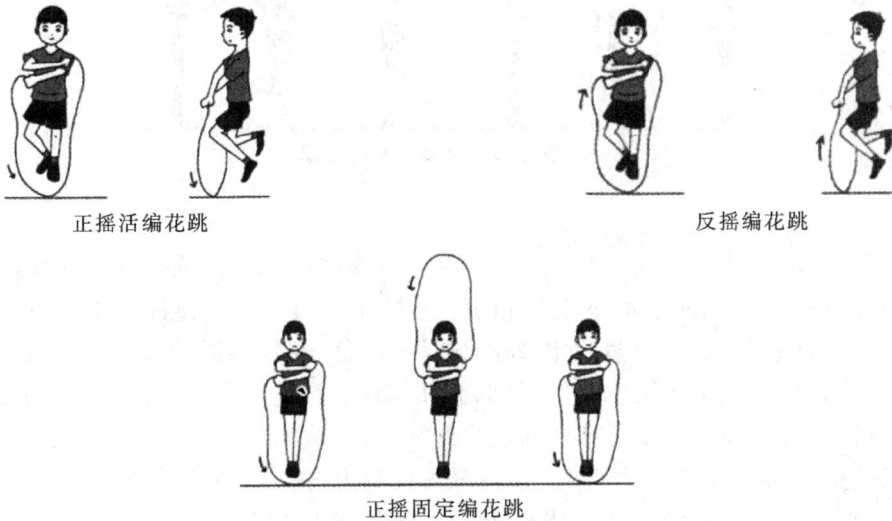

正摇活编花跳　　　　　　　　　　反摇编花跳

正摇固定编花跳

图 14 - 7 - 2

C. 双摇跳（双飞）：指摇绳两次跳一次的跳法。也可分正双飞（或前双飞）和反双飞（或后双飞）。有正、反双摇双脚跳，正、反双摇单脚跳，正、反双摇交替跳，正、反编花双摇跳（扯花、快花、风花、龙花）等。双摇跳的动作花样多，可组成不同的套路进行练习。双摇跳动作花样连续美妙,是练习弹跳力、头脑反应能力的良好方法。如图14-7-3所示。

正双摇双脚跳

图 14-7-3

D. 三摇跳(三飞):指摇绳三次跳一次的方法。三摇跳的难度较大,只有在熟练掌握双飞的基础上才可以练习,而且需要有较好的弹跳力和手腕摇绳速度及手脚的协调配合。三飞的动作花样和组合在双飞的基础上变化更多。有直飞、三扯花、快扯花、扯快花、三快花、三风花、扯风花快风花、扯龙花、快龙花、龙风花、风龙花、大龙花共13个基本动作,正反加在一起就成了26个动作。

2. 长绳跳

长绳跳是由两人摇绳,单人或数人跳绳的动作,如图14-7-4所示。跳绳人在跳的过程中可以做各种动作,如蹲跳、前踢腿跳、高抬腿跳、单脚跳、手脚同跳、背跳等,还可以模仿各种动物跳,如兔跳、狼跳等;多人跳时可以做手拉手跳、手拉手旋转跳、"火车"跳等。绳的长短可根据人数的多少而定。一般为5~8 m。也可变换各种跳法。

原地并脚和单脚交换跳长绳

图 14-7-4

根据绳的起始状态可分为死绳跳和活绳跳。死绳跳是指跳绳人站在两人摇绳的中间,绳子摇动的同时跳起,这时就不必考虑绳的摇动方向,只要有节奏地跳动即可,比较容易掌握。活绳跳是指绳子在摇动的过程中,跳绳人站在一侧,观察摇绳的节奏和时机,待绳摇到另一侧时,趁机跑动到绳的中间,当绳摇到脚下时跳起,接着和着绳子做有节奏的跳动。这种跳法根据上法的方向不同又有多种跳法。

(1)长绳跳的基本要求。摇绳人需要有较好的臂力,并主动配合跳绳人的速度、节奏,注意力集中,两人配合协调一致,摇绳技术好,有利于跳绳人的发挥。

(2)长绳跳的基本跳法。长绳跳的基本跳法主要有正上绳法、反上绳法、正斜上绳法、反斜上绳法、跑8字跳(正反上绳)等。

3. 集体跳

(1)由单人鱼贯式或多人一齐跑进、跑出、跳过或连跳的方式进行跳绳。在跳的时候,可任意跳几次,可加做一些自己喜欢的小动作。如:拍手、转身、报号、唱儿歌、拾物等,增加跳绳的乐趣。如图14-7-5所示。

(2)2～3人花样趣味跳绳法

①一人摇跳,另一人跑进、跑出或同跳。如图14-7-6所示。

②一人助摇跳。

集体跳绳

图14-7-5

一人摇跳同跳

图14-7-6

(3)两人同摇跳。

①两人跑动跳。方法:两名同学左、右手持绳的两端,做向前跑动跳绳的练习,速度要求中等,动作协调,注意不要被绳子绊倒。如图14-7-7所示。

两人同摇跳

图14-7-7

②三人重叠跳:一人摇跳,另2人跑进、跑出或同跳。方法:一人先用稍长的绳并脚跳,速度较慢,然后其余2人跳进或跳出跳绳者的体前或体后,同跳。注意跳起时基本一致,摇绳速度要均匀,不能忽快忽慢。如图14-7-8所示。

三人重叠跳

图14-7-8

(二)跳绳运动与力量耐力

力量耐力方面包括：手臂其上臂抗疲劳能力、心肺功能、腿部力量等。

1. 手臂力量

有些学生跳绳多了上臂会酸痛，那是因为在跳绳时手臂张得太大，小臂在随着绳子甩动时，小臂的肌肉容易疲劳。为了减少疲劳，在跳绳时手臂尽量贴近身体，用手腕用力。再者两手心不可朝上，尽量向下或者相对，手心朝下更能发力，这样能节省体力，跳得再多也不会累。

2. 心肺功能

心肺功能指的是人的摄氧和转化氧气成为能量的能力。在跳绳时随着体力的下降，人体要承受一定的运动负荷来维持跳绳运动，出现心跳加快，四肢乏力，此时，跳绳的速度减慢，最终减少了跳绳的个数。要提高心肺功能就是坚持锻炼，体育锻炼能使我们的心脏更有力，促进和加快新陈代谢，这要求必须有一定的运动量并掌握科学的运动方法，没有一定的运动量，心肺功能就很难达到锻炼的效果。

3. 锻炼腿部力量

在跳绳时，双腿要承受身体的体重反复跳跃，一定时间后双脚无力，有的学生就会因此减慢跳速，最终导致跳绳不能过关。为了克服这一现象，必须进行腿部肌肉的锻炼，如：收腹跳练习，就是从原地直力开始起跳，空中做屈腿抱膝动作或双手在腿前击掌，落地时一定要屈膝缓冲。还可以做单脚跳、双脚跳台阶等练习。

(三)心理素质练习

有不少学生在考试时因人为、场地、自身等原因导致心理紧张，出现跳绳总是绊脚的情况。所以在考试之前心理素质的锻炼必不可少。首先要认识自我，对自己的成绩要有所了解，要有正确的定位，做到胸有成竹。其次通过情绪与压力测试，模拟真实压力情景，提供有效而实用的应对压力的方法，引导学生正确面对压力，并教给学生放松的方法，使学生能合理调节情绪，真正成为自己的主宰。

(四)跳绳的练习方法

体育教学中，应用跳绳进行课堂教学，不仅能提高学生的身体素质，丰富教学内容，而且能提升学生动脑、动手的能力。

1. 原地练习法

(1)单人跳绳练习：在篮球场上，将全班学生分成两组面对面站立，距离 4～5 m，每人左右间距 2～3 m。两手分别执绳的两段，持绳于身后，进行正反单、双足跳或单、双足交替跳；正反夹花跳；单、双足双飞跳；蹲着跳(将绳对折单手执绳的一端，蹲下单手贴地摇绳跳)等。

(2)两人同跳一根绳练习：一人摇绳两人同跳(没摇绳的人站在摇绳同学的前面或后面)；两人同摇同跳，(两人同站一排，各执绳的一端，同摇齐跳)；两人同摇一人跳，(跳绳人外侧手执绳的一端，没跳者执绳的另一端，同时摇绳)。

(3)夹物跳练习：双踝夹物跳；双膝夹物跳；双腋夹物跳；双踝、双膝、双腋同时夹物跳。要求：跳绳过程中要控制所夹物体不掉地。

(4)自我展示跳绳练习：将学生分成几组，依次进行，每组 6～8 人，让学生自择或自创跳绳方法进行表演。要求:学生进行自我评价、互相交流技艺。

(5)牵绳练习:两人一组,自由组合,绳子从腰间绕过,两人分别各执绳子一端,通过牵、放绳子来较量,看谁脚下稳或移动来决定胜负。要求:要学会用巧劲来取胜。

2. 拔河练习

将全班分成若干组,4~6 人一组,学生自行组织,将同组内的几根跳绳并在一起,成一根拔河用绳,进行拔河比赛。

要求:(1)每组学生自定裁判;(2)按规则进行,采用三局两胜制。

3. 投掷练习

在场地上画一条起抛线。将全班学生分成若干组,每组 6~8 人进行投掷跳绳比赛,看谁投得远,每位学生将自己的跳绳织成团或其他形状,只要自己认为它便于抛掷就行。

要求:(1)抛掷方法不限;(2)不得跨越起抛线。

4. 跳篱笆练习

在草坪上进行,将学生分成人数相等的两大组,再将每一组分成两排面对面蹲下,用手各执绳子的一端,将绳子拉直,每根绳子之间相距 1~1.5 m,绳子离地高度适度,另一组学生依次跳过每一根绳,练习两至三回后两组互换练习。

要求:(1)双脚连续依次跳过绳子,注意安全;(2)前后学生相距 3~4 根跳绳。

5. 匍匐前进练习

在草坪上,将学生分成人数相等的两大组,再将每一组分成两排面对面蹲下,用手各执绳子的一端,将绳子拉直,每根绳子之间相距 1~1.5m,绳子离地高度与膝同高,另一组学生依次从绳网下爬过,练习 2~3 回后两组互换练习。

要求:(1)用双手或双肘和双膝爬进;(2)身体任何部位不得触及绳。

6. 跳长绳练习

在篮球场上进行练习。将学生分成 2~4 组,每组将短绳接成长绳,进行集体跳长绳练习。(1)学生可自行编制与选择跳长绳的花式。(2)多人花样跳时要注意安全。跳绳运动不但能跳出健康的身体,而且还能促进神经系统的发展,提高智力、发展思维……

三、跳绳竞赛规则

摘录自国家体育总局社会体育指导中心最新审定的《中国跳绳运动竞赛规则(试行)》

(一)宗旨

为了推动我国跳绳运动的规范化发展,加快与世界跳绳运动接轨的步伐,使其更好地为全民健身事业和构建社会主义和谐社会服务,特制定本规则。

(二)行为准则

(1)运动员应自觉遵守《运动员守则》,遵守竞赛规程和赛场纪律,服从裁判。

(2)运动员和教练员应克服任何不公平、影响对手、冒犯公众、影响本项运动声誉的不良行为。

(3)裁判员及竞赛工作人员须遵守《裁判员守则》和赛会的规定,严肃、认真、公正、准确地执行裁判和竞赛任务。

(三)比赛方法及规定

1. 比赛方法

比赛开始与结束均以口令或鸣哨为信号。裁判员发出"选手准备"指令后,所有参赛运动员就位;发出指令"预备"后,所有参赛运动员做好跳绳准备,单绳项目的选手双手持绳于身后,双绳、长绳"8"字跳项目的选手持绳站好。

2. 计时、计数跳绳比赛

(1)单摇跳:运动员跳起一次,双手摇绳,绳跃过头顶通过脚下绕身体一周(360°),称作单摇跳,记次数1次,在规定时间内累积进行。

(2)双摇跳:运动员跳起一次,双手摇绳,绳跃过头顶通过脚下绕过身体两周(720°)称作双摇跳,记次数次1,在规定时间内累积进行。

(3)三摇跳:运动员跳起一次,双手摇绳,绳跃过头顶通过脚下绕过身体三周(1080°),称作三摇跳,记次数1次,累积进行。

(4)间隔交叉单摇跳:运动员单摇跳起一次,然后双手体前交叉摇绳(两臂交叉时间是跳过绳即可开始),绳跃过头顶通过脚下绕身体一周(360°)再跳起一次,依次一摇一变化交叉跳称作间隔交叉单摇跳,计次数1次,在规定时间内累积进行。

(5)混双单摇跳:男女各一名运动员(1名运动员持绳并摇绳)同时跳起1次,绳跃过两人头顶通过脚下绕身体一周(360°),计次数1次,在规定时间内累积进行。

(6)接力赛:4×30 s单摇跳、4×30 s双摇跳、4×45 s双绳交互摇速度单摇跳,须以30 s或45 s口令为信号进行接力跳。

(7)长绳"8"字跳:两名运动员(男女不限)持绳站好,间距不小于3.6 m。在口令或鸣哨后将绳同方向360°摇起,运动员无论采用何种方式须依次以"8"字路线跑入绳中跳跃、长绳过双脚一次、再跑出长绳,则计次数1次,在规定时间内累积进行。

(四)花样跳绳比赛

(1)花样跳:个人或2人、4人自行编排动作及套路在规定时间内进行跳绳比赛。

(2)双绳交互摇三人跳绳和双绳交互摇四人跳绳:在45~75 s中3人或4人按自行所编动作及套路轮流进行跳绳比赛。

(3)表演赛:由4~14名运动员以配乐进行表演,表演内容为自编花样或规定动作。

(4)若绳或手柄断裂,应允许运动员迅速更换经大会审定的备用绳重新比赛,不得超过1分钟。

(5)比赛过程中,若遇运动员鞋带松脱,运动员须立即系紧鞋带,方可继续比赛。

(6)若运动员受伤,经治疗5分钟,可继续重新比赛。

(五)犯规及罚则

(1)在"开始"口令未下达前出现摇绳或抢跳应重新开始比赛,并提出警告,对于两次抢跳的运动员取消其本场比赛资格。

(2)运动员在比赛中出现失误(包括在间隔交叉单摇跳比赛中,不是依次一摇一变化交叉跳),记失误次数,但不中断比赛。

(3)运动员在比赛中踩线或出界,应判为犯规。

①单摇、双摇速度赛、间隔交叉单摇跳赛:如运动员踩线或出界,应暂停比赛,让其回到原位后继续比赛。计数从运动员回到原位后继续开始。

②三摇跳运动员失误、踩线或出界,比赛即告结束。

(4)转换犯规

①转换犯规是指运动员在接力赛中"转换"口令未下达之前开始。

②如出现犯规,比赛继续,记犯规 1 次。

③转换犯规一次将从成绩中扣除次数 5 次。

(5)时间犯规

①花样跳绳比赛时间若不足 45 s 或超过 75 s,则算犯规,判扣 0.2 分。

②三摇跳:若运动员在听到开始比赛信号后,10 s 之内未能开始比赛,将从计数中扣除 10 次三摇跳。

(6)双绳交互摇花样跳

所有运动员须在比赛中以跳绳运动员身份完成至少 3 个技术动作,比赛即为有效。否则,成绩无效。

(六)比赛成绩判定办法

(1)计数比赛中,比赛成绩按完成的有效次数决定,次数多者名次列前;如次数相等,以失误少者名次列前;如仍相等,并涉及第一名,则令次数相等的运动员加赛一场;若再相等,抽签决定名次。

(2)花样跳评分标准:满分为 10 分,包括

①组织编排 2 分,其中动作连接周密 0.7 分、结构布局 0.7 分、风格突出 0.6 分;

②完成质量 4 分,其中动作、套路完成流畅 1.4 分,动作规范 1.3 分,表现力 1.3 分;

③动作难度 3 分;

④优美创新 0.5 分;

⑤音乐运用、礼仪(服装、进退场等)0.5 分,即跳绳动作与音乐运用应起到相互促进的效果。

(3)在计数比赛中,每场比赛须 3 名裁判员计数,若 2 名裁判员计数相同而第 3 名不同时,应以这两名裁判员所计数为准;若 3 名裁判员所计数各不相同,应以两个最接近的裁判计数最高分的平均值为准。

(4)在花样比赛中,比赛须 8 名裁判员评分,其中 3 名为判动作难度裁判,除动作难度分外的另外 5 名裁判评分,除去最高分和最低分,取平均值为正式成绩。

(七)弃权和申诉

1. 弃权

(1)超过检录时间 5 分钟未到场按弃权论。

(2)超过比赛时间 3 分钟,不能上场比赛者,按弃权处理。

(3)比赛中运动员因受伤治疗仍不能继续比赛,则判受伤运动员弃权。

2. 申诉

运动员对裁判员裁决有争议时,由领队或教练员在比赛结束后 30 分钟内以书面形式向

仲裁委员会提出申诉,同时交纳申述费1000元。仲裁委员会的判决为终审裁决。

如有异议,以国家体育总局体育指导中心发布的信息为准。

四、跳绳运动与健身

(一)跳绳的健身功能

跳绳是一种全身性活动,能加快胃肠蠕动和血液循环,促进全身的新陈代谢,又能使心情兴奋起来。跳绳能促进人心灵手巧。人的机体在运动时会把信息反馈给大脑,从而刺激大脑的积极思维,而跳绳时的自跳自数正是这样,通过信息的来回往返,促进大脑思维加快。

跳绳可以锻炼力量,也可以增强身体的协调性和反应能力,还能增强心肺功能,总之,不同的跳绳方式可以带来不同的锻炼效果。北京体育大学运动训练学博士武文强表示,多跳花式像两手交叉,摇两次跳一次,或者摇一次跳两次等花样可以锻炼跳绳者的灵敏度,而如果要锻炼心肺功能,则要采取慢速长时间地跳,比如一组20分钟等。

也有人认为,跳绳对膝盖的冲击很大,但有专家研究指出,跳绳对膝盖的冲击力量只有跑步的1/7至1/2。武文强博士认为,只要落地方法正确,就可以将冲击力量减少至安全范围。

(二)跳绳的优点

简便易行——不受时间场地限制,一根绳子,无限花样。

富有挑战——跳绳花样繁多,各种技巧的组合更是不计其数。

全身运动——左右开弓,上下齐动,手、臂、腰、腿、足都需要充分协调。

减肥健美——持续跳绳10分钟可达到慢跑30分钟或跳操20分钟健身效果。

培养团队精神——摇绳者与跳绳者团结协作,互动配合,充分体现团队精神。

鉴于跳绳对女性的独特保健作用,法国健身专家莫克专门为女性健身者设计了一种"跳绳渐进计划"。初学时,仅在原地跳1分钟,3天后即可连续跳3分钟,3个月后可连续跳上10分钟,半年后每天可实行"系列跳"如每次连跳3分钟,共5次,直到一次连续跳上半小时。一次跳半小时,就相当于慢跑90分钟的运动量,已是标准的有氧健身运动。

(三)跳绳的要求及注意事项

跳绳运动是一种极安全的运动,很少有运动伤害的发生,即使跳跃失败或停顿,也不会有坠落、跌倒、冲突或被用具所伤的危险。况且跳绳者又能随自己的身体状况、体力及方法来自由调节跳绳的速度及次数,因此同学们可以放心地来练习。以下几点是同学练习跳绳时的要求和应注意的事项:

(1)选择适当的场地。

(2)穿着适当的服装。

(3)充分做好准备活动和整理活动。

(4)要有正确的跳绳方法。

(5)要循序渐进练习。

(6)严防事故。

第十五章　搏击运动与防身术

第一节　散打

一、散打概述

散打也叫散手,是中华武术的精华,是具有独特民族风格的体育项目,多年来在民间流传发展,深受人民喜爱。

现在的散打是两人按照国内的规则,运用武术中的踢、打、摔和防守等方法,进行徒手对抗的现代体育竞技项目,它是中国武术的重要组成部分。中国武术有两种表现形式,一种是套路演练形式,一种是格斗对抗形式。散打就是格斗对抗形式的一种。

二、散打的基本技术

散打的基本技术,是指散打运动员在实战中完成进攻与防守动作的方法,是散打运动员竞技能力水平的重要因素。散打运动员所掌握的技术越全面,达到的运动技能越高,也就越能有效地使用单个技术和组合技术。全面的技术训练也有利于发展运动员技术上的个人特点,使之形成自己的技术风格。

(一)实战姿势(预备姿势)

1. 动作过程

散打的实战姿势一般分为左手在前的"正架"和右手在前的"反架"两种。运动员可以根据自己习惯和爱好,选择合适的一种实战姿势作为最初学习散打的定势。本书均以正架为例(见图 15-1-1)。

下面介绍对身体各部位的要求。

(1)步行:两脚前后开立,距离稍大于肩。前脚掌稍内扣,后脚跟微离地。两膝微曲,身体重心在两腿之间(见图 15-1-2)。

(2)躯干:身体侧向前方,含胸收腹(见图 15-1-3)。

图 15 - 1 - 1   图 15 - 1 - 2   图 15 - 1 - 3

(3)手臂和头部。

手形要求四指内屈,并拢握拳,大拇指横压于食指和中指的第二节指节上(见图 15 - 1 - 4、图 15 - 1 - 5)。

图 15 - 1 - 4   图 15 - 1 - 5

前臂肘关节夹角在 90°～110°,拳与鼻同高,肘下垂;后臂的拳在颌下,屈臂贴靠于胸肋,下颌微收。目平视,合齿闭唇(见图 15 - 1 - 6、图 15 - 1 - 7)。

图 15 - 1 - 6   图 15 - 1 - 7

2. 易犯错及其纠正方法

身体重心过低、前倾或后倾,身体上部保护不够。纠正时,强调步法移动灵活,防守严密,姿势不可太低,重心控制在两脚之间;两手紧护躯体,尽量缩小暴露给对手打击的有效部位。

(二)基本拳法

1. 冲拳

(1)左冲拳。动作过程:由实战姿势即由左脚、左手在前的正架势开始,右脚微蹬地面,重心微向前脚移动,上体微右转。同时左臂由屈到伸并内旋 90°,直线向前冲出,发力于腰,力达拳面(见图 15 - 1 - 8、图 15 - 1 - 9)。

(2)右冲拳。动作过程:右脚微蹬地,并以前脚掌向内转,转腰送肩,上体左转。同时右臂由屈到伸并内旋 90°,直线向前冲出,力大拳面(见图 15 - 1 - 10)。

图 15-1-8   图 15-1-9   图 15-1-10

2. 贯拳

(1)左贯拳。动作过程：上体微向右转，同时左拳向外(约 45°)、向前、向内成平面弧形横击，臂微屈，拳心朝下。同时转腰发力，力达拳面或偏于拳眼侧(见图 15-1-11)。

(2)右贯拳。动作过程：右脚微蹬地并以前脚掌向内转，合胯并向左转腰，右拳向外(约 45°)、向前、向内成平面弧形横击。同时上体左转，腰胯发力，力达拳面或偏于拳眼侧(见图 15-1-12)。

图 15-1-11   图 15-1-12

3. 抄拳

(1)左抄拳。动作过程：上体微左转，重心略下沉，腰迅速向转，发力于腰，左拳由下向前上方勾击，上臂和前臂夹角在 90°~110°，拳心朝里，力达拳面(见图 15-1-13、图 15-1-14)。

(2)右抄拳。动作过程：右脚蹬地，扣膝合胯，腰微右转。同时右拳向下、向前、向上勾击，上臂与前臂夹角在 90°~110°，拳心朝里，力达拳面(见图 15-1-15、图 15-1-16)。

图 15-1-13   图 15-1-14   图 15-1-15   图 15-1-16

4. 转身右鞭拳

动作过程：右脚经左脚后插步，身体向右后转 180°。同时左拳与右拳一起回收至胸前。动作不停，上体继续向右转体 180°，同时右拳反臂由屈到伸，向外、向右横向鞭打，拳眼朝上，发力于腰，力达拳背(见图 15-1-17、图 15-1-18)。

图 15 - 1 - 17   图 15 - 1 - 18

(三)基本腿法

1. 蹬腿

(1)左蹬腿。动作过程:右腿微屈支撑,左腿提膝抬起,勾脚,当膝稍高于髋时,以脚领先向前蹬出,髋微前送,力达脚掌(见图 15 - 1 - 19、图 15 - 1 - 20)。

2. 踹腿

(1)左踹腿。动作过程:身体重心移向右腿,右腿微屈支撑;左腿屈膝抬起与髋同高,小腿外翻,脚尖勾起,由屈到伸展髋、挺膝向前踹出,上体微侧倾,力达脚底(见图 15 - 1 - 21、图 15 - 1 - 22)。

收腹、屈髋、撅臀,上体与腿不能成一条直线,打击距离短、速度慢、力量小。纠正时,手扶肋木或其他支撑物,一腿抬起,脚不落地,严格按动作要求,由慢到快反复练习踹腿。练习之初,踹腿的高度可适当低些,以后逐渐提高高度。

图 15 - 1 - 19   图 15 - 1 - 20   图 15 - 1 - 21   图 15 - 1 - 22

(2)右踹腿动作参考左踹腿。

3. 鞭腿

(1)左鞭腿。动作过程:右腿微屈支撑,上体稍向右侧倾;左腿屈膝向左侧摆起,扣膝,绷脚背,随即向前挺膝鞭甩小腿,力达脚背至小腿前下蹲(见图 15 - 1 - 23、图 15 - 1 - 24)。

图 15 - 1 - 23   图 15 - 1 - 24

（2）右鞭腿动作参考左鞭腿。

4. 摆腿

（1）左摆腿。动作过程：右脚向左前上步，腿微屈独立支撑，身体向左后转体360°，上体稍侧倾；同时左腿经右后向前摆起，脚面绷平，力达脚掌，目视左脚（见图15-1-25、图15-1-26）。

（2）右摆腿动作参考左摆腿。

5. 劈腿

（1）左劈腿。动作过程：身体重心移至右腿，左腿屈膝抬起送髋，上体保持正直或稍后倾，左脚高举过头后快速下压（如刀劈木材一样），用脚掌或脚后跟下砸对方的头部（见图15-1-27、图15-1-28）。

图15-1-25　　　　　图15-1-26　　　　　图15-1-27　　　　　图15-1-28

（2）右劈腿动作参考左劈腿。

（四）基本摔法

1. 贴身摔

（1）抱腿前顶。动作过程：双方由实战姿势开始，上左步，身体下潜闪躲，然后两手抱对方双腿膝窝下部，两手用力回拉。同时用左肩前顶对方大腿根部或腹部，将对方摔倒（见图15-1-29、图15-1-30、图15-1-31）。

图15-1-29　　　　　　图15-1-30　　　　　　图15-1-31

（2）抱腿旋压。动作过程：右脚蹬地，上左步，身体下潜，重心移至左腿。同时左手抄抱对方大腿内侧，右手抱住对方小腿后，以左脚掌为轴，身体向右后方旋转，以右手提、左肩压的合力，将对方摔倒（见图15-1-32、图15-1-33）。

图 15 - 1 - 32   图 15 - 1 - 33

(3)接腿搂腿。动作过程:上步,身体下潜闪躲,然后左手抱对方右后腰,屈肘;右手抱其左膝窝用力回拉,使对方的左腿离地。左腿抬起前伸,由前向后搂挂对方的支撑腿,同时用左肩向前顶靠对方肋部将其摔倒(见图 15 - 1 - 34、图 15 - 1 - 35、图 15 - 1 - 36)。

图 15 - 1 - 34   图 15 - 1 - 35   图 15 - 1 - 36

(4)折腰搂腿。动作过程:下闪,两臂抱住对方腰部,右腿抬起,并以小腿由前向后搂挂对方左小腿。同时两手抱紧对方腰部,上体前压其胸,使其后倒(见图 15 - 1 - 37、图 15 - 1 - 38、图 15 - 1 - 39)。

图 15 - 1 - 37   图 15 - 1 - 38   图 15 - 1 - 39

(5)压颈推膝。动作过程:双腿被对方抱住后,立即屈髋坐腰,微下蹲,左手压对方后颈部,右手向上推托对方左膝关节,随沉身下坐,右手压,左手上托使其向前滚翻倒地(见图 15 - 1 - 40、图 15 - 1 - 41、图 15 - 1 - 42)。

图 15 - 1 - 40   图 15 - 1 - 41   图 15 - 1 - 42

（6）夹颈打腿。动作过程：左手虚晃对方，左脚上步，并向右转体，右手迅速抓住对方左前臂，左臂从对方右肩穿过后屈臂夹抱对方颈部。右脚向后插半步与左脚平行，臀部抵住对方小腹，身体立即右转，同时用左小腿向后横打对方小腿外侧，将对方挑起摔倒（见图 15-1-43、图15-1-44）。

图 15-1-43 　　　　　　　　图 15-1-44

2. 接招摔

（1）抱腰过背。动作过程：对方用左贯拳攻击头部时，立即向左闪身，左脚向前上半步，同时左臂由对方右腋下穿过，搂抱对方后腰；右手挂挡对方左拳后迅速夹握对方左前臂。然后身体右转，右脚向后插半步，双腿屈膝，臀部抵住对方小腹。继而两腿蹬伸，弓腰，头向右转，将对方背起后摔倒（见图 15-1-45、图 15-1-46、图 15-1-47、图 15-1-48）。

图 15-1-45 　　　　图 15-1-46 　　　　图 15-1-47 　　　　图 15-1-48

（2）夹颈过背。动作过程：对方用左贯拳攻击头部时，立即以右手挂挡对方左拳后迅速夹握对方左前臂，同时左臂由对方右肩穿过后，屈臂夹住对方颈部。右脚向后插半步与左脚平行，两腿屈膝，臀部抵住对方小腹。然后身体右转，两腿蹬伸，弓腰，头向右转，将对方背起后摔倒（见图 15-1-49、图 15-1-50、图 15-1-51）。

图 15-1-49 　　　　　图 15-1-50 　　　　　图 15-1-51

(3)穿臂过背。动作过程:对方用左贯拳攻击头部时,立即向左闪身,同时左脚向前上半步,右手挂挡对方左拳后迅速夹握对方左前臂,同时左臂从对方左臂下穿过并上挑至肩上,身体右转,右脚向后插半步屈膝,臀抵住对方小腹。继而两腿蹬伸,弓腰,头向右转,将对方背起后摔倒(见图15-1-52、图15-1-53、图15-1-54)。

图15-1-52　　　　　　图15-1-53　　　　　　图15-1-54

(4)抱腿前顶。动作过程:但对方拳击本方头部时,上左步,下躲闪身,两手抱对方双腿,屈肘,两手用力回拉,同时用左肩前顶对方大腿或腹部,将其摔倒(见图15-1-55、图15-1-56)。

图15-1-55　　　　　　　图15-1-56

(5)接腿勾踢。动作过程:当对方用右鞭腿进攻肋部时,立即抢先进步,并向左转身,同时用右手臂抄抱其膝关节以上部位,左手搂抱对方小腿。随后用右手迅速向对方颈部下压,右腿勾踢对方支撑腿脚踝处,同时上体右转,右手回拉,将对方摔倒(见图15-1-57、图15-1-58)。

图15-1-57　　　　　　图15-1-58

(6)接腿挂腿。动作过程:当对方用右鞭腿进攻肋部时,立即以左腿抢先进步,用左手外抄抱其右小腿,右腿抬起前伸,以小腿由前向后搂挂其支撑腿。同时右手用力向前、向下推压其右肩,将其摔倒(见图15-1-59、图15-1-60)。

图 15 - 1 - 59　　　　　　　　图 15 - 1 - 60

（7）接腿摇涮。动作过程：当对方以左端腿或左蹬腿进攻时，立即用双手抄抱其脚踝处，然后两腿屈膝退步，两手用力回拉，继而跨左步，上右步，双手由内向下、向左上方弧形摇荡，将对方摔倒（见图 15 - 1 - 61、图 15 - 1 - 62、图 15 - 1 - 63）。

图 15 - 1 - 61　　　　　图 15 - 1 - 62　　　　　图 15 - 1 - 63

（8）接腿别腿。动作过程：当对方用左鞭腿进攻时，立即抄抱其腿，接着身体下潜上左步，右脚跟半步，继而左腿插在对方的支撑腿后面别腿，上体右转用胸臂下压对方前腿，将对方摔倒（见图 15 - 1 - 64、图 15 - 1 - 65）。

图 15 - 1 - 64　　　　　图 15 - 1 - 65

三、散打与健身

（一）培养练习者竞争意识，促进心理素质提升

散打属于激烈运动项目，面对对手拳脚进攻与身手比试，必须拥有不服输、勇于拼搏的竞争精神才能坚持下来，突破自我，击败对手。两人交手比试时，要克服心理上的胆怯，逐步增强敢拼的意识。面对困境，能在艰难中拼搏，直到最后胜利，能培养出顽强拼搏的意志品质。散打不是蛮力而是要讲究方法技巧，要灵活地运用战术，以巧取胜的格斗技术。通过散打练习，能有效提高人的反应与应变能力，以及敏捷性与灵活性，尤其是能培养人在危难之

际保持冷静而从容的心理素质。

(二)提高练习者身体素质,促进身心健康发展

散打运动是斗智斗勇、较技较力的运动。通过散打练习,掌握自身防卫的技能,同时能够提高人的速度、力量、耐力、灵巧等身体素质,增强人体内脏器官的功能,尤其是能提高人的神经系统的反应及灵活性。

第二节 跆拳道

一、跆拳道运动的概述

(一)跆拳道运动的起源与发展

跆拳道发展历史进程中较为重要的时期可分为四个阶段:三国前后时代的跆拳道,高句丽时代的跆拳道,朝鲜时代的跆拳道,现代的跆拳道。

跆拳道经过多年的发展,现在已经形成完全独立的国际体育组织和正规的国际比赛。

(二)跆拳道运动的体系与内容

1. 跆拳道运动的体系

跆拳道的英文缩写是 TAEKWONDO。从字面分析,"跆"(TA)意为以脚为主踩、踏、踢、顶、撞的下肢技法;"拳"(KWON)意为以拳为主击、刺、顶、撞、砍的上肢技法;"道"(DO),是指运用拳脚的方法,也包含哲学态度、生活方式以及道理、道德等。

2. 跆拳道运动的内容

跆拳道的内容十分丰富,主要内容包括品势、对打、自卫术、击破与特技、跆拳舞(操)等几部分内容组成。

品势是将跆拳道基本腿法、拳法和攻防技击按照规定形式编排成套动作,每个动作都包含着各种对打技巧,其融合了跆拳道精神和技术精髓,从技术角度来看,品势就等于跆拳道,基本动作可以看成品势的一个准备,而实战对打也不过是品势的实战应用。

品势比赛包括规定品势、竞技品势、自创品势。

竞技品势是将传统品势加入竞技元素,跟自创品势有相像的地方,也有区别,竞技品势不作为品势比赛的项目,现在的品势比赛只有规定品势和自创品势。自创品势类似自由操,在规定时间内、完成规定的动作外(难度较大),可以加入自己编排的动作。

对打分为固定对打、竞技对打、自由对打。固定对打一人出拳一人格挡规定套路;竞技对打是指所有的竞技比赛;自由对打是没有任何防护措施,自由发挥。

自卫术包括徒手、器械和特殊场景。徒手指没有器械,通过出拳格挡等动作的练习;器械二节棍的练习;特殊场景设置场景进行的练习过程。

击破与特技是跆拳道练习功力检测的一个方法,也是跆拳道表演必演项目,包括四个方面,高度、远度、难度、功力。作为教练员和老师,要根据学生的自身情况,来设置击破的高

度、远度、难度。

跆拳舞(操)是跆拳道舞是一个新兴的跆拳道健身项目。在品势与音乐融合后演变而来，这种与品势相结合的音乐被称为跆拳道音乐，当然也可以用其他流行音乐与跆拳道舞相映衬。

(三)跆拳道运动的特点

1. 以腿法为主，拳脚并用

由于竞赛的需要、规则的限制和跆拳道进攻方法的特点，使得跆拳道是以腿法攻击为主。据统计，在跆拳道技术当中，腿法约占总技法的 70%。腿击无论在攻击范围、攻击力量等方面都远远超过拳法的攻击，而拳法的招式，一般偏重防守和格挡。

2. 动作追求速度，力量和效果，以击破为测试功力的手段

跆拳道不讲究花架子，所有动作都以技击格斗为核心，要求速度快，力量大，击打效果好。在功力的检测方面，则以击破力为测试的手段。就是分别以拳脚击碎木板等，以击碎的厚度来判定功力。

3. 强调呼吸，发声扬威

在跆拳道的练习当中，要求在气势上给人以威严的感觉，练习者常以洪亮并带有威慑力的声音来显示自己的威力。据日本有关研究资料证明，人在无负荷工作时，10% 的肌肉会由于发声使他们的收缩速度提高 9%，在有负荷工作时更是可以提高 14%。这就是为什么在比赛当中运动员会发出响亮的喊叫声的原因。在发声的同时停止呼吸，可以使人体内部的阻力减小，提高动作速度，集中精力，使动作发挥出更大的威力。

4. 以刚制刚，方法简练

受跆拳道精神影响，运动员在比赛当中多是直击直打，接触防守，躲闪技术运用得比较少。进攻都采用直线连续进攻，以连贯快速的脚法组合击打对手。防守多采用格挡技术，或采取以攻对攻，以攻代防的技术。

5. 礼始礼终，内外兼修

在任何场合下，跆拳道练习者始终以礼相待。练习活动都要以礼开始，以礼结束，以养成谦虚、友好、忍让的作风，在道德修养方面不断地提高自己。

(四)跆拳道的礼仪

跆拳道的礼仪主要表现在以礼始以礼终。

跆拳道运动始终倡导"以礼始，以礼终"的尚武精神。由于跆拳道是练习者精神和身体的综合修炼，使练习者在艰苦的磨炼中培养出理想的人格和体魄，并能够真正掌握防身自卫的本领。首先，习练跆拳道态度要正确，对跆拳道历史、内容、特点、作用及教育意义有全面的了解和认识。其次，练习时衣着端正，头发整洁，对教练、同伴时刻都要表现出恭敬、服从、谦虚、互助互学的心态。另外，谦逊和正确的言语，忍让和友好的态度，虚心和好学的作用也很重要。

礼仪不只是形式上的表现，而是要发自内心地实施它，常用的礼节表示方式是向教练、同伴敬礼。敬礼动作的具体要求是：面向对方直体站立，向前屈腰 15°，头部前屈 45°，此时两手紧贴两腿，两脚跟并拢。训练时，进入体育馆后，以端正姿势向国旗敬礼，运动过程中道服松开时，停止运动，转身背向国旗、教练及同伴整理道服，整理好后再转回原来方向。将礼

仪意识带到自己的生活、学习及工作的各个方面,以锻炼克己礼让、宽厚待人和恭敬谦逊的道德品质。

总之,跆拳道精神是:礼义廉耻,忍耐克己,百折不屈。

(五)跆拳道的段位制度

跆拳道的等级分十级四品九段。跆拳道的段位制度分为晋级和晋段两个部分内容。

跆拳道练习者身穿专用的白色道服,腰系代表不同段位的腰带,进行训练或比赛。跆拳道的水平高低是由练习者的级别和段位体现的,水平越高,其段位也就越高。从十级到一级的腰带颜色分别为白、白黄、黄、黄绿、绿、绿蓝、蓝、蓝红、红、红黑。品是针对那些没有达到考段年龄但水平已具备一段的孩子,进行的考试。等其年满16岁后,品自动转为黑带一段。黑带段位分一段至九段。一段至三段是黑带新手的段位,四段至六段是高水平的段位,七段至九段只能授予具有很高学识造诣和对跆拳道的发展作出重大贡献的杰出人物。黑带一段以上选手有资格参加国际比赛。一至三段称为"副师范",四至六段称为"师范",七至八段以上称为"师贤",九段称为"师圣"。四段以上有资格申报国际教练、国际裁判,并有资格担任道馆馆长或总教练。

一段至三段的段位,由中国跆拳道协会或其注册认可的团体分会考核颁发。晋升四段至六段,须由世界跆联(WTF)或国际跆联(ITF)晋级委员会考核。晋升七段至九段,须由WTF或ITF特别委员会进行评审。

二、跆拳道基本技术

(一)实战姿势

格斗式(站姿)

(1)双脚自然地与肩同宽,前后站立,前脚掌向前微内扣,后脚掌向前内扣30°~60°。膝盖微曲,保持弹性和灵活(原理:膝盖若太直,活动不灵活,且容易骨折)(见图15-2-1)。

(2)身体侧面对敌,向前呈30°~45°。(原理:拳击、泰拳、空手道等凶悍搏击多采用较为正面对敌,大有杀敌1000自损500之势,且便于用拳。而跆拳道是以腿法为主的灵活型竞技格斗,侧面对敌有利于闪躲和用腿。

图15-2-1

(3)前手低后手高,呈防御状态。(原理:前手作为先锋手,后手作为重攻击手负责近身防御和有力反攻)。也有的习惯于前手高后手低的风格。前手大小臂自然弯曲前伸,拳眼对低,前左右三个方向防御,拳的高度大约在脖颈或肩膀的位置。后手护住胸腹和下巴,拳的高度在下巴位置。双手之间配合防御,不要在胸腹处漏出大空挡。

(4)站姿名称:右手右脚在后为右格斗式,左手左脚在后为左格斗式。(原理:在后的手脚为"主攻击手"或称"重攻击手",因此当右手脚在后,则右手脚主攻击,称为右格斗式,反之为左格斗式。有个别教练简单地认为哪个手在前就是哪手的格斗式,这是错误的。区分标准不在于哪个在前或在后,而是要看哪个手是主要攻击手,一般在后的手才是主要攻击手)。

(二)步伐

(1)前滑步(后撤步):前脚先动,向前小距离迈步,后脚迅速跟进,注意是有力而有弹性地跟进,而非被前脚拖进。后滑步反之。此步伐用于敌我的距离较近,要谨慎而迅速地接近或离开对手。属于较高程度地保持防御的前进或后撤步伐。

(2)前垫步(后垫步):和前滑步相反,后脚先动,向前有力而弹性地垫向前脚,同时前脚迅速向前小距离迈步,感觉就像后脚撞击前脚有弹性地前进。后垫步反之。此步伐用于迅速前进并直接用前脚攻击,属于前进和攻击一气呵成的腿法。当发现对手薄弱空挡时,可迅速前进攻击。

(三)腿法

1. 前踢

前踢是跆拳道最基本的腿法之一。前踢技术在跆拳道比赛中很少运用,主要运用于自卫或跆拳道基础练习中。

动作方法:实战姿势站立(见图15-2-2①);右脚蹬地,身体重心移至左脚;右脚向正前方屈膝上提,右小腿夹紧,随即,以膝关节为轴向前送髋、顶膝、小腿快速向前踢出,力达脚背或脚前掌,动作完成后成右实战姿势站立(见图15-2-2②③④)。

① ② ③ ④ ⑤

图 15-2-2

动作要领:提膝时小腿要夹紧,踢腿动作应迅速有力,髋关节前送。

易犯的错误:髋部没有向前送;击打时脚面没有绷直;提膝时没有直线出腿;支撑脚没有积极配合髋部的转动;小腿弹出后,在弹直的一刹那,没有一个制动过程,即没有快打快收的折叠小腿过程。

2. 横踢

横踢是跆拳道比赛中运用率最高的腿法。横踢技术动作简单实用,技术变化多样,是跆拳道技术中重要的腿法。为了便于大家掌握,我们把横踢技术分解为提膝、转体和弹腿三个部分,下面予以介绍。

动作方法:实战姿势站立(见图15-2-3①);右脚蹬地,身体重心移至左腿;同时,右腿小腿夹紧向止前方提起(见图15-2-3②);以左脚前脚掌为轴,脚跟内旋,身体向左侧旋转,转体时,右脚小腿与地面接近水平,大腿与上体成一条斜线,上体微侧倾(见图15-2-3③);右腿以膝关节为轴迅速伸膝向左侧方弹出,脚面绷直,以脚背为力点,踢击对方的头部或躯干(见图 15-2-3④),动作完成后小腿放松沿出腿路线收回,成右实战姿势站立(见图 15-2-3⑤⑥)。

① ② ③ ④ ⑤ ⑥

图 15-2-3

动作要领:提膝时,膝关节夹紧直线向前提膝;横踢动作时,支撑腿要以前脚掌为轴,随横踢动作脚跟逐渐内旋(约 180°),横踢发力时,髋关节应展开;髋关节前送,击打的感觉似鞭打动作;横踢时,摆动腿应踢过身体中线约 30 cm;小腿弹踢的瞬间,要有一个制动的过程,使击打腿产生鞭打的效果。

易犯的错误:右脚上提时没有直线向前上方提膝;躯干没有稍后倾,上体前压,使腿的长度没有被充分利用;大小腿折叠回收不够,打击力度不够;击打时脚面没有绷直;小腿弹出后,在弹直的一刹那,没有制动;先转髋再提膝,造成膝盖过早偏向右侧;左脚没有积极配合髋部的转动,左脚太"死",或是在身体向前移动时,支撑脚没有配合向前移动,在后面"拖"着。

3. 侧踢

侧踢在跆拳道比赛中,主要用于攻击对方的躯干和头部,也可以用于阻截对手的进攻。它有力量大、速度快、进攻动作直接的特点。

动作方法:实战姿势站立(见图 15-2-4①),身体重心前移,右腿屈膝上提(见图 15-2-4②);左脚尖勾起,以前脚掌为轴外旋约180°(见图 15-2-4③);同时,迅速伸膝发力,右脚直线向右前方踢出,力达脚外侧或整个脚掌(见图 15-2-4④),踢击动作完成后,右腿迅速放松按出腿路线返回,成实战姿势站立(见图 15-2-4⑤)。

① ② ③ ④ ⑤

图 15-2-4

动作要领:提膝时,膝关节夹紧向前直线提起,提膝、转体与踢击要协调连贯;踢击时,要转体、展髋,上体略侧倾,踢击目标的瞬间髋、膝、腿应在同一平面内;动作完成后,应按原路线返回。

易犯的错误：打击对方时，髋部没有展开，致使击打力度不够；大小腿折叠不够，或是蹬出的速度不快。

4.勾踢

勾踢也称为侧摆踢，是跆拳道中侧向进攻技术，主要用于攻击对方头部的侧面，实战中，运用得当也会给对手带来重创。

动作方法：实战姿势站立（见图15-2-5①）；右脚蹬地，身体重心前移至左脚，以左脚支撑，右腿屈膝提起（见图15-2-5②）；左脚以前脚掌为轴，脚跟向内旋转约180°，右腿膝关节提起并向左内扣，右小腿由外向内伸出，伸直后以脚掌为力点向右侧摆击，身体随之侧倾（见图15-2-5③④），动作完成后右腿放松回收成实战姿势站立（见图15-2-5⑤）。

①　　　②　　　③　　　④　　　⑤

图15-2-5

动作要领：勾踢时，身体要适当放松，起腿后，右腿屈膝抬至水平，然后内扣；勾踢时，要充分发挥腰、腿的力量，小腿后勾要快；鞭打后要顺势放松。

易犯的错误：右脚直着伸出，没有沿弧线摆动；在开始时小腿过于紧张，小腿和足没有横着鞭打；身体转动时，头部没有配合同向转动。

5.下劈腿

劈踢是跆拳道技术中杀伤力较大的腿法之一，也常作为跆拳道的招牌腿法动作，比赛中得分率较高，主要用于攻击对方的头部、面部、肩部。比赛中，运用得当会给对方造成重创。

动作方法：实战姿势站立（见图15-2-6①）；右脚蹬地，身体重心前移至左脚。以左脚支撑，右腿屈膝抬起（见图15-2-6②）；右脚快速上举过头顶，左髋关节上送，右膝伸直贴近上体，随即，右腿迅速向前下方劈落，力点达脚跟或前脚掌（见图15-2-6③）；动作完成后小腿放松下落成实战姿势站立（见图15-2-6④）。

①　　　②　　　③　　　④

图15-2-6

动作要领:右腿上摆时,大腿应放松,踝关节应举过头顶,身体重心应向高起;动作要迅速有力,支撑脚脚跟要离地,同时髋关节上送;向下劈落时,踝关节应放松;向下劈落时要有控制。

6. 推踢

推踢属于直线型腿法技术。它具有动作突然、起动较快的特点。实战中,主要用于阻截对方的进攻或与其他动作配合进攻,一般情况下推踢很少能够直接得分。

动作方法:实战姿势站立(见图15-2-7①);右脚蹬地,身体重心移至左脚;随即,大小腿夹紧屈膝提起(见图15-2-7②);左脚以前脚掌为轴外旋约90°,上体略后仰;同时,右腿以膝关节为轴迅速向前蹬出,力达脚掌(见图15-2-7③);动作完成后右腿放松回收,成实战姿势站立(见图15-2-7④)。

图 15-2-7

动作要领:提膝时,大小腿应夹紧。推踢时,腿法运行的路线应是水平向前的;推踢时,髋关节应向前送,应利用身体重心的前移来加大腿法的力量。

7. 后踢

后踢是跆拳道中的转身攻击技术,比赛中,可以直接用于反击或与其他动作相配合进攻,运用得当会给对手以重创。

动作方法:实战姿势站立(见图15-2-8①);右脚蹬地,身体重心移至左腿,右脚以前脚掌为轴,脚跟向内旋转;同时,左脚以前脚掌为轴,脚跟向外旋转180°,使脚跟正对对手方向,呈背向对方姿势(见图15-2-8②);此时,右脚蹬地提起,左腿支撑,右腿大小腿折叠,髋关节收紧,脚尖勾起(见图15-2-8③);右肩微下沉;随即,迅速向后展髋、伸膝沿直线向后蹬踢,上体侧倾,力达脚跟(见图15-2-8④);动作完成后,上体右转,右脚向前落步成右实战姿势站立。

图 15-2-8

动作要领:后踢时,上体与踢出腿应在同一平面内,要控制住肩部不要随之转动;提腿时,大小腿应充分同收,蓄力待发;转身、提腿、后踢三个动作要连贯有力。

8. 后旋踢

后旋踢同后踢一样,均属于转身腿法,动作相对较为复杂。后旋踢也是比赛中常用的技术,应用时,可以直接用于进攻也可以与其他技术配合用于进攻,还可以用于反击,运用得当往往会重创对方。

动作方法:实战姿势站立(见图 15 - 2 - 9①);身体重心移至左脚,同时,以左脚为轴内旋约 90°,左膝关节内扣,右脚前掌蹬地外旋,背向对手(见图 15 - 2 - 9②);动作不停,右脚蹬地起腿,以腰部带动身体向右后转动;同时,右腿随转体向右上方屈膝提起;随即用右脚掌自左向右弧线踢击,接近目标时右腿伸直,力达脚掌(见图 15 - 2 - 9③④);动作完成后恢复实战姿势站立(见图 15 - 2 - 9⑤⑥)。

① ② ③ ④ ⑤ ⑥

图 15 - 2 - 9

动作要领:摆动腿在正前方时,击打的路线应是水平弧线;以腰带动腿发力,原地旋转360°;起腿要快,蹬地、转腰、转上体,摆腿发力要连贯、协调、快速,不要停顿。

三、跆拳道品势

在跆拳道中所称的"太极",与中国《易经》中的"太极八卦"基本一致,它表示了宇宙哲学的基本道理。跆拳道中的"型"也即"品势"以此为根据将太极的意念形态编入每一动作中,在其进行线中也选择了意味着宇宙根本的阴阳八卦线。套路中的攻击与防守、前进与后退、速度的缓急、刚与柔等均灵活运用了变化丰富的宇宙太极原理。

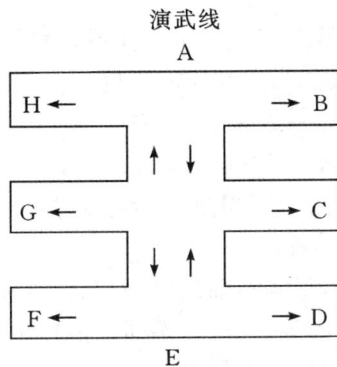

演武线

(一)太极一章

太极一章代表了太极八卦中〔乾〕的意思,因为〔乾〕是宇宙万物的根源,所以太极一章也是跆拳道品势的根本。

动作要领:略(见图15-2-10)

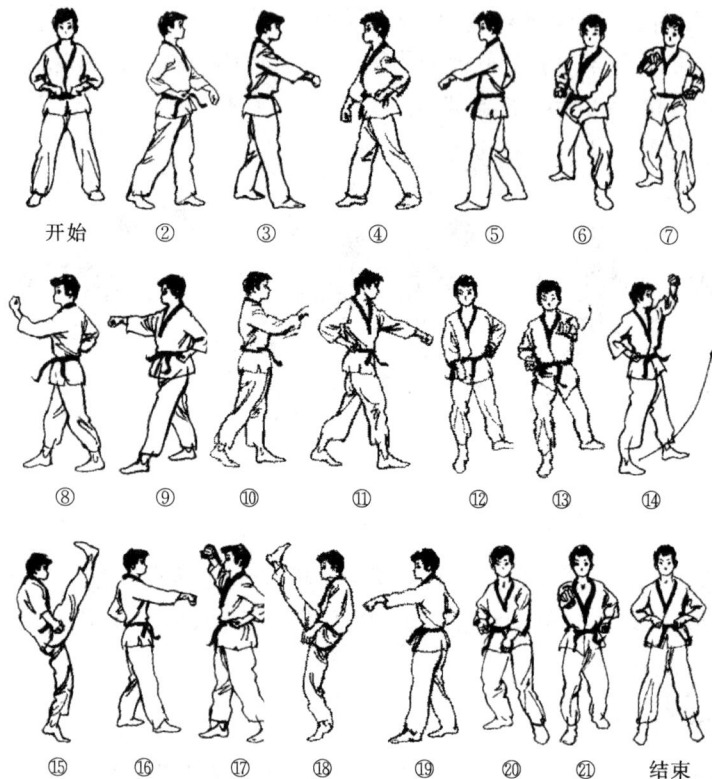

开始　②　③　④　⑤　⑥　⑦

⑧　⑨　⑩　⑪　⑫　⑬　⑭

⑮　⑯　⑰　⑱　⑲　⑳　㉑　结束

图 15-2-10

准备势:双脚左右开立一肩宽的距离;双手握拳置体前髋关节高度,拳心向内,双拳之间一拳距离。

身体向左转,左脚转向演武线上 B 的方向。呈高左前屈立,左前臂防左下段。

右脚向前迈一步,呈高右前屈立,右拳向前顺攻中段。

身体向后转体 180°,右脚向前一步对着 H 方向,呈高右前屈立,右前臂防右下段。

左脚向前迈一步,呈高左前屈立,左拳向前顺攻中段。

身体向左转,左脚迈向 E 方向,呈左前屈立,左前臂防左下段。

身体姿势不变,出右拳逆攻中段。

左脚不动,右脚移向 G 方向,呈高右前屈立,左前臂防左中段。

左脚向 G 方向前进一步,呈高前屈立,右拳向前逆攻中段。

以左脚跟为轴,身体向 C 方向转 180°,呈高左前屈立,用右前臂防中段。

右脚向前一步,呈高右前屈立,左拳向前逆攻中段。

以左脚跟为轴身体右转,右脚移向 E 方向,呈右前屈立,右前臂防右下段。

身体姿势不变,出左拳逆攻中段。

左脚移向 D 方向,呈高左前屈立,用左前臂防左上段。

(1)右脚前踢。

(2)收腿呈高右前屈立,然后用右拳顺攻中段。

以左脚跟为轴,身体向右转 180°,右脚移向 F 方向,呈高右前屈立,右前臂防右上段。

(1)左脚前踢。

(2)收腿呈高左前屈立,然后用左拳顺攻中段。

以右脚跟为轴,身体向右转 90°,朝向 A 方向,呈左前屈立,左前臂防左下段。

右脚向前一步,呈右前屈立,用右拳顺攻中段。

结束势以右脚为轴,身体逆时针旋转 180°,恢复开始姿势。

(二)太极二章

太极二章代表了太极八卦中[兑]的意思,[兑]的含义为内刚外柔,因此表现时应注意外在柔的表现和内在强烈的攻击力度。

动作要领:(略)(见图 15 - 2 - 11).

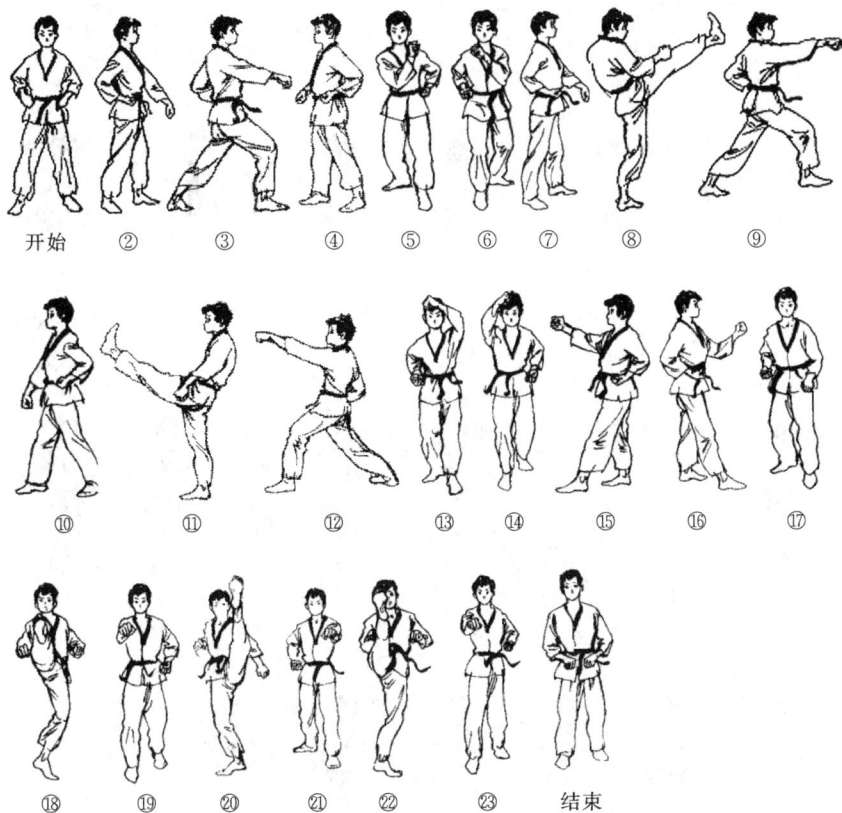

图 15 - 2 - 11

(三)太极三章

太极三章代表了太极八卦中[离]的意思。[离]的含义为如火一般的明亮。因此表现时应注意动作的活跃性。

动作要领:(略)(见图 15 - 2 - 12)

开始　②　③　④　⑤　⑥　⑦　⑧

⑨　⑩　⑪　⑫　⑬　⑭　⑮

⑯　⑰　⑱　⑲　⑳　㉑　㉒

㉓　㉔　㉕　㉖　㉗　㉘　㉙

㉚　㉛　㉜　㉝　㉞　㉟　结束

图 15 - 2 - 12

(四)太极四章

太极四章代表了太极八卦中[震]的意思。[震]的含义就是要时刻有着警备及虔诚的态度。因为套路中的动作难度比较大,所以表现时应注意动作的准确性。

动作要领:(略)(见图 15 - 2 - 13)

开始　②　③　④　⑤　⑥　⑦　⑧

⑨　⑩　⑪　⑫　⑬　⑭　⑮　⑯　⑰

⑱　⑲　⑳　㉑　㉒　㉓　㉔

㉕　㉖　㉗　㉘　㉙　㉚　㉛　结束

图 15 - 2 - 13

四、跆拳道与健身

跆拳道通过反复练习可以培养学生的忍耐力和克服困难的意志,在练习跆拳道的过程中,观察每个人的动作就可预知各自的技术水平,使学生之间产生竞争,并激发其学习热情。

学习跆拳道的过程,有机会和不同年龄、不同性别、不同民族的人进行交流,增进友谊,学习不同的文化。而且,练习跆拳道可振作精神,使学生能够重新集中精力学习。

参考文献

[1]刘生彦. 大学体育与健康教育教程[M]西安:西安交通大学出版社,2019.

[2]贾腊江,大学生健康促进与健康教育[M]. 西安:陕西科学技术出版社,2018.08.

[3]雷铭. 健康管理概论[M]. 北京:旅游教育出版社,2016.08.

[4]田国祥,李斌,康彪. 中国学校体育发展史[M]. 兰州:甘肃人民出版社,2011,9.

[5]于红霞,蔺新英. 饮食营养与健康[M]. 北京:中国轻工业出版社,2014.02.

[6]中国居民膳食指南(中国营养学会)[EB/OL]. http://dg. cnsoc. org/

[7]中国疾病预防控制中心. 新型冠状病毒感染的肺炎公众防护指南[M]. 北京:人民卫生出版社,2020,01.

[8]中国疾病预防控制中心. 2019 新型冠状病毒态势进展和风险评估报告[EB/OL]. (2020-1-27). http://www. chinacdc. cn/jkzt/crb/zl/szkb _ 11803/jszl _ 11811/202001/P020200127544648420736. pdf

[9]国家卫生健康委员会. 关于印发新型冠状病毒肺炎诊疗方案(试行第八版)的通知[EB/OL]. (2020-08-19)http://www. nhc. gov. cn/xcs/zhengcwj/202008/0a7bdf12bd 4b46e5bd28ca7f9a7f5e5a. shtml

[10]国家卫生健康委员会. 关于印发大专院校新冠肺炎疫情防控技术方案的通知[EB/OL]. (2020-04-14). http://www. nhc. gov. cn/xcs/zhengcwj/202004/7838c 406600d4d38a11f5675c98a2ecf. shtml

[11]唐芹,刘忠杰. 健康第一 从健康意识到健康习惯的培养[M]. 北京:中国言实出版社,2017.7.

[12]阎霞,王秀珍主编. 健康体检与自我健康管理[M]. 兰州:甘肃文化出版社,2012.6.

[13]张延萍. 当代大学生心理健康的发展特点和影响因素[J]:https://www. xzbu. com/7/view-1771244. htm

[14]刘云美,邓宇,周丹. 大学生抑郁症的成因、干预及预防探究[J]. 昭通学院学报,2019(2):112-115.

[15]杨建雄,谢丽娜. 大学生焦虑问题与体育运动研究综述[J]. 湖州师范学院学报,2006(2):74-78.

[16]屈睿. 高职院校体育课安全教育和管理探析[J]. 杨凌职业技术学院学报,2017(2).

[17]杨建伟. 计算机网络安全存在问题及其防范措施的探讨[J]. 信息与电脑,2018(18).

[18]毛振明. 现代大学体育[M]. 北京:教育科学出版社,2015.

[19]刘海飙,吴升扣,吴海晶. 八段锦五禽戏[M]. 北京:化学工业出版社,2020.

[20]国家体育总局健身气功管理中心. 功法知识(2018-03). http://www. sport. gov. cn/qgzx/n5407/index. html.

[21]王琳. 青少年羽毛球运动从入门到精通[M]. 北京:人民邮电出版,2019.

［22］美 Tony Grice.羽毛球运动从入门到精通程[M].北京:人民邮电出版社,2017.

［23］中国羽毛球协会.羽毛球竞赛规则 2017[M].北京:北京体育大学出版社,2017.

［24］贾孟山.五子棋教程[M].北京:北京读书堂国际文化发展有限公司,2015.

［25］彭文君,马良,赵蓉.休闲娱乐运动[M].北京:清华大学出版社,2015.

［26］于川,刘君,吴秉铁.象棋入门一本就够[M].化学工业出版社,2016.

［27］张伟.毽球运动实战[M].北京:人民邮电出版社,2015.

［28］冯志远.教你毽球壁球[M].北京:辽海出版社,2010.

［29］编写组.跳绳[M].长春:吉林出版集团有限责任公司,2008,6.